»Keinen Cent mehr!«, so könnte man die derzeitige Stimmung gegenüber den Nachkommen Hellas' auf den Punkt bringen. Dabei sind es wir Europäer, die in der Schuld Griechenlands stehen. Unsere Staatsform, die Weise, wie wir denken und fragen, Medizin, Wissenschaft, jedes Theaterstück, ja große Teile unserer Sprache – in allem steckt das Erbe der alten Griechen. »Hellas sei Dank!«, kann man da nur sagen. Und genau das tut Karl-Wilhelm Weeber, ausgewiesener Kenner der Antike, mit seinem neuen Buch. Dabei gelingt ihm ein gebildeter und zugleich heiterer Streifzug durch die Geschichte der alten Griechen. Eine geistreiche wie kurzweilige Darstellung der Fundamente unserer Zivilisation, die Hellas auch einmal als Geberland porträtiert.

Karl-Wilhelm Weeber, geb. 1950 in Witten, ist Althistoriker und klassischer Philologe. Er leitete lange Jahre ein humanistisches Gymnasium in Wuppertal, heute unterrichtet er als Professor für Alte Geschichte an der Universität Wuppertal und Didaktik der Alten Sprachen an der Universität Bochum. Er hat zahlreiche Bücher zur römischen und griechischen Kulturgeschichte verfasst, u. a. »Rom sei Dank. Warum wir alle Caesars Erben sind«. Weebers Bücher stoßen bei einem breiten Publikum auf so viel Interesse, weil er nicht nur ein ausgewiesener Pädagoge, sondern auch ein ebenso gelehrter wie talentierter Erzähler ist.

Karl-Wilhelm Weeber

HELLAS SEI DANK!

Was Europa den Griechen schuldet

Eine historische Abrechnung

btb

Verlagsgruppe Random House FSC® N001967
Das für dieses Buch verwendete FSC®-zertifizierte
Papier *Lux Cream* liefert Stora Enso, Finnland.

2. Auflage
Genehmigte Taschenbuchausgabe Juni 2014,
btb Verlag in der Verlagsgruppe Random House GmbH, München

Umschlaggestaltung: Rothfos & Gabler, Hamburg unter
Verwendung einer Abbildung von © Depositphotos
Druck und Einband: CPI books GmbH, Leck
SK · Herstellung: sc
Printed in Germany
ISBN 978-3-442-74804-4

www.btb-verlag.de
www.facebook.com/btbverlag
Besuchen Sie auch unseren LiteraturBlog www.transatlantik.de

Inhalt

EINFÜHRUNG
Das alte Hellas, ein Geberland 7

KAPITEL 1
Politik – Ein griechisches Gen 15

KAPITEL 2
Demokratie – Ein erfolgreiches Experiment
der Weltgeschichte 33

EXKURS
»Die Verfassung, die wir haben, heißt Volksherrschaft« –
Ein Jahrtausendtext des Demokratielehrers Perikles 67

KAPITEL 3
[illegible]
Die Akropolis als Visitenkarte der »Schule von Hellas« 77

KAPITEL 4
Zeus, Prometheus und Co –
Wahrheit und Macht des Mythos 93

KAPITEL 5
Thukydides und Herodot –
Europas Väter der Geschichte 119

KAPITEL 6
Macht und Magie der Rede –
Rhetorik als Ausdruck des Menschseins 143

KAPITEL 7
Vom Reiz des Staunens und Fragens –
Die Erfindung von Wissenschaft und Philosophie 169

EXKURS
Bürgerschreck, Clown und Himmelshund – Der Tonnenphilosoph Diogenes 195

KAPITEL 8
Bühne frei für Dionysos – Theater ist Kult 209

KAPITEL 9
Traditionsstränge und Traditionsbrüche – Olympischer Sport als Rohstoff moderner Legendenbildung 233

KAPITEL 10
Nabel der Welt, Orakel des Apollon, Sitz der Sieben Weisen – Delphi und die Inszenierung von Glaubwürdigkeit 253

KAPITEL 11
Grenzerkundungen an der Schwelle zum Tabu – Erotische Konzepte aus dem alten Hellas 277

KAPITEL 12
Von »Auto« bis »Zerberus« – Unser tägliches Griechisch 301

KAPITEL 13
Asklepiosstab und hippokratischer Eid – Ohne Griechen keine Heilkunst 317

KAPITEL 14
Museion, Bibliothek, Koryphäen – Das alexandrinische Modell des Musendienstes 339

ANHANG
Abkürzungsverzeichnis 359
Anmerkungen 361
Bibliographie 367
Verzeichnis der griechischen Begriffe 383
Register der Eigennamen 389

EINFÜHRUNG

Das alte Hellas, ein Geberland

»Scheitert der Euro, dann scheitert Europa.« So hat es die deutsche Bundeskanzlerin Angela Merkel auf einem der vielen dramatischen Höhepunkte der Schuldenkrise beschlossen. Eine radikalere Reduktion Europas auf die blanke Ökonomie ist kaum denkbar. Ist Europa tatsächlich nur eine Art Wohlfahrtspakt, eine Chiffre für eine einheitliche Wirtschaftszone, ein Synonym für einen Markt? Gibt es außer der finanziellen und wirtschaftlichen keine andere Form der Stabilität? Eine geistige Tradition vielleicht, die nicht gleichzeitig mit dem Experiment Euro untergeht?

Natürlich gibt es auch dieses andere Europa. Und *dieses* Europa ist weit vom Scheitern entfernt. Es ist sogar, auch wenn man sich den kritischen Blick für die moralischen Katastrophen Europas im Laufe der letzten drei Jahrtausende nicht verstellen lassen wollte, eine Erfolgsgeschichte. Zu behaupten, dass die Welt Europa an geistigen Impulsen und kulturellen Errungenschaften mehr zu verdanken hat als anderen Kontinenten und Kulturen, gilt zwar heutzutage als inopportun und politisch nicht korrekt. Da liegt dann das böse Wort vom Eurozentrismus ganz nahe. Das ist so eine Totschlagvokabel, die zwar mit Recht vor einer zu eingeschränkten Sicht auf die Weltgeschichte und erst recht auf eine multipolar globalisierte Welt zu Beginn des 21. Jahrhunderts warnt, die aber auch die fatale Botschaft transportiert, Europa solle sich bloß nicht zu wichtig nehmen: Der alte Kontinent solle sich gebührend klein machen in einer größer gewordenen Welt und Demut statt Arroganz einüben. Keine Frage, dass es europäische Arroganz gegeben hat und dass sie alles andere als hilfreich im Umgang mit anderen Völkern und fremden Kulturen gewesen ist. Aber mittlerweile scheint das Pendel eher zur anderen Seite auszuschlagen. Von europäischem

Selbstbewusstsein und Stolz auf den gewaltigen Beitrag Europas zur Weltkultur ist wenig die Rede. Wer von der »abendländischen Tradition« spricht, gerät, obwohl das ein präziser historischer Terminus ist, rasch unter Ideologieverdacht. Die damit verbundenen Identitätsangebote und Sicherheiten hinsichtlich einer geistigen Heimat in einer ja nicht gerade unter europäischen Vorzeichen globalisierten Welt bleiben auf diese Weise ungenutzt. Historische Bewusstseinswurzeln werden gekappt oder vertrocknen. Europäer streiten sich über die gerechte Verteilung des Schuldenkuchens und reden über europäische Solidarität, nicht aber über ein gemeinsames Wirgefühl, das sich aus einer gemeinsamen abendländischen Geschichte und Kultur auf dem Fundament der griechisch-römischen Antike entwickelt hat.

Andere Identitätsfragen dominieren die öffentliche Diskussion: Wie viel Islam darf's denn sein? Gehört der Islam zu Deutschland, oder gehören nur die hier lebenden Muslime zu Deutschland? Wer wie z.B. der amtierende Bundespräsident Joachim Gauck nachfragt, wo denn der Islam Europa geprägt habe, muss sich von einem *Spiegel*-Redakteur auffordern lassen, in einem etymologischen Lexikon doch mal arabischstämmige Wörter nachzuschlagen. Da werde er dann unter anderem auf »Alkohol« und »Atlas« stoßen.[1] Alkohol stimmt, bei Atlas raten wir eher zu einem Griechisch-Lexikon. Atlas war nämlich in der griechischen Mythologie einer der Titanen, der dem Kartenwerk *und* dem Atlasgebirge seinen Namen gegeben hat. Das liegt zwar in einem arabischsprachigen Land, hat aber trotzdem einen griechischen Namen. Politisch vielleicht nicht ganz so korrekt, sachlich aber schon.

Nun wollen wir aus diesem Zufallsfund nicht den Schluss ziehen, dass die islamische Kultur bei uns schon bekannter sei als die griechische. Aber es scheint doch nicht ganz so abwegig zu sein, jene geistigen Prägungen in Erinnerung zu rufen, die Europa den Griechen verdankt. Es sind natürlich die *alten* Griechen, um die es in diesem Buch geht: Sie haben in zentralen Bereichen unserer Kultur die Grundlagen gelegt, haben das Abendland geistig gewissermaßen angeschoben. Sie haben uns das philosophische Staunen und Fragen gelehrt, haben das Theaterspiel und die meisten Literaturgattungen begründet und die Fundamente einer wissenschaftlichen Medizin gelegt. »Politik« ist nicht zufällig ein griechisches Wort, und auch die Staatsform, die zumindest die westliche Welt für die beste hält, ist eine griechische Erfindung: die Demokratie, in der das »Volk« (*démos*) über die »Macht« (*krátos*) verfügt.

Unter der historischen Perspektive ist Hellas für Europa das, was die finanziell starken Länder Europas heute nicht ohne überheblichen Zungenschlag zu sein beanspruchen: ein Geberland. Und was für eines! Was in der griechischen Antike grundgelegt worden ist, wurde über die Jahrtausende – auch durch römische und später zum Teil arabische Vermittlung – in die Geistesgeschichte Europas so intensiv eingespeist, dass viele den Ursprung aus den Augen verloren haben. Das ist, um ein weiteres griechisches Wort zu verwenden, an sich kein Drama. Aber in einer Zeit, da ganz Europa die Griechen vornehmlich als den Bettler vom Balkan wahrnimmt, der nur an unser Geld will, sollte man sich verstärkt auch an dieses andere Vermächtnis, die Leistung Griechenlands für Europa, erinnern. Man muss, da ja das heutige Griechenland an seinen finanziellen Problemen nicht ganz unschuldig ist, nicht unbedingt pathetisch mit Günter Grass von »Europas Schande« sprechen, darf aber dem poetischen Leitartikler doch zustimmen, wenn er einem geschichtsvergessenen Europa ins Stammbuch schreibt: »Geistlos verkümmern wirst Du ohne das Land, dessen Geist Dich, Europa, erdachte.«

Das ist wohl wahr. Über die ganze finanzielle Misere und die Wut über *die* Griechen sollte Europa, meinen auch wir, sein griechisches Erbe und Wesen nicht vergessen, sondern es vielmehr als Chance sehen, sich selbst in weiterem Rahmen denn als Finanzclub zu definieren und Selbstbewusstsein eben auch aus diesen Wurzeln und ihrem großartigen Wachstum in den letzten zweieinhalb Jahrtausenden zu beziehen.

Es sind die Wurzeln, nicht die späteren Wachstumsschübe, die dieses Buch zutage fördern will. Aber wir erheben dabei nicht den

Anspruch der Vollständigkeit; aus der Fülle dieses Wurzelwerkes mussten wir eine Auswahl treffen, die durchaus subjektiven Überlegungen und Vorlieben verpflichtet ist. Man hätte durchaus andere Akzente setzen, weitere, objektiv gesehen vielleicht sogar wichtigere Themen behandeln können. Ob beispielsweise der »Tonnen-Philosoph« Diogenes so viel Platz verdient, das kann man kritisch sehen. Wir haben uns für diesen besonders »unklassischen« Farbtupfer auch deshalb entschieden, um die enorme Bandbreite der griechischen Klassik zu illustrieren. Einige Wiederholungen nehmen wir in Kauf, weil die Kapitel in sich geschlossene Einheiten bilden und der Lesefluss nicht durch Verweise auf andere Kapitel gestört werden soll.

Dieses Buch wendet sich an ein Lesepublikum, das etwas mehr über unsere griechische Vergangenheit und Gegenwart erfahren möchte, als es die Schlagwörter vom Ursprungsland der Demokratie und der Olympischen Spiele, des hippokratischen Eids und des Delphischen Orakels bieten. Dabei geht es nicht nur um Kontinuitäten in der Tradition, sondern auch um Traditionsbrüche. Der »olympische Geist« ist ein lehrreiches Beispiel dafür, wie man eine moderne Sportinszenierung klassisch legitimiert und sich dabei einen Mythos schafft, der zum ursprünglichen Geist des alten Olympia in teilweise krassem Gegensatz steht. Oder auch das Thema Erotik: ein griechischer Begriff zwar, der sich vom Liebesgott Eros ableitet, aber in wesentlichen Inhalten von modernen, gesellschaftlich anerkannten Erotikvorstellungen weit entfernt. Gleichwohl hat die Einstellung der alten Griechen zur Erotik tiefe Spuren in der Geistes- und Kulturgeschichte Europas hinterlassen – auch wenn kaum jemand auf den Gedanken käme, darin heutzutage besonders Vorbildhaftes finden zu wollen.

Dies soll kein Jubelbuch in der Tradition deutscher Hellas-Schwärmerei sein. Eine wohlwollende, hier und da in Bewunderung übergehende Grundhaltung scheint uns mit einer durchaus kritischen Distanz vereinbar – zumal »Kritik« ein griechisches Wort ist: Mit *krínein* bezeichneten die Griechen das »unterscheidende Urteilen«. Wo wir indes der Überzeugung sind, dass wir von unseren griechischen Kulturvätern aktuell einiges dazulernen können, da erlauben wir uns, Klartext zu reden und dabei ruhig auch einmal anzuecken. Nicht jedem wird etwa das Plädoyer dafür gefallen, dass auch und gerade eine Demokratie sich in ausdrucksstarken, Pracht und Selbstbewusstsein spiegelnden öffentlichen Bauwerken repräsentieren sollte – so wie die athenische Demokratie es uns mit der Bebauung der Akropolis vorgemacht hat. Oder auch bei der Schaukultur der Masse: Welch seichter, verblödender TV-Quatsch wird heute einem Millionenpublikum Tag für Tag zugemutet, und welche grandios-anspruchsvolle Theaterkost – Aischylos, Sophokles, Euripides – haben sich Tausende einfacher Athener Bürger, tagelang auf harten Holzbänken sitzend, zugemutet? Nein, dieser Kontrast markiert nicht den Untergang des Abendlandes, aber er weist in diesem Punkt auf einen kulturellen Abstieg hin. Da hat unsere Zivilisation, wie man heute sagt, noch eine Menge Luft nach oben.

Wenn sich mit diesem Buch eine Werbebotschaft verbindet, so [illegible] auf einen Bereich, in dem die hier angesprochenen Themen, Anregungen und Fragestellungen traditionell zu Hause sind und von dem sie idealerweise in die gesamte Gesellschaft ausstrahlen. Das ist der Griechisch-Unterricht am Gymnasium. Zugegeben: Er hat sich zu einem Exotenfach entwickelt; der seit Jahren anhaltende Boom des Lateinunterrichts hat die Zahl der Griechisch-Schüler nicht mit in die Höhe nehmen können. Aber es gibt ihn noch, diesen Freiraum inmitten all des Effizienz- und Kompetenzgedröhnes, der auf den Ursprung von Schule verweist: *scholé* ist – natürlich! – ein griechisches Wort, und das bedeutet »Muße« – geistvoll verbrachte Zeit, die der Bildung der Persönlichkeit ohne Blick auf eine unmittelbare praktische Verwertung dient. Bedenkt man, dass das staunende und Nachdenken auslösende Fragen am Anfang einer überaus erfolgreichen griechischen und damit europäischen Wissenschaftsgeschichte gestanden hat, dann war das schulisch-mußevolle Herangehen an die Dinge vielleicht gar nicht so ineffizient, wie es bei vordergründiger Betrachtung den Anschein hat.

Wir erhoffen uns nichts Utopisches, nichts, für das es »keinen Ort« (*ou*, »nicht«, *tópos*, »Ort«; *outopía* ist allerdings kein altgriechisches Wort, sondern eine Neuschöpfung von Thomas Morus im 16. Jahrhundert) gibt. Wir wünschen uns nur, dass der kleine, ja winzige Schutzraum des Griechisch-Unterrichts wenigstens erhalten bleibt und dass Leserinnen und Leser, denen wir unser griechisches Erbe etwas näherbringen konnten, sich dafür einsetzen. Wenn Griechisch scheitert, scheitert das Gymnasium – wir sind nicht so töricht, dieses Junktim à la Merkel herzustellen. Aber es wäre ein Riesenverlust und ein, trauen wir uns, es so zu nennen: Verrat an der glanzvollen deutschen Bildungsgeschichte, wenn wir uns vom Orchideenfach Griechisch gänzlich verabschieden würden. Das sagt übrigens einer, der die demokratische Öffnung des Gymnasiums in den letzten Jahrzehnten ausdrücklich als großen gesellschaftlichen Fortschritt empfindet und der mit einem auf Exklusivität bedachten humanistisch-elitären Bildungsideal nichts anzufangen weiß. Griechisch ist keine Bastion der Reaktion oder gar der Repression, sondern eine Bühne des freien, fragenden und forschenden Geistes. Durch dieses Fragen, das auch das Überkommene infrage stellte, sind die Griechen unter anderem auf etwas höchst Fortschrittliches, ja geradezu Revolutionäres gestoßen: die Demokratie. Und deshalb ist der Griechisch-Unterricht auch Teil einer großen demokratisch-freiheitlichen Tradition – mag man das auch nicht jedem Griechisch-Unterricht in der Vergangenheit so angemerkt haben.

Versteht sich dieses Buch auch als Werbung für das zeitgenössische krisengeschüttelte Hellas? Wie seriös ist es eigentlich, eine »historische Abrechnung« vorzulegen, die eine Art geschichtlicher Identität zwischen »alten« und »modernen« Griechen suggeriert? Natürlich ist jeder Vergleich ohne ein echtes Tertium Comparationis unseriös. Wir denken eher an eine moralische Verpflichtung, eine emotionale Bindung zu einer Wiege, die die eigene Wiege bleibt, auch wenn jetzt ein anderer darin liegt. Auch die Wiege als solche sollte es uns – neben der viel beschworenen Solidarität mit dem griechischen Nachbarn im gemeinsamen europäischen Haus – wert sein, das, was wir Hellas schulden, auch in anderer als *nur* geistiger Münze zurückzuzahlen.

Klar, das ist kein rationales Argument, das ist aus Sicht vieler antigriechischer Wutbürger pure Gefühlsduselei. Aber es ist ein Gefühl gegenüber den alten und den arg gebeutelten modernen Griechen, dessen sprachliches Copyright wieder einmal bei unseren griechischen Kulturvätern liegt: Sympathie. *sympátheia* heißt »Mit-Empfinden«, »Mit-Leiden«, aber es heißt nicht »Mitleid«. Das haben die Griechen nicht nötig, die alten nicht und die heutigen auch nicht. Denn dafür steht Europa viel zu tief in ihrer Schuld.

KAPITEL I

Politik – Ein griechisches Gen

Der Staat als Krimineller? – Anfragen eines politischen Griechen

Wie kann man sich nur wünschen, von der Politik verschont zu bleiben? Wie kann man sich nur selbst als unpolitischen Menschen bezeichnen? Wie kann man nur behaupten, Politik sei ein schmutziges Geschäft?

Wer sie dafür hält, hat selbst keine sauberen Hände, würde ihm ein Grieche der klassischen Zeit entgegenhalten. Und wer sich als unpolitisch outet, dem würde er Egoismus und Eigennutz vorwerfen. Wer von Politik verschont bleiben will, dem geschieht es recht, seiner Freiheit verlustig zu gehen und sich unter einem tyrannischen Regime wiederzufinden. Der Despot hat in der Tat kein Interesse am politischen Engagement der Bürger. Wobei »Bürger« schon ein falscher Begriff ist: *despótes* ist der »Herr«, die anderen sind folglich seine Untergebenen.

Ein Grieche des 5. und 4. Jahrhunderts v. Chr. hätte auch wenig Verständnis für die heutzutage populäre Formulierung gehabt, der Staat greife seinen Bürgern in die Tasche, wenn er Steuern und Sozialabgaben erhöht. Klar, die Steuern kommen ja nicht etwa den Bürgern zugute und ebenso wenig die Renten- und Krankenkassenbeiträge, das alles verschlingt der Moloch Staat. Der, hört man nicht selten, plündert seine Bürger regelrecht aus – und die starren gebannt darauf, dass sie im Juni/Juli endlich anfangen können, ihr Geld für sich selbst zu verbrauchen, nachdem der gefräßige Staat ihnen dem medienwirksamen Bild der »Steuer- und Sozialuhr« zufolge die Hälfte ihres Jahreseinkommens im ersten Halbjahr weggenommen hat.

Wir neigen dazu, unseren Staat nicht nur als Bedrohung zu empfinden und zu fürchten, sondern ihn sogar zu kriminalisieren – ohne einen Gedanken darauf zu verschwenden, dass wir selbst es sind, die Gemeinschaft der Bürger, die diesen Staat konstituieren und die in repräsentativen demokratischen Prozessen für ebendiese vermeintliche Selbstausbeutung gestimmt haben. Das ist jedenfalls das Verstörende an unserer Staatsferne: dass wir die Politiker als Sachwalter unserer Polis-Gemeinschaft selbst gewählt haben und das demokratische Prinzip der Mehrheitsentscheidung doch im Großen und Ganzen anerkennen.

»Da läuft aber verdammt viel schief bei euch«, würde unser griechischer Gesprächspartner aus dem 5. Jahrhundert v. Chr. sagen. »Wie können sich Politen so weit von ihrer eigenen Polis distanzieren, dass sie sie eher als Gefahr für ihre individuelle Entfaltung wahrnehmen denn als Chance, ja als Gewährleisterin bürgerlicher Freiheit?«

Das einzige wirklich ernst zu nehmende Gegenargument wäre der Hinweis auf die gewaltige Diskrepanz in den Größenverhältnissen altgriechischer und moderner Bürgerschaften. Der Begriff »politisch« ist abgeleitet von *pólis*. Das ist die »Stadt«, der »Stadtstaat«. Die naturräumlichen Gegebenheiten des alten Griechenlands begünstigten die Entstehung kleiner staatlicher Einheiten, Berge und Meer waren natürliche Barrieren. Sie legten es nahe, dass die Menschen sich in geographisch abgeschlossenen Räumen organisierten. Ebendiese Organisation war die Polis.

Mitgestalten für die Gemeinschaft – Der Bürger als Politiker

Die Polis bestand aus einem zentralen Ort und einem ländlichen Territorium, das ihn umgab (*pólis* wird demnach meist zu Recht mit »Stadtstaat« übersetzt). Die meisten Inseln bildeten eine Polis; Kreta und Rhodos als größere Inseln waren in mehrere Poleis aufgeteilt. Die Zahl der Bürger lag meist bei einigen Tausend. Mit rund vierzigtausend Politen, »Bürgern« mit »politischen« Rechten, war Athen (mit Attika) im 5. Jahrhundert v. Chr. eine außergewöhnlich große Polis. Diese Bürger bildeten nicht nur den Staat, sie *waren* der Staat. Der staatsrechtliche Terminus für Athen hieß *hoi Athenaíoi*, »die Athener«. Nichts zeigt die Identifikation des einzelnen Politen mit seinem Gemeinwesen deutlicher als dieser Begriff; die Zugehörigkeit zu einer Bürgergemeinschaft bestimmte seine Identität viel stärker als das, was wir heute in erheblich größeren territorialen Einheiten als Nationalität bezeichnen.

Die griechische Polis ist eine *face to face society*. Zwar kennt nicht jeder jeden, aber viele kennen viele. Der Mittelpunkt des Zentralortes ist die *agorá*, der Marktplatz. Dort trifft man sich, spricht miteinander, tauscht sich über Neuigkeiten aus, kommentiert vergangene, gegenwärtige und bevorstehende Dinge. Das Leben – der Männer – vollzieht sich in der Öffentlichkeit, das mediterrane Klima ist der Kommunikation der Politen untereinander förderlicher als der nordische Himmel. Wenn Entscheidungen für die Polis zu treffen sind, so hat der griechische Polit ganz viele konkrete Menschen im Auge, andere Politen, auf die eine Entscheidung Auswirkungen haben wird. Der politische Raum ist durch persönliche Kontakte geprägt, nicht durch anonyme Strukturen. Politik hat in Hellas viel mit Nähe, mit Unmittelbarkeit, mit erlebter – und nicht nur rhetorisch beschworener – Gemeinschaft zu tun.

ta politiká, die »Dinge, die die Gesamtheit der Polis betreffen« – die Schicksalsgemeinschaft der Politen, die sich auch als Kultgemeinschaft mit einer Schutzgottheit der Polis versteht –, gehen jeden etwas an, der in irgendeiner Form Mitwirkungsrechte hat. Das muss keine weitgehende demokratische Partizipation sein, das kann sich im monarchisch oder aristokratisch regierten Staat auch auf die Anwesenheit und das bloße Zuhören in der Volks- und Heeresversammlung beschränken.[1] Die Beschlüsse, die Volksversammlung, Rat, Beamte oder Gerichte fassen, sind stets politische Entscheidungen, weil sie die Gesamtheit oder jedenfalls einen großen Teil der Politen etwas angehen. Politikverdrossenheit, unpolitisches Beiseitestehen, Politikferne? Dämlicher kann ich meinen eigenen Interessen nicht schaden, als wenn ich an den Dingen, die die Polis betreffen, bewusst keinen Anteil nehme. Dann entscheiden eben die anderen, die politisch Denkenden, über mich, mein Geschick und das meiner Familie mit. Indem ich mich von *ta politiká* zurückziehe, begebe ich mich meiner Mitbestimmungs- und Mitgestaltungschancen.

»Er ist kein stiller, sondern ein schlechter Bürger«

Das ist die eine Seite. Die zweite betrifft meine Pflicht zur politischen Mitwirkung. Die Gemeinschaft kann von mir erwarten, dass ich mich einbringe, ihr mit meinem Rat helfe und die Legitimation der zu treffenden Entscheidungen durch meine Beteiligung tendenziell stärke. Was heute als freiwillig-ehrenamtliches »bürgerschaftliches Engagement« hochgepriesen wird, ist für den griechischen Politen im Grunde selbstverständliche Pflicht: der Einsatz für die Gemeinschaft, deren Teil er ist. Man könnte vielleicht sogar von einer großen Familie sprechen, das macht es für einen heutigen Staatsbürger einfacher, sich den erwarteten Grad der Anteilnahme an den öffentlichen Dingen in einer griechischen Polis klarzumachen.

Wer sich *ta politiká* entzieht, handelt gemeinschaftsschädlich, pflichtvergessen, selbstbezogen. »Er ist kein stiller, sondern ein schlechter Bürger«, sagt Perikles.[2] Rechtes politisches Handeln besteht darin, mitzumachen und sich einzumischen, dabei aber den Nutzen für die Allgemeinheit nicht aus den Augen zu verlieren.[3] Das ist staatsbürgerliche *areté*, »Tugend«, verantwortungsvolles Handeln. Wenn viele Bürger von diesem politischen, will sagen auf die Polis zielenden Ethos beseelt sind, wenn sie sich, wie wir heute sagen, politisch engagieren, so ist das auch ein guter Schutz vor dem Verlust der Freiheit und Unabhängigkeit. Die war nun allen, auch den trägen Politen, heilig; *autárkeia*, »Selbstgenügsamkeit«, Freisein von Not auch in wirtschaftlicher Hinsicht hieß das Zauberwort.

Das alles mag sich reichlich idealistisch anhören. Und in der Tat hat dieser Ruf der Gemeinschaft auch im alten Hellas nicht jeden Politen erreicht. Auch da gab es »schlechte Bürger« im Sinne des Perikles, die sich verweigerten, die zu Hause blieben, die lieber Geld verdienten, als an Diskussionen über die Staatsdinge mitzuwirken – wobei damit nicht diejenigen gemeint sind, die an der Peripherie eines Polisterritoriums lebten und sich die staatsbürgerliche Partizipation schlicht nicht leisten konnten. Denen half die athenische Demokratie schließlich, indem sie aktive Teilhabe mit Entschädigungszahlungen unterstützte. Dazu mehr im Kapitel über die Demokratie.

Aber es war doch deutlich schwieriger als heutzutage, sich in einer überschaubaren Polisgemeinschaft einfach so wegzuducken. Gesellschaftliche Kontrolle war das eine, die öffentliche Meinung, die das politische Mitmachen propagierte, das andere Druckmittel auf die Zurückhaltenden. [illegible] Politen brauchten diesen Druck nicht, sie nahmen von sich aus teil, mal mehr, mal weniger. Auch athenische Volksversammlungen waren je nach Tagesordnung unterschiedlich gut besucht. Motivation und Belohnung für die Teilnahme war eine an konkreten Ergebnissen erfahrbare Mitwirkung und Mitgestaltung. Jeder, der dabei gewesen war, wusste, an welchen Beschlüssen er mitgewirkt hatte. Da hatte es die direkte Demokratie deutlich leichter als die repräsentative, ihren Bürgern klare Ergebnisse zu präsentieren.

Alles, was sich auf die Polis bezog, war politisch im eigentlichen Wortsinne, nicht nur die großen Fragen von Krieg und Frieden, von der Verwendung der Steuern und Staatseinkünfte, von großen öffentlichen Investitionen. Es klingt so schrecklich nach Politikunterricht der 5. Klasse, aber es trifft zu: Politik fing im Kleinen an, beim Bau eines Gymnasions oder bei der Ehrung eines Mitbürgers, bei der Kontrolle eines Beamten und bei der Verabschiedung einer neuen Marktordnung. Bürgerinitiativen und Bürgerbegehren waren nicht nötig, die relevanten Themen standen alle auf der offiziellen Tagesordnung der Polis-Gremien. Politik kann man lernen, und die politische Praxis einer ständigen Bürgerbeteiligung war nicht die schlechteste Schule dafür.

Politisch waren auch die Feste mitsamt ihren öffentlichen Tischgesellschaften und ihrem Unterhaltungsprogramm. Das Theaterspiel gehörte in Athen zum gemeinschaftlichen Kult der Polis, es war formal wie inhaltlich alles andere als eine politikfreie Zone. Das Zuschauen und Zuhören war eine Art Bürgerpflicht, weil es zur Identitätsbildung, zur Selbstdarstellung, zum Gemeinschaftsgefühl und zur staatsbürgerlichen Erziehung beitrug. Im Theater wurden die Politen mit ethischen und politischen Fragen konfrontiert oder gar behelligt, die ihnen abverlangten, Stellung zu beziehen und das Ergebnis ihres Reflexionsprozesses womöglich bei ihren nächsten realen politischen Entscheidungen zu berücksichtigen. Wer heute »politisches Theater« als etwas anrüchiges, weil ideologielastiges Bühnenspektakel ablehnt, hat alles Recht dazu, aber auf die klassische Theatertradition darf er sich dabei nicht berufen. Das war zwar kein vordergründiges Agitproptheater, aber inhaltlich wurde den Zuschauern da einiges zugemutet. Theater war kein einlullendes, kreuzbraves Samstagabend-Wohlfühlprogramm, sondern häufig genug Provokation mit Tiefgang. Provokation auch im etymologischen Sinne eines »Nach-vorne-Rufens« (*provocare*): Auch hier waren Drückeberger nicht erwünscht.

Selbst das Rechtswesen war politisch – für modernes Empfinden, das sich am Prinzip der Gewaltenteilung orientiert, eher eine fragwürdige Sache, in griechischen Augen aber war es gewissermaßen systemkonform, dass in einer Bürgerschaft Bürger über die Vergehen anderer Bürger urteilten. Auch zivilrechtliche Auseinandersetzungen lassen sich ja, weil sie das Verhältnis von Politen untereinander betreffen und durchaus Auswirkungen auf (zunächst) unbeteiligte Politen haben können, als politisch definieren. In Gestalt der Schöffen als Laienrichter trägt ja auch die moderne Rechtsordnung diesem Gedanken noch Rechnung, doch ist uns schon wohler dabei, wenn das ganze Verfahren zumindest von einem juristischen Profi gesteuert wird.

Das Aufblühen der öffentlichen Rede, ja die Erfindung der Rhetorik wäre ohne ein umfassendes Verständnis des Politischen nicht möglich gewesen. Ihre Wirkung war wesentlich auf den politischen Raum abgestimmt, das heißt den Raum der Polis, in dem die Politen agierten. Dieses Agieren will das Wort mit seiner Macht und Suggestionskraft beeinflussen. Die öffentliche Rede ist darauf aus, als plausibel empfunden zu werden und damit den Beifall, lateinisch *plausus*, der Öffentlichkeit zu gewinnen – nicht in irgendwelchen Hinterzimmern oder elitären Zirkeln, sondern inmitten all derer, die die Polis sind.

Das zóon politikón: Logos, Leidenschaft und Lautstärke

Die überragende Bedeutung und ständige Präsenz des Politischen spiegelt sich in der berühmten aristotelischen Definition des Menschen als eines *zóon politikón*.[4] Das meint zum einen ein »auf die Gemeinschaft hin angelegtes Wesen« im Sinne eines Daseinszwecks. Zum anderen bedeutet es, dass der Mensch seine Anlagen am besten in diesem von seinen Mitmenschen und den Gesetzen, die man sich gemeinsam gegeben hat, bestimmten Rahmen nutzen und, modern gesprochen, sich selbst verwirklichen kann. Das funktioniert aber nur, wenn er sich als *animal sociale* – so die lateinische Übersetzung – begreift und seinen politischen Obliegenheiten als Staatsbürger nachkommt. Nehmen, ohne zu geben, das kann auf Dauer nicht gut gehen, auch weil es Nachahmungseffekte heraufbeschwört, die den politischen Grundkonsens zu sprengen drohen. Eine Polis ohne Politen, das ist nicht denkbar; damit wäre die auf bürgerlicher Solidarität aufgebaute Geschäftsgrundlage überholt.

Diese Fixierung auf das Politische bedeutet beileibe nicht, einen zähen Konsensbrei über der Polis auszugießen. Auch wenn man gemeinsam in einem Boot sitzt, ist damit noch keine Entscheidung über den Kurs getroffen. Es gibt unterschiedliche Interessen, Wahrnehmungen und Temperamente, und die müssen im Polis-Rahmen, mithin politisch ausgetragen werden. Meinungsverschiedenheiten, Streit, ja Kampf sind Teil des politischen Prozesses. Leidenschaft und Lautstärke gehören dazu. Mit »Sachzwängen« brauchte man griechischen Politen nicht zu kommen. Wer so argumentierte, geriet in den Verdacht, die geradezu heilige Freiheit der Bürgerschaft einschließlich der individuellen Freiheit des Einzelnen bei der Zustimmung, der Ablehnung und gelegentlich der Nichtbeteiligung beschneiden zu wollen.

Das Risiko von Fehlentscheidungen, die sich durch spätere Erkenntnis, Meinungswandel oder im Lichte von Ergebnissen und Auswirkungen als solche herausstellten, ging man wohl oder übel ein. Der beste Schutz dagegen bestand darin, dass sich viele zu Wort meldeten und der Entscheidung eine intensive pluralistische Debatte voranging. Der Tat soll der beratende *lógos* vorangehen, das »Wort«, die »Aussprache«, die Ausdruck menschlicher »Vernunft« ist.[5] So gefällt es der Stadtgöttin Athene, wenn Peitho, die Göttin der Überredung/Überzeugung, und Zeus Agoraios, der Schutzgott der Volksversammlung, das Regiment führen:

> Wohl lob ich den Blick mir der Peitho sehr,
> Die so hold mir das Wort und die Lippe gelenkt,
> Dass ich sie erweicht, die unerweicht sonst;
> Doch gesiegt hat Zeus, der Beredenden Hort;
> So siege fortan stets unser Bemühn für das Gute![6]

Willkür! Klüngel! Schlechtigkeit! – Das Ringen um die beste Verfassung

Das Engagement des Bürgers erschöpfte sich nicht im Polis-bezogenen Reden und Handeln, sondern es erstreckte sich auch auf das Nachdenken über die *politiké téchne*, die »Kunst der Staatsverwaltung«. Das konnte die Handhabung politischer Entscheidungen und Verfahrensabläufe sein, das konnte aber auch die grundsätzliche Reflexion über das Wesen von Politik und die beste politische Organisationsform sein. Welche war die beste Staatsform? Das war die harte theoretische Nuss, die die Intellektuellen zu knacken hatten. Teil ihrer politischen Verantwortung war es, darüber einen lebendigen Diskurs zu führen.

Dieser Aufgabe stellten sie sich in vorbildlicher Weise. Ein zentrales Anliegen der griechischen »Weisheitsliebe« des 5. und 4. Jahrhunderts v. Chr. war die Staatsphilosophie. Wie lässt sich ein Höchstmaß an Gerechtigkeit in der Polis herstellen? Von dieser Frage gingen unter anderem Aristoteles und Platon aus. Ihre Antworten darauf gehören auch heute noch zu den Klassikern der Lehre, die wir mit einem – natürlich – griechischen Begriff die »Politologie« nennen, die »Wissenschaft von der Politik«. Es gibt wirkungsgeschichtlich keine einflussreicheren Werke der politologischen Reflexion als Platons *Staat* und die *Politik* des Aristoteles; sie waren zu allen Zeiten das geistige Fundament und Trainingsfeld zahlloser anderer Denker, auch wenn diese zu ganz anderen Ergebnissen kamen als die beiden griechischen Stammväter des politischen Denkens.

Das früheste Zeugnis einer intensiven öffentlichen Debatte über die beste Staatsform findet sich indes bei Herodot, dem »Vater der Geschichte«. Er verfremdet die Situation in gewisser Weise, indem er seine Verfassungsdebatte drei persischen Adligen in den Mund legt. Sie halten angeblich im September des Jahres 522 v. Chr. nach einer Palastrevolte Rat, wie es weitergehen solle und welche Verfassung künftig die beste für das Persische Reich sei. Manche Griechen würden wohl bezweifeln, dass diese Reden tatsächlich in Persien gehalten worden seien, räumt Herodot ein.[7] Die Skepsis ist berechtigt. Herodot wollte aber offenbar Distanz aufbauen, seine grundsätzlichen Erwägungen vor einer vordergründigen Vereinnahmung in der regen tagespolitischen Diskussion Griechenlands schützen.

Die drei Wortführer erweisen sich als Befürworter der drei Staatsformen, die auch den weiteren staatsphilosophischen Diskurs der nächsten Jahrhunderte prägen sollte: Demokratie, hier noch als Isonomie, »Gleichheit vor dem Recht«, bezeichnet, Aristokratie und Monarchie. Am Ende setzt sich der Verteidiger der Monarchie durch; das Ergebnis der Beratung konnte angesichts der tatsächlichen geschichtlichen Entwicklung in Persien nicht anders ausfallen. Ob sie Herodots persönliche Favoritin war, daran kann man erhebliche Zweifel hegen, er neigte eher der Demokratie zu. Viel wichtiger aber sind die grundsätzlichen Ausführungen: Es gibt für alle drei Verfassungen gute Gründe, aber auch stichhaltige Gegengründe.

Der Monarch, so leitet der Verfechter der Demokratie sein Plädoyer ein, neigt zur Willkürherrschaft, er braucht sich vor niemandem zu verantworten, seine Stellung als solche verführt ihn zur Selbstüberschätzung. Auf die Besten ist er neidisch, ihnen gönnt er nichts, und er ist stets gern bereit, auf Verleumdungen zu hören. Ganz falsch, widerspricht ihm der Monarchist. Der gute Herrscher sorgt für sein Volk, er unterbindet die Rivalitäten der Adligen, die zu gefährlicher Lagerbildung im Volk führen können. Gegenüber der moralischen Minderwertigkeit (*kakótes*), die in der Demokratie droht, und den Umtrieben dieser »Schlechten«, »die die Köpfe zusammenstecken«, verkörpert er hohe Integrität. Nach einem solchen Monarchen sehnen sich die Menschen geradezu.[8] Der Vertreter der Aristokratie stützt sich im Wesentlichen auf die sprachliche Empirie des traditionellen adligen Selbstverständnisses: »Wir sollten die Regierung aus den besten Männern bilden; die besten Männer werden auch die besten Entschlüsse fassen.« Die breite Masse ist ohne Einsicht, sie kennt das Gute nicht und tendiert zur Zügellosigkeit. Verstand beim Volk? Fehlanzeige. Und es folgt noch der Hinweis: »Zu den Besten gehören wir ja auch selbst.«[9] Man kann sich manchen selbstgefälligen Aristokraten in Athen vorstellen, der so gedacht und gesprochen hat. Aber diesen Schluss konnten Herodots Leser ja auch selbst ziehen.

Was spricht für die Demokratie? Ihr Verfechter hat das erste Wort: Gleichberechtigung vor dem Gesetz – einen schöneren Begriff gibt es nicht. Das Losverfahren ist das genaue Gegenteil monarchischer Willkür. Wer ein Amt verwaltet, muss für seine Amtsführung geradestehen, sich verantworten. Und: »Alle Beschlüsse werden der Gesamtheit vorgelegt.«[10]

Drei Kapitel, die wir hier nur stichwortartig wiedergegeben haben, werden zu einer Jahrtausendvorlage, zu einem Text, der den politischen Diskurs weiter anfachen konnte und anfachte. Herodot mischte sich ein, ohne dass er unmissverständlich Stellung bezog. Er stellte Pro- und Contra-Argumente in knapper, dialogischer Form zusammen – ein Spiegel der zeitgenössischen Diskussion.

Platons Abrechnung mit der Demokratie

Mit Platon trat dann jemand in die verfassungspolitische Debatte ein, der einen sehr klaren Standpunkt vertrat. Er hielt nichts von der attischen Demokratie. Sein Schlüsselerlebnis war die Verurteilung seines Lehrers Sokrates zum Tode im Jahre 399 v. Chr. gewesen. Mit dem Schierlingsbecher hatte sich der athenische Demos in Platons Augen völlig diskreditiert. Wer einen unbequemen intellektuellen Frager, einen Querdenker vom Format des Sokrates, den das Delphische Orakel zum weisesten Mann seiner Epoche erklärt hatte, wegen »Gottlosigkeit« und »Verführung der Jugend« ermordete, der hatte den Beweis für seine Unvernunft und politische Unzurechnungsfähigkeit geliefert.

Gewiss, ein Ruhmesblatt des demokratischen Athen war die

Verurteilung des Sokrates wahrhaftig nicht, auch nicht gerade ein Ausweis seiner sonst so selbstbewusst zur Schau getragenen Liberalität. Aber das Verfahren stand nicht unter dem Druck der Straße, es gab keinen aufgewühlten Mob, der die Geschworenen bedrängt und bedroht hätte, keinen Demos, der außer Rand und Band geraten wäre und sich blind vor Wut ein Opfer gesucht hätte. Es war nach den damals geltenden Kriterien ein formaljuristisch kaum zu beanstandender Prozess, an dessen Ende der Angeklagte seine Richter massiv provoziert hat, indem er auf die Frage, was er selbst glaube, verdient zu haben, die lebenslange Speisung im Prytaneion – eine der höchsten öffentlichen Ehren – vorschlug. In der Substanz der Anklage verdächtigte man Sokrates als systemgefährdenden Aufrührer, der mit seiner Kritik am Losverfahren die Axt an einen Grundpfeiler der demokratischen Ordnung lege. Damit wurde die Gefahr, die von Sokrates ausging, sicherlich maßlos überschätzt, doch muss man dabei berücksichtigen, dass das vorübergehende Terrorregiment der sogenannten Dreißig Tyrannen erst vier Jahre vorbei war. Vor diesem historischen Hintergrund mit der prägenden Erfahrung einer kurzzeitigen oligarchischen Schreckensherrschaft war es nicht völlig abwegig, Sokrates als Sicherheitsrisiko einzustufen und zu bestrafen.[11]

Platon arbeitet sein Sokrates-Trauma mithilfe seines Idealstaatsentwurfs in der *Politeia* ab. Die Demokratie hat aus seiner Sicht völlig abgewirtschaftet – und das ist systembedingt: Die Menge giert nach Freiheit, einer grenzenlosen, enthemmten Freiheit, die jede Form der Unterordnung aufzuheben trachtet. Die Jungen stellen sich den Alten gleich, der Lehrer fürchtet seine Schüler, der Vater seine Söhne, die im Lande lebenden Ausländer (Metöken) wollen den Bürgern gleichgestellt sein, am Ende fordern sogar Sklaven die Egalität ein. Das alles geschieht mit »schlechten Mundschenken als Beratern«, den Demagogen, die ihrem Volk ungemischten Freiheitswein servieren und es in den kollektiven Rausch treiben. Das Erwachen daraus aber wird furchtbar sein: Ein Übermaß an Freiheit wird in ein Übermaß an Knechtschaft umschlagen, das Ganze wird in einer Tyrannis enden, die jeder Freiheit den Garaus macht.[12]

Mit der athenischen Realität hat all das ebenso wenig zu tun wie mit den Umständen, die zum Tode des Sokrates geführt hatten. Aber das Zerrbild demokratischer Hemmungslosigkeit, das Schreckgespenst des Freiheitsrausches hat zu allen Zeiten als antidemokratische Vorlage gedient. Dem vermeintlichen Mord an Sokrates hat Platon den Rufmord an Athens Demokratie entgegengesetzt – wohl schon eine bewusste Rache, auf jeden Fall aber eine nachhaltige. Wer bei einem Klassiker des politischen Denkens geistige Munition gegen die Demokratie sucht, wird bei Platon fündig.

Welches positive Konzept hat Platon zu bieten? Es ist ein utopischer Entwurf. Das entscheidende Prinzip der Gerechtigkeit in einem Staatswesen lässt sich nicht mit einer Masse verwirklichen, die unfähig ist, politisch zu denken, sondern nur mit einer Herrschaft von Männern, die auf einem langen Erkenntnisweg zur Idee des Guten gefunden haben. Das aber sind die Philosophen. Und weil sie allein dem Guten und Gerechten verpflichtet sind, werden [illegible] verwalten«.[13] Philosophengezänk? Eifersüchteleien unter den Weisen? Kein Gedanke daran, jedenfalls nicht in Platons Idealstaat.

Die Philosophen also sollen es richten. Sie sollen die neuen Könige sein. Oder umgekehrt: Die Könige werden zu Philosophen. Es ist eine neue Form der Aristokratie, die Platon vor Augen hat: keine auf Geburt und Besitz, sondern eine auf Geist und Moralität gegründete »Herrschaft der Besten«. Das können übrigens, so viel Weitblick müssen wir Platon attestieren, auch Frauen sein. Wenn sie dieselbe gründliche Erziehung genießen, können auch sie als Philosophen-Königinnen an der Macht teilhaben.[14]

Das Modell funktioniert aber nur, wenn störende Einflüsse von außen und innen eliminiert werden. Dazu bedarf es einer strengen Überwachung des Kulturlebens. Homer und Hesiod müssen aus den Lehrplänen der Schulen gestrichen werden, denn sie sind voll von unsittlichen Erzählungen.[15] Auch das Theaterspiel wird verboten, es wühlt die Menschen zu stark auf, und in einem Vernunftstaat ist dafür kein Platz. Außerdem ist jede literarische Fiktion streng genommen Lüge, und gelogen werden darf in einem gerechten Staat nicht. Mit einer Ausnahme: »Nur den Herrschern des Staates kommt es zu, die Lüge um der Feinde oder der Bürger willen zum Nutzen des Staates zu gebrauchen.«[16]

Es ist das Muster des wohlmeinenden totalitären Staates, das Platon hier entwirft – auch wenn sich vieles am real existierenden »Einheitsstaat« Sparta orientiert, ist es doch ein innovativer Entwurf, sicherlich ein leidenschaftlicher Gegenentwurf zur athenischen Demokratie, dessen Verdienst und Erfolgsgeheimnis in Sachen Rezeptionsgeschichte seine Radikalität und Konsequenz sind. Man muss keine Sympathie für Platons Staat hegen, der den freien Geist, wenn überhaupt, dann nur an der Spitze toleriert, man kann ketzerisch fragen, wie denn wohl dieser Staat mit einem Systemkritiker wie Sokrates umgegangen wäre, aber man kann seinem geistigen Gründer nicht absprechen, dass er sich auf seine Weise als Polit betätigt hat. Da lässt sich jemand vom demokratischen Zeitgeist nicht unterkriegen, sondern geht kühn in die Offensive. Hatte Platon sich nur brav auf die traditionelle politische Weise als athenischer Staatsbürger betätigt (was er kategorisch abgelehnt hat), der Menschheit wäre ein hochpolitischer, ein hochumstrittener, gerade in seinem utopischen Provokationspotential hochinteressanter Klassiker des politischen Denkens vorenthalten geblieben. Auch wenn uns vieles daran nicht passen mag: Wir rufen anders als Platons Herrscher nicht nach dem Zensor. Wohl aber verweisen wir auf die kraftvollste Abrechnung mit diesem »wirkungsmächtigen Klassiker des Totalitarismus«. Sie stammt aus der Feder Karl Poppers. Er schrieb sie unter dem schönen Titel *Die offene Gesellschaft und ihre Feinde;* Band I ist mit »Der Zauber Platons« überschrieben. Beide Werke – Platon und Anti-Platon – seien zur Lektüre empfohlen.

Aristoteles hat in seiner *Politik* viele Berührungen mit seinem Lehrer Platon. Und doch atmet das Werk einen anderen Geist, den der Mitte und des Ausgleichs. Die Idealvorstellungen des Aristoteles sind näher an der Wirklichkeit. Das ist indes aus moderner Sicht nicht nur ein Vorteil. Die gesellschaftliche Realität seiner Zeit prägt auch die Realität des aristotelischen Staates: Sklaverei gehört ebenso dazu wie die Herrschaft des Mannes über die Frau und die Überlegenheit der Griechen gegenüber den Barbaren. Hier kommt Aristoteles nicht aus seiner historischen Haut heraus. Im Gegenteil, er zementiert den Status quo durch fragwürdige Beweise und wenig schlüssige Argumentationsketten.[17] Eine seiner schwächsten Beweisführungen stützt die These von der Naturgemäßheit der Sklaverei – für spätere Verfechter der Institution natürlich ein gefundenes Fressen, konnten sie sich doch auf den großen Aristoteles berufen.[18] Dass Aristoteles in diesen grundsätzlichen Fragen der gesellschaftlichen Hierarchie so wenig innovativ ist, mag auch auf seinen wissenschaftlichen Fleiß zurückgehen. Bevor er sich an die Niederschrift der *Politik* machte, hatte er 158 Verfassungen griechischer Poleis studiert.

Aristoteles unterscheidet wie Platon drei Grundformen der Herrschaft, die er mit drei Entartungsformen konfrontiert. Die gute Monarchie verkommt irgendwann zur Tyrannis, der schlechtesten Herrschaftsform überhaupt, und die gute Aristokratie hat die Neigung, zur Oligarchie zu entarten, eigentlich mehr zu einer Plutokratie, in der die Reichen sich die Taschen weiter vollstopfen. Die gute Demokratie heißt bei ihm Politie (*politeía*). In ihr hält eine bürgerliche Mitte den Staat in der Balance. Wenn aber die Armen zu stark an Einfluss gewinnen, dann wird die Politie zu einer Demokratie mit anarchischen Zügen: »So wird die Masse der Armen maßgebend im Staat, und nicht mehr das Gesetz.«[19] Dessen Herrschaft aber ist die Voraussetzung für eine Bürgergemeinschaft, die diesen Namen verdient.[20]

Die Konsequenz aus diesem Befund liegt nahe: Am besten wäre eine siebte Form, in der die drei Elemente, das monarchische, das aristokratische und das demokratische, durch institutionelle Strukturen miteinander kombiniert sind; eine Mischverfassung, in der das schon angelegt ist, was man später ein System der *checks and balances* nennen wird. Diese aristotelische Theorie wird in hellenistischer und römischer Zeit weiterverfolgt werden. In *De re publica* preist Cicero sie als die stabilste Verfassung, die den Bestand des Staates am längsten zu garantieren verspricht.

Die Darstellungsweise des Aristoteles lässt sehr deutlich werden, wie intensiv sich die Griechen Gedanken über die beste Verfasstheit ihrer Poleis gemacht und welch lebendige Diskussion sie darüber geführt haben. Da werden zahlreiche Spielarten und Verständnisvarianten vor allem demokratischer Systeme nebeneinandergestellt, voneinander abgegrenzt und im Hinblick auf das Wesenhafte der Volksherrschaft erörtert. Dabei schälen sich für die Demokratie zwei Leitideen heraus: die der Freiheit und die der Gleichheit aller Bürger. Da der Staat indes gelenkt werden muss und man auf Hierarchien nicht gänzlich verzichten kann, empfiehlt sich das Rotationsprinzip: »Alle herrschen über jeden und jeder abwechslungsweise über alle.«[21] Und: »Zur Freiheit gehört es, dass man abwechselnd regiert und regiert wird«,[22] darin erweist sich »demokratische Gerechtigkeit«.

Aristoteles ist wie Platon kein Freund des Demos. Das erklärt sich auch aus seiner Definition des höchsten Staatszwecks. Das ist die *eudaimonía*, ein »Glück«, das sich in einem »möglichst guten Leben« für alle Politen erweist. Dieses Glück ist nicht vorrangig materiell definiert, es ist an die *areté*, das »sittlich gute Handeln«, gebunden – und das verträgt sich nicht mit dem Leben eines zur Erwerbsarbeit verurteilten »Banausen« oder »Krämers«.[23] Von einer demokratischen Gleichheit kann demnach in der Konstruktion des besten Staates, wie Aristoteles sie im 7. und 8. Buch seiner *Politik* entwirft, keine Rede sein. Das hat das intellektuelle *zóon politikón* Aristoteles aber nicht daran gehindert, viele kluge Gedanken und Einsichten auch über die eher ungeliebte Demokratie zu formulieren. Seine *Politik* ist so gesehen auch ein Basistext Europas für das schwierige und kontroverse Ringen um die beste Verfassung.

Danke für die Politik!

Auch für den ganz anders dimensionierten modernen Territorialstaat mit zig Millionen Einwohnern? Was die Antike – über Platon und Aristoteles hinaus – an staatsphilosophisch grundlegendem Gedankengut bereithält, sind keine unmittelbar anwendbaren Rezepte oder direkt umzusetzenden Maßnahmenkataloge. Selbst zu ihrer Entstehungszeit waren diese Schriften schwerlich als konkret-praktische Vorschläge gedacht, so detailliert sie im Einzelnen auch formuliert sind. Sie waren Konzepte, Diskussionsbeiträge, Zusammenstellungen von Prinzipien und Grundgedanken, wie sich das als *zóon politikón* begriffene Wesen Mensch in einer möglichst allen gerecht werdenden Ordnung organisieren könne, und wie nicht. Darüber haben die Griechen wunderbar lebendig diskutiert und gestritten und dabei die Nachwelt mit geistigen Angeboten versorgt, die noch immer zu dem Besten gehören, was auf dem politologischen Markt so gehandelt wird – übrigens auch in einer sprachlich eleganten Form, die sich vom modernen Politologenjargon angenehm unterscheidet.

Dass sich die Partizipationsmöglichkeiten und vor allem -formen im modernen anonymen Staat fundamental von denen einer überschaubaren, persönlichen Polis-Welt unterscheiden müssen, ist evident. Was aber den politischen Geist angeht , das politische Engagement der modernen Politen für ihre Groß-Polis und ihr Bewusstsein, das auch diese Groß-Polis *ihre* Bürgergemeinschaft ist und *sie* der Staat sind, da können wir uns von den alten Griechen wohl einiges abschauen. Wir verdanken ihnen neben grundlegenden Termini wie »Monarchie«, »Aristokratie«, »Demokratie«, »Oligarchie«, »Plutokratie« und so weiter nicht nur den Zentralbegriff »politisch«, sondern auch ein historisches Vorbild, diesen mit Inhalt zu füllen und ihn damit im eigentlichen Sinne politisch ernst zu nehmen.

KAPITEL 2

Demokratie – Ein erfolgreiches Experiment der Weltgeschichte

Wie ein Gerechter sich selbst verbannt

Im Frühjahr 482 v. Chr. kam es auf der Agora, dem Marktplatz Athens, zu einer denkwürdigen Szene. Es war der Tag, an dem die Athener über die Verbannung eines führenden Politikers abstimmten. Etwa zwei Monate vorher hatte die Volksversammlung beschlossen, einen solchen Ostrakismós (nach *óstrakon*, »Scherbe«), ein sogenanntes Scherbengericht, zu veranstalten. Der südwestliche Teil der Agora war durch einen Holzzaun abgetrennt. Durch zehn Eingänge gelangten die Wähler zu den Stimmurnen, in die sie unter Aufsicht von Beamten und Ratsmitgliedern ihre Scherben warfen.

Solche Wahlscherben lagen bereit, man konnte aber auch eigene, schon beschriftete mitbringen. Jeder Bürger konnte jeden beliebigen Namen auf sein *óstrakon* schreiben, eine offizielle Vorschlagsliste gab es nicht. In dem Gedränge stand ein Kleinbauer etwas hilfesuchend mit der Scherbe in der Hand; er war Analphabet und musste nun jemanden finden, der seine Wahlscherbe beschriftete. Zufällig geriet er an Aristides, einen der führenden Politiker seiner Zeit – und als solcher ein durchaus heißer Kandidat für eine Verbannung.

Und worum bittet unser Bauer Aristides, den er selbstverständlich persönlich gar nicht kennt? Er möge doch in seinem Auftrag »Aristides« auf die Scherbe schreiben. Was er denn gegen den habe? Warum er ihn verbannt wissen wolle, erkundigt sich Aristides vorsichtig. Worauf der Bauer ohne Umschweife einräumt, er habe seinen Verbannungskandidaten noch nie zu Gesicht bekommen. »Aber ich ärgere mich, wenn ich immer von ›dem Gerechten‹ höre.« Diesen Beinamen hatte sich Aristides in der Tat wegen seiner außerordentlichen Integrität verdient. Und er handelt, wie nur Gerechte zu handeln pflegen: Ohne weiter nachzufragen, schreibt er seinen eigenen Namen auf die Scherbe, reicht sie seinem Mitbürger – und kassiert eine Verbannungsstimme.

Am Abend steht fest: Aristides ist gewählt. Binnen weniger Tage muss er Athen verlassen. Sein Exil ist nicht weit. Er wird die nächsten Jahre auf Ägina verbringen, einer Insel im Saronischen Golf, gewissermaßen vor der Haustür seiner Heimatstadt. Politischen Einfluss aber wird er aus dem nahe gelegenen Verbannungsort kaum ausüben können. Grund genug für ihn, beim Verlassen der Stadt die Hände zum Himmel zu strecken und die Götter um einen letzten politischen Gefallen zu bitten. Sie möchten verhindern, dass jemals eine Situation eintrete, in der sich das Volk seiner erinnere. Stilvoller kann ein »Gerechter« seinen erzwungenen Abschied nicht zelebrieren.[1]

Die Anekdote ist sicher unhistorisch. Aristoteles, der rund eineinhalb Jahrhunderte nach der Ostrakisierung des Aristides lebte, kennt sie noch nicht. Das »Strickmuster« ist recht schlicht. Es ging darum zu illustrieren, wie treffend der Beiname des »Gerechten« war. Welcher normale Politiker hätte sich dem für ihn abträglichen Willen eines anderen Bürgers so selbstlos gebeugt?

Ein Angriff auf das Selbstwertgefühl des Bürgertums

Aber das ist nicht die einzige Botschaft der erfundenen Geschichte, die auch und gerade in der Neuzeit zum ehernen Anekdotenschatz des Altertums zählte. Der Subtext ist eine Kritik an der demokratischen Verfassung Athens. Wie konnte man einfachen Bürgern, die nicht einmal lesen und schreiben konnten, nur so weitgehende Partizipationsrechte einräumen?

Dass sich eine solche Praxis mit Platons Philosophenkönigtum nicht verträgt, ist offensichtlich. Aber auch die bürgerliche Honoratiorenschicht, die zu Plutarchs Zeit im 2. Jahrhundert n. Chr. die

Geschicke ihrer Heimatstädte lenkte, musste sich in ihrem Selbstverständnis und Selbstbewusstsein herausgefordert sehen, wenn man mit bildungsfernen Leuten wie dem schreibunkundigen Kleinbauern im wahrsten Sinne des Wortes Staat machen wollte. Und diese Skepsis war auch dem europäischen Bürgertum des 19. und frühen 20. Jahrhunderts nicht fremd: Demokratie ja, aber doch bitte ohne die Radikalität des klassischen Athens und unter Beachtung bürgerlicher Mindeststandards! Dass die ungebildete, zu heftigen Emotionen und unberechenbaren Spontanaktionen neigende Masse so weitgehende Mitspracherechte genoss, das schien doch sehr bedenklich. Diese Einschätzung der Masse war nicht frei von ideologischen Klischees und wurde von wenig demokratiefreundlichen Publizisten seit dem Altertum kräftig genährt.

Als besonders überzeugender Beleg für die vermeintlichen politischen Risiken, die sich mit dem allgemeinen Wahlrecht auch für Analphabeten verbinden, taugt die Aristides-Anekdote nicht nur deshalb wenig, weil weder politische Urteilsfähigkeit noch die Vertretung eigener Interessen zwangsläufig an die Fähigkeit des Lesens und Schreibens geknüpft sind. Und außerdem soll es ja durchaus vorgekommen sein, dass Hochintelligente sich dem Faszinationssog wenig rationaler extremistischer Ideologien nicht haben entziehen können. Was die athenische Demokratie angeht, fällt vielleicht noch mehr die Tatsache ins Gewicht, dass eine deutliche Mehrheit der Wahlberechtigten durchaus in der Lage war zu lesen und zu schreiben – viele sicher nur mit Mühe und wenig Begeisterung, aber ausreichend für den alltäglichen Gebrauch. Im Lichte dieser jüngsten Forschungsergebnisse gehörte der Bauer des Aristides also einer Minderheit an – kein guter Grund, um ausgerechnet ihn in den historischen Zeugenstand zu rufen.

Im Übrigen war der Ostrakismos keineswegs eine Erfindung dessen, was manche die »radikale« Phase der attischen Demokratie nennen. Sie begann erst mit den Reformen des Ephialtes im Jahre 462/61 v. Chr. Das Scherbengericht indes war damals schon mindestens zwei Generationen alt. Seine Einführung wird Kleisthenes zugeschrieben, jenem Reformer, der die Demokratie Athens nach dem Sturz der Tyrannen im Jahre 508/07 v. Chr. gewissermaßen auf den Weg gebracht hat. So jedenfalls steht es in der zuverlässigsten Quelle, der unter dem Namen des Philosophen Aristoteles überlieferten Darstellung der Verfassungsgeschichte Athens. Auch wenn Aristoteles diese *Athenaion politeia* nicht selbst verfasst haben sollte, stammt sie doch aus seinem geistigen Umfeld und dürfte seine Positionen weitgehend widerspiegeln. Seine Position zum Ostrakismos ist eindeutig: Mit dem Gesetz über das Scherbengericht habe Kleisthenes »auf die Gunst der Menge gezielt«.[2]

Verband sich mit dem Scherbengericht die Absicht, prominente Anhänger der gestürzten Tyrannenfamilie gewissermaßen prophylaktisch ins politische Abseits befördern zu können? Oder gar gefährliche Gegenspieler des Kleisthenes selbst? Aristoteles gibt keine Antwort auf diese Fragen. Zum ersten Mal eingesetzt wurde das potentiell scharfe Verbannungsschwert allerdings erst zwei Jahrzehnte später. Das ist auffällig und hat manche Historiker vermuten lassen, der Ostrakismos sei noch nicht Bestandteil der kleisthenischen Neuordnung gewesen.

In den achtziger Jahren des 5. Jahrhundert v. Chr. wurde er dann allerdings recht häufig angewandt. Kein Wunder, ging es doch damals um eminent wichtige Weichenstellungen der athenischen Politik. Wie sollte man auf die anhaltende persische Gefahr reagieren, nachdem die erste Invasion des Großkönigs im Jahre 490 v. Chr. erfolgreich zurückgeschlagen worden war? Wie sollte Athen mit seinem in diesem ersten Perserkrieg enorm gestärkten Renommee gegenüber Sparta, der bisherigen Vormacht in Hellas, umgehen? Wie auf die nach wie vor latente Bedrohung durch den Tyrannenclan und seine Gefolgsleute antworten, die ihre Usurpationspläne weiterverfolgten?

Ohne dass eine klare programmatische Linie in den Ostrakisierungen der achtziger Jahre erkennbar wäre, hatte man offenbar doch das Bedürfnis, das Scherbengericht als politisches Ausrufezeichen zu nutzen, indem man durch eine Personalentscheidung einen bestimmten politischen Kurs bestätigte und sich von einem anderen distanzierte. Die Abstimmung verlangte von den Bürgern, Farbe zu bekennen. Sie war ein hochpolitischer Akt mit ungewöhnlich großem individuellem Spielraum: Es gab keine Vorgabe für das, was der Einzelne auf sein *óstrakon* schrieb, keinen Wahlkampf und keine Parteien, die einem den richtigen Namen suggerierten. Die politische Meinungsbildung vollzog sich weniger organisiert und kanalisiert als heutzutage. Gewiss kam es zu Einflussnahmen bis hin zu von interessierter Seite schon ausgefüllt bereitgestellten *óstraka* und Aufrufen, den X oder Y zu ostrakisieren. Aber die Vielzahl der Namen auf den rund 11 000 ausgegrabenen *óstraka* zeigt doch, wie eigenständig die Bürger bei vielen Entscheidungen votiert haben. Da finden sich neben den aus der historischen Überlieferung bekannten großen Namen auch manche Nobodys, die wir nur von den Wahlscherben kennen.

In einigen der insgesamt rund zwanzig Ostrakisierungsverfahren aus dem 5. Jahrhundert v. Chr. ging es sicher um grundlegende Richtungsentscheidungen in einem stark personalisierten Machtkampf. Die Ostrakisierung eines prominenten Politikers war insofern auch ein Barometer der politischen Stimmung in zentralen Sachfragen. Da wurde der eine oder andere auch für ein bestimmtes Programm – oder auch, wenn er sich durch ein bestimmtes Auftreten Sympathien verscherzt hatte – persönlich abgestraft. Über vieles wurde in der athenischen Volksversammlung leidenschaftlich diskutiert, *darüber* nicht: Das Scherbengericht kannte keine Anklage- oder Verteidigungsreden, es wurde ohne Aussprache durchgeführt.

Der Ostrakismos war ein originelles basisdemokratisches Element, das wie andere Mechanismen der athenischen Demokratie ein deutliches Gegengewicht zur Herausbildung einer Funktionärselite bildete. Dem Volk als Souverän stand auch gegenüber den etablierten Spitzenpolitikern einmal im Jahr ein effizientes Instrument zur Verfügung, das politische Karrieren abrupt beenden – oder zumindest für zehn Jahre unterbrechen – konnte.

Zehn Jahre Exil, darauf musste sich der Verbannte in der Regel einstellen. Eine Revision des Beschlusses auch im Rahmen allgemeiner Amnestien war möglich; Aristides etwa war Nutznießer einer solchen Entscheidung. Doch war das die Ausnahme. Wie sehr es bei der Verbannung um eine politische Entscheidung und nicht um eine Bestrafung ging, zeigen die Begleitumstände: Der Verbannte behielt sein ganzes Vermögen und seine bürgerlichen Rechte. Nach Ablauf seiner erzwungenen politischen Auszeit war es ihm unbenommen, sich wieder in der athenischen Politik zu engagieren und führende Staatsämter zu bekleiden. Ohne Zweifel, der Denkzettel – oder besser: die Denkscherbe – des Wählers tat weh, er war für die Betroffenen ein harter persönlicher Schlag und veränderte ihre Lebensplanung auf dramatische Weise. Aber er vernichtete nicht, weder physisch noch materiell noch moralisch. Er war eine Spielregel demokratischer Entscheidung, die das Mehrheitsprinzip stärker gewichtete als den Minderheitenschutz.

Die Ostrakisierung war indes an formale Spielregeln gebunden, die den Ausnahmecharakter des Verfahrens betonten und einer inflationären Verwendung einen Riegel vorschoben. Das Scherbengericht fand nur einmal im Jahr statt, es war im politischen Terminkalender der Volksversammlung fest verankert und wurde auch nur dann durchgeführt, wenn die Athener zu Jahresbeginn einen einschlägigen Beschluss gefasst hatten. Auch das Quorum der abgegebenen Stimmen stellte eine nicht unwesentliche Hürde dar. Gaben weniger als sechstausend Bürger ihre Scherbe ab, so endete das Verfahren ohne Ergebnis. Selbst wenn jemand mehr als fünftausend Stimmen erreicht hätte, wäre das ohne Konsequenzen für ihn geblieben. Anders im positiven Fall: Waren mehr als sechstausend Stimmen abgegeben worden, so galt derjenige als verbannt, auf den die relativ meisten Stimmen entfallen waren. Er hatte binnen zehn Tagen das Land zu verlassen.

»Gleicher Anteil am Recht!«

Ein wesentliches demokratisches Prinzip, auf dem das Scherbengericht beruhte, heißt in moderner Diktion *one man, one vote*. Es gibt bei der Abstimmung keinen Unterschied zwischen denen, die über das Wahlrecht verfügen; jede Stimme zählt gleich viel. Ebendieses Prinzip stand am Anfang der demokratischen Entwicklung Athens. Es hieß noch nicht *demokratía*, »Herrschaft des Volkes« (*démos*, »Volk«; *krátos*, »Macht«), sondern *isonomía*. Das war das gewissermaßen konzeptionelle Zauberwort, das bei den Reformen des Kleisthenes Pate stand. Übersetzt bedeutet es »gleicher Anteil« (*ísos*, »gleich«; *nómos*, »das Zugeteilte«, daraus auch »Gewohnheit«, »Gesetz«). Man könnte auch formulieren: »gleiche Teilhabe an der Politik«, und zwar unabhängig von der Abstammung und der gesellschaftlichen Stellung, von Einkünften, Besitz oder Bildungsstand. Diese Kriterien wurden nicht aufgegeben, aber sie wurden mehr und mehr aus dem politischen Raum verdrängt. Sie verloren ihren Einfluss auf den Grad der Mitsprache in politischen Entscheidungsprozessen.

Das ist das Neue und, wenn man so will, geradezu Revolutionäre und weltgeschichtlich Epochemachende an dieser Erfindung der Griechen: dass zum ersten Mal nicht Herkunft und Vermögen über den Grad an politischer Teilhabe entschieden, sondern die Tatsache, dass jemand Mitglied des Bürgerverbandes war und ihm in dieser Eigenschaft ein »gleicher Anteil« an der politischen Willensbildung und Entscheidung zustand. Dabei war der Anteil als Angebot und Chance definiert; wer nicht wollte, wurde nicht dazu gezwungen. Ein großes Vermächtnis der athenischen Demokratie ist es, dass sie dieses neue Konzept der Chancengleichheit auch durch praktische Angebote unterstützte und damit deutlich machte, dass das ideelle Konstrukt auch die Feuerprobe der politischen Realität bestand.

Dahin war es ein weiter Weg. Die Ausgestaltung der demokratischen Staatsform erstreckte sich über Jahrzehnte. Die Väter der attischen Demokratie, wenn man denn diese aktualisierende sprachliche Parallele zu den Vätern des deutschen Grundgesetzes ziehen will, hatten keinen Masterplan in der Tasche, der den nächsten oder übernächsten Schritt vorausgesehen hätte. Sie wussten nicht, in welche Richtung sich ihr System weiterentwickeln würde. Und deshalb gehört auch die schrittweise Fortentwicklung der Isonomie zu den großen Leistungen und zum historischen Vermächtnis der athenischen Demokratie: Sie stellte eine bemerkenswerte Reformwilligkeit und Dynamik unter Beweis, die einerseits Konsequenz zeigte und andererseits auf neue gesellschaftliche, politische und wirtschaftliche Entwicklungen flexibel reagierte.

Dass man sich dabei ab und zu auch auf Nebenwege und in Sackgassen verirrte, dass man Entscheidungen traf, die sich aus der historischen Rückschau als wenig förderlich oder falsch darstellten, dass demokratischer Anspruch und demokratische Wirklichkeit auch in Athen meist nicht deckungsgleich waren, ist nicht zu bestreiten. Aber das liegt auch und gerade in der Natur einer Sache, die ein historisches Experiment ohne Vorbilder war. Das Athen des 5. und 4. Jahrhunderts v. Chr. war im Grunde eine Demokratiewerkstatt – und auch als solche ein heute noch faszinierendes und Mut machendes Studienobjekt.

Der Staat in der Krise – Politische Selbstdemontage der Besten

Jede hagiographische Annäherung an dieses Modell wäre verfehlt, jeder Respekt indes ist angebracht. Und der scheint uns in manchen modernen kritischen Anfragen, wir werden später darauf zurückkommen, denn doch zu fehlen. Wer den athenischen Aufbruch in eine ganz neue Welt des Politischen richtig ermessen will, darf nicht außer Acht lassen, was vorher war. Die traditionelle Rolle der einfachen Bürger war in einem von König und Adel beherrschten Staat die der Anwesenden und Zuhörenden. In den homerischen

Beschreibungen von Heer- und Volksversammlungen sind die freien erwachsenen Männer präsent. Sie nehmen teil, haben aber nicht teil, denn sie sind vom Rede- und Abstimmungsrecht ausgeschlossen. Wer gegen alle Gewohnheit trotzdem aufmuckt und sich als einfacher Krieger mit stimmlicher Artikulation jedweder Art in den Beratungsprozess der Vornehmen einzumischen wagt, wird harsch zurückgewiesen. Odysseus weiß, wie mit Störern umzugehen ist, die man »schreiend antrifft«. Er schlägt einen »Krakeeler« mit dem Stab und fährt ihn an: »Mann des Unglücks! Setz dich still hin und höre die Rede anderer, die besser sind als du!« Immerhin ringt er sich sogar zu einer Begründung durch – und die bringt das Prinzip der politischen Teilhabe im Adelsstaat wunderbar auf den Punkt: »Denn du bist unkriegerisch und kraftlos, weder zählst du jemals im Kampf noch in der Beratung!«[3]

Mehr Klartext geht kaum: Dein Beitrag zur Wehrhaftigkeit unserer Heimat tendiert gegen null, deshalb hast du den Mund zu halten. Ein eherner Grundsatz der antiken Wehrverfassung: Je mehr einer zur militärischen Stärke der Gemeinschaft beiträgt, umso mehr hat er auch politisch zu sagen. Diesen Grundsatz wird auch die athenische Demokratie nicht aufgeben: Wenn sie in einer prinzipiell timokratischen Verfassung den Theten (Lohnarbeiter, Tagelöhner) als Angehörigen der untersten Zensusklasse gleiche politische Rechte einräumt, so honoriert sie damit deren militärisches Engagement als Ruderer in der Kriegsflotte. Auf diese maritime Macht stützt sich Athen im 5. Jahrhundert – und dafür halten eben auch die Theten den Kopf hin. Damit sind sie spätestens in dieser Phase politisch gleichberechtigte Bürger. Das Umgekehrte trifft auf die Frauen zu. Dass sie keine politischen Rechte haben, ist eine logische Konsequenz aus ihrem fehlenden militärischen Beitrag.

Als Schwerbewaffnete, die ihre eigene Rüstung privat finanzieren müssen, sind die Adligen der homerischen Zeit folgerichtig davon überzeugt, dass sie allein als kompetente Berater des Königs infrage kommen. Die Einmischungen von im Sinne der Militärverfassung Wehrlosen verbitten sie sich – und klatschen Odysseus begeistert Beifall, als er Thersites, der trotz des energischen Ordnungsrufes keine Ruhe geben will, mit Prügeln zum Schweigen bringt. Blutige Striemen zieren den Rücken des Spielverderbers. Bravo-Rufe werden laut für den Wiederhersteller der Ordnung: Das war von allen Taten des Odysseus »das Beste, dass er diesem wortwerfenden Lästerer Einhalt tat mit Reden«.[4]

Die führenden Männer halten sich für etwas Besseres; und das dokumentieren sie auch in der Bezeichnung ihres Standes: *hoi áristoi*, »die Besten«, nennen sie sich ohne falsche Bescheidenheit. Das übrige Volk sind für sie die *kakoí*, die »Schlechten«, und so werden sie auch freimütig bezeichnet. Bis heute spiegelt sich dieses Selbstverständnis in den Begriffen »Adel« (von »edel«) und »Aristokratie« (»Herrschaft der Besten«) wider.

Der König ist den *áristoi* ein Dorn im Auge; seine überragende Position wirkt wie ein Affront gegenüber jener aristokratischen Gleichheit, die wesentlicher Bestandteil ihrer Standesideologie ist. Nach der Sesshaftwerdung bedarf es keines starken Anführers mehr, finden die Adligen und machen sich auf die eine oder andere Weise daran, die Monarchie zu schwächen. Bis auf wenige griechische Staaten gelingt dem Adel die Entmachtung des Königtums im Laufe des 8. und 7. Jahrhunderts v. Chr. Die Monarchie wird abgeschafft, das adlige Kollektiv übernimmt die Macht. Ein aufs Ganze gesehen schleichender Prozess, der die neuen Machthaber nicht unvorbereitet trifft: Als Beraterstab des Königs haben sie ja den Umgang mit der Macht gelernt und sich das notwendige Know-how angeeignet. Diese jahrhundertelange Sozialisation, das Bewusstsein der eigenen Kompetenz, die Routine des öffentlichen Auftritts, die Selbstverständlichkeit adliger Herrschaft, die auch von den Machtlosen als nicht hinterfragbare Gegebenheit anerkannt wird, das alles sind Bestätigungen für den Besten-Status.

Ein solcher Kompetenzvorsprung brachte aber auch Verpflichtungen mit sich. Von den Besten erwartete man, dass sie auch zum Besten des gesamten Staates agierten und das Beste für die gesamte

Bürgerschaft im Blick hatten. Nur dadurch legitimierte sich ihre Stellung à la longue. Ebendiesem Anspruch wurden die Adligen jedoch in vielen Staaten nicht gerecht, auch nicht in Attika. Zu Beginn des 6. Jahrhunderts v. Chr. kam es dort zu sozialen Verwerfungen, die offenkundig auch damit zu tun hatten, dass viele Großgrundbesitzer – und das hieß: Aristokraten – allzu sehr in die eigene Tasche wirtschafteten und das Gesamtwohl der Bürgerschaft aus den Augen verloren hatten. Zahlreiche Kleinbauern waren hoch verschuldet, und manche wussten in ihrer Verzweiflung nichts Besseres, als sich selbst in die Sklaverei zu verkaufen. Sie liehen sich Geld »auf ihren Leib« und fielen, wenn sie es nicht zurückzahlen konnten, der Schuldknechtschaft anheim. Das hört sich freundlicher an, als es war. Tatsächlich wurden auf diese Weise freie Bauern im eigenen Lande zu Unfreien ihrer Landsleute. Und das war ein Skandal.

Ein Skandal, der zu einer tiefen Vertrauenskrise führte. War das das Ergebnis einer Herrschaft der Besten? Die sozialen Unruhen nahmen zu. Man einigte sich schließlich darauf, Solon, einen Adligen, zum Schiedsrichter zu berufen. Im Jahre 594/93 v. Chr. wurde er zum *diallaktés*, »Versöhner«, ernannt. Er ging seine schwierige Aufgabe engagiert und vergleichsweise unparteiisch an. Seine wichtigste Maßnahme war die Aufhebung der Schuldknechtschaft; ins Ausland verkaufte Schuldsklaven wurden mit staatlichen Mitteln freigekauft. Ein Verbot des »Leihens auf den eigenen Leib« packte das Krebsübel der Schuldknechtschaft an der Wurzel.

Neben dieser Befriedung aktueller Konflikte ging es Solon darum, Athen gewissermaßen zukunftsfähig zu machen. Das von ihm geschnürte Bündel an Verfassungsänderungen war ohne Zweifel zukunftsorientiert. Aber als Wegbereiter der Demokratie kann Solon nur sehr bedingt gelten. Gewiss, er richtete einen Volksgerichtshof ein (Heliaia), der ein Gegengewicht zu den weit reichenden Kompetenzen der adligen Magistrate schuf. Sein Anliegen war es jedoch nicht, die Macht der Aristokratie zu brechen, wohl aber sie durch Kontrollinstanzen zu zähmen und sie in ihren politischen Entscheidungen zu größerer Transparenz zu verpflichten.

Eine weitere Neuerung führte, auch wenn sie aus heutiger demokratischer Sicht eher in die Gegenrichtung zu zielen scheint, zu einer nachhaltigen Erschütterung und Infragestellung aristokratischer Machtpositionen. Solon reformierte die Verfassung Athens, indem er ihr eine timokratische Struktur gab. Er führte vier Vermögensklassen ein, die sich nach den jährlichen Einkünften des Einzelnen definierten. Damit ging eine Abstufung politischer Partizipationsrechte einher, die im Detail unklar bleibt.

Wenn die Vermögenssituation des Bürgers über den Umfang seiner politischen Rechte entscheidet, so ist das von *isonomía* noch weit entfernt. Undemokratischer, so scheint es heute, geht es kaum noch. Diese Interpretation übersieht indes einen entscheidenden neuen Akzent: Erstmals wurde eine Konkurrenzsituation geschaffen, der sich die etablierten Aristokraten stellen mussten. Statt des Geburts- wurde nun eine Art Bewährungsadel eingeführt, zu dem auch derjenige Zugang hatte, der sein Einkommen nicht aus Latifundien erwirtschaftete. Die Zahl der politisch Entscheidungsberechtigten wurde auf eine breitere Basis gestellt. Die Schnittmenge der alten und der neuen Machtelite dürfte anfangs relativ hoch gewesen sein. Aber mit der Exklusivität des Geburtsadels war es im timokratischen System vorbei, tüchtige Aufsteiger erhielten ihre Chance. Solon hatte die Tür zu größerer Mobilität auch im politischen Raum weit aufgestoßen.

Die solonischen Reformen waren zukunftweisend, aber sie wirkten nicht sofort. Und so blieb die Unzufriedenheit beider Seiten. Die einen meinten, der »Versöhner« habe die Macht des Adels zu sehr gestützt, die anderen fanden, er habe für das Volk zu viel herausgeholt. Die sozialen Konflikte gärten weiter, es bildeten sich regionale Parteiungen unter dem Einfluss mächtiger Aristokraten. Einer dieser Anführer, Peisistratos, putschte sich im Jahre 561/60 an die Macht. Auf eine bewaffnete Leibgarde, die »Keulenträger«, gestützt, bemächtigte er sich der Akropolis und etablierte eine Tyrannis. Die war weniger dem kleinen Mann ein Dorn im Auge als den adligen Standesgenossen des Peisistratos. Sie litten unter der Monopolisierung der politischen Entscheidungen durch seinen Clan und fühlten sich nicht zu Unrecht kaltgestellt.

Man muss die Jahrzehnte der Tyrannis in Athen nicht als eine Wiederkehr des Goldenen Zeitalters feiern, wie das nach dem Zeugnis des Aristoteles manche Zeitgenossen taten, und man mag auch nüchterner in Fragen seiner »volksfreundlichen« Haltung und seiner »Menschenfreundlichkeit«[5] urteilen. Tatsache aber ist, dass Athen – auch dank der baulichen Großprojekte, die der Tyrann in Auftrag gab – wirtschaftlich und kulturell prosperierte. Der ökonomische Aufschwung ließ viele Probleme vergessen, die die Menschen jahrzehntelang mit Sorge erfüllt hatten. Das hatte eine entscheidende Konsequenz in der Mentalität der Bürger: Offenkundig bedurfte es nicht des Adelsregiments, um bescheidenen Wohlstand zu generieren und die sozialen Verwerfungen einigermaßen wieder ins Lot zu bringen. Eine Erkenntnis, die für den Fortgang der Geschichte nicht unerheblich war: Waren schon in der Krisenzeit nicht geringe Zweifel an der Staatskunst der selbst ernannten Besten aufgekommen, so war nun der Beweis erbracht, dass es auch ohne die Aristokratie ging – jedenfalls in der tradierten Form. Die Tyrannis hatte zu einer weiteren Erosion der aristokratischen Glaubwürdigkeit beigetragen, ihr Vertrauensvorschuss war dahin.

Das kollektive Adelsregiment stand infrage, allerdings noch nicht der einzelne Aristokrat, wenn er sich zum Fürsprecher der Interessen des Volkes machte. Fast noch das gesamte 5. Jahrhundert v. Chr. über entstammte das Führungspersonal der athenischen Demokratie weitgehend dem traditionellen Adel – was bei genauerem Hinsehen nicht so erstaunlich ist: Die Aristokraten hatten über ihre familiäre Sozialisation, ihr Selbstverständnis, ihre vor allem rhetorische Schulung und ihre ökonomische Unabhängigkeit als Rentiers enorme Startvorteile gegenüber bürgerlichen Konkurrenten. Aber sie konnten zunehmend nur dann Macht erringen, wenn sie sich als Repräsentanten des Demos verstanden und profilierten, nicht als Interessenvertreter der traditionellen politischen Eliten.

»... und brachte das Volk auf seine Seite« – Kleisthenes' demokratischer Coup

Einer von ihnen, der diese Wendung am frühesten und konsequentesten vollzog, war Kleisthenes. Er stammte aus einem der nobelsten Geschlechter Attikas. Seine Stunde schlug, nachdem die Peisistratiden im Jahre 510 v. Chr. mit spartanischer Hilfe entmachtet und vertrieben worden waren. In dieser Situation galt es, das durch den Tyrannensturz entstandene Machtvakuum rasch zu füllen. Als Kleisthenes im Machtkampf gegen ein anderes Adelsgeschlecht zu unterliegen drohte, vollzog er einen unerwarteten Schwenk. »Er brachte das Volk auf seine Seite«, berichtet Aristoteles, und Herodot bestätigt das: »Er nahm den Demos in seine Gefolgschaft auf.«[6]

Der Demos ist hier nicht vorrangig die Masse im Sinne der unteren Schichten, sondern eher eine bürgerliche, relativ wohlhabende Mittelschicht. Sie war im Adelsstaat von Mitwirkungsrechten weitgehend ausgeschlossen gewesen. Kleisthenes verschaffte ihr nun zusammen mit größerer politischer Teilhabe auch Anerkennung und Wertschätzung. Auf diese Weise verbreiterte er seine Machtbasis und setzte sich gegen seine Konkurrenten durch. Der politische Preis, den er dafür zahlte, war zumindest aus der Sicht der traditionellen Elite hoch: Er stellte die politischen Weichen Athens in Richtung Demokratie. Ob man das von ihm geschaffene politische System bereits als »Volksherrschaft« bezeichnen will oder nicht, ist ein vergleichsweise müßiger Streit um einen Begriff. Nimmt man den Adelsstaat als Gradmesser, so war es eine Demokratie, nimmt man die weiterentwickelte Verfassung Athens in der Mitte des 5. Jahrhunderts v. Chr. als Vergleichsmaßstab, so war es noch keine.

Das Herzstück der neuen Verfassung war der neu geschaffene Rat der 500. Er ersetzte nicht den alten Areopag, der aus dem adligen Beratergremium des Königs hervorgegangen war und sich zu Kleisthenes' Zeit aus den ehemaligen Oberbeamten (Archonten) rekrutierte. Das alte Gremium blieb zunächst auch noch in seinen wichtigsten Funktionen etwa als Gericht bei Kapitalverbrechen unangetastet. Aber die neue Boulé (»Rat«) entwickelte sich rasch zu einem politischen Schwergewicht, das die Bedeutung der älteren Institution immer stärker überlagerte.

Alte Strukturen nicht zerschlagen, aber sie durch parallele neue Strukturen zu schwächen, dieses Prinzip verfolgte Kleisthenes auch in seiner Neuordnung der Bürgerschaft. Er schuf zehn neue Phylen, die mit den althergebrachten vier Stammesverbänden nur den Namen gemeinsam hatten. Diese Phylen setzten sich zu je einem Drittel aus den drei Großregionen Stadt, Küste und Binnenland zusammen – eine Integrationsmaßnahme, die die zuvor unterschiedlichen Interessen und Rivalitäten zwischen den regionalen Gruppen zum großen Teil aufhob. Sie hatten bei den Unruhen und Machtkämpfen seit der solonischen Zeit eine wenig rühmliche Rolle gespielt. Mit der Schaffung neuer Phylen wurden nun alte Loyalitäten und Abhängigkeiten von Adelsgeschlechtern wenn nicht neutralisiert, so doch in ihrem Einfluss stark beschnitten. Die Bürger einer Phyle mussten sich gewissermaßen zusammenraufen, mussten regionale Partikularanliegen zugunsten des Wohls des Gesamtstaates zurückstellen. In den Phylen wurden demokratische Prozesse eingeübt: Man musste einander zuhören, Argumente austauschen und Kompromisslösungen finden. Aufgrund der geographischen Durchmischung entwickelte sich die Phyle als Organisationsstruktur zur politischen Heimat des Einzelnen.

Die kleinste Verwaltungseinheit aber blieb die Gemeinde, der sogenannte Demos, auf dem Lande eine dörfliche Siedlung, in der Stadt ein Stadtteil. An der Spitze der vermutlich 139 Demen[7] standen die von den Bürgern der Gemeinde gewählten Demarchen (»Bürgermeister«). Sie führten die Gemeindelisten. Nur wer dort eingeschrieben war, besaß das attische Bürgerrecht. In Demos-Versammlungen wurden die Kandidaten für den Rat der 500 aufgestellt; jeder mindestens dreißig Jahre alte Bürger konnte sich bewerben. Aus der Gesamtzahl aller von den Demen gemeldeten Interessenten wurden dann fünfhundert Ratsherren und fünfhundert Stellvertreter gelost, und zwar jeweils fünfzig pro Phyle. Ob schon von Anfang an die Theten als Angehörige der untersten Zensusklasse das passive Wahl- oder besser Recht auf Erlosung hatten, ist umstritten; später waren sie auf jeden Fall gleichgestellt.

Das Rekrutierungsverfahren für das zentrale politische Organ Athens lässt aufhorchen: Den Ausschlag gab das Los. Damit konnte jeder Athener, der die formalen Voraussetzungen erfüllte, Mitglied in der Boulé werden – konsequenter Ausdruck von Isonomía, »gleicher Anteil«. Freilich wurde niemand gezwungen, sich zur Verfügung zu stellen. Und es spricht einiges dafür, dass eher derjenige, der über eine gewisse Bildung, ein stabiles Einkommen und ein dementsprechendes Selbstbewusstsein verfügte, sich als Kandidat aufstellen ließ als der einfache Bauer oder Lohnarbeiter. Die Mittelschicht dürfte deshalb in der Boulé überrepräsentiert gewesen sein.

Gleichwohl war die Boulé alles andere als eine *Closed-shop*-Veranstaltung für politisch ambitionierte Angehörige der besseren Schichten, alles andere als eine Kaderschmiede für Berufspolitiker. Denn zum einen dauerte die Amtszeit der Ratsherren nur ein Jahr, zum anderen war eine unmittelbare Wiederwahl nicht gestattet. Jeder Bürger durfte überdies nur zweimal in seinem Leben Mitglied des Rates sein. Ein Berufspolitikertum war, jedenfalls auf eine langjährige Mitgliedschaft im Rat gestützt, ausgeschlossen. Mit dem Prinzip der Isonomía vertrug sich nach Ansicht der Athener eine Funktionärselite, eine durch Routine gewiefte, einflussreiche Kaste von Strippenziehern nicht.

Gewiss, man kann diesem rigiden Rotationsprinzip vorwerfen, dass es der Herausbildung von Kompetenz gewissermaßen in der Tiefe entgegenstand, dass es nicht auf Persönlichkeiten mit individuellem Erfahrungsschatz setzte. Auf der anderen Seite hat es wohl niemals in der Weltgeschichte eine so breite aktive Teilhabe und Teilnahme der Bürger an politischem Handeln gegeben wie im Athen des 5. und 4. Jahrhunderts v. Chr. Da wurde eine politische Kompetenz in der Breite aufgebaut, die ihresgleichen suchte. Von den rund 40 000 Vollbürgern, die in der Mitte des 5. Jahrhunderts den Staat Athen bildeten – er hieß staatsrechtlich bezeichnenderweise *hoi Athenaíoi*, »die Athener« –, haben rund 7500 im Laufe ihres Lebens in der Boulé gesessen. Für das 4. Jahrhundert v. Chr. stellt Herman Hansen, einer der besten Kenner der attischen Demokratie, fest: »Daraus folgt, dass über ein Drittel aller Staatsbürger über 18 und etwa zwei Drittel aller Staatsbürger über 40 Ratsmitglieder wurden, manche von ihnen zweimal.«[8]

Die meisten dieser Ratsherren hatten sogar die Chance, einen Tag lang an der Spitze des athenischen Staates zu stehen. Das ergab sich aus dem turnusmäßigen Wechsel in der Geschäftsführung und dem Vorsitz des 500er-Rates. Für ein Zehntel des Jahres fungierte jede der zehn Phylen mit ihren fünfzig Ratsherren als geschäftsführender Ausschuss. Diese Amtsperiode nannte man Prytanie. Die Reihenfolge wurde durch das Los ermittelt, ebenso der Vorsteher der fünfzig Prytanen. Er amtierte eine Nacht und einen Tag. In diesen 24 Stunden empfing er als Staatsoberhaupt ausländische Gesandte, führte den Vorsitz im Rat und gegebenenfalls in der Volksversammlung und verwaltete die Schlüssel der öffentlichen Kassen. Er trug den Titel *epistátes ton prytáneon*, »Vorsitzender der Prytanen«. Hier hatte die Verfassung das Nadelöhr noch einmal verengt: Epistátes konnte man nur einmal im Leben sein – was aber umgekehrt auch hieß, dass zahllose Athener sich rühmen konnten, ihrem Staat einmal vorangestanden zu haben.

Eine Exklusivität auf Zeit, wohl wahr, und eine, die durch die Vielzahl von Kollegen in ihrer Bedeutung relativiert wurde. Und doch verbindet sich damit nicht nur ein gewaltiges Bindungs- und Loyalitätspotential gegenüber dem eigenen Staat, sondern auch die einzigartige Überzeugung, dass man es jedem Angehörigen des Demos zutraute, diese höchste Stellung zu bekleiden. Damit baute sich ein politisches Selbstbewusstsein auch bei jenen Schichten der Bevölkerung auf, denen der Adel jahrhundertelang attestiert hatte, dass sie, die »Schlechten«, zu solch einer Verantwortung und Kompetenz nie und nimmer fähig seien. Manche Historiker sprechen in diesem Zusammenhang treffend von einem »Könnensbewusstsein«.

Demokratisches Engagement funktioniert – das war die historische Entdeckung Athens im 5. Jahrhundert v. Chr. Und davon können sich moderne Demokratien und erst recht autoritäre Regimes eine große Scheibe abschneiden.

Dabei geht es nicht um die Mechanismen demokratischer Entscheidung. Da gibt es zwischen einer Polis von vierzigtausend Bürgern und modernen Staaten mit zig Millionen Einwohnern gewaltige Unterschiede, die jede institutionelle Kopie unmöglich machen. Es geht um die Prinzipien. Wie viel man dem einzelnen Wahlbürger an Verantwortung und Vertrauensvorschuss zugesteht, wie viel aktive Teilhabe man ihm zutraut, wie überzeugend man ihm signalisiert, dass es auf jeden einzelnen ankommt, und mit wie viel Herzblut man um sein persönliches Engagement kämpft, das alles muss den Formen einer Massendemokratie angepasst werden. Aber es wäre schon viel gewonnen, wenn ein vergleichbares Maß an Glaubwürdigkeit, Authentizität und Einsatzwillen zu erreichen wäre.

An alldem mangelte es der athenischen Demokratie nicht, und deshalb kommt ihr bei aller Fragwürdigkeit im Detail Vorbildcharakter zu. Wenn ein wichtiger Wesenszug demokratischer Freiheit nach der Definition des Aristoteles darin besteht, »dass man abwechselnd regiert und regiert wird« – oder, wie Aristoteles schreibt: »Die demokratische Gerechtigkeit besteht darin, dass man nicht nach der Würde, sondern der Zahl nach die Gleichheit walten lässt. Wo diese Gerechtigkeit herrscht, da muss die Menge Herr sein, und was die Mehrzahl billigt, das muss das Gültige und auch das Gerechte sein«[9] –, dann war die attische Demokratie nahe am Optimum dieser Staatsform.

Die Athener haben es sich nicht leicht gemacht, diese Prinzipien in der Verfassungswirklichkeit zu befolgen. Man darf ihnen bestätigen, dass sie ihr weltgeschichtlich einzigartiges Experiment folgerichtig umgesetzt und es geschafft haben, diese ganz pragmatische Umsetzung mit geradezu visionären Angeboten an die Nachwelt zu verbinden.

Diäten für Politiker – Eine fabelhafte Erfindung der Demokratie

Die Aufgaben der Boulé waren vielfältig. Sie führte die außenpolitischen Geschäfte, indem sie fremde Gesandte empfing und mit ihnen Vorverhandlungen und Hintergrundgespräche absolvierte. Eigene athenische Gesandte, die von einer diplomatischen Mission zurückkamen, hatten zunächst dem Rat zu berichten. In der Innenpolitik nahm der Rat die Aufsicht über sämtliche Heiligtümer in ganz Attika und über religiöse Feste wahr, er überprüfte öffentliche Gebäude, Werften und Verteidigungsanlagen, verwaltete staatliche Gelder, kontrollierte Beamte, veranlasste den Bau neuer Schiffe und arbeitete mit anderen Behörden eng zusammen. Seine wichtigste Aufgabe aber war die Vorbereitung der Volksversammlung. Die Boulé fungierte sozusagen als Clearingstelle der athenischen Politik, indem sie die Tagesordnung der Ekklesia – so nannten die Athener ihre Volksversammlung – festlegte und deren Agenda vorbereitete. Zu jedem Tagesordnungspunkt legte sie ein Proboúleuma vor, einen »Vorbeschluss«. An ihn war die Volksversammlung zwar nicht gebunden, gleichwohl hatten diese Vorentscheidungen erhebliches Gewicht, indem sie die anschließenden Beratungen in sachlicher Form vorstrukturierten und Empfehlungen gaben, die, wie jeder Teilnehmer der Ekklesia wusste, intensiv vordiskutiert und wohlerwogen waren. Ohne diese effektive Vorbereitung der Diskussionen und Abstimmungen im Plenum hätte die direkte Demokratie Athens nicht funktionieren können – was nicht heißt, dass die Athener den Beschlussvorlagen der Boulé stets gefolgt wären. Bei heftig umstrittenen Beratungspunkten konnte das Proboúleuma des Rates auch manche Fragen offenlassen.

Die Liste der Aufgaben des Rates der 500 ist nicht vollständig. Am meisten waren natürlich die fünfzig Ratsherren der geschäftsführenden Phyle belastet. Für sie galten strenge Präsenzregelungen; Routineangelegenheiten wurden an Ausschüsse delegiert. Die Sitzungen des Rates waren, wenn nicht gerade vertrauliche Themen etwa im Bereich der Diplomatie verhandelt wurden, öffentlich – entsprechend dem durchgängigen Prinzip größtmöglicher Transparenz, das die Athener zum Wesen ihrer Demokratie zählten. Das Arbeitspensum der Ratsherren war enorm, sie traten an 275 Tagen des Jahres zusammen. Allerdings nahmen selten alle Ratsmitglieder an den Sitzungen teil. Wie hoch die Präsenzquote war, lässt sich nur schätzen, in der einschlägigen Forschung geht man von etwa zwei Dritteln aus.[10]

Um auch für die Ratsherren, die zwanzig oder dreißig Kilometer von der Stadt entfernt wohnten, einen zusätzlichen Anreiz zur Mitwirkung zu schaffen, führte man um die Mitte des 5. Jahrhunderts Tagegelder ein. Das tägliche Sitzungsgeld lag am Ende des 4. Jahrhunderts bei fünf bis sechs Obolen.[11] Kein üppiges Salär, es entsprach gerade einmal dem Tagesverdienst eines Lohnarbeiters. Die Diäten waren also nicht mehr als eine Entschädigung für Lohnausfall, alles andere als eine üppige Apanage, die die athenische Demokratie ihren Repräsentanten in die Tasche gesteckt hätte. Zumal aus moderner Sicht ist jede Polemik gegen dieses Sitzungsgeld verfehlt. Diäten waren vom Grundsatz her eine fabelhafte Erfindung, weil sie eben auch dem Kleinbauern aus Südattika, dem Lastenträger und dem Fischer ermöglichten, ihren Job zugunsten politischer Tätigkeit zeitweise ruhen zu lassen – ein ebenso praktischer wie effizienter Schritt auf dem Wege zur Isonomie im Sinne der Chancengleichheit.

Wegen ihres geringen Verdienstes waren die Theten, relativ gesehen, die größten Nutznießer dieser Neuerung. Mit abschätzigem Beiklang von einer »Thetendemokratie« zu sprechen verbietet sich aber schon deshalb, weil mit der Tätigkeit in der Boulé eben kein Geschäft zu machen war. Im Übrigen kann, wer nicht auf Ausgleichszahlungen zum nackten Lebensunterhalt angewiesen ist, recht wohlfeil über politisches Engagement gegen Bezahlung herziehen. Wo Teilhabe aus materiellen Gründen nicht möglich ist, klafft zwischen demokratischem Anspruch und demokratischer Wirklichkeit eine erhebliche Lücke. Der »Gentleman-Politiker« mit finanziellem Hintergrund und Freizeit ist, stellten schon die Athener fest, eben nicht der Repräsentant einer Volksherrschaft.

Wäre es da nicht konsequent gewesen, einen finanziellen Ausgleich auch für den Zeitaufwand anzubieten, den der einfache Stimmbürger als Mitglied der Volksversammlung in Kauf nahm? Sie tagte ja als oberstes Entscheidungsgremium dreißig- bis vierzigmal im Jahr und erstreckte sich häufig über einen halben oder sogar einen ganzen Tag – viele Stunden, die für den politisch aktiven Bürger eine Einkommenseinbuße bedeuteten.

Tatsächlich haben die Athener diese Konsequenz gezogen, wenn auch erst gegen Ende des 5. Jahrhunderts. Der Teilnehmersold wurde auf drei Obolen festgelegt – auch das ein eher bescheidenes, für viele, die von weit her kamen, nicht kostendeckendes Zubrot. Dass sich von diesem Tagegeld auch manch einer anlocken ließ, der sich sonst nicht unbedingt politisch engagiert hätte,[12] nahm man als das kleinere Übel gegenüber einem möglichen De-facto-Ausschluss vieler Bürger in Kauf. In gleicher Höhe erhielten die in den Gerichtshöfen tätigen, jeweils ausgelosten Geschworenen einen Richtersold. Er wurde schon ein halbes Jahrhundert vor den Volksversammlungsdiäten eingeführt, lag aber zu Beginn etwas niedriger.

Wenn sechstausend Teilnehmer einer Volksversammlung – das war wahrscheinlich die quantitative Deckelung der Diätenzahlung – und mehrere Tausend als Geschworene fungierende Bürger sowie die fünfhundert Ratsmitglieder für jede Sitzung Diäten erhielten, so ging das trotz der relativ niedrigen Einzelbeträge ins Geld. Kein Zweifel, Demokratie war eine kostspielige Veranstaltung; Aristoteles stellt sie nicht zu Unrecht als teuerste Staatsform dar.[13]

Und ebendas hat ihr in Antike und Moderne eine Menge Kritik eingetragen. Lässt man sich für selbstverständliche Bürgerpflichten bezahlen? Sind Diäten nicht ein gefährliches Gift für echtes Engagement und ursprüngliche Motivation, an *ta politiká*, den Angelegenheiten der eigenen Polis, Anteil zu nehmen? Aus der Sicht der traditionellen Oberschicht mochte sich das so darstellen; für sie war die politische Betätigung eine bürgerliche Ehrenpflicht, für die man sich selbstredend nicht finanziell honorieren ließ. Insofern war es in der Tat ein Paradigmenwechsel, den die demokratischen Staaten Griechenlands vollzogen. Freilich ein sehr folgerichtiger: Denn auf diese Weise erhielten auch die Schichten der Bürgerschaft eine Chance auf Teilnahme an den »Dingen der Bürgerschaft«, die nicht über die finanziellen Ressourcen für zeitaufwendige ehrenamtliche Tätigkeit verfügten. Wer über diese radikalen demokratischen Neuerungen den Kopf schüttelte, zeigte eigentlich nur die alten Ressentiments: dass die unterprivilegierten Schichten des Demos im Prinzip nichts in der Politik zu suchen haben. Die Tagegelder waren die ebenso pragmatische wie programmatische Antwort der Demokratie auf diese naserümpfende Attitüde der Bessergestellten, die die auch finanziell unbedarfte Masse gern von den Schalthebeln der Macht ferngehalten hätten.

Waren das Sozialleistungen, die sich die Unterschichten per Mehrheitsbeschluss in der Volksversammlung gönnten, wurde da geradezu, wie der Komödiendichter Kratinos scharfzüngig anmerkt, das »Füllhorn« über »Geschenkeempfänger« ausgegossen?[14] Was sich wie ein athenisches Vorgeplänkel zur modernen Sozialstaatsdiskussion anhört, ist schlicht Polemik der konservativen Opposition, der das ganze System nicht passte. Da sich diese Kritik an der »Selbstbedienungsmentalität« der Demokratie indes bis in die Moderne zieht und dabei ausgerechnet die ärmeren Leute als, umgangssprachlich ausgedrückt, »Abzocker« bloßgestellt werden, muss noch einmal in aller Deutlichkeit gesagt werden, dass sich kein Athener mit den *misthoí* (»Soldzahlungen«) eine goldene Nase verdient hat. Sie waren erstens streng leistungsbezogen, also keine Sozialmaßnahme, zweitens temporär beschränkt auf tatsächliche Einsätze und lagen drittens an oder sogar unterhalb des Existenzminimums. Es waren Ausgleichszahlungen für entgangenen Lohn, wie etwa heute noch im Bereich der Justiz Zeugengeld für einen Verdienstausfall gezahlt wird.

Die Wut der Aristokraten auf die vermeintliche Fleischtopf-Demokratie speiste sich zum einen aus dem generellen Unverständnis für bezahlte Politikarbeit, zum anderen aber auch aus der Erkenntnis, dass die Unkostenpauschalen ein wirkungsvolles Schmiermittel für das Funktionieren einer »Regierung der vielen« war – ein pragmatisches, legitimes Schmiermittel wohlgemerkt. Wenn man lernen will, wie sich Anspruch und Realität einer Demokratie folgerichtig – oder eben »radikal«, das heißt »von der Wurzel her« – zu einer ungewöhnlich großen Deckungsgleichheit bringen lassen, dann lädt die attische Demokratie des 5. und 4. Jahrhunderts v. Chr. zum intensiven Studium ein.

»Wahnsinn mit Methode« – Stimmungsmache gegen die Demokratie

Dabei soll mitnichten der Eindruck erweckt werden, als wäre es bei den Besoldungsentscheidungen, die sich auch auf den Besuch der Theateraufführungen erstreckten, besonders edel und idealistisch zugegangen. Das ist, immer wenn es um Geld geht, grundsätzlich nicht zu erwarten. Und deshalb waren auch die einschlägigen Beschlüsse der Ekklesia politisch umstritten und konnte man ihren Initiatoren wie Perikles vorwerfen, sich damit lieb Kind beim Demos zu machen und die eigene Stellung zu festigen.[15] Ganz sicher war das Teil einer persönlichen Machterhaltungsstrategie der führenden Politiker – wie auch heute manche sozialen Wohltaten gern als Wahlgeschenke daherkommen –, was aber nicht heißt, dass sie objektiv gesehen nicht sinnvolle, systemadäquate Regelungen (gewesen) wären. Und es wirkt schon etwas befremdlich, wenn die Anfeindungen in Sachen »Selbstbegünstigung« des Demos ausgerechnet von denen kommen, deren Taschen dank ererbter Vermögen prall gefüllt waren.

Gewiss, die Athener haben zugesehen, wie sie ihre Staatskasse füllen konnten. Sie haben ihre Bundesgenossen nicht gerade fair behandelt, sondern sich auch auf deren Kosten bereichert. Athens Politik in der Zeit der höchsten Macht- und Prachtentfaltung zwischen dem Ende der Perserkriege (479 v. Chr.) und dem Beginn des Peloponnesischen Krieges (431 v. Chr.) hatte durchaus aggressive Züge. Man mag den Athenern eine imperiale Mentalität bescheinigen, die das eigene auch wirtschaftliche Interesse stark im Blick hatte. Das Athen des 5. Jahrhunderts war außenpolitisch keine zurückhaltend agierende, sondern eine ausgesprochen selbstbewusste und draufgängerische Demokratie. Eine weniger forsche, eine außenpolitisch rücksichtsvollere Volksherrschaft entspräche da doch eher modernen Idealvorstellungen demokratischer Politik. Aber solange sich nicht der Beweis dafür erbringen lässt, dass die athenische Demokratie nur funktionieren konnte, weil sie andere Staaten unterdrückte und ausbeutete – und er ist trotz intensiver Bemühungen gerade seitens wenig demokratiegeneigter Kritiker nicht erbracht –, fällt die offensive Politik Athens nicht eo ipso auf seine Staatsform zurück.

Das Gleiche gilt für die ebenso zahlreichen wie lautstarken Klagen der Reichen. Sie fühlten sich vom Demos geradezu ausgebeutet. Eine schamlose Umverteilung von oben nach unten, die da von der Mehrheit betrieben werde, zeterten sie. So ganz aus der Luft gegriffen waren solche Klagen nicht, allerdings vor allem auf dem traditionellen Hintergrund, dass die Vermögenden aus freiwilligen Stücken Gemeinschaftsaufgaben finanziell unterstützten und nicht per Ekklesia-Beschluss dazu herangezogen wurden. Eigentum verpflichtet, heißt es im Credo des modernen Sozialstaates. Oder: Kräftige Schultern können mehr tragen als schwache. Die Politik der athenischen Demokratie stand dieser Auffassung tendenziell nahe, auch wenn sie kein regelrechtes Konzept dafür entwickelte. Aber sie erlegte den Reichen auf, bestimmte Aufgaben wie die Ausrichtung von Festen, den Unterhalt von Schiffen und andere »Leiturgien« (»Leistungen für das Volk«) genannte kostenträchtige Sonderaufgaben für die Allgemeinheit auf Zeit zu übernehmen. Das schmerzte die Wohlhabenden, brachte aber niemanden von ihnen an den Bettelstab.

Im Gerichtswesen gab es bedenklichere Tendenzen, reiche Bürger stärker zur Kasse zu bitten beziehungsweise Verfahren gegen klingende Münze zu beschleunigen.[16] Die Rechtsprechung ohne professionelle Juristen förderte da eine gewisse Neigung, der Gerechtigkeit auch schon einmal mit Blick auf finanzielle Vorteile für die Staatskasse nachzuhelfen. Aber von einer Klassenjustiz des Demos gegenüber den betuchten Bürgern war man doch weit entfernt. Um es deutlich zu sagen: Es geht nicht darum, die demokratische Praxis Athens zu idealisieren und gegen durchaus berechtigte Vorbehalte in Schutz zu nehmen. Ein Gebot historischer Fairness ist es jedoch, an die antike Demokratie keine höheren Ansprüche zu stellen als an andere Verfassungen – dies umso weniger, als es sich um ein weltgeschichtliches Experiment handelte, das anders als Monarchie und Aristokratie nicht auf Erfahrungswerte und daraus gewonnene Korrektivvorstellungen zurückgreifen konnte. So gesehen, haben die Athener etwas auf die Beine gestellt, das sich schon sehen lassen konnte und den Vergleich mit anderen früheren und gleichzeitigen Verfassungen nicht zu scheuen brauchte – und dessen Stabilität auch in keiner Weise von der tatsächlichen Außenpolitik abhängig war.

Dass sich die politischen Verlierer dieses Systems heftig über die Majorisierung durch die Menge beklagten und sich darüber beschwerten, dass auch die unteren Schichten ihre ökonomischen Interessen wahrnahmen und in der Volksversammlung entsprechend abstimmten, braucht nicht zu verwundern. Und ebenso wenig, dass die Antidemokraten in der Erbitterung über ihren Privilegienabbau kräftig über das Ziel hinausschossen. Das schönste Kompliment für die athenische Demokratie stammt vom Verfasser einer Flugschrift, der in der angloamerikanischen Forschung als der »Alte Oligarch« bezeichnet wird. Bei allem Ärger über die Benachteiligung der Vornehmen und Reichen attestiert er den Athenern doch Konsequenz: Nachdem sie sich nun einmal für die falsche Staatsform entschieden hätten, »beschlossen sie, sie zweckmäßig zu bewahren und alles entsprechend einzurichten«[17] – ist es auch Wahnsinn, so hat es doch Methode.

Der »Alte Oligarch« und seine ideologischen Freunde ereiferten sich auch gern über den »Mangel an Bildung«, die »Zuchtlosigkeit« und allgemein die »charakterliche Schlechtigkeit« der Volksmasse,[18] die die Entscheidungen in der Volksversammlung maßgeblich mitbestimmte – wobei geflissentlich übersehen wird, dass der Demos ja keineswegs nur aus Theten und Zeugiten (der dritten Zensusklasse) bestand. Da einflussreiche, viel gelesene Philosophen wie Platon und Aristoteles sich diese Urteile über demokratische Verfassungen weitgehend zu eigen machten, ist die schlechte Presse der athenischen Demokratie in der antiken Überlieferung nicht verwunderlich – und auch nicht die Zögerlichkeit und Distanz, mit der etwa die amerikanischen Gründerväter das athenische System als Anschauungsunterricht in Sachen Demokratie wahrnahmen.

Lebendige Demokratie in gesittetem Rahmen

Stimmt es, dass die Sitzungen der Ekklesia auf außenstehende Besucher den Eindruck von Chaos, Inkompetenz und heftiger Emotionalität gemacht haben? Bis auf ganz wenige Situationen war ebendas nicht der Fall. Es ist ein historisches Zerrbild, das die Demokratie-Gegner aufgrund ihrer allgemeinen Vorbehalte gegen die vermeintlich unkundige, unfähige und undisziplinierte Masse entworfen haben. Mindestens mit dieser Agitation haben sie einen späten, in der Rezeption zweifellos grandiosen propagandistischen Sieg über die verhasste Volksherrschaft davongetragen.

Tatsächlich ging es in der Ekklesia lebendig und gelegentlich stürmisch, aber angesichts der großen Menschenmenge von mehreren Tausend Bürgern ausgesprochen gesittet zu. Für besonders wichtige Beschlüsse war ja ein Quorum von 6000 Stimmberechtigten vorgeschrieben; wurden existentielle Fragen von Krieg und Frieden verhandelt, lag die Zahl der Anwesenden noch weit darüber. Von einem gemütlichen Ambiente konnte keine Rede sein: Die Bürger saßen auf dem nackten Fels des Pnyx-Hügels, und das mitunter einen ganzen Tag lang unter brennender griechischer Sonne. Demokratie war so gesehen auch physisch anstrengend – umso bewundernswerter, dass rund ein Fünftel der stimmberechtigten Bevölkerung sich hier mehrere Dutzend Mal im Jahr zusammenfand; freiwillig, ausdauernd und auf die Sache konzentriert.

Nach allem, was wir wissen, lief die Volksversammlung nur ganz selten aus dem Ruder, sodass die Ordnung nur mit Mühe wiederhergestellt werden konnte. Der Normalfall sah anders aus. Da wurde die vom Rat einige Tage zuvor öffentlich ausgehängte Tagesordnung Punkt für Punkt mit Aussprache und Abstimmung durch Handaufheben abgearbeitet, und zwar in aller Regel so zielstrebig, dass man vor Einbruch der Dunkelheit fertig war. Rederecht hatte grundsätzlich jeder Bürger, allerdings nur streng zur Sache und nur einmal pro Tagesordnungspunkt. Beschimpfungen und Beleidigungen waren untersagt, nicht aber Zwischen- und Buhrufe. Ungeübte Redner hatten einen schweren Stand. Wer weder über rhetorische Schulung noch über ein ausgeprägtes Selbstbewusstsein verfügte, meldete sich in der Ekklesia in der Regel nicht zu Wort. Die allermeisten hörten zu; die eigentlichen Debatten mit Für und Wider wurden von relativ wenigen Bürgern geführt.

Nur so konnte diese Form der direkten Demokratie praktiziert werden. Wo man auf die Meinung von Fachleuten angewiesen war, holte man deren Stellungnahme ein, auch wenn sie rhetorisch nicht so geschliffen daherkamen: »Wenn über die Verwaltung der Stadt zu beraten ist«, räumt selbst der Demokratie-Skeptiker Platon ein, »dann steht jeder auf und erteilt seinen Rat: Zimmermann, Schmied, Schuster, Kaufmann, Arme, Vornehme, Geringe, einer wie der andere.« Schwätzer und inkompetente Selbstdarsteller dagegen, auch dafür ist Platon Zeuge, wurden rasch bloßgestellt: »Sie lachen sie aus und betreiben Lärm, bis sie herunter gelärmt sind oder der Gerichtsdiener eingreift.«[19]

Zur Effektivität der Abläufe trug auch bei, dass die Wiedervorlage abgeschlossener Tagesordnungspunkte im Prinzip nicht statthaft war. Einer intensiven Debatte stand nichts im Wege; war aber einmal abgestimmt worden, so blieb es dabei. Rund zwei Jahrhunderte wurden die wichtigsten politischen Entscheidungen Athens in dieser Weise getroffen; die Debatte – modern ausgedrückt: die parlamentarische Beratung – war das Herzstück der politischen Willensbildung. Besonders aktiv waren die als Sprecher auftretenden Beamten, prominente Politiker, die für die eine oder die andere Richtung standen (Demagogen, »Volksführer«, nannte man sie mehr beschreibend als wertend), sowie sachkundige Bürger daran beteiligt, aber die zuhörende Basis wusste sich sehr wohl durch Artikulationen unterschiedlicher Art in die Meinungsbildung einzubringen. Der Demos war alles andere als ein passiver Abnicker.

Er war sich durchaus bewusst, dass *er* der Souverän war – und brachte das durch ein Interesse an den und ein Engagement für die politischen Angelegenheiten zum Ausdruck, die Athen geradezu als Vorbild dessen erscheinen lassen, was heute als »Mitmachdemokratie« bezeichnet wird, als intensive Teilhabe der Bürger an der Diskussion und Entscheidung über sie betreffende Fragen. Dass moderne Demokratien mit einer Bevölkerung von zig Millionen die basisdemokratischen Abläufe des antiken Athen nicht kopieren können und sich auf irgendeine Form der Repräsentation einlassen müssen (die die Athener nicht kannten: Abstimmen durfte nur, wer anwesend war), ist evident. Was indes die Einstellung der Bürger zum Politischen und den Grad an aktiver Partizipation anbelangt, ist die athenische Demokratie alles andere als ein Muster ohne Wert: Politikverdrossenheit sieht anders aus.

Diese Teilhabe war nicht auf Versammlungen und Beratungen beschränkt. Sie erstreckte sich auch auf die Exekutive. Neben den fünfhundert Ratsherren waren weitere siebenhundert Magistrate zu bestellen. Die überwiegende Anzahl von ihnen, rund sechshundert, wurde durch das Los ermittelt. Alle Bewerber mussten sich einer formalen Eignungsprüfung (*dokimasía*) stellen, bei der unter anderem die athenische Staatsbürgerschaft und das Mindestalter von dreißig Jahren kontrolliert wurden. Es gehörte zum Wesen der »radikalen« Demokratie, dass man grundsätzlich allen Bürgern zutraute, die Losämter ordentlich und pflichtbewusst im Sinne des vorgeschriebenen Amtseides zu verwalten. Zu den demokratischen Grundlagen der Losämter gehörten das unbedingte Rotationsprinzip, die Beschränkung auf ein Jahr Amtsdauer sowie die einmalige Bekleidung desselben Amtes,[20] der nicht an Vermögen gebundene Zugang und die Kontrolle aller magistratischen Aktivitäten durch die Volksversammlung. Dagegen war es jedem freigestellt, unterschiedliche Ämter nacheinander zu bekleiden. In gewisser Weise war das sogar erwünscht. Denn der personelle Aufwand war enorm. Das Reservoir der über dreißigjährigen Vollbürger lag bei rund zwanzigtausend Personen, die Quote der Amtsinhaber mithin über fünf Prozent.

Dieses System mochte seine Schwächen hinsichtlich der inhaltlichen Qualifikation mancher Amtsträger haben – und die Gegner der Demokratie legten den Finger gern in diese offene Wunde[21] –, gleichwohl sind konkrete, substantielle Klagen über Inkompetenz oder Ineffizienz ganz selten. Der große Vorzug lag darin, dass sich keine politische Klasse etablieren konnte, die in Hinterstuben und Klüngelrunden die Filzfäden am Willen des Souveräns vorbeizog, und dass die Einbeziehung so vieler Bürger in die Verwaltung des Staates und die Herrschaft über ihre Mitbürger Verantwortungsgefühl, Identifikation, Motivation und im Laufe eines politischen Bürgerlebens auch Kompetenzzuwachs mit sich brachte.

Politische Freiheit in einem demokratischen Staat definiert Aristoteles als »abwechselndes Herrschen und Beherrschtwerden« vonseiten der Bürger.[22] Die große Zahl von Beamten, die auf Zeit über ihre Mitbürger herrschen durften, um anschließend wieder ins Glied der »Beherrschten« einzutreten, erweist Athen als eine in diesem Sinne beispielhafte Demokratie. Es gehörten Mut, Vertrauen und Konsequenz dazu, das Los über ein Beamtenheer entscheiden zu lassen, das seine Befugnisse nach zwölf Monaten wieder abgab – auch wenn diese ausgelosten Funktionäre wegen des Entscheidungsvorbehalts der Volksversammlung eher Administratoren und Vorbereiter als autonome Entscheider waren.

Etwas mehr als hundert Ämter wurden nicht durch das Los, sondern per Wahl in der Volksversammlung besetzt. Hier ging die athenische Demokratie auf Nummer sicher, weil diese Ämter besondere Kompetenz voraussetzten und mit erheblich größerer Verantwortung verbunden waren als die Losämter. Gewählt wurden alle militärischen Befehlshaber und die wichtigsten Beamten in der Finanzverwaltung. Gewählte Beamte hatten größere Autorität und stärkeres politisches Gewicht, insbesondere die zehn Strategen, die als Kommandeure der Streitkräfte fungierten. Sie waren im 5. Jahrhundert v. Chr. die eigentlichen politischen Führungspersönlichkeiten. Sie waren zur Wiederwahl zugelassen, sodass sie auch ein mittel- oder sogar langfristiges politisches Programm verfolgen konnten. Freilich stand es der Volksversammlung frei, sich jederzeit gegen ihre Pläne zu stellen.

Der sicherlich prägendste Staatsmann des klassischen Athen war Perikles. Mit der perikleischen Ära verbindet sich die Blütezeit der Stadt in der Mitte des 5. Jahrhunderts in besonderer Weise. Perikles wurde 15-mal hintereinander jeweils für ein Jahr zum Strategen gewählt. Eine charismatische Persönlichkeit von großer Tatkraft und Weitsicht und ein rhetorisches Schwergewicht, das es verstand, den Demos von seinen Plänen zu überzeugen – aber kein Regierungschef, der sich auf seinen Erfolgen hätte ausruhen können, der seine Kollegen in der Strategie gewissermaßen im Griff gehabt hätte, der ohne Opposition hätte »durchregieren« können. Seine zeitweise überragende Stellung spiegelt sich in dem durchaus anerkennend gemeinten Urteil des Historikers Thukydides, Athen sei damals »dem Namen nach eine Demokratie gewesen, in Wirklichkeit aber die Herrschaft des ersten Mannes«.[23]

Dazu passt, dass ihn seine politischen Gegner wahlweise als »Tyrannen« beschimpften oder als »Olympier« verspotteten, den irdischen »Großkopf Zeus«, wie die Komödie in Anspielung auf seine zwiebelförmige Kopfform ulkte.[24] Doch hatte sich dieser

»Tyrann« Jahr für Jahr der Wahlentscheidung der Volksversammlung zu stellen und jede seiner politischen Maßnahmen und Konzepte der Ekklesia zur Abstimmung vorzulegen. Er zeigte dem Volk, um es salopp zu formulieren, wo es langging, aber er musste für diese politischen Pfadfinderdienste werben und sich mit politischen Opponenten und »publizistischen« Gegnern auseinandersetzen, die weder in ihrer politischen Handlungsfreiheit noch in ihrer freien Meinungsäußerung behindert wurden. Wenn das eine Monarchie war, so war sie demokratisch legitimiert und kontrolliert wie keine Monarchie jemals zuvor.

Der politischen Diskussionskultur der athenischen Versammlungsdemokratie entsprach eine Transparenz, die Bürgerinformation und Rechtssicherheit in hohem Maße gewährleistete. Bis auf ganz wenige Ausnahmen waren alle Gremienberatungen öffentlich; Tagesordnungen, Gesetzesanträge und Anklageschriften bei öffentlichen Strafverfolgungen wurden rechtzeitig vor den Sitzungen angeschlagen, damit sich jeder Interessierte im Vorfeld eine Meinung bilden und sie in die öffentliche Diskussion einbringen konnte. Gesetze und Dekrete der Ekklesia wurden ebenso wie die Rechenschaftsberichte der Magistrate dauerhaft festgehalten, und zwar in Form von Inschriften auf Stein, die überall im Stadtgebiet aufgestellt waren und zumindest den des Lesens kundigen Athenern alle wesentlichen politischen Informationen in ungehinderter Zugänglichkeit bereitstellten.

Parallel wurde ein Staatsarchiv mit Papyrusurkunden im Metróon geführt; auf Antrag hatte jeder Bürger dort die Gelegenheit zur Einsichtnahme. Eindrucksvoller aber waren gewiss die zahlreichen, in die Tausende gehenden Inschriftenstelen. Sie prägten das Stadtbild mit und brachten dem Politen ständig in Erinnerung, dass die seine Stadt betreffenden Dinge, *ta politiká*, eben auch seine Dinge waren – Dokumentation, Ansporn und Werbung zugleich für eine griechische »Mitmachdemokratie«, die schon vor zweieinhalb Jahrtausenden unter Beweis gestellt hat, dass das Volk durchaus in der Lage ist, sich selbst zu regieren und seine Dinge in lebendiger Öffentlichkeit und Verantwortlichkeit nach dem Gleichheits- und Mehrheitsprinzip zu bestimmen. Wie die Athener ihr politisches System einer »Macht des Volkes« organisierten, das kam der späteren klassischen Demokratie-Definition von Abraham Lincoln sehr nahe: *government of the people, government by the people, government for the people.*

Wie oft die Bürger an den Stelen »nachgeschlagen« haben, wissen wir freilich nicht. Vermutlich tat man das nur im Ausnahmefall und um sicherzugehen, selbst keinen Antrag vorzulegen, der gegen ein Gesetz verstieß.

Wie schön, dass wir es besser wissen!

Wir haben, das sei freimütig eingeräumt, die athenische Demokratie mit großer Sympathie dargestellt und sie vor manchen Anfeindungen in Schutz genommen. Von einer idealen Staatsform war sie in der Praxis durchaus ein ordentliches Stück entfernt; sie war im 5. Jahrhundert v. Chr. aggressiv und imperialistisch gegenüber Freund und Feind, und es gab – wenn auch nur wenige – Entscheidungen, in der die gewöhnlich beachtete Rationalität über Bord geworfen wurde. Aber das waren Ausnahmen – Ausnahmen, die häufig dafür herhalten müssen, die athenische Demokratie zu diskreditieren.

Das Ärgernis, das sich damit verbindet, ist die besonders kritische Beobachtung eines demokratischen Staates. Monarchien und Oligarchien lässt man dagegen vieles durchgehen; Alexander der sogenannte Große wird als Eroberer gerühmt und gefeiert, obwohl sein Vorgehen weitaus aggressiver und imperialistischer war als die Politik Athens. Hier wird sehr genau hingeschaut, dort wird milde und verständnisvoll geurteilt. Mag sein, dass das deshalb in Ordnung ist, weil die Demokratie selbst höhere moralische Ansprüche an sich zu stellen scheint. Das ist indes eine Selbstsicht der modernen Demokratie, die für das klassische Athen nicht gilt: Menschenrechte sind grundsätzlich keine historische Kategorie des Altertums – was für Hellas und Rom unabhängig von der jeweiligen Staatsform gleichermaßen gilt. Bedauerlich, aber ein historisches Faktum.

Eine völlig ahistorische Betrachtungsweise versetzt die athenische Demokratie auch gern auf die Anklagebank der Geschichte: kein Geschichtsunterricht für Sechstklässler, in dem nicht nach den demokratischen Mankos der athenischen Demokratie intensiv gefahndet würde. Natürlich hat sie aus heutiger Sicht schwere Defizite: Weder waren die Frauen an der politischen Willensbildung beteiligt noch gar die Sklaven. Das war schlicht eine Konsequenz des antiken Demos-Begriffs. Da Frauen nichts zur aktiven militärischen Verteidigung der Stadt beitrugen, hatten sie auch kein Bürgerrecht im politischen Sinne; sie gehörten nicht zum *démos*. Ebenso wenig die Sklaven, die ja eine Art lebendiger Besitz waren und keinerlei Selbstbestimmungsrecht hatten, geschweige denn Mitspracherecht über die öffentlichen Angelegenheiten. Immerhin war man auch in Athen so konsequent, Sklaven im Prinzip nicht zur Verteidigung der Stadt heranzuziehen. Sie waren auch militärisch gesehen »Unpersonen«. Auch die in Athen ansässigen Fremden (Metöken) genossen keine politischen Partizipationsrechte. Darüber pflegen wir uns indes deutlich weniger zu erregen, weil auch nach moderner demokratischer Norm diesen Nichtbürgern keine oder nur sehr eingeschränkte politische Rechte in ihrem Gastland zustehen.

Wir räumen es unumwunden ein (auch ohne der Versuchung nachzugeben, mal zu prüfen, wann eigentlich das Frauenwahlrecht in modernen Staaten eingeführt worden ist): Nach heutigen Maßstäben waren große Teile der Bevölkerung im demokratischen Athen von der politischen Teilhabe ausgeschlossen. So gesehen war das demokratische Glas halb leer. Als (mindestens) halb voll erweist es sich indes, wenn man darauf schaut, aus welchen politischen Verhältnissen sich die Demokratie entwickelt hat. Dann wird man den entscheidenden Bruch mit dem Adelsstaat, mit der Herrschaft der scheinbar Besten doch als gewaltigen Fortschritt in der Geschichte der Menschheit feiern dürfen. Als einen Paradigmenwechsel, der mit den historischen »Selbstverständlichkeiten« Schluss machte und für knapp zweihundert Jahre unter Beweis stellte, dass es keine Katastrophe war, die Grundlage der politischen Entscheidungsberechtigten signifikant zu verbreitern und den einfachen Leuten *isonomía*, »gleichen Anteil«, an den ihre Polis betreffenden Dingen einzuräumen.

Es war das erste Mal in der Weltgeschichte, dass mit der Idee der Volksherrschaft – in der damals geltenden Definition – Ernst gemacht wurde und entscheidende Prinzipien, die auch heute (oder vielleicht besser: heute wieder!) als demokratisch gelten, durchgesetzt wurden. Athen hat – lange, bevor das zumindest als Lippenbekenntnis Gemeingut wurde – den Beweis erbracht, dass die Herrschaft des Volkes in Theorie und Praxis funktionierte; nicht ohne Sand im Getriebe, aber als echte Alternative zur monarchischen oder aristokratischen Regierungsform.

Ein weltgeschichtliches Experiment, das Mut macht und für das die Nachwelt auch einmal Dank sagen sollte: Demokratie ist nicht nur ein griechisches Wort, sondern auch eine zukunftweisende Erfindung der Hellenen.

»Die Verfassung, die wir haben, heißt Volksherrschaft« – Ein Jahrtausendtext des Demokratielehrers Perikles

»Die Verfassung, die wir haben …, heißt Demokratie, weil der Staat nicht auf wenige Bürger, sondern auf die Mehrheit ausgerichtet ist.«[1] Dieses Zitat stand ursprünglich über der Präambel der EU-Verfassung, deren Entwurf im Jahre 2004 den Regierungsvertretern vorgelegt wurde. Nach Presseberichten war es der ehemalige französische Präsident Giscard d'Estaing, der im Verfassungskonvent als Elder Statesman eine führende Rolle spielte und dieses Motto persönlich vorgeschlagen hat.

Der Satz stammt aus einer der berühmtesten Reden des Altertums. Der Geschichtsschreiber Thukydides, Chronist des großen Krieges zwischen Athen und Sparta (431–404 v. Chr.), legt ihn dem führenden athenischen Staatsmann in den Mund: Perikles war von den Athenern gewählt worden, im Winter 431/30 v. Chr. die offizielle Lobrede auf die Gefallenen des ersten Kriegsjahres zu halten. Es war üblich, diese Aufgabe einem »durch Geist und Ansehen hervorragenden Mann«[2] anzuvertrauen. Perikles als unbestritten erster Mann Athens nahm den ehrenvollen Auftrag sicher gern an, auch um die maßgeblich von ihm bestimmte Politik Athens zu rechtfertigen. Er nutzte den Epitaphios, die »Totenrede«, zu einer Selbstdarstellung seiner Heimatstadt, die man als Manifest zwischen Realität und Vision beschreiben könnte. Die Wissenschaft geht davon aus, dass Thukydides die Rede zwar stilistisch bearbeitet und geformt hat, aber in diesem Rahmen einen durchaus authentischen Perikles präsentiert mitsamt einer Programmatik, die in Übereinstimmung mit anderen verfügbaren Quellen steht.[3] Den thematischen Schwerpunkten und dem Geiste nach liegt somit ein historisches Dokument vor, das inhaltlich nahe an eine Primärquelle heranreichen dürfte.

Thukydides hat auch die Tonlage der ursprünglichen Rede beibehalten. Es ist, wie man bei dem Anlass nicht anders erwarten kann, eine epideiktische Rede, ein Lobpreis auf die Gefallenen und ihre Heimatstadt. Natürlich keine nüchterne Analyse, keine mit Pro- und Contra-Argumenten abwägende Abhandlung, sondern eine Ansprache mit Pathos und Emotionen, mit propagandistischen Tönen und Polemik gegen den Feind, mit dem man ja nach wie vor im Kriegszustand ist. Perikles selbst bekennt sich zu den gattungsspezifischen Eigenarten eines solchen Epitaphios: »Auch ich muss dem Brauch folgen und versuchen, jedem von euch Wunsch und Erwartung zu erfüllen, so gut es geht«,[4] wendet er sich gleich zu Beginn an seine Zuhörer, deren Zahl sicher in die Tausende ging.

Von Objektivität und unbedingtem Willen zur Wahrheit ist die Gefallenenrede mithin weit entfernt. Wer sie als Eins-zu-eins-Schilderung der tatsächlichen Verhältnisse liest, übersieht ihren historischen und genusbedingten Kontext – und wird schnell auf die eine oder andere Behauptung stoßen, die sich mit Befunden nüchterner Geschichtsforschung so gar nicht deckt. Dass beispielsweise Athen seine Freunde durch Wohltaten und Großzügigkeit erworben und die Berechnung des eigenen Vorteils hintangestellt habe, dass selbst Untertanen einräumen müssten, sie hätten einen würdigen Herrn, das ist reine Politiker-Poesie, die als moralische Aufrüstung für die athenische Zuhörerschaft unschwer durchschaubar ist und in den Ohren mancher Freunde und Untertanen sehr merkwürdig klingen musste.

Es war wohl dieses Unbehagen an der Interpretierbarkeit und dem inopportunen Kontext einer Gefallenenrede, das den Ausschlag dafür gegeben hat, das Demokratie-Zitat zu Beginn der geplanten – und später gescheiterten – EU-Verfassung fallen zu lassen. Näheres zum Beratungsprozess und zu der Begründung für die Streichung des Satzes ist nicht bekannt, so dass man über Vermutungen nicht hinauskommt.[5] Irgendjemand hat aber offenbar kalte Füße bekommen, dass man sich unter Berufung auf Perikles und den *Epitaphios* in die falsche Gesellschaft begeben könnte.

Schade. Denn damit wurde die Chance eines europäischen Identitätsbezuges vertan, dessen man sich nun wirklich nicht hätte schämen müssen. Die Demokratie war, wir haben es in diesem Kapitel gezeigt, ein den Athenern verdankter »Neubeginn der Weltgeschichte« (Christian Meier), ein Paradigmenwechsel hin zu bürgerlicher Freiheit und politischer Teilhabe, der einem gemeinsamen Europa zu Beginn des 21. Jahrhundert als Grundlage und Verpflichtung politischer Selbstbestimmung gut zu Gesicht gestanden hätte – den aus heutiger Sicht Unvollkommenheiten der *demokratía*, den nicht gerade Demokratie-affinen Brüsseler EU-Strukturen und dem ebenso wenig demokratischen Beratungsprozedere der EU-Verfassung zum Trotz.

Das Thukydides-Zitat wäre schwerlich als Bekenntnis zur Ausprägung der Volksherrschaft Athens in perikleischer Zeit missverstanden, wohl aber als Bekenntnis zu einem historischen Markenkern Europas, der Idee einer demokratischen Verfassung und dem mit ihr verbundenen fundamentalen Mehrheitsprinzip, begriffen worden. Nur eine oberflächliche Antike-Rezeption oder gar Usurpation? Gewiss, es lässt sich wunderbar forsch gegen die Instrumentalisierung der Antike und ihre Reduktion auf eine steinbruchartige Legitimationsinstanz wettern und größere Seriosität und Solidität in der Auseinandersetzung mit dem geistigen Erbe des Altertums einfordern.[6] Oder geht's vielleicht gelegentlich auch in etwas kleinerer bildungsbürgerlicher Münze?

Wenn es denn ein Pfund ist, mit dem die Altertumswissenschaft wuchern konnte, dann war der perikleische *Epitaphios* lange Zeit eines, bevor die Verunsicherung hinsichtlich der vermeintlich problematischen Political Correctness diesen Text aus Anthologien zur Geschichte der Demokratie hinauskomplimentierte.

Dabei ist er ein geradezu visionärer Grundtext der Demokratiegeschichte Europas, die mit Highlights nicht gerade gesegnet ist. Perikles entwirft hier das Idealbild einer demokratischen Gesellschaft, das in seinen wesentlichen Grundzügen nach wie vor hochaktuell ist. Zumindest als selbstreflektorische Festlegung auf das, was die ideale Demokratie ausmachen könnte, hat das programmatische Manifest des Perikles einen Ehrenplatz in der Ahnenreihe konzeptionell solider Demokratie-Entwürfe mit Zukunftspotenzial verdient. Seine Modernität ist nachgerade atemberaubend.

Warum? Demokratie lebt vom Engagement der Demokraten, sagen wir und geraten ob allgemeiner Politikverdrossenheit und schlechter Wahlbeteiligung in Sorge und Selbstzweifel. Perikles sagt uns (und den Athenern), wie es sein sollte: »Wir vereinigen in uns die Sorge um unser Haus zugleich und unsere Stadt, und, den verschiedenen Tätigkeiten zugewandt, ist doch auch in staatlichen Dingen keiner ohne Urteil. Denn einzig bei uns heißt einer, der daran keinen Anteil nimmt, nicht ein stiller Bürger, sondern ein schlechter, und nur wir entscheiden in den Staatsdingen selber oder denken sie doch richtig durch.«[7] Ein Postulat, das in der athenischen Demokratie eine große Deckungsgleichheit mit der Wirklichkeit hat, das aber auch ohne die Einlösung in der Praxis ein goldenes Wort zur Notwendigkeit staatsbürgerlicher Anteilnahme an *ta politiká*, den Dingen der Allgemeinheit, hätte.

Über den Alleinvertretungsanspruch Athens für diese Mitmachdemokratie lässt sich streiten – andere griechische Poleis verfuhren ebenso –, nicht aber über das wunderbare, wenngleich mit polemischer Spitze gegen Sparta gerichtete Plädoyer für den »Parlamentarismus«, das *parlare*, »Sprechen«, als unabdingbare Voraussetzung für das dann notwendige Entscheiden und Handeln: »Denn wir sehen nicht im Wort eine Gefahr fürs Tun, wohl aber darin, sich nicht durch Reden zuerst zu belehren, ehe man zur nötigen Tat schreitet.«[8] Demokraten reden und handeln dann, Autokraten handeln sofort. Was wäre so schlimm daran gewesen, sich in der projektierten EU-Verfassung zu diesem Grundsatz der Demokratie zu bekennen?

Kehren wir zum Ausgangssatz zurück: »Die Verfassung, die wir haben …, heißt Demokratie, weil der Staat nicht auf wenige Bürger, sondern auf die Mehrheit ausgerichtet ist.« In der Auslassung steht der Superioritätsanspruch Athens, das sich seiner Eigenständigkeit und Vorbildfunktion in Verfassungsfragen rühmt. Das ist angesichts der Entscheidung mancher anderen Polis für eine demokratische Verfassung auch ohne den Druck Athens historisch fragwürdig; das Weglassen indes verfälscht die Aussage nicht, sondern stellt sie auf eine zutreffendere, breitere historische Basis.

Es folgt eine Definition der Chancengleichheit, die ebenfalls hochmodern erscheint: »Es haben aber nach dem Gesetz in dem, was den Einzelnen angeht, alle gleichen Teil und der Geltung nach hat im öffentlichen Wesen den Vorzug, wer sich irgendwie Ansehen erworben hat, nicht nach irgendeiner Zugehörigkeit, sondern nach seinem Verdienst.«[9] Ist das eine Botschaft, der man sich – unabhängig von der Frage, ob dies auf das historische Athen in dieser »Reinkultur« so zutrifft – als Demokrat verweigern könnte? Oder ist das nicht gerade in Verbindung mit der folgenden Aussage, dass Armut nicht als Schande gelte und niemand wegen der »Unscheinbarkeit seines Namens« von der politischen Mitwirkung ausgeschlossen sei, eine klassische Einladung zu politischer Mitwirkung und eine Absage an eine politische Diskriminierung der sozial Schwachen? Was hier vorgeprägt erscheint, ist das Ideal des mündigen Staatsbürgers, der seine Verantwortung als *zóon politikón* wahrnimmt: aktive Teilnahme, sich einmischen statt Politikverdrossenheit und nörglig-resignierten Abseitsstehens. Demokratie benötigt Demokraten, ein Volk, das sich seiner Herrschaft bewusst ist und sie engagiert ausübt.

Diese Verpflichtung zur staatsbürgerlichen Teilhabe geht einher mit einem liberalen Freiheitsbegriff, der durchaus Spielraum für Individualität lässt: »Frei leben wir miteinander im Staat und im gegenseitigen Geltenlassen des alltäglichen Treibens … mit Nachsicht im Umgang von Mensch zu Mensch.«[10] Der hier formulierte Anspruch geht nicht völlig konform mit der athenischen Wirklichkeit, in der es eben auch den Typus des fast berufsmäßigen, vor Denunziationen nicht zurückschreckenden Anklägers gab.[11] Aber das ändert nichts an der Werbekraft des Modells einer freiheitlich-toleranten Gesellschaft, die auch dem Andersdenkenden Raum lässt und Entfaltungsmöglichkeiten einräumt. In Sachen ungehinderter Meinungsäußerung war die athenische Demokratie in der Tat vorbildlich. Sie ließ die Komödie über alles und jedes – einschließlich der demokratischen Staatsform – ätzend spotten und verpasste auch den publizistischen Gegnern der Demokratie keinen Maulkorb. Eine offene, geistig anregende, freiheitlich-selbstbewusste Atmosphäre, die den genauen Widerpart zum autoritär-kryptischen Sparta bildete. Gewiss, Perikles teilt hier indirekt auch einen Hieb gegen den Kriegsfeind aus, doch macht das den erhobenen Anspruch ja nicht eo ipso unglaubwürdig.

Die Grenze der Freiheit aber steckt das Recht ab: »Wir erlauben uns im Staat, schon aus Furcht, keine Rechtverletzung, im Gehorsam gegen die jährlichen Beamten und gegen die Gesetze, vornehmlich die, welche zu Nutz und Frommen der Verfolgten bestehen«,[12] formuliert Perikles sein rechtsstaatliches Credo und verteidigt damit die athenische Demokratie gegen die Vorwürfe und Verleumdungen der Konservativen. Die wurden nämlich nicht müde, der Demokratie politische Libertinage und Lust am Chaos vorzuwerfen – im Ganzen eine absurde Polemik, die sich vor allem damit erklärt, dass die Demokratie sich erlaubt hatte, manche alten Gesetze, die die vom Adel dominierte Verfassung des Gemeinwesens schützten, abzuschaffen.

Was bietet Athen seinen Bürgern über die politische Teilhabe und die persönliche Freiheit hinaus? Perikles erinnert seine Landsleute daran: »Wir haben uns bei unserer Denkweise auch von der Arbeit die meisten Erholungen geschaffen: Wettspiele und Opfer … und die schönsten häuslichen Einrichtungen, deren tägliche Lust das Bittere verscheucht. Und es kommt wegen der Größe der Stadt aus aller Welt alles zu uns herein.«[13] Athen ist im Unterschied zu Sparta kein trister Kasernenhof, sondern eine lebensfrohe Metropole mit hohem Freizeitwert und einem breiten Kultur- und Warenangebot, eine Stadt, noch modischer formuliert, die mit einer ausgeglichenen *work-life balance* aufwarten kann.

Die kulturelle Blüte, auf die Perikles hier anspielt, ist ja alles andere als die hohle Propagandaformel des führenden Politikers.

Philosophie und bildende Kunst, Rhetorik und Geschichtsschreibung, Theaterspiel und Architektur, all das prägt das zivile Bild Athens im 5. Jahrhundert, und zwar mit solcher Nachhaltigkeit, dass wir noch heute von der griechischen Klassik und Athen als ihrem Zentrum sprechen.

Keine Frage: Die demokratische Polis Athen schmückte sich mit diesem kulturellen Glanz auch ganz bewusst. Die Akropolis wurde, wir gehen darauf in einem eigenen Kapitel ein, sehr konsequent zu einer repräsentativen Visitenkarte Athens ausgebaut. Und natürlich legten es die Athener darauf an, mit all diesen großartigen Leistungen auf der gesamtgriechischen Bühne zu punkten und ein Alleinstellungsmerkmal für sich zu beanspruchen, das als Aushängeschild durchaus auch propagandistisch verwertbar war. Andererseits: Es war eben keine phrasenhafte Rhetorik, wenn Perikles Athen zur »Schule von Hellas« ausrief, wo »der einzelne Mensch … wohl am vielseitigsten und voll Anmut und leichtem Scherz in seiner Person wohl alles Notwendige vereint«.[14] Dem Wunschdenken und Mutmachen gegenüber den eigenen Mitbürgern entsprach eine tatsächlich exzeptionelle Stellung Athens im Kultur- und Geistesleben (nicht nur) seiner Zeit.

»Wir lieben das Schöne und bleiben schlicht, wir lieben den Geist und werden nicht schlaff«[15] – keine üble Beschreibung einer dem ästhetisch Schönen und Geistvoll-Aufgeklärten zugetanen Demokratie, freilich im Hinblick auf das »Schlichte« eine doch eher missverständliche Botschaft. Der architektonische Prunk der Akropolis-Tempel und anderer repräsentativer Bauten, die in perikleischer Zeit entstanden, war alles andere als schlicht, und ebenso wenig waren es die Festumzüge und die Festivals, die den erwähnten kulturellen Ruhm Athens ausmachten. Wahrscheinlich ist dieses Pochen auf das Schlichte als Nichtluxuriöses die Antwort des Perikles auf die zeitgenössische Kritik an der vermeintlichen Verschwendungssucht des Demos, wie sie sich nach Ansicht der Demokratie-Gegner in den üppigen Ausgaben für staatlich finanzierte Prachtbauten zeigte. Das Schöne, wäre dann die Argumentation des Perikles, bekommt man nicht zum Nulltarif, aber wir verlieren das Maß nicht aus den Augen; wir leisten uns das Schöne und bekennen uns dazu, aber wir verzichten auf Protz und ostentative Geldverschwendung.

Es gibt Arme, und es gibt Reiche – die sozialen Gegensätze in Athen lässt Perikles nicht unerwähnt, er hält dies ausdrücklich fest und stellt es im Grundsatz auch nicht infrage. Aber Perikles begnügt sich nicht mit der Beschreibung des Status quo, sondern zieht Lehren daraus. Für die Reichen gilt, was man mit aller Vorsicht als Vorstufe von »Eigentum verpflichtet« interpretieren könnte: »Reichtum dient bei uns dem Augenblick der Tat, nicht der Großsprecherei.« Tatsächlich hat die attische Demokratie ja die Wohlhabenden in Form ehrenvoller, aber kostspieliger Leiturgien an der Finanzierung des Staatsbudgets beteiligt und ist insoweit vom paternalistischen Sponsorentum aristokratischer Prägung ein Stück abgerückt.

Was die Armen angeht, so hält Perikles für sie eine dynamisch-hoffnungsvolle Botschaft bereit: »Seine Armut einzugestehen ist nie verächtlich«, bezieht er in deutlicher Abgrenzung von der traditionellen aristokratischen Verachtung Position und fährt dann fort: »Verächtlicher ist es, sie nicht tätig zu überwinden.«[16] Das Bekenntnis zum Leistungsprinzip verbindet sich mit der Aussicht auf Erfolg. Man darf das, auch wenn es für die Antike innovativ klingt, nicht zu sehr mit heutigen Augen sehen. Es ist sicher noch nicht die Idee des modernen Sozialstaates, die Perikles hier propagiert, aber doch ein sehr überlegter Bruch mit althergebrachter Adelsmentalität. Die Aristokraten bestritten den Armen im Staat die politische Teilhabe ja auch deshalb, *weil* sie arm waren, daher arbeiten mussten und daher zu wenig Muße für politisches Engagement hatten. Und nach aristokratischer Lesart war Armut durchaus eine Schande – wie eben der Zwang zum Geldverdienen durch Erwerbsarbeit auch als nicht gerade ehrenhaft galt.

Eine gesellschaftliche Norm, die zu einem demokratischen Staat nicht passt, sofern die Armut nicht auf selbst verschuldeter

Trägheit und fehlendem Einsatzwillen beruht, sagt Perikles mit wünschenswerter Deutlichkeit. Gleichwohl ist der Arme in Athen nicht zu politischer Untätigkeit verdammt; zumindest für bestimmte Tätigkeiten gibt es auch schon in perikleischer Zeit eine Aufwandsentschädigung, die eine gewisse Form der Chancengleichheit auf dem Feld politischer Partizipation bietet.

Und damit sind wir wieder bei unserem Ausgangssatz, der aus der EU-Verfassung gestrichen wurde. »Unsere Verfassung heißt Demokratie, weil sie auf die Mehrheit ausgerichtet ist.« Dieser Mehrheit die Vision eines demokratischen Staates zu präsentieren, die trotz einer situationsbezogenen Tendenz zur Idealisierung doch von Realismus und Glaubwürdigkeit geprägt war, das macht Perikles zu einem der großen Demokratielehrer der Geschichte, zu einem »Erzieher« (Donald Kagan), der Überzeugungsarbeit durch Sinnstiftung leistet, der seine Mitbürger mit Mut, Zuversicht und Stolz erfüllt. Bei allen Seitenhieben auf Sparta und deutlicher Abgrenzung von dessen autoritärem »Gegen-System« ist der *Epitaphios* doch alles andere als eine engstirnig-nationalistische Hetzrede mit aufputschenden Durchhalteparolen, sondern ein Aufruf zu Selbstbewusstsein und Besinnung auf die eigenen Stärken: Freiheit und Individualität, bürgerschaftliches Engagement und Liberalität, Lebensfreude und kultureller Glanz. Es ist ein Appell an ein athenisch-demokratisches *Yes, we can*-Gefühl, mit Verve und pathetischem Schwung vorgetragen.

Keine Sonntagsrede, sondern ein in mancher Hinsicht zeitlos-programmatisches Manifest, dem man auch heute noch viele Leser wünschen möchte – und Politiker, die dem konzeptionellen und rhetorischen Format des Demokratielehrers Perikles entsprechen. Vielleicht trüge das auch dazu bei, unsere historisch bedingte Pathosallergie ein bisschen zu überwinden. Begeisterung für eine große Idee und ihre praktische Umsetzung ist doch eine Emotion, deren man sich nicht schämen muss. Der zu Recht berühmte *Epitaphios* zeigt es uns.[17]

KAPITEL 3

Säulen unserer Kultur – Die Akropolis als Visitenkarte der »Schule von Hellas«

Fremdes Geld für Prachtbauten? – Die Opposition läuft Sturm

Schimpf und Schande ist da über das stolze Athen gekommen. Die Stadt wird vergoldet und herausgeputzt, sie wird mit kostbaren Steinen, Statuen und Tempeln in Milliardenwert behängt – wie ein eitles Weib![1] So zeterte die oligarchische Opposition, so erregte sie sich über die hochfliegenden Baupläne, die der Demos mehrheitlich in der Volksversammlung beschlossen hatte.

Der übliche reflexartige Vorwurf gegenüber repräsentativen öffentlichen Bauvorhaben fehlte auch in der aufgeheizten Diskussion der Athener in den vierziger und dreißiger Jahren des 5. Jahrhunderts v. Chr. nicht. Staatsvermögen werde verschleudert, die Finanzen würden zerrüttet, wenn dieses architektonisch-künstlerische Wahnsinnsprojekt weiterverfolgt werde.[2] Da wird der moderne, durch die griechische Schuldenkrise sensibilisierte Betrachter schon hellhörig: Gab es vor zweieinhalbtausend Jahren etwa Parallelen im verschwenderischen Umgang mit öffentlichen Geldern?

Vollends schrillen die Alarmsirenen, wenn die Begründung für die kritisierte Verschleuderung von Staatsvermögen mitgeliefert wird: Das sei ja gar kein eigenes Geld, mit dem die Athener ihr Luxusprojekt finanzierten, sondern fremdes Kapital, das da bedenkenlos verprasst werde. Allerdings, hier endet die scheinbare Parallele zur modernen Großzügigkeit mit fremdem Geld, finanzierte das demokratische Athen seine vermeintlich unangemessenen architektonischen Schönheitsambitionen nicht auf Pump. Wohl aber, gifteten die Oppositionsführer, greife man schamlos in die Kasse des Delisch-Attischen Seebundes, aus der eigentlich der Krieg gegen die Perser bestritten werden sollte.

Der Vorwurf war, auch wenn er sich buchungstechnisch bis heute nicht erhärten lässt, so abwegig nicht. Tatsächlich hatten die Athener die zuvor auf der Insel Delos stationierte Bundeskasse mit fadenscheinigen Sicherheitserwägungen nach Athen gebracht und bestanden auf ihrer Verwaltungshoheit für die Kriegskasse. Das war insofern folgerichtig, als Athen aus dem einst freiwilligen Zusammenschluss von Bündnern damals schon ein eigenes Herrschaftsinstrument geschmiedet hatte und seine Verbündeten mehr als Untergebene denn als gleichberechtigte Partner behandelte. Der Griff nach der Bundeskasse spiegelte dieses imperialistische Gebaren Athens ebenso wider wie die Entschlossenheit, mit der austrittswillige Poleis notfalls mit militärischer Gewalt in den Bund zurückgeholt wurden.

Eine Demokratie feiert sich selbst

Aber, wie gesagt, erwiesen ist die Zweckentfremdung von Bundesgeldern konkret für die Bauprojekte Athens nicht. Dafür ist schon lange klar, dass die Oligarchen mit ihren anderen Vorwürfen ziemlich danebenlagen. So kann man sich irren – und blamiert sich gewissermaßen vor der gesamten Kulturwelt noch Jahrtausende später. Denn das Bauprojekt, das da mit allen Mitteln bekämpft wurde, war die Neugestaltung der Akropolis. Fast drei Jahrzehnte lang hatten sich die Athener den Anblick der Ruinen zugemutet, die auch den Burgberg nach der Eroberung und Zerstörung der Stadt durch die Perser im Jahre 480/79 geprägt hatten. Nun, Mitte des Jahrhunderts, war der Konflikt mit den Persern faktisch beigelegt. Athen hatte dank seiner Abwehrleistung und Opfer in den Perserkriegen, aber auch dank einer dynamisch-offensiven Außenpolitik die Vormachtstellung in Hellas inne. Die alte Rivalin Sparta – mit ihrer oligarchischen Struktur auch verfassungspolitisch der Widerpart Athens – hatte ihre einstige Führungsposition an die attische Metropole verloren. Und im Gefühl dieses Selbstbewusstseins beschlossen die Athener, ihren Burgberg so auf- und auszubauen, dass er für ganz Hellas als architektonisch-künstlerische Visitenkarte einer prosperierenden, in kulturellem Glanz erstrahlenden demokratischen Polis erkennbar war, deren führender Mann Perikles sich nicht scheute, sie als »Schule von Griechenland« zu rühmen.[3]

Perikles ist zusammen mit einem Kreis führender Intellektueller und Künstler der Spiritus Rector des repräsentativen Bauprogramms gewesen. Er stand in jener Zeit wie kein Zweiter für die demokratische Verfassung Athens. Und das ist der eigentliche Grund für die vehementen Angriffe der oligarchischen »Partei«: die Opposition blickte gewissermaßen ideologisch nach Sparta. Das hatte jede Menge Konservativismus und militärischen Drill zu bieten, setzte aber kulturell schon seit längerer Zeit keinerlei Akzente mehr und hatte architektonisch nichts vorzuweisen. Die demokratische Gegenspielerin Athen tat nun alles, um sich im wahrsten Sinne des Wortes spektakulär (»sichtbar«, »sehenswert«) von diesem Hort der Reaktion und des geistigen Stillstandes abzuheben.

Natürlich war das prächtige bauliche Ensemble, das weithin vom Burgberg herabstrahlen würde und das noch heute als das Symbol einer zivilisatorischen Ausnahmestellung Athens gilt, ein unübersehbares Denkmal, das sich der demokratische Staat selbst setzte. Und auch als solches ist es über die künstlerische Leistung hinaus ein Vermächtnis für die Welt: Da bekennt sich ein Staat mit der jungen Verfassung einer Volksherrschaft zu dieser singulären Investition in Kunst und Repräsentation – seht alle her, wir feiern uns selbst, wir stehen mit selbstbewusster Programmatik zu unserer Geschichte, zu unserer politischen Innovation, zu unserer Stellung als neue Vormacht von Hellas. Dass sich da den Vertretern der »guten alten Zeit« die Nackenhaare sträubten und sie gegen »Protz« und »eitle Selbstdarstellung« zu Felde zogen, kann man verstehen. Es war auch ein Stück Anti-Sparta, ein Stück Anti-Aristokratie, das dort oben auf der Akropolis inszeniert wurde. Und man kann auch die, um es vorsichtig zu formulieren, gemischten Gefühle der Bundesgenossen nachempfinden, die nach Athen kamen und mit den Gerüchten über die fragwürdige Finanzierung der prachtvollen Tempel konfrontiert wurden.

Bedenkt man, dass zugunsten der perikleischen Konzeption ein schon von dem konservativen Politiker Kimon begonnener Neubau des Athena-Tempels wieder abgetragen worden ist, dann fällt es nicht schwer, sich die leidenschaftlichen Debatten über das gewaltige Bauvorhaben in der Volksversammlung vorzustellen. Es bedurfte eines überzeugenden Konzepts und kontinuierlicher Argumentationsarbeit, um über viele Jahre hinweg eine Mehrheit in der Ekklesia für den Bau und Weiterbau der Akropolis-Heiligtümer zu erringen. Mit der einmal gefallenen Grundsatzentscheidung war es nämlich nicht getan. Die Volksversammlung setzte Kommissionen ein, die den Baufortschritt überwachten und die Kosten kontrollierten. Diese Ausschüsse berichteten an das Volk, und da es um immense Summen ging, wurde dort nicht nur von den eingefleischten Gegnern des Projekts nachgefragt. Keine Rede also von einem einsamen Entschluss des vermeintlich demokratischen Monarchen Perikles!

Unter den vielen großartigen Aspekten der Akropolis ist dieser nicht der unwichtigste: dass der Demos sehr wohl wusste, was er in Auftrag gab, dass er sich das Vorhaben im Einzelnen erläutern ließ und kontinuierlich legitimierte. Es war die demokratische Gemeinschaft der Bürger, die sich für dieses prachtvolle architektonische Aushängeschild entschied. Und man möchte, mögen auch manche Begleitumstände fragwürdig gewesen sein, manch eine zaghafte moderne Demokratie ermutigen, sich ebenfalls in solchen künstlerisch anspruchsvollen Großprojekten darzustellen. Warum lassen wir eigentlich Monarchen, Tyrannen und Oligarchen Unsummen für bauliche Repräsentationsobjekte mehr oder weniger achselzuckend – oder gar mit Bewunderung: Seht her, ein »Förderer der Kunst!« – durchgehen und werden überaus knauserig, wenn ein demokratisches Gemeinwesen ordentlich Geld in die Hand nimmt, um sinnstiftende, erhabene Bauten zu finanzieren? Die Demokratie als graue Maus, als haushälterische Patronin des Mittelmaßes, als Sachwalterin kultureller Bescheidenheit? Warum eigentlich? Die Athener haben das ganz anders gesehen.

Worin bestand das Geheimnis der Überzeugungsstrategie, mit der Perikles und sein Kreis die Ekklesia hinter sich gebracht haben? Es war ein kühnes, sinnstiftendes Konzept, das Innovationsbereitschaft mit Stolz, Bürgersinn und Möglichkeiten zur Identifikation verknüpfte. Die »Größe der Stadt« und ihre führende Stellung in Hellas, das war stets ein wichtiger Punkt in der Rhetorik des Perikles. Die Athener könnten stolz auf ihre historische Leistung und das außen- wie innenpolitisch Erreichte sein. Dies sei eine ermutigende Grundlage, um hoffnungsvoll nach vorn zu schauen. Wer die Persergefahr überwunden habe, dem brauche um die Zukunft nicht bange zu sein. Kleinmut? Verzagtheit? Vorsicht? Nichts für Athen! Optimismus, Zukunftsglaube, Offenheit, das seien die beflügelnden Aussichten.

Angesichts der militärischen Stärke, der kulturellen Blüte und der ökonomischen Stabilität war das keine Vision ohne Fundament, kein hohles Pathos, keine rhetorische Schaumschlägerei. Perikles vermittelte seinen Landsleuten den Glauben an die Größe Athens, und zwar als demokratisches Programm. Man kann und soll das ideologiekritisch hinterfragen, beeilt sich ein deutscher Autor hinzuzufügen, um ja nicht in nationalistischem Fahrwasser verortet zu werden. In anderen westlichen Demokratien wie England, Frankreich, der *grande nation*, und den USA klingt solch ein Programm weniger verdächtig – und im Athen des 5. Jahrhunderts v. Chr. erst recht.

Die Darstellung imaginärer Größe durch tatsächliche Größe, das war die Überlegung hinsichtlich des bedeutendsten der damals geplanten Tempel, des Heiligtums der jungfräulichen Göttin (*Parthenos*) Athena, der seit dem 4. Jahrhundert v. Chr. als Parthenon bekannt ist. Er sollte größer sein als die Haupttempel in Delphi und in Olympia. Mit acht Säulen auf den Stirn- und siebzehn Säulen auf den Längsseiten übertraf der Parthenon tatsächlich die bisher größten Tempel mit sechs mal zwölf beziehungsweise dreizehn Säulen. Und er sollte prächtiger sein als alle bisher gebauten Tempel. Er war tatsächlich der erste rein aus Marmor erbaute und mit dem bis dato üppigsten Skulpturenschmuck ausgestattete. Aber er sollte auch Harmonie ausstrahlen. Sie erwies sich darin, dass erstmals in der griechischen Architekturgeschichte Elemente des dorischen mit denen des ionischen Tempeltypus kombiniert wurden: Athen, das wurde auch den nur oberflächlich Hinschauenden klar, verband heiteres ionisch-asiatisches Lebensgefühl mit der strengeren dorischen Mentalität des griechischen Kernlandes.

Mit diesen neuen Vorstellungen von Quantität – Rekorde, die sich die Athener gewissermaßen durch ihre historischen Leistungen und ihre Stellung als Supermacht verdient hatten – verbanden sich qualitative Neuerungen, die den Parthenon zu *dem* klassischen Tempel Griechenlands schlechthin werden ließen, und das dank einer ausgewogenen architektonischen Harmonie, die noch heute trotz des ruinösen Zustandes des Bauwerks bei aller Monumentalität den Eindruck einer fast schwebenden, jedenfalls ungemein leichten Architektur aufkommen lässt. Es entstanden, wie Plutarch formuliert, »Bauten von stolzer Größe und unnachahmlicher Schönheit der Form, in kurzer Zeit geschaffen für die Ewigkeit. Ihre Schönheit gab ihnen sogleich die Würde des Alters, ihre lebendige Kraft schenkt ihnen bis auf den heutigen Tag den Reiz der Neuheit und Frische.«[4] Plutarch schreibt das im 2. Jahrhundert n. Chr., und man könnte es mit demselben Pathos auch für das

21. Jahrhundert so formulieren. Selbst in der nüchternen Sprache der Bauforscher wird das Grandiose des Entwurfs deutlich. So spricht Christoph Höcker vom »Höhepunkt des klassisch-dorischen Säulenbaus« und dem »Kulminationspunkt der Entwicklung von Maßen und Maßverhältnissen im griechischen Tempelbau«.[5] Der Parthenon war und ist das Nonplusultra griechischer Tempelarchitektur.

Gleiches gilt für den Skulpturenschmuck des Heiligtums; auch er ist eine kongeniale Verbindung von handwerklich-künstlerischer Qualität mit innovativen Elementen und einem thematischen Konzept, das die Größe Athens und die Leistung seiner Bürger feiert.

Eher traditionelle mythologische Motive schmücken die 92 Metopen der Ringhalle: im Osten die Schlacht zwischen Göttern und Giganten, im Süden das Ringen zwischen Lapithen und Kentauren, im Norden der Kampf um Troja und im Westen eine Amazonomachie, in der die Griechen den Sieg über das heranstürmende Frauenvolk davontragen. Die wichtigste Aussage sämtlicher Bilderzählungen ist der Triumph der Ordnung über das Chaos, des Kultivierten über das Wilde, des Westens über den Osten, der Griechen über die Barbaren.

Bei aller Problematik, diese unterschiedlichen Aspekte zu einer vollkommen stimmigen Gesamtaussage zu vereinen, war für die Zeitgenossen klar, dass hier ein historisches Geschehen in die mythische Urzeit rückprojiziert wurde: die gewaltige Abwehrschlacht der Hellenen, die der persischen Invasion der Jahre 490 bis 479 v. Chr. unerwartet getrotzt hatten. Insofern wurde hier ein panhellenischer Triumph gefeiert, die Überlegenheit der griechischen Kulturnation gegenüber dem »barbarischen« Angreifer. Auch wenn nicht alle griechischen Bundesgenossen in demokratisch verfassten Staaten lebten, wurde der Sieg über die Perser in der athenischen Propaganda auch als Triumph der westlichen Demokratie über die östliche Despotie interpretiert. Das leuchtete den Athenern umso mehr ein, als sie die Hauptlast in den Perserkriegen getragen hatten.

Was in den Metopen noch als Stoff aus dem gemeinsamen mythologischen Repertoire *aller* Griechen präsentiert wurde, verengte sich in den übrigen Teilen der Bauplastik des Parthenon auf Athen. Unübersehbar war dieser Fokus auf die attische Metropole in den Giebeldarstellungen. In dem einen Giebelfeld war die Geburt der Athena dargestellt, der Schutzgöttin der Stadt. Sie entsprang in voller Rüstung dem Haupte des Zeus. Dank ihrer Fürsorge war ihre Stadt so bedeutend geworden, wie sie sich in diesem ihr geweihten Tempel darstellte. Das andere Giebelfeld zeigt eine weitere berühmte Szene aus der Mythologie des Landes: den Kampf zwischen Poseidon und Athena um das attische Land. Dabei lag der Akzent weniger auf dem Kampf der Götter; vielmehr stand die Attraktivität des umstrittenen Landes im Vordergrund, auf das gleich zwei olympische Gottheiten Anspruch erhoben – eine Chiffre für die Stärke und den Wohlstand Athens in perikleischer Zeit. Athena setzte sich durch, und ihre Gabe an das Land waren der Olivenbaum, aber auch die Künste und Wissenschaften und nicht zuletzt Wehrhaftigkeit und Risikobereitschaft. Der Meeresgott Poseidon hatte indes, obwohl er im Kampf mit Athena unterlegen war, seinen Frieden mit Attika gemacht: Wäre das Land, das er mit seinen Wellen auf drei Seiten umspült, sonst zu dieser Bedeutung als unumstrittene Seemacht der Ägäis und Handelsmetropole gelangt?

Die Erzählungen beider Giebelfelder dienen als Legitimation Athens. Der Mythos wird als übermenschliche und damit umso glaubwürdigere Instanz in den Dienst einer Staatsidee gestellt, die Kraft aus der Vergangenheit schöpft und diese Kraft als beflügelnde Perspektive auf die Zukunft überträgt: Athen ist eins mit seiner Schutzgöttin, die die Polis aus der Vielzahl der griechischen Poleis herausgehoben hat. Die Superiorität des Griechentums, wie sie die Metopenplastiken suggerieren, erfährt eine Präzisierung und Steigerung in der Superiorität Athens.

Der Dank an die Stadtgöttin zeigt sich auch in der Kultstatue der Athena. Phidias, der berühmteste Bildhauer seiner Zeit, der hierbei die oberste Leitung der Gesamtkonzeption innehat, entwirft ein

Standbild, das alle bisherigen Dimensionen sprengt – sowohl durch seine riesige Größe von zwölf Metern als auch die beispiellos kostbaren Materialien, die er dabei verwendet. Auf einem Holzgerüst, das den Rohbau bildet, wechseln sich Elfenbein- mit Goldplatten ab; nicht weniger als 44 Talente, das heißt mehr als eine Tonne Gold soll Phidias in seiner Kolossalstatue verarbeitet haben. Die moderne Forschung schätzt die Baukosten der Akropolis-Heiligtümer auf rund zweitausend Talente. Davon entfielen fünfhundertfünfzig bis sechshundert Talente auf den Parthenon und allein siebenhundert bis tausend Talente auf die Athena-Statue.[6]

Das gewaltige Standbild selbst ist nicht erhalten, wohl aber eine Reihe von Kopien in kleinerem Maßstab. Sie lassen uns noch heute eine klare Vorstellung vom Aussehen des Kultbildes gewinnen. Athena war in voller Rüstung, die Linke auf einen Rundschild gestützt, mit einer Lanze im Arm dargestellt. In der erhobenen Rechten trägt sie eine vergoldete Statue der Nike, der Göttin des Sieges. Weitere Details wie die Motive an der Außenseite des Schildes ergänzen die Gesamtaussage. Hier wird Athena als unbezwingbare und Sieg bringende Schutzgöttin porträtiert. Das Medium dieser Darstellung einer hoheitsvollen und gebieterischen Schutzgöttin aber ist eine der imposantesten künstlerischen Schöpfungen griechischer Plastik überhaupt, ein Kunstwerk, das den Anspruch Athens auch als Heimat der Künste und Wissenschaften unterstreicht. Moderne Wahrnehmung mag diese Kombination aus militärisch-drohender Attitüde und künstlerisch-geistiger Spitzenstellung vielfach als irritierend empfinden. Für die Athener des 5. Jahrhunderts v. Chr. aber gab es keine Unvereinbarkeit von Geist und Macht, von imperialem Gestus und künstlerischer Perfektion. Beides war in der göttlichen Gestalt Athenas vereint – und was für die Stadtgöttin galt, das galt auch für die von ihr beschützte Stadt.

Edle Einfalt, stille Größe? Von diesem vermeintlichen Klassikideal der Griechen ist all das selbstredend weit entfernt. Da wird pomphafte Größe zelebriert, die an Hybris und Megalomanie denken lässt. Und nicht wenige Angehörige der oligarchischen Opposition haben genauso gedacht und haben es genauso ausgesprochen. Aber der Demos hat sich den hochfliegenden Plänen des Perikles und Phidias nicht verweigert, sondern hat die Selbstbestätigung und das Selbstverständnis, das ihm da tagtäglich präsentiert wurde, akzeptiert und goutiert – und zwar nicht in rauschhafter Ekstase, sondern in einem stetigen Reflexionsprozess der Selbstvergewisserung. Man muss kein Freund dieser imperialen Selbstdarstellung einer Demokratie sein, aber man darf sich ein Beispiel an dieser demokratischen Sinngebung nehmen, die ja zudem die größten Künstler ihrer Zeit zu meisterhaften Kunstwerken inspiriert hat.

Die Athener leben in Harmonie mit ihrer Schutzgöttin, so wie diese offenkundig in Harmonie mit ihrem »Schutzvolk« lebt. Diese innige Verbundenheit kommt in einem Tabubruch zum Ausdruck, der sich mit dem Figurenfries um die Cella des Tempels herum verbindet: Erstmals werden da lebende Menschen in einen sakralen Kontext eingebettet. Das rund einen Meter hohe farbige Reliefband, das sich auf einer Länge von 160 Metern mit über dreihundert Personen- und zweihundert Tierdarstellungen um den oberen Außenrand des Innenbaus zieht, stellt die Prozession anlässlich des höchsten attischen Festes, der Großen Panathenäen, dar.

Ein ungemein lebendiges, buntes Spektakel, an dem alle Schichten der athenischen Bevölkerung teilhaben: junge Mädchen mit Geschenken, Musikanten und Priester, Reiter, Wagenlenker und Opfertiere, Beamte und bärtige Greise, Jünglinge und Opferdiener, Frauen und Zweigträger, die meisten von ihnen festlich gekleidet, mit Kränzen geschmückt, in lockerer, keineswegs feierlich-steifer Haltung. Ein Spiegel der Polisgemeinschaft, einer Bürgergemeinde, die sich auf den Weg gemacht hat, ihrer Stadtgöttin ihr neues Gewand, den Péplos, an dem zahlreiche junge Frauen über viele Monate hin gewebt haben, zu überreichen. Der Feierlichkeit und Bedeutung dieses Augenblicks entspricht auch die erlauchte Schar der Gäste, die dem Geschehen plaudernd beiwohnt, ohne sich besonders darauf zu konzentrieren. Die Rede ist von der Versammlung der zwölf olympischen Götter. Sie sind – unter dem Vorsitz von Zeus und Hera – bei der Zeremonie präsent, ziehen aber nicht die Aufmerksamkeit der Betrachter wie selbstverständlich auf sich. Die eigentlichen Helden des Reliefbandes, wenn man es so ausdrücken will, sind die vielen Bürgerinnen und Bürger – der Demos von Athen.

Der Panathenäenfries strahlt Lebendigkeit, Dynamik und Gemeinschaftsgeist aus; er spiegelt die erfolgreiche Gegenwart Athens vor dem Hintergrund einer erfolgreichen Vergangenheit und lässt auf eine ebenso erfolgreiche Zukunft schließen. Im Fest und in der Nähe zu den Göttern manifestiert sich demokratische *civic identity* (Walter Robert Connor)[7] – ein Sinnstiftungsangebot für alle Gruppen der Bevölkerung, eine bürgerschaftliche Ideologie, deren nach außen abgrenzende Wirkung nicht zu bestreiten ist. Das haben Athens Freunde und Feinde sicher so gesehen, und das mag dem Demokraten moderner westlicher Prägung zumal in der Stilisierung Athenas als »Super-Göttin« (Lambert Schneider) Bauchschmerzen bereiten. Jedenfalls handelt es sich um ein stimmiges Konzept, eine auf die politische Verfassung Athens abgestimmte Staatsidee, eine Konzeption, die offenkundig zu authentischem Kunstwollen und perfektem Kunstkönnen ansporrnt und sich damit gleichzeitig adelt. Wer die Bauten und die Bauplastik der Akropolis bewundert, erweist auch dem athenischen Demos als ihrem Auftraggeber seine Reverenz.

15 Jahre lang, von 447 bis 432 v. Chr., wurde am Parthenon gearbeitet. Eingeweiht wurde der Tempel aber bereits im Jahre 438, als die gewaltige Kultstatue der Hausherrin fertig war. Ob der Parthenon überhaupt ein echter Sakralbau mit religiöser Funktion gewesen ist oder nur ein Staatsmonument zu Ehren der jungfräulichen Stadtgöttin, ist in der Wissenschaft heftig umstritten. Sicher ist, dass er den eigentlichen Tempel der Athena Polias (»Stadtgöttin«) nicht ersetzt hat. Hinsichtlich seiner künstlerischen Würdigung und seiner programmatischen Aussage ist die grundsätzliche Bestimmung dieses Tempels indes unerheblich.

Interessanter ist aus heutiger Sicht die Frage, ob es sich um einen »Sklavenbau« gehandelt hat – so die polemische Formulierung einiger Kritiker, die die kulturelle Blüte und wirtschaftliche Prosperität des klassischen Athen in enger Verbindung mit der athenischen »Sklavenhaltergesellschaft« sehen. Diese marxistische Deutung hat sich jedoch als nicht tragfähig erwiesen. Gewiss, nicht wenige Athener besaßen einen Sklaven, eine kleine Minderheit auch mehrere, doch ist die ökonomische Basis des attischen Stadtstaates zu keiner Zeit – im Unterschied zu ihrer Gegenspielerin Sparta – die unfreie Arbeit gewesen. Was speziell den Parthenon und die anderen Tempel der Akropolis angeht: Sicher haben daran auch Sklaven mitgearbeitet, so wie in anderen Bereichen freie und unfreie Arbeit Hand in Hand gingen. Die Mehrheit der am Bau der Akropolis Beteiligten dürften aber freie Arbeiter gestellt haben. Für den Staat als Auftraggeber war es, das zeigen erhaltene Bauabrechnungen eindeutig, kein finanzieller Vorteil, wenn möglichst viele Sklaven eingesetzt wurden. Freie und Unfreie erhielten den gleichen Lohn. Der Unterschied lag darin, wer ihn einsteckte.

Ins Reich der historischen Mythen gehört auch die Deutung des nicht auf die Akropolis beschränkten perikleischen Bauprogramms als groß angelegtes Arbeitsbeschaffungsprojekt. Sicherlich war es ein willkommener Begleitumstand, dass auf diese Weise mehrere Hundert Menschen zuverlässig über Jahre in Lohn und Brot standen, doch war das nicht das Hauptanliegen – weder bei den Vordenkern und führenden Politikern noch bei der Mehrheit in der Volksversammlung, die die Planung, Ausführung und Finanzierung beschloss.

Propyläen, Erechtheion und Nike-Tempel

Der Parthenon war der zentrale Bau im Gesamtkonzept der Akropolis-Heiligtümer. Aber er war nicht der einzige. Der zweite große Komplex waren die parallel von 437 bis 432 v. Chr. erbauten Propyläen, der wuchtige, tempelartige Zugang zum Burgberg. Auch sie waren, noch heute lässt der Baukörper das selbst in seinem ruinösen Zustand erkennen, ein marmornes Eingangstor, das deutlich auf Repräsentation angelegt war. Wer diesen Eingang zum Burgberg durchschritt, nahm den Ruhm Athens sinnlich wahr.

Dem Ausbruch des Peloponnesischen Krieges im Jahre 431 v. Chr. fielen die weiteren Baupläne auf der Akropolis zunächst zum Opfer. Erst nach dem Tod des Perikles im Jahre 429 wurde der zierliche ionische Tempel der Athena Nike, der »siegreichen Athene«, auf der Südwestecke fertiggestellt. Der letzte große Bau war das an der Nordseite errichtete Erechtheion. Nach dem mythischen attischen König Erechtheus benannt, war es ein origineller kultischer Mehrzweckbau, der sowohl den heiligen Ölbaum der Athena als auch das Dreizackmal des Poseidon umfasste – uralte heilige Orte, die geschickt in den undogmatischen Bau integriert wurden. Sicher auch ein Symbol dafür, dass die beiden Gottheiten, die einst um den Besitz Attikas gestritten hatten, nun als versöhnt gelten konnten. Das besondere Schmuckstück des Erechtheions ist die berühmte Korenhalle. Die Decke dieses Gebäudeteils stützt sich nicht auf Säulen, sondern auf sechs Skulpturen junger Frauen (*kórai*), die das marmorne Dach mit schwebender Leichtigkeit zu tragen scheinen.

Ob Nike-Tempel und Erechtheion in dieser Form Teil des perikleischen Akropolis-Konzepts waren, lässt sich nicht mit Gewissheit sagen. Wohl aber, dass sie sich zumindest von der Programmatik her bestens in die Vorgaben des Parthenon einfügten: das Erechtheion, das an göttliche Gunst für das Land schon in grauer Vorzeit erinnerte, nicht minder als das Heiligtum einer Siegesgöttin, deren Identität mit der Stadtgöttin schon in der Gold-Elfenbein-Statue des Phidias im Parthenon vorgeprägt war. Eine im weiteren Sinne heilsgeschichtliche Vergangenheit als optimistische Zukunftsperspektive.

Es sollte anders kommen. Athen verlor den großen Krieg mit Sparta und wurde nach der Niederlage 404 v. Chr. auf die Bedeutung einer griechischen Mittelmacht zurückgeworfen. Die Akropolis aber blieb das beherrschende Symbol einer kulturell-künstlerischen Größe und Weltgeltung, die die machtpolitische Stellung der attischen Metropole überdauern sollte und zur Identifikation der Bürger mit ihrer großen demokratischen Vergangenheit einlud. »Das athenische Volk«, stellt der gefeierte Redner Demosthenes drei Generationen später fest, »hat sich mehr Ruhm erworben als jeden materiellen Besitz. Es hinterließ unsterbliche Heiligtümer als Erinnerung an seine Taten und die Schönheit der Gedenkstätten zu Ehren dieser Taten: die Propyläen, den Parthenon und die Säulenhallen …«[8]

Die bereits zitierten Worte des Historikers Plutarch erwiesen sich als prophetisch:[9] Die Akropolis gehört heute zum Weltkulturerbe, Millionen Touristen pilgern Jahr für Jahr dorthin. Zumindest über die Jahrtausende hat sich die schnöde Investitionsrechnung allemal gelohnt, könnte man den Bedenkenträgern von einst zurufen. Aber das wäre ein kleinkariertes Nachtreten gegen die oligarchische Opposition. Viel wichtiger ist die Erkenntnis, dass sich hier die klassische athenische Demokratie eine Selbstdarstellung gegönnt hat, die in Sachen Gemeinschaftsgefühl, Glaubwürdigkeit und Selbstbewusstsein sowie deren künstlerischer Bewältigung und Umsetzung Maßstäbe gesetzt hat. Auch Demokratien sind fähig und willens, sich selbst zu feiern. Sie sollten es sein – *gerade* Demokratien. Auch das ist ein Mut machendes, geradezu inspirierendes Vermächtnis der Akropolis, für das Hellas Dank gebührt.

Das neue Akropolis-Museum – Ein EU-Projekt, das diesen Namen verdient

Das moderne Griechenland hat den Kulturschätzen der Akropolis vor wenigen Jahren seine Reverenz erwiesen, indem es ein neues würdiges Akropolis-Museum gebaut hat; ein architektonisch außerordentlich gelungener Bau mit direktem Blick auf den Burgberg und einem Saal im dritten Stock, der den Parthenon in seinen Grundfläche-Dimensionen nachbildet. In Sachen Repräsentativität hat man sich an den Planungen orientiert, die zweieinhalb Jahrtausende alt sind. Weshalb der imposante Bau aus Glas und Beton eine Menge Geld gekostet hat. Und ja, zwanzig Millionen hat der EU-Strukturfonds dazu beigesteuert. Der EU sei Dank – es gibt eine Menge weit weniger sinnvoller, weit weniger europäischer Projekte, die sie anderswo nach Kräften gesponsert hat und weiter sponsert.

Das neue Museum hat Platz genug, auch für die 56 Platten des Parthenonfrieses, die Lord Elgin im Jahre 1816 erwarb und ins Britische Museum nach London bringen ließ. Das war kein Kunstraub, sondern ein sauberer finanzieller Deal mit dem Osmanischen Reich, zu dem Griechenland damals gehörte. Lange Zeit haben sich die Engländer den griechischen Restitutionsansprüchen verständlicherweise entgegenstemmt, auch mit der Begründung, in Athen fehle schlicht der Platz für diese wunderbaren Plastiken. Damit hatten sie recht. Bis zum Jahre 2009. Jetzt ist er da, der Platz, und zwar eben dort, wohin der Panathenäenfries gehört.

KAPITEL 4

Zeus, Prometheus und Co – Wahrheit und Macht des Mythos

Wie Mythen »gemacht« werden

Am Anfang war das Wort. Und das »Wort« heißt *mýthos. mýthos* ist »das durch die Sprache Mitgeteilte« und steht am Beginn der in eine sprachliche Form gebrachten geistigen Auseinandersetzung des Menschen mit seiner natürlichen und gesellschaftlichen Umgebung. Mythen können mündlich tradiert werden – vor der Erfindung der Schrift die normale Kommunikationsform –, sie können, wenn sich die Schrift in der Gesellschaft durchgesetzt hat, aber auch schriftlich fixiert und so mit einem höheren Grad an Verbindlichkeit weitergegeben werden. Das Erfolgsgeheimnis der griechischen Mythologie bestand nicht nur in der Fülle von Motiven und charakterstarken Persönlichkeiten sowie in der überaus lebendigen Interaktion von Göttern und Heroen mit den Menschen, sondern auch in der Tatsache, dass sie von Anbeginn der Verschriftlichung geniale Vermittler fand, die sie in einen großartigen poetischen Rahmen einbetteten.

Mit Homer und Hesiod stehen zwei begnadete Geschichtenerzähler am Anfang des verschriftlichten Mythos, die die Beschäftigung mit den Inhalten auch demjenigen erleichterten, ja aufnötigten, der dem religiösen Sinngehalt der Erzählungen skeptisch oder ablehnend gegenüberstand. Homers Götter nehmen es einem nicht übel, wenn man nicht an sie glaubt. Sie sind auch ohne religiöse Einbindung beeindruckende Gestalten, die keinen Leser kaltlassen. Man kann sie bewundern oder sich an ihnen reiben, sie charmant oder brutal finden, sich an ihnen aufrichten oder über sie lachen. Aber langweilig, blutleer, nichtssagend sind sie nie. Und das eben nicht zuletzt, weil ihnen Homer und Hesiod, später Aischylos,

Euripides und viele andere Dichter in höchster künstlerischer Vollendung Leben eingehaucht, sie, wenn man so will, eigentlich erst geschaffen haben. Der Dichter heißt auf Griechisch nicht zufällig *poietés. poietés* ist der »Macher«, der »Verfertiger«, der »Schöpfer« – derjenige, der neben der normalen Realität eine neue Realität schafft.

Ob die griechische Mythologie ohne diese hochrangigen poetischen Schöpfer ihren Siegeszug in Europa und darüber hinaus angetreten hätte, der zweieinhalb Jahrtausende europäischer Kultur geprägt hat und noch heute – wenn auch oft in reichlich trivialer Reduktion – in unserem Alltag lebendige Präsenz beweist, ist eine jener historischen Tabufragen, die man besser nicht stellt, weil sie letztlich nicht zu beantworten sind. Sagen wir: Sie hätte es jedenfalls schwerer gehabt. Auch weil dann das andere Überlieferungsmedium des Mythos, die bildende Kunst, sich nicht so stark herausgefordert gefühlt hätte, den Wettbewerb mit der Poesie aufzunehmen. Tatsächlich gehören mythologische Motive seit früher Zeit zu den beliebtesten Sujets der Vasenmalerei. Nicht immer war Homer die Quelle ihrer Mythendarstellungen, es gab andere, für uns zum Teil verloren gegangene Erzähltraditionen. Aber dass jeder Vasenmaler auch seinen Homer kannte, das darf man sicher annehmen.

Mythen sind tradierte und traditionelle Geschichten, es sind *gute* Geschichten: spannend, farbig, emotional, gehaltvoll, mit Tiefgang und einer Bedeutung, die über die konkret erzählte Situation hinausweist und ins Allgemeine gewendet werden kann (nicht: muss). In Mythen konzentrieren sich Welterfahrung, Weltwissen und Weltdeutung, häufig in einer bildhaften Reduktion des Komplexen und Komplizierten. Mythos ist ein Kern, der es gewissermaßen in sich hat, der zu Fragen provoziert und der sich je nach Frage in ganz unterschiedlicher Weise entfaltet. Der Mythos ist die Vorstufe zum Logos, einerseits. Andererseits lebt er mit ihm über die Jahrtausende hinweg in friedlicher Koexistenz. Im Unterschied zum Logos braucht sich der Mythos nicht zu rechtfertigen, er trägt seine Begründung und Plausibilität in sich selbst. Der Logos dagegen ist auf Argumentationskraft, auf Belege und begründete Hypothesen angewiesen. Er muss methodisch transparent sein und Rechenschaft ablegen. Der Logos ist Wissenschaft, der Mythos ist Märchen.

Ein Märchen aber nur insoweit, als sich in ihm viele merkwürdige, rational nicht erklärbare Wesen tummeln: Monster und Zauberinnen, Verwandelte und Verwunschene, Riesen und Phantasievölker – und nicht zuletzt Götter und Halbgötter, die sich von den Menschen in die Karten schauen lassen, Unsterbliche, die sich wie Sterbliche benehmen (beziehungsweise gerade *nicht* benehmen) und die den Menschen *nur* die Macht und eben die Unsterblichkeit voraushaben. Das ist das Märchenhafte, das ist, wenn Odysseus von seinen Abenteuern erzählt, Seemannsgarn. Und jeder weiß es. Aber es ist zugleich eine mythisch gebrochene Realität, eine Welt- und Selbstwahrnehmung, die Erkenntnisse, Erklärungsmuster und unsichtbare Kräfte konkretisiert, auf eine Gestalt fokussiert und durch diese Personalisierung veranschaulicht. Das ist eine Deutung der wahrgenommenen und erlebten Welt, die ihre eigene Wahrheit hat: die Wahrheit des Mythos.

Die griechische Mythologie ist ein Erfahrungsschatz mit zahllosen Typen und Archetypen, mit Handlungsmustern und Handlungsvorschlägen, mit exemplarischen Antworten auf grundlegende Menschheitsfragen: Schicksal und Selbstbestimmtheit, Schuld und Verantwortung, Verlassensein und Gemeinschaft, Lebensideale und Tod. Dabei sind es im Grunde keine Antworten, keine Rezepte, nichts, was man ohne Überlegung nehmen und anwenden kann, sondern Entwürfe, Identifikationsangebote, Erklärungsmodelle. Der Mythos gibt Hilfen, Orientierung und Halt – und er bietet eine gemeinsame Sprache und gemeinsame Bilder, die es erleichtern, sich miteinander zu verständigen.

Der Rahmen, den der Mythos schafft, ist flexibel und dehnbar, er lässt Raum für mehr als eine Deutung. Der Mythos ist kein Tyrann, kein Monarch. Er ist ein demokratisches Gedankenspielfeld, das zu interpretatorischer Pluralität ermuntert. In wissenschaftlicher Diktion nennt man das die Multivalenz des Mythos. Sein Sinnpotential lässt sich in unterschiedliche Richtungen akzentuieren und aktualisieren – wenn es tief und breit genug ist. Das heißt: wenn es eine gute Geschichte ist, die da erzählt wird, eine, die zu weiterem Nachdenken, zu weiterer Ausformung, mitunter auch zu einer einseitigen Zuspitzung einlädt oder herausfordert.

Der griechische Mythos verfügt über ebendieses provozierende Sinnpotential. Antigone und Herakles, Prometheus und Pandora, Sisyphos und Medea, Ariadne und Ödipus, Helena und Leda, Niobe und Odysseus, Orpheus und Phädra, Medusa und Adonis; das sind einige hervorstechende Gestalten, deren Handeln, Schicksal und Persönlichkeit »Muster« im etymologischen Sinn darstellen: Sie zeigen (*monstrare*) etwas Generalisierbares, Zeitloses, stellen einen narrativen Kern dar, der nach emotionaler und intellektueller Auseinandersetzung, Stellungnahme und Interpretation verlangt und offen ist für Um- und Neudeutungen auch und gerade in der produktiven Rezeption von Kulturschaffenden: Dichtern und Bildhauern, Malern und Filmemachern, Psychologen und Philosophen.

Europa – der Name des Kontinents verdankt sich ebenfalls der griechischen Mythologie. Eigentlich keine besonders ruhmreiche Episode, die da am Anfang steht: Zeus entführt, als Stier getarnt, die schöne phönizische Prinzessin Europa nach Kreta und vereinigt sich dort mit ihr. Wobei »vereinigen« ein Euphemismus ist: Der notorisch untreue, als Schürzenjäger berüchtigte Göttervater hat Europa ebenso wenig gefragt wie die meisten seiner anderen Eroberungen. Auf dieses mythologische *aítion* (Ursprungssage) seines Namens braucht sich das »alte Europa« also weiß Gott nicht viel einzubilden. Und das sollte man auch denjenigen entgegenhalten, die den Griechisch-Unterricht mit dem Hinweis auf diesen griechischen Ursprung Europas legitimieren wollen. Ein mythischer Frauenraub ist kaum dazu geeignet, Hellas Dank zu sagen.

Europa – das ist aber auch die intensive Auseinandersetzung mit dem griechischen Mythos, das Ringen um sein »richtiges« Verständnis, seine Übernahme als geistige Grundlage und Heimat. Daran haben auch die Römer großen Anteil, weil sie die Überlegenheit der griechischen Kultur anerkannt und sie weitgehend zu der ihren gemacht haben. Was den Mythos angeht, so waren die *Metamorphosen* Ovids der wichtigste Traditionsträger im Mittelalter und in der Frühen Neuzeit; ein mythologisches Kompendium in lateinischer Sprache, das viele regelrecht als Nachschlagewerk benutzt haben. Ohne Ovid wäre dem mythologischen Vermächtnis der Griechen nicht jene Nachhaltigkeit zuteilgeworden, die es zum Element des abendländisch-europäischen Bewusstseins gemacht hat. Und ohne Gustav Schwabs Klassiker *Die schönsten Sagen des klassischen Altertums* (1838/40 erstmals erschienen) hätte die Welt der griechischen Götter, Helden und Heroen nicht so viele Menschen erreicht und fasziniert.

Ovid und Schwab sind gleichwohl nur ein Teil eines breiten Rezeptionsstromes, der sich durch alle Jahrhunderte der Geistesgeschichte Europas ergossen und in Bibliotheken und Museen, in Kirchen und Büchern unübersehbare Spuren hinterlassen hat. Die Mythologie der Griechen ist Element unseres kulturellen Selbstverständnisses, ja sie ist immer noch eine wesentliche Komponente unserer Gegenwart – und als solche viel unumstrittener als der Euro. Aber selbst der bestätigt ja mit seinem Namen letztlich sogar unsere These, insofern er an die Europa-Sage anknüpft. Die Präsenz des griechischen Mythos ist ungebrochen, mag er sich auch nicht immer in geistaffinen Bereichen manifestieren. Das wollen wir auf den letzten Seiten dieses Kapitels nicht ohne ein gewisses Schmunzeln, aber hoffentlich ohne »klassisch-arrogant« zu wirken, illustrieren.

Zuvor aber soll die Wirkungsmacht des griechischen Mythos an zwei Beispielen ansatzweise aufgezeigt werden. Prometheus und die Sirenen sind die ausgewählten Stoffe, die wir exemplarisch durch die europäische Literaturgeschichte begleiten. Begleiten? Na ja, wir tippen das eine oder andere kurz an, greifen einzelne Aspekte aus einer kaum übersehbaren Fülle heraus. Mehr als ein Appetizer, eine Einladung zur weiteren Beschäftigung mit diesem gesamteuropäischen, ja Weltkulturerbe des alten Hellas kann das im Rahmen dieses Buches nicht sein.

Strafe für den Feuerraub – Prometheus und die Büchse der Pandora

Wer die Götter herausfordert, wird grausam bestraft, und das zu Recht. So stellt sich der Prometheus-Mythos in der frühesten Bearbeitung dar, die uns überliefert ist, in der *Theogonie* Hesiods, die um 700 v. Chr. entstanden ist. Die Strafe ist allgemein bekannt: Prometheus gehörte zu den bedauernswerten Büßern, die zu einer nie endenden Pein verurteilt sind. An einen Felsen des Kaukasusgebirges geschmiedet, leidet er immer wieder aufs Neue. Tag für Tag hackt ihm der Adler des Zeus seine Leber aus, die aber über Nacht wieder nachwächst, sodass sich das Martyrium stets ohne Hoffnung auf Erlösung wiederholt. Erst nach langer Zeit – da unterscheidet sich Prometheus von den anderen großen Büßern – gibt Zeus seinen Zorn auf. Er schickt seinen Sohn Herakles, um den Adler zu töten und Prometheus zu befreien.

Womit hat sich Prometheus die Wut des Göttervaters zugezogen? Der erste Akt des in »listigen Künsten Erfahrenen« (Hesiod) besteht in seinem legendären Opferfrevel. Götter und Menschen beraten darüber, wie ein Opfertier unter ihnen aufzuteilen sei. Prometheus übernimmt es, einen Ochsen zu zerlegen. Er tarnt das wertvollere Fleisch, indem er es in den Magen stopft; die Innereien dagegen umgibt er mit weißem Fett, das äußerlich attraktiv erscheint. Er überlässt Zeus die Wahl – und der lässt sich, obwohl er den Betrug durchschaut, austricksen. Seitdem opfern die Menschen den Göttern die Eingeweide, indem sie sie auf dem Altar verbrennen, behalten aber das Opferfleisch für sich. Zeus ist empört, und er zeigt seine Empörung, indem er mit einer empfindlichen Strafe reagiert: Er versagt den Menschen das Feuer. Damit löst er den zweiten Frevel des Prometheus aus. Der nämlich missachtet das Verbot des Gottes, stiehlt das Feuer »drinnen im Mark eines Narthexrohres« und bringt es den Menschen. Zeus aber »ergrimmte in seinem Herzen, als er bei den Menschen sah des Feuers weit blickenden Schein«.

Zeus begnügt sich nicht mit der Bestrafung des Feuerräubers. Er dehnt seine Strafaktion auch auf die Nutznießer aus, indem er von Hephaistos, dem Gott des Feuers und der Schmiede, eine ansehnliche Frau erschaffen lässt als »schönes Übel«, von der »das verderbliche Geschlecht kommt, die Stämme der Frauen, die, ein großes Leid, unter den sterblichen Männern wohnen«. Die Frau als Plage des Mannes ist Hesiod zufolge ein Ergebnis des prometheischen Feuerdiebstahls: »Ganz so hat Zeus, der hochdonnernde, den sterblichen Männern als Übel die Frauen bestimmt, die verschworen sind zu schlimmem Tun.«[1]

Das hört sich nicht gerade frauenfreundlich an, zumal es in solch pauschaler Polterei daherkommt. Die mildere Version findet sich wenig später in Hesiods zweitem Epos *Werke und Tage*. Dort bekommt die verhängnisvolle Frau einen Namen: Pandora, die »Allesgeberin« oder die »von allen Beschenkte«. Gegen den ausdrücklichen Rat des Prometheus heiratet sein Bruder Epimetheus die vom Himmel geschickte Schöne. Und die öffnet auf Geheiß des Zeus das Tonfass, in dem alle bisher unbekannten Leiden und Übel enthalten sind. Sie werden durch das Öffnen der »Pandorabüchse« freigesetzt. Allein die Hoffnung »blieb innen unter dem Rand des Krugs und flog nicht ins Freie auf und davon«.[2] Das Goldene Zeitalter ist unwiederbringlich dahin, die Menschen müssen sich in einer feindlicher gewordenen Welt zurechtfinden, nur mit der Hoffnung als Verbündeter.

Für Hesiod war das ein Verhängnis, das letztlich durch das Aufbegehren des Prometheus gegen eine natürliche Ordnung, nämlich das unangefochtene Regiment der Götter, heraufbeschworen worden war. Mit seinen Tricks, seinem Ungehorsam und seiner Rebellion hatte Prometheus die Geschäftsgrundlage im Verhältnis zwischen Göttern und Menschen aufgekündigt und den Gegenschlag des Zeus provoziert. Der machte klar: Verstöße gegen die ewigen Spielregeln werden sanktioniert. Der göttliche Anspruch auf Überlegenheit muss bekräftigt, das gestörte Gleichgewicht in der Beziehung zwischen Gott und Mensch muss wiederhergestellt werden. Die Menschheit wird in Mithaftung genommen für die Verbrechen ihres Wohltäters – eine Machtdemonstration, die sie ein für alle Mal auf ihre Rolle als Zweiter in der kosmischen Hierarchie festlegt: »So ist's gänzlich unmöglich, dem Sinn des Zeus zu entkommen.«[3]

Von Aischylos zu Camus – Der Triumph des prometheischen Prinzips

Eine Position, die zum Widerspruch reizt. Der Erste, der ihn rund zweieinhalb Jahrhunderte später formuliert, ist Aischylos in seiner Tragödie *Der gefesselte Prometheus*. Die Interpretation des Prometheus-Mythos ändert sich dort radikal. Aischylos zeichnet Zeus als Tyrannen und Prometheus als großen Helfer der Menschheit und Opfer seiner Kulturmission: »Weil den Menschen ich Heil brachte, darum trag' ich qualvoll dieses Joch!« Zutiefst undankbar sei der neue mächtige Mann im Olymp, dem er, Prometheus, doch beim Sturz seines Vaters Kronos geholfen habe. Eben typisch Tyrann: »Denn anzuhaften pflegt aller Tyrannei auch das Gebrechen, treuesten Freunden nicht zu traun.« Kaum an die Macht gekommen, habe der Göttervater geplant, das Menschengeschlecht zu vernichten und ein anderes, stärkeres zu erschaffen. Der Einzige, der sich diesem Plan entgegenstellte, war Prometheus. Seinem Mitleid mit den Menschen habe er die unbarmherzige Bestrafung zu verdanken – und der Willkür eines mitleidlosen Despoten auf dem Olymp.

Der Chor schlägt sich auf seine Seite: Wer hätte solch ein Herz aus Stein, dass ihn das Schicksal des tragischen Sachwalters der Menschheit nicht anrührte? Das Feuer, »das künftig tausendfache Kunst sie lehren wird«, sei ja nicht sein einziges Geschenk an seine

Schutzbefohlenen; alle *téchnai* (Künste) habe er ihnen beigebracht, sie durch Häuser- und Schiffsbau, Gebrauch der Schrift und Einweihung in alle Künste der Musen, im Ackerbau, in der Medizin und der Seherkunst von ihrem bis dahin tierähnlichen Leben emanzipiert. Was Prometheus stolz und selbstbewusst bestätigt: »So ist, mit einem Worte, dass ihr kurz es hört, den Menschen von Prometheus alle Kunst gelehrt.«[4] Der Wohltäter gibt sich nicht reuig zerknirscht; den Gefallen tut er seinem Peiniger nicht, dass er sich von seinen Taten distanziert. Damit wird Prometheus auch zu einem Sinnbild für die mühevolle Plackerei, mit der der Mensch der Natur die *téchnai* abringt. Er gibt nicht auf, ist auch noch in der Niederlage selbstbewusst. Oder trotzig und uneinsichtig? Für Aischylos und seinen Chor auf keinen Fall.

Der Konflikt endet nicht in Ausweglosigkeit. Es wird, auch weil die Schicksalsgöttinnen eine höhere Instanz sind, der sich selbst der oberste Gott beugen muss, zur Befreiung des Prometheus und zu einem Arrangement zwischen den Kontrahenten kommen. Wenn der dritte (verlorene) Teil der »Promethie« des Aischylos Prometheus als Fackelträger feiert, dann darf man dahinter den Triumph des prometheischen Prinzips vermuten: Die von Prometheus verkörperte Kultur der Menschen obsiegt, weil sie sich dem Geist und dem Fortschritt verpflichtet fühlt und sich mutig, unbeugsam, notfalls sogar märtyrerhaft der Unterdrückung und Einengung des Geistes entgegenstemmt. Den Fackellauf zu Ehren des Prometheus hat es in Athen im Rahmen der Promethia, des Prometheus-Festes, tatsächlich gegeben.[5] Viel ist über ihn nicht bekannt, aber es ist wahrscheinlich, dass er als Huldigung vor allem der Handwerker und Schmiede an ihren »Schutzpatron« und als rituelle Feuererneuerung konzipiert war.[6]

Die Rolle des Kulturstifters wurde nach Aischylos weiter ausgebaut bis zu dem Punkt, dass Prometheus sogar zum Erschaffer der Menschen aufstieg. Im Prinzip eine folgerichtige Weiterentwicklung des positiven Prometheus-Bildes; dieses überwog in der Ambivalenz der mythischen Gestalt als Aufrührer und Störer einer gottgewollten Ordnung, als clever-überheblicher Krimineller einerseits und als Anwalt der Menschen, als Kulturheros und aufrechter Kämpfer gegen Tyrannei andererseits deutlich. Die Anhänger des Prometheus waren in der Überzahl, seine Kritiker meldeten sich lange Zeit kaum zu Wort.

Bedeutungsvoll für die weitere Rezeption wurde sein sprechender Name: Prometheus ist der »Vorausschauende«, Epimetheus hingegen, sein weniger prominenter Bruder, der »nachher Überlegende« – ein ungleiches Brüderpaar, das unterschiedliche Mentalitäten und Orientierungen verkörpert. Liegt es modernem Empfinden womöglich näher, dem Pro als zukunftweisender und dynamischer Einstellung den Vorzug zu geben, so gemahnt die Prometheus-Interpretation Hesiods daran, dass diesem Pro auch zu großes Ungestüm, zu wenig Risiko-Folgen-Abschätzung, zu großes Vertrauen in das eigene Können innewohnen kann. Prometheus steht für den Fortschritt, er steht aber auch für dessen Risiken, die nicht nur den forschen Macher selbst, sondern auch die von ihm Beglückten in Gefahr bringen können.

Das Reservoir an Deutungsmöglichkeiten, das diesem griechischen Mythos innewohnt, ist also gewaltig, und er weist noch heute – oder vielleicht gerade heute? – ein im mythischen Helden personalisiertes Ambiguitäts- und Konfliktpotential auf, das sich auf die Frage zuspitzt: Wie viel entfesselter Prometheus ist verkraftbar, wie viel gefesselter Prometheus ist hinzunehmen? Und wie viel epimetheischer Geist tut gut, um prometheisches Voranstürmen zu zügeln?

Die gewaltige Rezeptionsgeschichte des Prometheus-Stoffes verwundert nicht, die europäische Geistesgeschichte hat sich an ihm förmlich abgearbeitet. Während im frühen Christentum und im Mittelalter vor allem die Klärung des schwierigen Verhältnisses zwischen dem christlichen Schöpfergott und dem konkurrierenden *demiourgós* (Erschaffer) Prometheus im Vordergrund stand, genoss Prometheus seit der Renaissance gewissermaßen als Sekundär-Schöpfer hohe Anerkennung. Auf den Schöpfungsakt des *homo naturalis* folgte der von Prometheus personifizierte zweite Schöpfungsakt des *homo civilis*. Für Francis Bacon wird Prometheus zu Beginn des 17. Jahrhunderts zur »Leitfigur der neuzeitlichen Wissenskultur, seine Frevel zur notwendigen Voraussetzung für die Entstehung dieses neuen Denkens«.[7]

In seiner Sturm-und-Drang-Zeit verbündet sich Johann Wolfgang von Goethe gewissermaßen mit dem Genie des Prometheus. Der geht mit Zeus hart ins Gericht, den alten Hybris-Vorwurf furchtlos auf sich nehmend: »Ich kenne nicht Ärmeres unter der Sonn' als euch Götter«, fährt er ihn an und geißelt die Untätigkeit, den Neid, die fehlende Lehrbereitschaft der Olympier. Nur durch Rebellion sei er zu dem geworden, der er sei: selbstbestimmt, seiner Fesseln ledig, ein Schöpfer eigenen Rechts:

> Hier sitz ich, forme Menschen
> nach meinem Bilde,
> ein Geschlecht, das mir gleich sey,
> zu leiden, zu weinen,
> zu genießen und zu freuen sich
> und dein nicht zu achten
> wie ich.[8]

Goethe verkehrt die Rollen kühn ins Gegenteil. Es ist nicht mehr Prometheus, der auf der Anklagebank sitzt; es ist Zeus, der sich für sein Versagen zu verantworten hat, weil er den Schöpfungsakt zivilisatorisch nicht fortgeführt, sondern behindert hat. Der Angeklagte ist zum Ankläger geworden.

Einen kräftigen Kontrapunkt zu der aufklärerischen Erlösergestalt setzt Mary Wollstonecraft Shelley, die Frau des Romantikers Percy Bysshe Shelley, und zwar in deutlicher Abgrenzung zu dessen wohlwollendem *Prometheus Unbound*. Ihr 1818 erschienener Roman *Frankenstein oder Der moderne Prometheus* zeigt die Grenzen scheinbarer prometheischer Allgewalt auf. Der ehrgeizige Naturwissenschaftler Frankenstein formt aus Leichenteilen einen künstlichen

Menschen, doch das Geschöpf entgleitet seinem Schöpfer: ein Monstrum, das sich gegen seinen modernen Prometheus auflehnt und, seinerseits entfesselt, die Risiken einer entfesselten Wissenschaft in erschreckender Weise aufdeckt. Das im Prometheus-Stoff angelegte Hybris-Motiv wird neu entdeckt.

Wenige Jahre zuvor hatte Lord Byron das Leiden des Kulturheros in den Vordergrund seines *Prometheus* gestellt und ihn dabei unausgesprochen mit Christus auf eine Stufe gehoben. Beide sind Heilsbringer, beide große Dulder, die »den wahren Weg weisen« und für die Erlösung des Menschen selbst den Tod auf sich nehmen:

> Gottähnlich war die Schuld; und Güte
> war's, die den Menschen unterwies,
> aus Eignem ihn zu wirken hieß,
> als er sich blind im Elend mühte.
> Zuschanden durch der Götter Kraft,
> bist du's in deiner Duldnerschaft,
> die Erde nicht noch Himmel brach,
> du unergründlich tiefer Geist,
> standhaft in Niedergang und Schmach,
> der auf den rechten Weg uns weist.
> Uns Sterblichen bist du ein Zeichen –
> nicht brach das Schicksal deinen Mut –,
> die wir wie du den Göttern gleichen […].
> Denn im Triumph trägt es [das Herz] sein Leiden
> und einen Sieg heißt es den Tod.[9]

Der geradezu messianischen Deutung der Erlösergestalt des Prometheus stellt Friedrich Nietzsche in *Die Geburt der Tragödie* das Aktive als Spezifikum prometheischen Handelns zur Seite: »Der Frevel des Feuerraubs ist eine aktive Sünde«; von einer naiven Menschheit aber nur als Sünde begriffen, weil die freie Verfügung des Menschen über das Feuer ihr als »ein Raub an der göttlichen Natur« erschien. Ebendieser Raub aber war für Nietzsche eine Notwendigkeit auf dem Weg der Entwicklung der Menschheit, die der Mythos als immanentes Abrücken der Menschen von den Göttern – man könnte vielleicht auch sagen: als Götterverrat – empfindet: »Das Beste und Höchste, dessen die Menschheit theilhaftig werden kann, erringt sie durch einen Frevel und muss nun wieder seine Folgen dahinnehmen, nämlich die ganze Fluth von Leiden und Kümmernissen, mit denen die beleidigten Himmlischen das edel emporstrebende Menschengeschlecht heimsuchen.«[10]

Albert Camus ist in *Die menschliche Revolte* nicht weit von dieser Deutung entfernt. Er sieht in Prometheus den Urrebellen im Befreiungskampf der Menschen gegen höhere Mächte, die ihn knechten – nach der Katastrophe des Zweiten Weltkrieges ein »Vorbild für den heutigen Menschen«, ein Verfolgter, der in uns weiterwirkt. Aber »wir sind noch taub für den großen Schrei der menschlichen Revolte, für die er das einsame Signal gegeben hat«. »Wir haben das Feuer neu zu erfinden«, fordert Camus, doch darf diese prometheische Selbstfindung nicht nur beim »Hunger des Körpers« stehen bleiben, sie muss sich auch auf den Geist beziehen. Zuerst der Körper, dann der Geist – dieses Nacheinander ist akzeptabel nur auf Zeit: »Jede Einschränkung des Menschen kann nur vorübergehend sein; man dient dem Menschen nur, wenn man ihm ganz dient.« Der an den Kaukasus gefesselte Prometheus ist indes auch eine Chiffre für Optimismus und Durchhaltewillen: »Der gefesselte Held bewahrt … seinen ruhigen Glauben an den Menschen. Und so ist er härter als der Fels und geduldiger als der Geier. Mehr als eine Revolte gegen die Götter hat diese lange, geduldige Beharrlichkeit Wert für uns.«[11]

Prometheus und sein Feuerfrevel – steht das wirklich am Beginn der Entfremdung zwischen Göttern und Menschen? Man kann den Mythos auch ganz anders lesen; eine Deutung, die unser letzter Interpret einem sophistisch bestens versierten Prometheus in seiner Verteidigung gegenüber den Olympiern in den Mund legt: »Wozu braucht ihr Feuer, da ihr nicht friert, eure Ambrosia ungekocht esst und keine Lichter nötig habt? Den Menschen hingegen ist das Feuer zu unzähligen Dingen und besonders auch zu den Opfern unentbehrlich. Denn wie wollten sie ohne Feuer die Straßen mit Opferfett einräuchern, Weihrauch anzünden und Nierenstücke auf dem Altar verbrennen, von welchem allem ihr doch so große Liebhaber seid, dass ihr es für den angenehmsten Schmaus haltet, wenn sich der Opfergeruch in dicken Rauchwolken zu euch hinauf windet? Ihr streitet also gegen euer eigenes Vergnügen, wenn ihr mir diesen Vorwurf macht!«[12]

So kann man den Mythos auch gegen den Strich bürsten, ihn von seinem hohen aischyleischen Sockel ins Vergnüglich-Satirische hinabstürzen. Ein moderner Spötter, der sich derart am Ernst des Mythos vergeht? Weit gefehlt. Es war ein Grieche, dem wir diesen Gegenentwurf zu verdanken haben: Lukian von Samosata, ein begnadeter Querdenker aus dem 2. Jahrhundert n. Chr., in seinem *Prometheus oder Der Kaukasus*.

Des süßen Gesanges verlockender Reiz – Wie Odysseus die Sirenen austrickst

Was mag nur den französischen Ingenieur Charles Cagniard de la Tour dazu veranlasst haben, dem von ihm im Jahre 1819 erfundenen Schallgeber die Bezeichnung *sirène* zu geben? Er dachte wohl an die klassische Adelung seiner Erfindung, indem er sie nach den homerischen Sirenen benannte. Aber hatte er seinen Homer wirklich richtig gelesen? Eher nicht, darf man vermuten, denn der spricht stets von »der verzaubernden Sirenen süßer Stimme«, ihrem »süßen Gesang«, dem »hellen, hohen Gesang der Sirenen«, der alle, die ihn hören, »verzaubert«.[13] Dieser auch sprichwörtlich gewordene »Sirenengesang« hat mit den schrillen, kreischenden Tönen der *sirène* des Herrn de la Cour wenig mehr gemein, als dass es sich bei beidem um ein intensives akustisches Phänomen handelt. Aus dem Lockruf wird ein Signalton oder gar ein Warnsignal. So sind sie, die Physiker. Romantische Rezeption hört sich anders an.

Der Sirenenmythos geht vermutlich auf populäre Seefahrergeschichten zurück, die es mit der Realität nicht ganz so ernst nehmen, sondern Erfahrungen und Risiken der Schifffahrt märchenhaft umdeuten und dramaturgisch geschickt personalisieren. Mag sein, dass die Sirenen schon in vorhomerischer Zeit als vampirähnliche Todesdämonen gefürchtet worden sind,[14] ihre Formung als Mythos erhalten sie erst in der *Odyssee*.[15] Als Fabelwesen sind die Sirenen durch ihre Zwittergestalt von Frau und – von den Hüften abwärts – Vogel charakterisiert. Ihre Faszination geht nicht von ihrer körperlichen Schönheit aus, sondern von ihrem verführerischen Gesang. Ihm kann sich keiner entziehen, er wirkt wie eine Droge: Jeder will ihn intensiver und von Nahem hören, denn mit der Entfernung wird er auch in seiner verzaubernden Wirkung schwächer. Die akustische Droge verbindet sich aber auch mit Inhalten. Die Sirenen sind allwissend, und sie locken mit der Teilhabe an dieser Allwissenheit. Noch jeder Schiffer sei auf ihre »blumige Wiese« zugesteuert, habe bei ihnen Rast gemacht, »und dann ging er von hinnen, vergnügt und weiser als zuvor«, stellen die zwei verführerischen Halbdamen Odysseus in Aussicht.[16]

Doch der weiß um die tödliche Gefahr, die sich mit dem Lockruf der Sirenen verbindet. Die Zauberin Kirke hat ihn gewarnt: Kein Seefahrer, der sich auf dieses Abenteuer eingelassen habe, sei jemals zu Frau und Kind zurückgekehrt; die blumige Wiese der Sirenen sei über und über mit »aufgehäuften Gebeinen modernder Menschen bedeckt«.[17] Wenn er mit seiner Mannschaft heil an diesem Seefahrergrab vorbeikommen wolle, müsse er seinen Kameraden die Ohren mit Wachs verkleben. Er allein dürfe dem Gesang der Sirenen lauschen, solle sich aber am Schiffsmasten festbinden lassen, um nicht in Versuchung zu geraten. Je dringlicher er seine Gefährten bitte, die Seile zu lösen, umso fester sollten sie ihn am Mastbaum festzurren.

Odysseus befolgt den Rat der Kirke. Er instruiert seine Mannschaft rechtzeitig und schützt sie und sich erfolgreich vor dem Lockruf ins Verderben. Wie gut, dass er den Gefährten eingeschärft hat, sich in der brisanten Situation seinen Befehlen zu verweigern! Nur so kann er dem »heißen Verlangen, weiter zu hören«, widerstehen – und ist somit der Einzige, der der Nachwelt von den gewaltigen Verführungskünsten des Sirenengesangs authentisch berichten kann. Das hat er Orpheus voraus. Auch der entkommt zwar im Argonautenepos der tödlichen Gefahr, indem er die Sirenen mit seinem eigenen Gesang und Lyraspiel übertönt, doch verhindert gerade diese List, dass er weiß, welcher Versuchung er entgangen ist.[18]

Von Ovid zu Ingeborg Bachmann – Die Droge der Versuchung

Der attraktive Stoff gewinnt in der Folgezeit durch die Erotisierung der Verführerinnen weiter an Attraktivität. In zahllosen bildlichen Darstellungen auch des Kunsthandwerks erscheinen die Sirenen als schöne, nackte Frauen, die nicht nur mit der Stimme zu betören verstehen. Wie sehr kunstvoller Gesang tatsächlich zum Betörungsarsenal verführerischer Frauen gehört, lässt Ovid die Leserinnen seiner *Ars amatoria* wissen. Mit dem Hinweis auf die Sirenen fordert er: *discant cantare puellae*, »die Mädchen sollen den Gesang erlernen«. Denn »für viele diente statt des Gesichts die Stimme als Kupplerin«.[19] Die Assoziation Sirene und Hetäre lag nahe,[20] aber sie prägte in der Antike noch nicht den rezeptionsgeschichtlichen Mainstream. Die Kombination von schöner Frau und schöner Stimme verlieh den Sirenen einen vampähnlichen Charakter, der mit seiner Mischung von Genuss und Betrug unwiderstehlich wirkt. Der eine Lust verkörpert, auf die der Tod folgt. Der Epigrammatiker Martial bringt dieses Fatal-Drogenartige in drei wunderbaren Oxymora (scheinbaren Widersprüchen) zum Ausdruck: *hilaris poena, gaudium crudele, blandae mortes*, »heitere Qual, grausame Freude, betörender Tod«.[21]

Aber auch das bei Homer angelegte Motiv der Allwissenheit der Sirenen schwimmt im Rezeptionsstrom weiter mit. Das sei das wahre Geheimnis ihrer Verführungskunst, interpretiert Cicero den Mythos neu: Die Sirenen nutzen den Forscherdrang der Menschen, ihren *cognitionis amor et scientiae*, »ihre Liebe zur Erkenntnis und zum Wissenwollen«, aus.[22] Das ist ihr wahres Angebot: »Sie riefen ja wohl die Vorüberfahrenden gewöhnlich nicht durch den Wohlklang ihrer Stimme oder eine gewisse Neuartigkeit und Mannigfaltigkeit ihres Gesangs zurück, sondern weil sie erklärten, dass sie vieles wüssten, so dass die Menschen sich vor Lernbegierde nicht von ihren Felsen lösen konnten … Homer sah, dass die Fabel nicht überzeugend wirken könne, wenn die Sirenen einen solchen Mann (wie Odysseus) durch bloße Lieder in ihren Bann zu schlagen suchten; deshalb verhießen sie ihm Wissen, und es konnte nicht verwundern, dass das einem wissensdurstigen Mann teurer als die Heimat war.«[23]

Damit werden die Sirenen zur Chiffre einer Versuchung für den Geist, zur Grenzerfahrung eines menschlichen Wissensdranges, der um der Erkenntnis willen Risiken eingeht, den sein glühender Lerneifer sogar ins Verderben reißen kann. Ist der Erkenntnisgewinn dieses Opfer wert? Oder sollten wir uns an Odysseus ein Beispiel nehmen und uns durch Selbstfesselung vor dem »faustischen« Sirenenruf in Acht nehmen? Cicero gibt keine direkte Antwort darauf, aber er betont eher die Chance als die Gefahr.

Die christlichen Kirchenväter deuteten die Sirenen in erster Linie allegorisch als Verführerinnen, die die Menschen ins Netz verderblicher Leidenschaften hineinziehen wollen. Das waren entweder »falsche«, weil heidnische Wissenschaften, oder es waren »typisch« weibliche Versuchungen zur sündigen Wollust – vordergründig attraktiv, aber unheilvoll, wenn man die Motive dieser betrügerischen Damen unter die Lupe nahm. Ihre amphibische Körperlichkeit wurde als Spiegel des oberflächlichen Reizes interpretiert: ein menschlicher Oberleib, dessen in jeder Hinsicht tieferes Pendant der tierische Unterleib war.

Der Bischof Isidor von Sevilla, im 7. Jahrhundert Verfasser einer etymologischen Enzyklopädie (*Etymologiarum sive originum libri XX*), die sich zu einem einflussreichen Grundtext des Mittelalters entwickelte, ist sich seiner Sache sicher: Die drei Sirenen (bei Homer waren es noch zwei) waren »in Wahrheit Dirnen, von denen erdichtet wurde, sie führten Schiffbruch herbei, weil sie die Passanten ins Elend entführten«. Auch ihre Zwiegestalt wird allegorisch schlüssig erklärt: »Flügel und Krallen sollen sie gehabt haben, weil die Liebe sowohl fängt als auch verletzt.« Ebenfalls erotisch determiniert ist ihr Lebenselement, das Wasser: »Man sagt, dass sie in den Fluten wohnen, weil Venus aus den Fluten geboren sei.«[24]

Im Verein mit den Kirchenvätern war Isidor eine moralische Autorität, der kaum jemand zu widersprechen wagte. Und deshalb wurde der gute, gläubige Christ zu einem neuen Odysseus, der seine Seele an das hölzerne Kreuz des Mastbaumes band, um allen Gefährdungen zu trotzen und nicht auf dem Schiffskurs seines Lebens die Orientierung zu verlieren.

Auch die bildende Kunst des Mittelalters verwendet dieses Motiv. Sie entwickelt zugleich das äußere Erscheinungsbild der Sirenen weiter, indem sie die Vogelfrau mit der fischschwänzigen, von Wasser umgebenen Meerjungfrau kombiniert: Die Fischsirene ist geboren, die freilich der Vogelsirene in ihrer moralisch gefährdenden Wirkung in nichts nachsteht. Diese Transformation bietet aber auch neue Möglichkeiten der Weiterentwicklung, weil sie das Sirenenmotiv mit den volkstümlichen Traditionen der Nixen zusammenbringt und dabei die Figur nicht nur »visuell erotisch auflädt« (Max Frisch), sondern sie um den Aspekt des aktiven männlichen Verlangens erweitert. Die lockende »monströse« Sirene und der verliebte Menschen-Mann, das ist im 19. Jahrhundert der Stoff für Lovestorys mit unglücklichem Ausgang. Die prominenteste ist die von der Sirene des Rheins, der Loreley.

Man kann indes den Mythos auch unter einer anderen Perspektive als der der Verführung lesen. Die Sirene ist auch der Typus der starken Frau, der sich der schwache Mann nicht zu entziehen vermag. Oder sie dient als Projektionsfläche für eine männliche Sicht auf die Frau und auf die Welt, für männliche Vorstellungen von

Weiblichkeit mitsamt ihren klischeehaften Erwartungen. Mit diesem Aspekt des Wasserfrauenmythos und der Gestalt des Männer-Ungeheuers »Hans« rechnet Ingeborg Bachmann 1961 unter dem programmatischen Titel *Undine geht* ab.

Wenn Undine geht, verstummen auch die Sirenen. Was wäre, wenn dieses Verstummen einträte? Was zu Beginn des Mythos einer Befreiung von der Bedrohung gleichgekommen wäre, wandelt sich fast drei Jahrtausende später zum eigentlichen Bedrohungsszenario. Franz Kafka und Bertolt Brecht sind die bedeutendsten Vertreter dieser Auslegung. In Kafkas *Schweigen der Sirenen* leisten die von Odysseus ausgetricksten Vogelfrauen gewissermaßen passiven Widerstand. Sein Odysseus ist ein ganz Vorsichtiger. Er lässt sich nicht nur festbinden, sondern verstopft sich die Ohren zusätzlich mit Wachs. Der Repräsentant des Rationalismus sichert sich gleich doppelt gegen das Einbrechen des Irrationalen in seine Welt ab. Und was bewirken seine »Mittelchen«, wie Kafka die Präventionstaktiken des Listenreichen abfällig nennt? Die Sirenen wenden eine andere Strategie an. »Sie haben eine noch schrecklichere Waffe als den Gesang, nämlich ihr Schweigen.«

Brecht greift diesen Ansatz auf, versieht den Mythos aber mit einem neuen Aspekt. In seiner Parabel *Berichtigung alter Mythen: Odysseus und die Sirenen* aus dem Jahre 1933 stehen die allwissenden Sirenen für die Kunst. Eine Kunst, die sich einem risikoscheuen Bourgeois wie Odysseus an den Hals geworfen haben soll? Einem feigen »vorsichtigen Provinzler«, der sich anbinden lässt, um die Kunst zu konsumieren, sich aber nicht wirklich auf sie einlassen zu müssen? Das darf man mit Fug und Recht bezweifeln. »Sollten diese machtvollen und gewandten Weiber ihre Kunst wirklich an Leute verschwendet haben, die keine Bewegungsfreiheit besaßen? Ist das das Wesen der Kunst?«, fragt Brecht.

Freilich, der Mythos berichtet es anders. Er berichtet vom Lockgesang der Sirenen, von ihrem betörenden Konzert zu Ehren des Odysseus. Der Mythos? Man übersehe den Beinamen des Odysseus nicht: der »Listenreiche«. Man könnte auch modischer formulieren: der Clevere. Ein »Schlauling«, sagt Brecht, der dem ganzen Altertum einen Bären aufgebunden hat. Denn »wer außer Odysseus sagt, dass die Sirenen wirklich sangen, angesichts des angebundenen Mannes«?

Der Sirenenmythos – am Ende doch nur ein Mythos?

Vom Olymp in den Supermarkt – Die Klassik als Konsumanreiz

Von der geistesgeschichtlich-literarischen Welt in die Konsumwelt. Wir sehen uns um und stellen fest: Der griechische Mythos lebt, ja er floriert und erobert sich immer neue Geschäftsfelder. Die Zahl der Griechisch-Schüler mag zurückgehen, aber die Zahl der Anspielungen und namentlichen Rückgriffe auf das Personal der griechischen Götter- und Heldenwelt steigt. Es hat sich offenkundig in der Wirtschaft herumgesprochen: Mit den Assoziationen, die die Mythen auslösen, lassen sich gute Geschäfte machen. Sie hören sich »klassisch«, will sagen: seriös und vertrauenerweckend an, geben ein gewisses Bildungsniveau vor und heben die Konsumlaune der mythologisch mehr oder weniger bewussten Käufer – auch wenn sie gelegentlich in sinnfreier oder sogar sinnwidriger Verwendung zum Namensgeber stehen und das Käuferpublikum vielfach ohnehin keine Ahnung hat.

Man kann darüber missmutig den Kopf schütteln, man kann die Usurpation des Mythos und seine Trivialisierung bedauern und das alles sogar als Indiz für den viel beschworenen Untergang des Abendlandes beklagen. Man kann aber auch das Positive daran sehen: die Wirkungsmacht eines Mythenschatzes, von dem die abendländische Zivilisation so stark und so nachhaltig durchdrungen ist, dass auch die moderne Welt ihn nicht als bildungsbürgerlichen Ballast empfindet, sondern ihn in ihrem Alltag willkommen heißt. Das ist doch auch ein Mutmacher für professionelle Antike-Vermittler, eine Chance, die Nachfrage generiert, und nicht nur ein weiteres Kapitel in dem endlosen »Früher-war-alles-besser«-Lamento. Ob das früher wirklich alles besser war, als das Gymnasium sich noch als exklusiver Bildungsolymp verstand, wäre unter der Perspektive der Öffnung und »Demokratisierung« von Bildung – auch klassischer Bildung – doch noch einmal zu überdenken.

Aber wir wollen ja hier kein bildungspolitisches Manifest schreiben, sondern uns über die Lebendigkeit des Mythos im Alltag des 21. Jahrhunderts freuen. Was nicht ausschließt, dass wir hier und da auch fröhlich Fehlrezeptionen aufgreifen und sie mit dem Angebot einer Nachbesserung der Antike-Kenntnisse verbinden: Noch ist Griechisch nicht verboten, und Latein boomt zurzeit an deutschen Gymnasien und Gesamtschulen. Als ausgesprochen populär erweist sich Apollon, meist in seiner römischen Namensform Apollo. Der Gott verwaltete gleich mehrere wichtige Ressorts auf dem Olymp: Wissenschaft und Kunst, Weissagung und Medizin, Musik und Dichtung. Daher ist er auch in der Werbung vielseitig einsetzbar: als Namensgeber für Raketen, die Menschen zum Mond schießen, ebenso wie bei Apollo-Optik als Chiffre für den klaren Durchblick oder auch in Personalunion mit dem Sonnengott als Schirmherr von Heizlüftern und Schreibtischlampen.[25]

Sein Kollege Hermes kann es durchaus mit ihm aufnehmen. Er hat seinen Namen – ungefragt und copyrightfrei – an gleich zwei bedeutende Unternehmen abgetreten: den Kreditversicherer Hermes und das gleichnamige Logistikunternehmen. Das passt mit seiner antiken Aufgabenbeschreibung als Götterbote und Schutzgott der Kaufleute bestens zusammen. Dass er auch der Patron der Diebe war, muss man den Hermes-Kunden ja nicht unbedingt auf die Nase binden; nicht jede Information wirkt als vertrauensbildende Maßnahme.

Dionysos war der Gott des Weines, seine Kernkompetenz wird geradezu gierig von der Gastronomie beansprucht. Gefühlte zweitausend griechische Restaurants in Deutschland sind nach ihm benannt. Deren kitschiges Interieur mit Plastikreben mag nicht ganz so stimulierend daherkommen, lässt sich aber mit einer entsprechenden Anzahl von Gläsern mit der Dionysos-Gabe schöntrinken. Man kann sich aber auch daran berauschen, dass sich der Spirituosenkonzern Berentzen die Markenrechte für alkoholische Dionysos-Derivate gesichert hat, oder sich darüber wundern, warum die Modefirma Bruno Banani ihre »Dionysos-Shorts« als »selbstbewusste und sexy Unterhosen« bewirbt.

Kommen wir zu Aphrodite. Als Göttin der Liebe und Schönheit bietet sie sich als Namenspatronin aller möglichen Kosmetika, Nagellacke und – ja, auch – Perücken an. Nachtclubs und Etablissements der käuflichen Liebe führen sie ebenfalls gern im Schilde, und natürlich hat auch ein Unternehmen zugegriffen, das Dessous produziert. Es ist damit am erotischen Markenkern der Göttin deutlich näher dran als etwa der »Aphrodite-Grill«. Der stellt, mit altphilologischen Augen gesehen, sehr gewagte Sadomaso-Praktiken in Aussicht, bringt in Wirklichkeit aber wohl nur Souvlaki und Gyros auf den Teller. Letzteres heißt übrigens so, weil sich das einschlägige Fleisch »rund« dreht.

Bleiben wir einen Moment bei den Dessous, da tut sich in der Namensgebung Erstaunliches. Aphrodite-Reizwäsche geht aus mythologischer Sicht voll in Ordnung, aber mit einer Dessous-Kollektion namens »Penelope« haben wir doch so unsere Probleme. Die Namensgeberin ist nämlich die notorisch treue Ehefrau des Odysseus, die dem Drängen der Freier standhaft widersteht. Und das am Tage gewebte Gewand, das sie, um Zeit zu gewinnen, nachts wieder auflöst und dem sie ihren sprechenden Namen einer »Gewebe-Auflöserin« verdankt, war weder ein »edler String« noch ein »bezaubernd femininer Bikini«, weder ein »verführerisches BH-Set« noch ein »edler Strumpfgürtel«, sondern das deutlich weniger Prickeln auslösende Totengewand ihres Schwiegervaters Laertes. So viel Freude uns die Entdeckung der Lingerie-Penelope gemacht hat, so hart fällt doch unser Urteil aus: eine klare mythologische Fehlbesetzung!

Ähnlich schwer tun wir uns damit, wenn eine griechische Software-Firma mit Schwerpunkt GPS sich ausgerechnet »Odysseus

Navigation Systems« nennt. Wer zehn Jahre braucht, um von Troja ins heimische Ithaka zurückzufinden, scheint uns nicht gerade zum Schutzpatron effizienter und verlässlicher Navigation prädestiniert. Aber womöglich hat Ironie bei der Namensgebung Pate gestanden? Dabei handelt es sich ja immerhin um ein griechisches Wort (*eironeía*, »Verstellung«, »Anschein von Unwissenheit«). Andererseits weiß man ja: Ironie versteht nicht jeder.

Zu den unmittelbar einsichtigen Mythenübernahmen zählt »Ajax«. Wer einen starken, vor keiner Herausforderung zurückschreckenden Helfer beim Hausputz braucht, der ist mit dem homerischen Helden bestens bedient. Was läge näher als diese Namensgebung? Flößt uns doch der klassisch-griechische Hintergrund bei Weitem mehr Vertrauen ein als ein teutonischer »Weißer Riese«.

Ähnlich gut beraten ist der Lebensmittelanbieter, der unter dem Label Demeter ökologisch unbedenkliche Produkte vertreibt. Demeter war in der griechischen Mythologie die Göttin der Fruchtbarkeit, besonders die des Getreides. Die Römer haben sie mit der Göttin Ceres gleichgesetzt – von der die Cerealien abgeleitet sind, die jetzt auch in deutschen Landen zunehmend auf den Sprach-Tisch kommen. Cerealien von Demeter – ökologischer geht's nimmer! Und klassischer auch nicht. Apropos Ökologie. Die verdanken wir auch den Griechen. Der Begriff steht für die Lehre vom *oíkos*, vom »Haus« oder »Haushalt«, der modern auf den – möglichst in Balance zu haltenden – Haushalt der Natur erweitert wird.

Nicht nur kommerziell spielt der Sportschuhproduzent Nike in der ersten Liga, sondern auch im Bereich der Mythennutzung: Die Marke verheißt wie die gleichnamige griechische Göttin den »Sieg«. Nur bei der richtigen Aussprache haben die Amerikaner noch etwas Nachholbedarf. Konkurrent Adidas kommt zwar mit seinem Markennamen deutlich provinzieller daher (Adidas steht als Akronym für den im mittelfränkischen Herzogenaurach geborenen Schuhmachermeister Adolf »Adi« Dassler), holt aber mit seinem »coolen Herrensneaker Achill« mächtig auf: Das griechische Laufwunder Achill steht Pate, und wir erkennen noch nicht einmal eine

Achillesferse bei dieser Mythenrezeption. Nachdem die Wettbewerber klassisch vorgelegt haben, sollte sich Puma jetzt schleunigst etwas einfallen lassen. Wir empfehlen, ein Lexikon der griechischen Mythologie zur Hand zu nehmen.

Wer einen schnellen Reifen mit mythologischer Adelung fahren will, dem bietet der amerikanische Hersteller des »Achilles« die Gelegenheit – dazu noch zum kleinen Preis, wobei wir lieber nicht über die Achillesferse der Achilles-Reifen spekulieren wollen. Schließlich hat sich auch die Sportgeräte-Industrie ihren Achill gesichert. Ein mythenrezeptiver Schuss ins Schwarze: das Laufband »Achill«.

Armer Adonis! Der schöne Jüngling hatte es schon in seinem mythologischen Erstleben nicht leicht: Erst wurde er zum Zankapfel zweier Göttinnen – Aphrodite und Persephone –, die ihn beide ganz für sich haben wollten, und dann kam er auch noch durch die Attacke eines wilden Ebers ums Leben. Immerhin hat er es noch Jahrtausende später zu sprichwörtlichen Ehren gebracht, auch wenn er zunehmend in der negativen Formulierung beansprucht wird, jemand sei »nicht gerade ein Adonis«. Gleichwohl droht ihm, aufs Ganze gesehen, nach dem unglücklichen ersten Leben ein nicht minder unglückliches Nachleben. Dass sich ein Hersteller ausgerechnet im Bereich Fleischwaren den Markennamen »Adonis« sichert, erscheint uns plump, ja geradezu degoutant. Wir wollen keinen Adonis-Leberkäs essen, und wir wollen, zumal in politisch derart korrekten Zeiten, auch wenn es nur ein Mann ist, keinen Adonis auf dem Fleischmarkt erleben! Aber es kommt noch schlimmer. Dass Adonis einer Türklinke seinen edlen Namen verleiht – na ja, nicht schön, aber kein Aufreger. Eine rote Linie aber ist überschritten, wenn die Türklinke gar nicht mehr als Türklinke daherkommt, sondern als »Rosettengarnitur«. Was schließlich haben sich die Verantwortlichen wohl dabei gedacht, als sie ausgerechnet dem ästhetisch so ansprechenden Adonis ein fieses WC-Trennwand-System namentlich zuordneten? Vermutlich nichts. Falls doch, wollen wir es lieber gar nicht wissen.

Da loben wir uns doch die gediegene humanistische Bildung der Gründer von »Atreus Interim Manager«. Sie sind offensichtlich nicht nur erfolgreiche »Experten für außergewöhnliche Unternehmenssituationen«, sondern auch begeisterte Antike-Fans. Auf ihrer Homepage erfahren wir, warum sie in Atreus den Ahnherrn ihrer Unternehmung sehen: Der war nämlich der »erste Interim Manager der Geschichte«. Das Management betraf zwar eine politische Herrschaft (über die Stadt Midea), und dass er sich dort so hervorragend bewährt hätte, wie es auf der Homepage dargestellt wird, ist eine sehr gewagte historische Analyse. Aber egal. Auch über das, was »richtige« Manager als Erfolg ausgeben, besteht ja nicht immer Einigkeit.

Werfen wir am Ende unseres Rundgangs noch einen Blick auf die Autoindustrie. Mit ihren Riesenumsätzen und respektablen Gewinnen kann sie sich, sollte man meinen, PR-Stäbe leisten, die sich mythologisches Know-how einkaufen oder zumindest mythologische Entlehnungen auf ihre Richtigkeit überprüfen lassen können. Weit gefehlt. Renaults »Clio« erscheint uns als Name für ein Auto weitgehend sinnfrei. Die Muse der Geschichtsschreibung weckt bei uns keinerlei Assoziation zum automobilen Gefährt. Oder glaubt Renault am Ende, mit diesem Modell Geschichte schreiben zu können? Wenn ja, dann nur der Hinweis: Auch »Hybris« ist ein griechisches Wort.

Wenn der größte Autoproduzent der Welt für seine Volkswagen mythologische Anleihen bei den alten Griechen aufnimmt, so sind wir von dieser Hommage an die Klassik natürlich sehr angetan. Mit »Eos« und »Phaeton« tragen gleich zwei Modelle einen griechischen Namen. Und doch hält sich unsere Freude darüber in Grenzen. Eos war die Göttin der Morgenröte, der VW Eos aber ist ein Cabrio. Mit dem Cabrio in die »rosenfingrige« Morgenröte aufbrechen? Im kühlen Deutschland? Da empfänden wir die Fahrt in die Abendröte aber doch als deutlich entspannter und romantischer. Denn da können wir auch in nördlichen Breiten das Verdeck schon mal aufmachen.

Aber gut, darüber kann man vielleicht noch streiten. Beim »Phaeton« aber gibt es keinen Interpretationsspielraum: ein Unglücksmodell für jeden, der den Mythos kennt. Der handelt von Phaethon, dem Sohn des Sonnengottes Helios. Ein Draufgänger, der seinen Vater bekniet, ihn für einen Tag ans Steuer des Sonnenwagens zu lassen. Helios wehrt sich nach Kräften: Sein Sohn werde den Wagen nicht beherrschen. Ob er ihn sehenden Auges ins Unglück stürzen lassen solle? Aber Phaethon beharrt auf seiner Bitte. Am Ende gibt der Vater nach. Und er wird recht behalten. Der unerfahrene Lenker kann den Kurs nicht halten, der Sonnenwagen schlingert übers Firmament, richtet riesige Zerstörungen im Himmel und auf der Erde an. Bevor die Katastrophe vollkommen ist, zieht Zeus die Notbremse. Er schleudert Phaethon mit einem Donner aus dem Wagen; der stürzt auf die Erde und kommt um. Das tragische Ende eines übermütigen Trips. Zwar bleibt der Wagen heil, aber man hat trotzdem kein gutes Gefühl. Das dem mythischen Namensgeber dreist weggenommene zweite »h« – ph plus th wirkt für einen Volkswagen offenbar abschreckend – ändert nichts an den beklemmenden Assoziationen, die das Absturzopfer Phaethon auslöst. Das hätte man voraussehen können, als man dem stolzen Flaggschiff des Autokonzerns seinen Namen verpasste. Ja, und besonders erfolgreich läuft das Modell bekanntlich auch nicht. Wer weiß, ob's nicht auch am falschen Namen liegt? Das kommt dabei heraus, wenn man – PR-Abteilung, siehe oben – an der Klassik spart.

KAPITEL 5

Thukydides und Herodot – Europas Väter der Geschichte

Krieg oder Kapitulation?

Im Sommer des Jahres 416 v. Chr. landen die Athener mit einer Flotte von 38 Kriegsschiffen auf der Insel Melos. An Bord sind dreitausend Krieger. Melos ist die einzige Kykladeninsel, die dem Delisch-Attischen Seebund nicht beigetreten ist. Als einstige spartanische Kolonie wollen die Melier Abstand zu Spartas Konkurrentin halten; außerdem verspüren sie wenig Neigung, durch einen Beitritt unter die Fuchtel Athens zu geraten. Aus dem ehemals freiwilligen Bündnis zur Abwehr der Perser ist längst schon eine Herrschaftsorganisation Athens geworden, das kein Mitglied aus dem Bund entlässt und hohe Bündnisbeiträge kassiert. Die Melier betreiben gegenüber Athen eine wohlwollende Neutralitätspolitik. Die Gefahr, dass sie sich dem von Sparta dominierten Peloponnesischen Bund anschließen, besteht offenbar nicht.

Zum Konflikt kommt es gleichwohl: Das (demokratische) Athen fordert die aristokratisch regierte Insel auf, ihre Neutralität aufzugeben und sich dem Seebund anzuschließen. Das lehnen die Melier ab; Athen sieht die Insel deshalb als Feind an. Nun steht der Feind im Land und wartet nur auf ein Zeichen des Befehlshabers, um das Gebiet rings um die von Mauern geschützte Hauptstadt zu verheeren. Bevor die Kriegshandlungen definitiv beginnen, sollen die Melier aber noch eine letzte Chance bekommen, ihre Entscheidung zu überdenken. Das ist das erste Angebot der athenischen Gesandten. Das zweite bezieht sich auf ein ungewöhnliches Verfahren, die unterschiedlichen Standpunkte auszutauschen. Nachdem der Rat sie nicht vor der Volksversammlung der Melier hat sprechen lassen wollen, verzichten die Athener auf die sonst übliche lange Werberede für ihre Forderung. Sie bieten stattdessen einen Verhandlungsdialog an, bei dem die andere Seite direkt zu jedem vorgebrachten Punkt Stellung nehmen soll. Was man von dieser Form des argumentativen Schlagabtausches halte?

Das klingt nach Entgegenkommen, passt aber nicht zur Streitmacht, die bereits drohend bereitsteht, antworten die Melier und setzen illusionslos hinzu, am Ende dieses Dialogs werde sich für sie doch die Alternative Krieg oder Knechtschaft ergeben. Aber gut, man lasse sich auf die Prüfung der Argumente ein. Der Dialog, der sich an dieses Vorgeplänkel anschließt, verläuft stichpunktartig folgendermaßen.

Athener: Wir verzichten auf schöne Reden und historische Argumente. Unser entscheidender Punkt ist: Im Verhältnis von Menschen zueinander gilt das Recht, wenn beide gleich stark sind, ansonsten gilt das Recht des Stärkeren. Der Überlegene setzt das Mögliche durch, der Schwache nimmt es hin.

Melier: Ihr stellt den Nutzen in den Vordergrund. Nützlich ist, was den Aspekt der Billigkeit nicht unberücksichtigt lässt. Der ist auch für den Stärkeren auf längere Frist von Bedeutung: Stürzt er, so muss er sonst mit der Rache der Unterlegenen rechnen, die sich einst unbillig behandelt gefühlt haben.

Athener: Zerbrecht ihr euch nicht unseren Kopf. Wir haben keine Angst, dass unsere Herrschaft zu Ende gehen könnte. In der jetzigen Situation ist unser Vorschlag für beide Seiten nützlich: Wir erobern Melos kampflos, ihr werdet verschont.

Melier: Der Verlust der Freiheit ist kein Nutzen.

Athener: Unser Angebot schützt euch vor entsetzlichen Qualen und Verlusten.

Melier: Unsere Neutralität reicht euch nicht?

Athener: Eure Feindschaft schadet uns weniger als der Prestigeverlust, den wir durch das Aufgeben unserer Forderung erleiden. Freundschaft wird von unseren Untertanen als Schwäche, Hass als Stärke ausgelegt.

Melier: Machen die von euch Unterworfenen dabei keinen Unterschied zwischen Städten, die euch nahestehen, und solchen, die euch fremd sind?

Athener: Gute Rechtsgründe haben alle Staaten, entscheidend für ihr Verhalten ist ihre tatsächliche Macht. Euch zu unterwerfen bringt uns zusätzliche Sicherheit. Und ihr solltet als die Schwächeren einer starken Seemacht nicht die Stirn bieten.

Melier: Unsere Neutralität wäre für euch von Nutzen. Wenn ihr uns unterwerft, schafft ihr einen Präzedenzfall, der die anderen Neutralen gegen euch aufbringt und Furcht vor weiteren Interventionen schürt.

Athener: Unabhängige Inseln sind für unsere Herrschaft gefährlich – und auch diejenigen, die jetzt schon abhängig und verbittert sind, weil wir sie beherrschen, können uns gefährlich werden.

Melier: Wenn sogar eure Untertanen sich gegen euch erheben könnten, wäre es für uns Unabhängige erst recht eine Schande, uns ohne Gegenwehr zu euren Sklaven zu machen.

Athener: Es geht hier nicht um Ehre im Kampf zwischen Gleichen, sondern um euer Überleben im Konflikt mit Stärkeren.

Melier: Manchmal kommt es anders, man sollte auch als Schwächerer die Hoffnung nicht aufgeben.

Athener: Hoffnung ist die Trösterin in der Gefahr. Sie ist indes trügerisch und gefährlich besonders für den, der alles auf eine Karte setzt.

Melier: Wir vertrauen darauf, dass die Gottheit uns vor Unrecht schützt. Außerdem wird Sparta uns zu Hilfe kommen müssen.

Athener: Wir fühlen uns unsererseits durchaus in der Gunst der Götter und sind überzeugt, dass das Göttliche, bestimmt aber das Menschliche nach dem Zwang seiner Natur, soweit es Macht hat, herrscht. Dieses allgemeine Gesetz haben nicht wir erfunden, wir halten uns aber daran. Eure Hoffnung auf die Spartaner ist Kinderglaube. Als Bundesgenossen sind sie äußerst unzuverlässig.

Melier: Sie werden uns helfen, um ihr Gesicht nicht zu verlieren.

Athener: Der Nutzen richtet sich nach der Sicherheit. Einsatz für die Gerechtigkeit ist von Sparta erfahrungsgemäß nicht zu erwarten.

Melier: Wir sind aber mit ihnen blutsverwandt und könnten ihnen auch militärisch nützlich sein.

Athener: Aus Zuneigung leistet niemand Hilfe. Er schaut auf die Machtverhältnisse. Als Landmacht werden die Spartaner nicht in einen Seekrieg eingreifen.

Melier: Sie könnten andere schicken, sie könnten euch in eurem Lande angreifen.

Athener: Das kennen wir zu Genüge. Es schreckt uns nicht. Fassen wir zusammen: Ihr habt nichts vorgebracht, worauf ihr realistische Hoffnung gründen könntet. Euer stärkster Gesichtspunkt ist gehoffte Zukunft. Ihr solltet Vernunft annehmen und eure Haltung revidieren. Einer mächtigen Stadt nachzugeben ist keine Schande: Ihr werdet Verbündete, behaltet euren Besitz, entrichtet die Beiträge für den Seebund. Ihr habt nur ein Vaterland – fasst einen klugen Beschluss!

Damit ziehen sich die athenischen Unterhändler zurück. Die Melier beraten und entscheiden: Sie geben ihre Position nicht auf – im Vertrauen auf die Götter, ein hilfreiches Schicksal und den Beistand der Spartaner. Diesen Beschluss teilen sie den Athenern mit. Erneut bieten sie wohlwollende Neutralität an. Die Athener lehnen erwartungsgemäß ab. Aus ihrer Sicht sind die Melier von Wunschdenken Verblendete. Sie prophezeien ihnen: Euch steht ein tiefer Sturz bevor.

Unmittelbar nach dem Scheitern der Verhandlungen beginnt die athenische Invasionsarmee mit den Kriegshandlungen. Ab sofort wird Melos belagert. Athen setzt auf eine Ermattungsstrategie. Einige Monate später ist es so weit: Melos kapituliert, die Melier ergeben sich auf Gnade oder Ungnade.

Athen entscheidet sich für Ungnade: »Die Athener richteten alle erwachsenen Melier hin, soweit sie in ihre Hand fielen, die

Frauen und die Kinder verkauften sie in die Sklaverei. Den Ort gründeten sie selber neu, indem sie später 500 attische Bürger ansiedelten.«[1] Das neue Melos war nunmehr Mitglied im Delisch-Attischen Seebund.

Die Auseinandersetzung zwischen Athen und Melos war, so schlimm sich das Schicksal der Verlierer auch gestaltete, eher eine Randepisode des großen griechischen Bruderkrieges, in dem sich Athen und Sparta mit ihren jeweiligen Verbündeten gegenüberstanden, und allenfalls eine Fußnote in der Weltgeschichte. Dass sie gleichwohl bekannter ist als mancher langwierige Krieg, liegt allein an der Art und Weise, wie der athenische Geschichtsschreiber Thukydides diesen Konflikt behandelt hat. Ihn interessierten dabei nicht die Kriegshandlungen – sie werden in wenigen Sätzen dargestellt –, ihn interessierte das Exemplarische des Konflikts: Ein mächtiger Staat bedrängt einen viel schwächeren, der schwächere will nicht klein beigeben. Er beruft sich auf sein Recht, der Stärkere dagegen auf seine Macht. Der Preis für die Freiheit ist der Untergang. Dieser ist hochwahrscheinlich, aber nicht absolut sicher. Vielleicht kommen ja Verbündete zu Hilfe, vielleicht fügt es das Schicksal anders. Die Chance ist gering, aber es gibt sie. Die andere Option heißt: Weiterleben, Aufgabe der politischen Autonomie, Wahrung des Besitzstandes minus Zahlungsverpflichtungen, die man Kontributionen nennen würde, gingen sie nicht an eine offiziell befreundete, sondern eine feindliche Macht.

Aus der Sicht des Stärkeren eine pure Torheit, die angebotenen Konditionen für einen sicheren Frieden auszuschlagen und auf einen Krieg mit höchst unsicherem, im Grunde aber berechenbarem Ausgang zu setzen. Kopfschütteln: Was soll diese Ehrpusseligkeit? Wer sich dem Stärkeren beugt, ihm gibt, was ihm zusteht, der handelt vernünftig-pragmatisch, wer seine Mitbürger in Sicherheit bringt – und ist es auch eine Sicherheit in Unfreiheit –, der bringt doch keine Schande über sich. Vieles wird von den Spartanern abhängen: Werden sie aus Macht- wie aus Imagegründen das Risiko einer Hilfeleistung eingehen? Die Melier klammern sich an diesen Strohhalm. Die Athener sind sich aufgrund ihrer Analyse der spartanischen Außenpolitik sicher, dass Sparta der Katastrophe seiner einstigen Pflanzstadt zuschauen wird.

Macht und Recht, Freiheit und Herrschaft, Prinzipientreue und Opportunität, Moral und Nutzen, es sind sehr grundsätzliche Aspekte, die in diesem einzigartigen, faszinierenden Stück Geschichtsschreibung konkretisiert, verdichtet und in Gestalt eines Dialogduells verlebendigt werden. Wir haben den berühmten Melier-Dialog des Thukydides auf etwa ein Drittel seines Umfangs komprimiert und die kunstvolle rhetorische Gestaltung des Originals in eine Inhaltsangabe überführt – für passionierte Altphilologen fast ein Sakrileg. Umso dringender die Empfehlung, die Passage bei Thukydides selbst beziehungsweise in einer dem griechischen Text nahen Übersetzung zu lesen.

Lässt man die Namen der Protagonisten weg, so sieht man dem Melier-Dialog des Thukydides sein Alter nicht an. Das ist ein zeitloser, ja geradezu modern anmutender Text, der von seiner Aktualität nichts eingebüßt hat, der seiner Zeit vielleicht sogar ein Stück voraus gewesen ist. Thukydides war neben Herodot der Vater der europäischen Geschichte. Er gilt als Begründer einer pragmatisch-analytischen Historiographie, die Originalität des historiographischen Zugriffs und methodische Innovationskraft mit erzählerischem Geschick vereint. Er wird heute zu den ganz Großen seiner Zunft gerechnet. Das war nicht immer so.

Thukydides – Chronist und Opfer des Peloponnesischen Krieges

Thukydides entstammte einer athenischen Aristokratenfamilie. Er lebte vermutlich von 454 bis 396 v. Chr. Beim Ausbruch des Peloponnesischen Krieges zwischen Athen und Sparta im Jahre 431 v. Chr. war er gut zwanzig Jahre alt. Die historische Bedeutung dieses Bruderkrieges, an dessen Ende beide Kontrahenten geschwächt dastanden und die Perser sich als die eigentlichen Sieger fühlen konnten, war ihm von Anfang an bewusst: Er wertete ihn als die »gewaltigste Erschütterung für die Hellenen und einen Teil der Barbaren, ja sozusagen unter den Menschen überhaupt«, und er entschloss sich gleich zu Beginn des Krieges, als sein Chronist tätig zu werden »in der Erwartung, der Krieg werde bedeutend werden und denkwürdiger als alle früheren«.[2]

Auch wenn seine Darstellung, die im Jahre 411 v. Chr. abbricht, die Überlieferungssituation dominiert – Parallelquellen sind streckenweise gar nicht vorhanden –, ist offenkundig, dass Thukydides über exzellentes Insiderwissen verfügte. Er war ein Zeitzeuge, der Zugang zu wichtigen Dokumenten hatte, und zwar nicht nur in seiner Heimatstadt Athen, sondern auch in anderen griechischen Poleis einschließlich des von Sparta angeführten Peloponnesischen Bundes. Aber er war nicht nur ein scharfer Beobachter des Geschehens, sondern auch ein politisch Handelnder, der ohne besondere Sympathie für die demokratische Staatsform, aber aufgrund von Kompetenz und Durchsetzungsvermögen zeitweise zur politischen Führungsschicht gehörte.

Jedenfalls bis zum Jahre 424 v. Chr., als er zu einem der zehn Strategen und damit ins höchste Staatsamt der Exekutive gewählt wurde. Er erhielt den Auftrag, die athenische Kolonie Amphipolis im nordgriechischen Thrakien gegen die Angriffe des spartanischen Heerführers Brasidas zu verteidigen. Das gelang ihm nicht. Die Quittung für dieses Versagen war die Verbannung des Thukydides aus Athen. Er hielt sich in den nächsten zwei Jahrzehnten seines Lebens vermutlich vorwiegend auf den Besitzungen seiner Familie in Thrakien auf. Athen durfte er erst wieder nach der Aufhebung des Exil-Beschlusses durch die Volksversammlung nach dem Kriegsende 404 v. Chr. betreten. Seine letzten Lebensjahre verbrachte Thukydides in seiner Heimatstadt – ohne politischen Ehrgeiz, aber mit schriftstellerischen Ambitionen: Bis zu seinem Tode arbeitete er an seinem großen Lebenswerk, der Darstellung des Peloponnesischen Krieges.

Thukydides' große Stärke ist sein analytischer Blick, sein geradezu sezierender Zugriff auf das, was sich da als Geschichte vor seinen Augen abspielt. Er dringt unter die Oberfläche vor, sucht nach verborgenen, aber letztlich dynamischeren historischen Wirkkräften als den vordergründigen Abläufen. Sein Blick richtet sich auf, wenn man so will, nachhaltige Beweggründe und Strukturen. Die Unterscheidung zwischen dem bloßen Anlass eines historischen Geschehens von erheblicher Tragweite und seinen eigentlichen Gründen geht auf Thukydides zurück. Dem Ausbruch des Krieges zwischen Athen und Sparta lagen akute Streitpunkte und ein dadurch bedingtes konkretes Handeln der Beteiligten zugrunde, »den wahrsten Grund aber«, stellt er fest, »zugleich den meistverschwiegenen sehe ich im Wachstum Athens, das die erschreckten Spartaner zum Krieg zwang«.[3]

Die Politiker beider Lager beschuldigten sich damals im üblichen Ritual wechselseitig, den Krieg vom Zaun gebrochen zu haben. Thukydides schildert dieses diplomatische Vorgeplänkel des kalten Krieges und den Ausbruch seiner heißen Phase ausführlich, aber er lässt keinen Zweifel daran, dass das tagespolitische Scharmützel waren, die letztlich nur deshalb in die Katastrophe führen konnten, weil der Konflikt zwischen der alten Vormacht Sparta und der nach den Perserkriegen kometenhaft aufgestiegenen neuen Führungsmacht Athen historisch und strukturell angelegt war. Das entspricht nicht einer grundsätzlich deterministischen Geschichtssicht, ist aber das Resultat eines Nachdenkens darüber, was sich gleichsam in den historischen Kulissen getan hat, bevor sich ein bestimmtes Bühnengeschehen vor aller Augen abspielt.

Seit Thukydides gilt es, zwischen dem Anlass und dem äußeren Ablauf eines geschichtlichen Geschehens einerseits und seinen tiefer liegenden Ursachen und langfristigen Voraussetzungen andererseits zu unterscheiden. Historiographie ist nicht nur Beschreibung und Darstellung, sondern auch Analyse und Reflexion. Und ebendas markiert den Beginn einer wissenschaftlichen Beschäftigung mit

Geschichte. Ein alter Hut? Im 5. Jahrhundert v. Chr. sicher nicht. Und auch heute sollten wir nicht so tun, als trete jede Form von Geschichtsvermittlung ganz selbstverständlich in die Fußstapfen des Thukydides.

Wie ein »Besitz für immer« entsteht

Zum wissenschaftlichen Anspruch des Historikers gehört es, sich selbst und seinen Lesern über das eigene methodische Vorgehen Rechenschaft abzulegen. Ebendas tut Thukydides, wenngleich in erheblich schlichterer Form, als es dem Standard des methodologischen Diskurses unserer Tage entspricht. (Wobei man ketzerisch fragen kann, ob nicht Grundsätzliches, klar formuliert, am Ende verständlicher ist als manche gelehrt-selbstgefällige, mit Fremdwörtern und Neologismen gespickte und auf jeden Fall langatmige historische Methodenreflexion modernen Zuschnitts. Aber gut, wir sind Partei, wir erliegen dem Charme archegetischer Schlichtheit.)

Für den Historiker ist Quellenkritik das A und O. Thukydides bekennt sich in seinem »Methodenkapitel« sehr anschaulich zu dieser Verpflichtung: »Mit aller erreichbaren Genauigkeit bis ins Einzelne« sei er eigenen Eindrücken als Zeitzeuge und Nachrichten aus fremder Quelle nachgegangen. Das sei eine »mühsame Forschung« gewesen: Historische Zeugen seien nicht nur anfällig für Gedächtnislücken und Erinnerungsschwund, sondern auch für subjektive Wahrnehmungen und Wertungen. Deshalb tue der Historiker gut daran, möglichst viele Stimmen zu hören und gegeneinander abzuwägen. Solch analytische Geschichtsschreibung sei nicht nach jedermanns Geschmack, räumt er ein, manch einem erscheine sie zu »undichterisch«. Mit anderen Worten: zu spröde, zu nüchtern und nicht farbig genug. Aber wenn man aus der Vergangenheit für die Zukunft lernen wolle – und von dieser Aufgabe einer aus seiner Sicht richtigen Geschichtsschreibung ist er fest überzeugt –, dann müsse man auf schmückendes Beiwerk und den allzu farbigen historischen Pinselstrich verzichten.

Der Dichter ist eben kein Historiker; er will eher unterhalten als informieren, er ist der literarischen Ästhetik stärker verpflichtet als der historischen Wahrheit – eine Abgrenzung, die für die Zeit des Thukydides durchaus als Innovation, als Blick voraus auf ein neues Verständnis von Historiographie gelten darf. Und dann folgt der berühmte Ausspruch des Thukydides, der das Methodenkapitel mit einem äußerst selbstbewussten Paukenschlag abschließt: Sein Geschichtswerk solle kein »Prunkstück für einmaliges Hören« sein, sondern ein *ktéma es aieí*, »ein Besitz für immer«.[4]

Diesem selbst gestellten Anspruch ist Thukydides, das zeigt sich mehr denn je, gerecht geworden. Mit seiner Suche nach tieferen Ursachen, mit dem Aufzeigen von Zusammenhängen und Strukturen, der indirekten Charakterisierung historisch prominent Handelnder durch Nachzeichnung ihrer Reden und der Analyse von Motiven, Interessen und geschichtlichen Wirkkräften ist er ein eminent moderner Historiker. Und erst recht mit dem Thema, das ihn mehr interessiert als jedes andere: dem Phänomen der Macht. Das war sein Thema, das trieb ihn um, dem versuchte er sich möglichst intensiv und umfassend zu nähern.

Der Melier-Dialog ist eine solche Annäherung. Man könnte ihn mit »Versuch über die Macht« überschreiben. Unzählige Philologen und Historiker haben sich abgemüht, die eigene Position des Thukydides zu dem Konflikt zwischen Melos und Athen zu bestimmen. Neigt er der damals stark von den Sophisten vertretenen These vom Naturrecht des Stärkeren zu, also jenem Standpunkt, den die athenischen Verhandlungsführer ohne Wenn und Aber vertreten? Oder ist der Melier-Dialog ein Lehrstück über die Hybris der Macht, insofern die Stärke Athens kurz nach der Eroberung von Melos in das Desaster der sizilischen Expedition übergeht, bei dem Tausende von Athenern ihr Leben verlieren oder Opfer einer ebenso erniedrigenden wie qualvollen Sklavenarbeit in den Steinbrüchen von Syrakus werden? Ist es eine indirekte Kritik an Sparta, das, wie von den Athenern prognostiziert, den Meliern nicht zu Hilfe gekommen ist, oder eine wenn auch in Molltöne eingepackte Abrechnung mit einem schwachen historischen Akteur, der mit blauäugiger Harakiri-Politik die Gesetzmäßigkeiten der Geschichte nicht anerkennen will und dafür grausam bestraft wird?

Oder besteht das Grandiose dieses singulären Dialogs gerade darin, dass er eben keine eindeutige Antwort zulässt, dass er den Lesern die Ambivalenz von Macht, die Aporie in der Dreiecksbeziehung von Macht, Recht und Moral vor Augen führt und dafür sensibilisieren will, dass es nicht nur die eine Wahrheit gibt, sondern je nach Standpunkt unterschiedliche Wahrheiten? Gewiss, Thukydides scheut sich in anderen Kontexten nicht vor klaren Urteilen. Er ist kein Mann des Lavierens und eines letztlich unverbindlichen Einerseits-andererseits-Geplauders. Wenn sich hier ein klarer Standpunkt nicht herausschälen lässt, so spricht vieles dafür, dass Thukydides seinen Lesern an dieser Stelle keine Lösung anbieten, sondern Materie zum Nachdenken, zum Diskutieren, zum Streiten – gegebenenfalls sogar mit sich selbst – bereitstellen wollte.

Der Melier Dialog ist eine scheinbar schlicht angelegte, aber höchst gehaltvolle und im positiven Sinne raffinierte Anleitung zu multiperspektivischem Denken, eine Anstiftung zur dauerhaften Beschäftigung mit Fragen, auf die es womöglich keine endgültige Antwort gibt – jedenfalls keine vordergründige im Sinne der Dingfestmachung eines für die Tragödie der Melier Verantwortlichen. Und insofern in der Tat ein *ktéma es aieí*, ein »Besitz für immer«.

Die Modernität und Aktualität des Thukydides spiegeln sich in der ungewöhnlichen Rezeptionsgeschichte seines Werkes. Im Altertum war er kein besonders geschätzter Autor, den Gebildeten zwar immer bekannt, aber nicht sehr viel gelesen, auch weil sich Kritik an der Knappheit seines Stils und dem relativ bescheidenen rhetorischen Schmuck entzündete[5] – was ja auf der anderen Seite dem ausdrücklich reduzierten Anspruch des Thukydides selbst entsprach, der sich nicht mit einem literarischen »Glanzstück« profilieren wollte.

In der Neuzeit dagegen schaffte Thukydides den Sprung in die erste Garde der Historiker. Es war sein Thema »Macht«, das ihm die Aufmerksamkeit und Bewunderung der Intellektuellen sicherte, die von ebendiesem Phänomen mitsamt seinen Auswirkungen auf die reale Politik fasziniert waren. Als »den politischsten Geschichtsschreiber (*the most political historiographer*), der jemals geschrieben hat«, rühmte ihn Thomas Hobbes im 17. Jahrhundert.[6] Die großen Historiker des 19. Jahrhunderts schätzten ihn wegen seiner kritisch-systematischen Vorgehensweise, andere Denker wie Friedrich Nietzsche fühlten sich von seinem im Ganzen pessimistischen Menschenbild angesprochen, in dem wenig edle Emotionen und Motivationen dominieren. Der Glaube an das Gute im Menschen kommt jedenfalls bei diesem »Vater der Geschichte« deutlich zu kurz. Geprägt haben ihn, den Aristokraten, zweifellos Erfahrungen mit der athenischen Demokratie, die er kritisch sah.

Für das 20. Jahrhundert, das überaus leidvolle Erfahrungen mit Macht und Machtmissbrauch, Imperialismus und (Selbst-)Vernichtung gemacht hat, war Thukydides natürlich ein historischer Gesprächspartner, an dem man sich reiben oder aufrichten, den man als Legitimationsinstanz vereinnahmen oder als ideologischen Gegner bekämpfen konnte – auch im Zusammenhang mit seiner Haltung zu seiner Heimatstadt Athen als Wiege des historischen Experiments Demokratie.

Das Schöne ist: Man muss sich nicht entscheiden zwischen der Bewunderung für diese politische Schöpfung oder für den politischen Kopf Thukydides, der ihre Schwächen aufzeigt und ihrem Renommee in der Neuzeit durchaus geschadet hat. Beide, die Staatsform und ihr Kritiker, gehören zum griechischen Welterbe, beide sind inspirierend und herausfordernd.

Herodot – Wanderer zwischen Mythos und Logos

Von Macht- zu Schlafzimmerspielen. Wir wechseln das Ambiente und den Autor – und offensichtlich, meinen viele, auch das Niveau. Schauen wir näher hin. Die Geschichte spielt um 680 v. Chr. im kleinasiatischen Sardes, der Hauptstadt Lydiens. Dort herrscht ein gewisser Kandaules. Kandaules liebt seine Gattin abgöttisch, für ihn ist sie die schönste Frau der Welt – zumal wenn er sie unbekleidet sieht. Seinem Besitzerstolz genügt dieses eigene Wissen nicht, er will es jemandem beweisen, es sich von einem anderen bestätigen lassen. Seine Wahl fällt auf seinen Gefolgsmann Gyges, der ihm als Leibwächter dient. Gyges schlägt das Angebot, die Königin vor dem Zubettgehen nackt sehen zu können, entsetzt aus: »Mit dem Gewand, das sie ablegt, zieht eine Frau auch ihr Schamgefühl aus«, hält er Kandaules entgegen und beruft sich auf einen anerkannten ethischen Grundsatz: »Ein jeder beschaue nur, was ihm gehört.«

Kandaules gibt sich mit der Weigerung seines Vertrauten nicht zufrieden. Der möge das nicht als Probe seiner Loyalität missverstehen, er sei lediglich an seinem Urteil interessiert. Deshalb reiche es, wenn Gyges sich in einem Nebenzimmer des Schlafgemaches versteckt halte, der Königin beim Auskleiden zusehe und danach unbemerkt verschwinde. Die Anregung wird zum Befehl, dem Gyges Folge leisten muss. Er tut wie ihm geheißen. Der Plan geht auf – aber nur scheinbar, denn die Königin hat den Voyeur wider Willen aus den Augenwinkeln gesehen, als er sich davonschlich. Sie lässt sich gegenüber ihrem Mann indes nichts anmerken.

Am nächsten Tag bestellt sie den nächtlichen Späher ein. »Du hast etwas gesehen, was du nicht sehen darfst«, erinnert sie ihn an die Szene wenige Stunden zuvor und stellt ihn vor eine furchtbare Alternative: Entweder er töte den Mann, der sie mit seinem Spähauftrag entehrt habe – ihren Gatten – und nehme sie danach selbst zur Frau, oder sie lasse ihn, den Zeugen ihrer Schmach, auf der Stelle töten. Ein paar ihr treu ergebene Diener ständen schon bereit, ihren Befehl auszuführen. Gyges bittet sie inständig, ihm die Wahl zwischen den beiden Übeln zu erlassen. Vergebens, die Königin bleibt hart – und Gyges entscheidet sich dafür, das eigene Leben zu retten: »Er konnte nicht anders handeln; für ihn gab es keinen Ausweg – entweder er oder Kandaules musste sterben.«

Die Königin selbst besorgt ihm einen Dolch, befiehlt ihn am Abend erneut in ihr Schlafgemach und lässt Kandaules dort im Schlaf meucheln. Der Attentäter bekommt seinen versprochenen Lohn: »So erhielt er die Frau und das Königreich.« In Lydien droht ob dieser Usurpation ein Bürgerkrieg. Die feindlichen Parteien einigen sich jedoch darauf, das Delphische Orakel zu konsultieren und dessen Entscheidung zu respektieren. Die Pythia bestätigt Gyges als Begründer einer neuen Dynastie in Lydien, der Mermnaden-Dynastie. Sie fügt allerdings – was die Lydier und ihre Könige nicht recht ernst nehmen – hinzu, das von der Macht verdrängte Herakliden-Geschlecht des getöteten König Kandaules werde »dereinst Rache nehmen an Gyges' Nachkommen im fünften Glied«.[7]

Es lässt sich kaum ein schärferer Kontrast als zwischen dieser farbigen, legendär anmutenden Erzählung und dem nüchtern-analytischen Berichtsstil des Thukydides denken. Und doch stammt die hier nacherzählte Passage von einem Historiker, der seit zweitausend Jahren den Ehrentitel eines »Vaters der Geschichte« trägt. Der Römer Cicero prägte ihn für den griechischen Geschichtsschreiber Herodot. Er ehrte ihn als *pater historiae* – um ihm gleichzeitig *innumerabiles historiae* zu attestieren, »unzählige phantastische Erzählungen«.[8]

Ein Historiker als »Märchenonkel«, wenn man es auf den polemischen Punkt bringen will? Da scheint doch einiges durcheinanderzugehen.

Wohl wahr. Das Verstörende an Herodot, der eine Generation älter war als Thukydides – seine ungefähren Lebensdaten werden durch die Jahre 484 und 425 v. Chr. markiert –, ist tatsächlich seine Vielgesichtigkeit. Er ist ein Wanderer zwischen Mythos und Logos, ein Geschichtsforscher, der die Entscheidungen und Motive der

Menschen ebenso als historische Wirkkräfte anerkennt wie das Walten überirdischer Mächte, der Wundersamem und Rekordverdächtigem in seinem Werk ebenso Raum gibt wie rational verfolgbaren Abläufen und ereignisgeschichtlicher Faktizität, und der den Blick für das Ganze, ja Universale mit dem Interesse am Allgemein-Menschlichen und ganz Individuellen vereint.

Cicero hatte recht mit seinem Urteil, dass Herodot der eigentliche Vater der abendländischen Geschichtsschreibung sei, doch ist dessen Form der historischen Darstellung aus moderner Sicht gewöhnungsbedürftig. Sie erscheint unzulänglich, weil sie vor allem im Umgang mit Quellen nicht den strengen Anforderungen der zeitgenössischen Historiographie entspricht. Und doch ist Herodot ihr Stammvater, was heutzutage weniger strittig ist denn je.

In gewisser Weise steht Herodot der modernen Geschichtswissenschaft sogar näher als Thukydides. Denn die Einseitigkeit, mit der sich Thukydides vornehmlich auf das Politische und Militärische konzentriert, erscheint bei aller Anerkennung seiner analytischen Potenz nicht mehr zeitgemäß. Die heutige Geschichtsforschung ist breiter ausgerichtet; sie setzt alltags- und mentalitätsgeschichtliche Akzente, sie betont die Bedeutung der Kultur- und Sozialgeschichte sowie der Gender Studies, sie greift ethnologische Fragestellungen ebenso auf wie im weiteren Sinne umweltgeschichtlich bedingte Prägungen und geistesgeschichtliche Traditionen. Diese Breite des Fragens, dieser bunte Strauß geschichtsbestimmender Faktoren verbindet sie unstrittig mit Herodot, weshalb wir ohne große Bauchschmerzen Ciceros Urteil unterschreiben können: Herodot ist unser europäischer Ahnherr in Sachen Geschichtsforschung und Geschichtsschreibung – einer, der die historische Wissenschaft geradezu auf den Weg gebracht hat. Ein Grieche, dem wir dafür Dank schulden.

Der Begriff »Historie« ist, wen wundert's, griechischen Ursprungs. Und er findet sich gleich zu Beginn von Herodots Geschichtswerk, bei der Themenangabe: Seine *historíes apódeixis*, die »Darlegung seiner Erkundung«, wolle er in den – erst später von alexandrinischen Gelehrten in neun nach den Musen benannten – Büchern ausbreiten, kündigt »Herodot von Halikarnassos« dort an.[9] *historíe* ist das »Wissenwollen«, das »Erforschen«, das »Erfragen« und daraus folgend der »Bericht über das Erkundete«. Erst mit Aristoteles verengt sich der Begriff zur »Geschichtsschreibung« im heutigen Sinne.[10]

Am Anfang der Geschichtserkundung stand damit ein wunderbar breites Vorhaben: Da lässt sich jemand von seiner Neugier, seinem Wissensdrang, seinem Interesse auch am Überraschenden, Wundersamen und Staunenswerten motivieren. Er sammelt Wissenswertes, notiert es und bringt es anschließend in eine literarischen Ansprüchen genügende Form. In der Tat ist Herodot, der erste Historiker, ein begeisterter Sammler von Informationen, Fakten und Nachrichten, die die politische Geschichte umranken und mitbestimmen. Geographisch-ethnographische Exkurse, die fremde Völker und ihren Lebensstil in ihrem landschaftlichen Umfeld porträtieren, gehören ebenso zu den Markenzeichen seines Geschichtswerkes wie Berichte über unterschiedliche religiöse Vorstellungen und Praktiken, Naturphänomene, Sitten und Gebräuche.

Herodot hält Augen und Ohren überall offen, er schaut nach links und rechts, beschreitet Nebenwege, die ihn manchmal recht weit von seiner Hauptroute wegführen (die er indes stets wiederfindet), und er hat sich eine Fähigkeit bewahrt, die manche seiner professionellen Nachfolger in unserer Zeit verlernt haben: die Fähigkeit zu staunen. Er registriert *thómata*, »staunenswerte Phänomene«, und benennt sie so – ein Bekenntnis, das ihm viele als eine Form der Naivität ankreiden, obwohl er sich keineswegs durch »Wunderdinge« von seinem im Ganzen rationalen Kurs abbringen lässt. Diese grundsätzliche Rationalität wird auch dadurch nicht infrage gestellt, dass Herodot bei wichtigen Geschehnissen und Entwicklungen durchaus von einem direkten göttlichen Einwirken ausgeht. Insofern ist es nicht verkehrt, wenn er gelegentlich als Grenzgänger zwischen Mythos und Logos verortet wird. Allerdings ist er dem aufgeklärten wissenschaftlich-methodischen Logos deutlich stärker verpflichtet als der legenden- und märchenhaften Welt des Mythos.

Dank seiner unverkrampften Aufgeschlossenheit für Neues und Fremdes und der Berücksichtigung unterschiedlicher Aspekte und Perspektiven ist Herodot ein würdiger Vater der europäischen Geschichte. Offenheit, Toleranz und die Fähigkeit zu multiperspektivischer und multikausaler Betrachtungsweise, das sind Lernziele einer jeden Geschichtsstunde. Umso besser, wenn unser frühester Geschichtslehrer diese Tugenden selbst beherrscht und in der Lage ist, sie seinen Schülern zu vermitteln.

Die Vielfalt der Gesichtspunkte, die Herodot berücksichtigt, verleiht seinem Werk auch im Inhaltlichen jene Eigenart, die man seinem Stil und seiner Darstellungsweise zu attestieren pflegt: *poikilía*, »Buntheit«, »Abwechslungsreichtum«.[11] Teil dieser Buntheit sind auch novellenartige Passagen, die sich um zentrale Persönlichkeiten ranken und dabei mitunter grundsätzliche Fragen der Moralität behandeln – exemplarische Verhaltensweisen, Konflikte und ethische Positionen wie etwa in der berühmten Kontroverse zwischen Solon und Krösus über das Glück und der Geschichte vom Ring des Polykrates.[12] Auch die Erzählung von Gyges und Kandaules kann man als Parabel verstehen; jedenfalls birgt sie jede Menge ethischen Sprengstoff und entzieht sich eindeutigen Schuldzuweisungen. In mancher Hinsicht ist die historische Erzählung Stoff für eine Tragödie.

Der Mensch als Macher seiner Geschichte

Die Historizität der Kandaules-Geschichte mag umstritten sein. Gleichwohl erscheint sie als Stimulus historisch-ethischen Nachdenkens auch noch in unserer Zeit nicht als obsolet. Berichtet wird von einem Ehrenmord, der sich aus den spezifischen Moralvorstellungen eines fremden Kulturkreises erklärt. Zugleich wird ein allgemein menschliches Phänomen thematisiert, der Besitzerstolz, dem der stillschweigende Genuss nicht genügt, sondern der eine Bühne für die Befriedigung seiner Eitelkeit benötigt. Es wird zum Ausgangspunkt einer verhängnisvollen Kettenreaktion, an deren Ende ein reales historisches Geschehen steht: der Dynastiewechsel im lydischen Reich. Damit nicht genug. Dieses moralisch belastete Geschehen wird Konsequenzen haben, wenn auch erst in ferner Zukunft: Die Unterwerfung der Lyder durch das Persische Reich wird als historische Spätfolge des ethisch fragwürdigen Machtantritts der neuen Dynastie verstanden. Er trägt gewissermaßen den Keim des späteren Untergangs in sich.

Gewiss, Thukydides würde diese Verknüpfung zweier historischer Ereignisse rationaler analysieren als Herodot. Gleichwohl ist der Denkansatz des »Vaters der Geschichte« ein eminent historischer, insofern er Geschehnisse in einen nachvollziehbaren Ursache-Folge-Kontext stellt. Die pikant-unterhaltsame Schlafzimmerstory hat unabhängig vom tatsächlichen Gehalt des erzählten Geschehens erheblich größere historische Tiefe, als man ihr auf den ersten Blick zugestehen möchte. Sie ist auch eine Geschichte über die Nemesis der Macht. Das war für die Griechen die Göttin, die über Anstand und Rechtsgefühl wacht und am Ende das Gerechte »zuteilt« (*némein* ist das griechische Verb dazu). Menschliches Handeln hat Konsequenzen und sollte sich vor und bei dem Handeln dieser Wirkung bewusst sein – das ist die historische Erkenntnis des geschichtlichen Erkunders Herodot. Gegenüber dieser grundsätzlichen Einsicht ist es sekundär, ob die Nemesis als eine dem Geschehen inhärente oder von göttlichem Willen gesteuerte Wirkkraft anzusehen ist.

Im Prinzip aber ist für Herodot Geschichte Menschenwerk. In seiner Vorrede sagt er es klipp und klar: Sein Anliegen ist es, »das, was von Menschen geschaffen und verursacht worden ist« (*genómena ek anthrópon*), der Nachwelt zu überliefern, »damit es nicht in Vergessenheit gerät«. In dieser Formulierung steht die entscheidende Überwindung eines mythischen Weltbildes. Für Herodot sind es wesentlich die Menschen, die die Dinge gestalten und ihre Geschichte schaffen.

Jedes Individuum trägt Verantwortung für die Genese historischer Fakten und ihren Fortgang, nicht nur die Herrschenden. Herodots Blick geht weit über die »Königsperspektive« hinaus. Das ist eine neue Sicht auf die Historie. Wenn der einzelne Mensch, wenn die einzelnen Völker in ihrem Handeln durch die jeweils herrschenden *nómoi*, »Sitten«, »Regeln« und »Gesetze«, beeinflusst und in gewisser Weise eingeengt werden, so ist das kein Widerspruch. Denn diese *nómoi* sind ja letztlich auch historisch gewachsenes Menschenwerk, Grundlagen und Rahmenbedingungen für geschichtliches Handeln, das an Ort und Zeit gebunden ist. Das alles mag für modernes historisches Bewusstsein keine Offenbarung, sondern eher eine Selbstverständlichkeit sein, für den Beginn der geistigen Auseinandersetzung des Menschen mit seiner Geschichte war es das nicht. Die Kategorien von Zeit und Raum, die Kausalität historischen Geschehens in Abhängigkeit vom konkreten Handeln konkreter Menschen, die Relativität gesellschaftlicher Normen einschließlich religiöser Anschauungen, das alles ist, wenn man so will, eine Entdeckung Herodots. Oder vorsichtiger formuliert: All das wird in seinem Geschichtswerk zum ersten Mal greifbar. Und das macht seinen Rang als Archeget der Geschichtsschreibung aus.

Wer sich bewusst macht, wie unterschiedlich man über die Dinge denken kann, der wird eher dazu neigen, den eigenen Standpunkt infrage zu stellen, jedenfalls anderen zuzuhören und gegebenenfalls von ihnen zu lernen. Für Herodot ist es keine Frage, dass sich die Griechen von den sogenannten Barbaren einiges abschauen können und sie respektieren müssen. Folgerichtig ist der »Barbar« für Herodot nicht negativ konnotiert; er ist ein »Fremder«, aber das begründet keine grundsätzliche Überlegenheit der Hellenen.

Einem alten Kulturvolk wie den Ägyptern begegnet Herodot vielfach mit Bewunderung. Die meisten griechischen Götternamen sind Herodot zufolge Übernahmen aus Ägypten. Auch in der Kunst der Mantik weist er ihnen den ersten Rang zu.[13] Und dass sie den Kalender mit ihren Monatseinteilungen »klüger berechnen als die Griechen«, ist für ihn eine ausgemachte Sache.[14] Diese Offenheit gegenüber dem »Barbarischen« brachte ihm später nicht nur Beifall ein. Wenn Plutarch ihn als *philobárbaros* etikettiert, als »Barbarenfreund«, so ist das alles andere als ein Kompliment.[15] Aus heutiger Sicht hingegen ist es sogar eine Art Ritterschlag historischer Unvoreingenommenheit, die Herodot da von einem griechischen Landsmann ein halbes Jahrtausend nach der Veröffentlichung seiner grundlegenden *Historiai* widerfährt.

Wie glaubwürdig ist Herodot? Diese Frage ist besonders in der Neuzeit heftig diskutiert worden. Die märchenhaften Züge mancher Erzählung und das phantastisch Anmutende mancher Details haben immer wieder Skeptiker auf den Plan gerufen – bis hin zu der maliziösen Bemerkung eines französischen Forschers aus dem frühen 17. Jahrhundert, man solle Herodot lieber aus dem *pater historiae* in einen *pater mendaciorum* umbenennen, den »Vater der Lügen«.[16] Auch im 19. Jahrhundert hatte Herodot – ganz im Unterschied zu Thukydides – eine weitgehend schlechte Presse. Erst der historisch-philologischen Forschung des 20. Jahrhunderts verdankt er seine Rehabilitierung als ernst zu nehmender, gewissenhaft arbeitender Historiker, dessen große Leistung gerade darin bestanden hat, aus einem gewaltigen Wust mündlicher Überlieferungen und Erzählungen die historische Spreu vom Weizen getrennt zu haben.

Nicht dass alles von ihm Berichtete den Anspruch auf Historizität erheben dürfte. Aber es ist stets Herodot selbst, der auf die Fragwürdigkeit einer Anekdote oder Erzählung hinweist. Dass man es ihm »so erzählt« habe, ist eine stehende Redewendung bei ihm. Das impliziert die Aufforderung an den Leser zur kritischen Prüfung. Anderswo formuliert er mit noch größerer Distanz zu dem von ihm selbst Notierten: »Wer an diesen Bericht der Ägypter glauben will, soll es tun. Ich habe bei der ganzen Darstellung nur die Absicht, das niederzuschreiben, was man mir jeweils mitgeteilt hat.«[17] An wieder anderen Stellen bietet er mehrere Versionen und stellt es seinen Lesern anheim, welcher Meinung sie sich anschließen wollen.

Das ist indes kein Ausdruck von Beliebigkeit, kein Verzicht auf ordnende Sichtung des gesammelten Materials, sondern entspricht dem Respekt vor seinen Quellen einerseits und seinen Lesern andererseits. Anders als die moderne Geschichtsschreibung hatte Herodot es überwiegend mit mündlichen Überlieferungen und damit einer recht unsicheren Quellensituation zu tun. Seine Verantwortung als redlicher historischer Mittler beschreibt er programmatisch so: »Es ist meine Pflicht, alles wiederzugeben, was erzählt wird. Freilich brauche ich nicht alles zu glauben. Die hier geäußerte Auffassung gilt für mein ganzes Geschichtswerk.«[18]

Was er sich in seiner Passion des Wissenwollens, der *historíe*, von Gewährsmännern hat berichten lassen, ist das eine Quellenfundament seiner Darstellung. Das zweite ist die *autopsía*, das »Selbstsehen«. Herodot informiert sich nach Möglichkeit vor Ort, verschafft sich durch ausgedehnte Reisen nach Ägypten, ins Schwarzmeergebiet, in den Vorderen Orient und in den gesamten griechischen Siedlungsraum einen persönlichen Eindruck von Land und Leuten. Und er gleicht das, was er selbst sieht, mit dem von anderen Gehörten ab, bildet sich seine Meinung darüber und legt sie für seine Leser im Allgemeinen transparent dar. Viel mehr kann man eigentlich angesichts der mit beiden Erkenntnisquellen verbundenen physischen wie intellektuellen Schwierigkeiten und Strapazen von einem frühen »Erkunder« nicht verlangen. Es erscheint keineswegs übertrieben, wenn man Herodot auch als Begründer einer auf Autopsie basierenden wissenschaftlichen Methodik ansieht. Und manch einem modernen Schreibtischgelehrten stünde die Fragehaltung des reisenden Historikers Herodot gut zu Gesicht. Das Herodot gelegentlich angeheftete Negativetikett vom historisch interessierten Touristen löst sich durch die zahllosen Interviews von selbst ab, in denen Herodot wissbegierig und hartnäckig nachfragt. *Das* ist bekanntlich nicht Touristenart.

Wir haben eine Reihe von Aspekten zusammengetragen, die Herodots Ruhm als erster Geschichtsschreiber des Abendlandes begründen und seinen Ehrentitel als *pater historiae* rechtfertigen. Ein letzter Gesichtspunkt fehlt noch, und er ist bei Weitem nicht der unbedeutendste. Herodots *Historien* verfolgen eine ganz moderne Konzeption: Es ist ihre universalgeschichtliche Ausrichtung, die ihren Autor zu einem der bis heute Großen der historiographischen Tradition macht.

In dieses umfassende Konzept hat Herodot sein eigentliches Thema eingebettet, die Perserkriege. Oder in seinen eigenen Worten: »Warum Griechen und Barbaren gegeneinander zum Krieg geschritten sind.«[19] Dieser Konflikt begann mit der Eroberung der Griechenstädte in Kleinasien durch das Perserreich im späten 6. Jahrhundert v. Chr. und endete mit der unerwarteten Niederlage des expansiven persischen Goliaths gegen den griechischen David im Jahre 479 v. Chr. Es war ein weltgeschichtlich bedeutsames Geschehen (wir nehmen den Vorwurf eines eurozentrisch verengten Geschichtsbildes angesichts dieser Wertung in Kauf). Herodot jedenfalls war sich dieser Dimension der Auseinandersetzung bewusst. Es war in letzter Konsequenz eine Konfrontation zwischen Ost und West. Herodot begreift sie als Ausdruck eines historisch gewachsenen Antagonismus, in dem Asien das Prinzip imperialistischer Königsherrschaft mit Unterdrückung der Völker vertrat und Griechenland das Prinzip der Freiheit und Unabhängigkeit.

So konnte man aus griechischer Rückschau den erfolgreichen Machtkampf mit dem persischen Aggressor sehen. Und es hat bis auf den heutigen Tag nicht wenige Historiker gegeben, die den Sieg der Griechen als entscheidende Zäsur mindestens in der Geschichte Europas und als Grundlage auch für die kulturelle Blüte von Hellas im 5. Jahrhundert v. Chr. mitsamt ihrer Fernwirkung bis in die Moderne gewertet haben – darunter nicht wenige, die das sehr viel ideologischer, sehr viel grundsätzlicher und euphorischer getan haben als der griechische Chronist des großen Krieges selbst. Bei Herodot findet sich kein Triumphgeschrei, keine Häme gegenüber dem besiegten »barbarischen« Angreifer, kein mit Superioritätsphantasien beladener Nationalismus. Gewiss, Herodot gibt zu erkennen, auf welcher Seite er steht, und er rühmt insbesondere Athen als Hort der Freiheit und Verteidiger eines freien Griechenlands. Seine Sympathie gilt der demokratischen Verfassung, ist doch »das bürgerliche Recht des freien Wortes in jeder Hinsicht etwas Wertvolles«, motiviert die Freiheit die Menschen doch dazu, für ebendiese Freiheit viel energischer, aktiver und mutiger einzutreten.[20]

Auch diese Parteinahme hat ihm, dem aus Kleinasien gebürtigen Aristokraten, der nur einige Jahre in Athen gelebt hat, eine Menge Kritik eingetragen. Dabei war es, schaut man auf die überragende Leistung Athens bei der Abwehr der Perser, zum einen ein historisches Fazit, dem man sich bei unvoreingenommener Betrachtung kaum entziehen konnte und kann. Zum anderen steht Herodot mit seiner These von der Motivationskraft der Freiheit ja beileibe nicht allein; sie gilt vielen als *raison d'être* der freiheitlichen Demokratie auch und gerade in heutiger Zeit.

Im Übrigen ist Herodot keineswegs blind für die Schattenseiten griechischen Autarkie- und Autonomiestrebens. Die notorische Uneinigkeit der Hellenen, ihr ausgeprägter Hang zum Partikularismus und zur häufig offensiv ausgetragenen Rivalität wirkte und war ausgesprochen konfliktfördernd. Und außerdem verschweigt Herodot nicht, dass Krieg, auch wenn er mit dem Sieg der Freiheit über die Despotie endet, über die davon betroffenen Menschen Leid und Unglück bringt. Gerade im Erfolg sollten sich die Sieger vor Hybris in Acht nehmen, sich bescheiden und ihrerseits nicht den Zorn der Götter erregen, lässt Herodot den Vater des athenischen Sieges bei Salamis, Themistokles, sagen – und formuliert damit eine allgemeingültige Warnung vor gefährlicher Überheblichkeit.[21]

Geschichte ist Geschehen in Zeit und Raum. Es ist ein Kontinuum, das nie abgeschlossen ist. Auch das historische Glück steht unter dem Vorbehalt des Vorläufigen. »Vielen schon winkte die Gottheit mit Glück«, zitiert Herodot den weisen Solon, »und stürzte sie dann ins tiefste Unglück.«[22] »Überall muss man auf das Ende und den Ausgang sehen«, hat Solon zuvor sehr zum Unwillen seines Gesprächspartners Krösus festgestellt. Das trifft ebenso auf historische Abläufe zu, mögen sich auch aus einer tief und breit angelegten historischen Betrachtung wie der des »Vaters der Geschichte« bestimmte Bahnen und Wirkkräfte abzeichnen, die den Fortgang der Geschichte mehr oder minder stark beeinflussen.

Eines aber hält die Historie stets bereit: unendlich viel Stoff für den, der »wissen will«, der Fragen stellt, der über den Tellerrand seines Hier und Jetzt hinausschauen will. Das ist der im ursprünglichen Sinne Herodots historisch interessierte Mensch. Und für den bietet sich der *pater historiae* als ebenso lehrreicher wie unterhaltsamer Begleiter zu den Völkern der Alten Welt an. Warum sollte man seine Einladung ausschlagen, sich mit ihm auf die historische Reise zu den »großen und wunderbaren Taten der Griechen und der Barbaren« zu begeben und mit ihm das Fragen und Staunen zu lernen? Darin ist er seit zweieinhalb Jahrtausenden ein faszinierender Lehrmeister, seiner grundlegenden *historíes apódeixis* sei Dank.

KAPITEL 6

Macht und Magie der Rede – Rhetorik als Ausdruck des Menschseins

»Ich beklage das Schicksal Griechenlands« – Ein römischer Stern am hellenischen Firmament

Viele seiner Freunde und Bekannten werden mit Kopfschütteln darauf reagiert haben, als der junge Gaius Julius Caesar ihnen eröffnete, er werde sich in wenigen Tagen auf eine Schiffsreise begeben. Denn die Schifffahrtssaison war bereits beendet, *mare clausum* nannten das die Römer, »geschlossenes Meer«, und zwar wegen der gefürchteten Winterstürme. Die wenigen, die sich gleichwohl auf das gefährliche Reiseabenteuer einließen, mussten sehr gute Gründe haben: dringende Geschäfte, die keinen Aufschub duldeten, eine Gesandtschaft in staatlichem Auftrag oder familiäre Notfälle. Und Caesar? Der hatte sich zu ein paar Monaten Fortbildung entschlossen. Sein Ziel hieß Rhodos. Dort wollte er bei Apollonios Molon studieren, dem berühmtesten Rhetoriklehrer seiner Zeit.

Um als Gasthörer bei einem griechischen Professor sein Redetalent weiterschulen zu lassen, nahm der 26-jährige römische Aristokrat das Wagnis einer winterlichen Seereise in Kauf. Das zeigt schlaglichtartig die Bedeutung, die er – und gewiss nicht er allein – der Redekunst beimaß. Aber die Bedenkenträger sollten recht behalten, das Unternehmen Rhetorikstudium ging prompt schief. Caesar wurde zwar nicht das Opfer von Wind und Wellen, wohl aber das von Piraten. Sie kaperten das Schiff, auf dem er reiste, und erpressten für ihren prominenten Gefangenen ein hohes Lösegeld. Das jagte Caesar ihnen indes nach seiner Freilassung wieder ab und ließ seine Peiniger außerdem in einem berühmt-berüchtigten Akt der Selbstjustiz ans Kreuz schlagen. Ob er anschließend sein ursprüngliches Vorhaben des Rhetorik-Trainings weiterverfolgte, ist nicht überliefert, aber es ist wohl anzunehmen.[1]

Vier Jahre zuvor war ein anderer Römer nach Rhodos aufgebrochen, auch er mit dem Ziel, bei Molon in die rhetorische Lehre zu gehen. Für ihn war es allerdings nicht das Erststudium, schon in Rom, wo sich die Koryphäe der Redekunst im Jahre 81 v. Chr. für einige Zeit in diplomatischer Mission aufgehalten hatte, hatte er die Gelegenheit wahrgenommen, sich von ihm unterrichten zu lassen. Der Aufenthalt auf Rhodos sollte der Höhepunkt einer Bildungsreise werden, die ihn zu philosophischen Studien nach Athen und anschließend nach Kleinasien zu den bedeutendsten Redelehrern geführt hatte. Er selbst nennt vier Rhetoriker, die in der einschlägigen Szene einen klangvollen Namen hatten.

Es ging ihm um den Erwerb weiteren theoretischen Wissens, vor allem aber um eine Verbesserung seines Vortrags, die seine angegriffenen Stimmbänder schützen sollte. »Ich war damals überaus schmal und von schwacher körperlicher Konstitution«, erinnert er sich. Gute Freunde warnten ihn sogar, seine Gesundheit um seiner Ambitionen als Redner und Anwalt willen weiter aufs Spiel zu setzen: Denn »ich hielt alle meine Reden, ohne einmal den Ton zu senken oder zu wechseln, mit höchster Anstrengung der Stimme und Anspannung meines ganzen Körpers«. Dieser stimmlichen Überstrapazierung sollte das Studium bei Molon abhelfen.[2]

Aber der neue Student hatte offensichtlich schon bei den vorangehenden Stationen enorm dazugelernt (er war schon in Rom kein unbeschriebenes rhetorisches Blatt gewesen).[3] Jedenfalls verblüffte er mit seiner ersten Proberede nicht nur seine Mitstudenten, sondern auch den Meister selbst. Und das, obwohl er unter erschwerten Bedingungen antrat: Weil Molon das Lateinische nicht recht beherrschte, hatte er darum gebeten, die Übungsrede auf Griechisch zu halten. Der Erfolg war überwältigend: »Alle Zuhörer überboten einander im Loben, nur Apollonios verzog keine Miene.« Es dauerte einige Zeit, bis er sein Urteil fällte. Das aber konnte elogialer nicht ausfallen (und jetzt erfahren wir auch, wer der Rhetorik-Student war): »Dich, Cicero, lobe und bewundere ich, aber ich beklage das Schicksal Griechenlands, da ich sehe, dass die einzigen Vorzüge, die uns noch geblieben waren, nun auch noch durch dich den Römern zugewendet werden: Bildung und Redekunst (*paideía kai lógos*).«[4]

Das war mehr als ein Ritterschlag Ciceros *in rhetoricis*, es war gleichsam die Prophezeiung eines Wachwechsels. Noch war die Rhetorik ja eine unangefochtene geistige Domäne der Griechen, die mühsamen Reisen ehrgeiziger römischer Nachwuchspolitiker in den griechischen Raum sprechen da eine deutliche Sprache. Mit Marcus Tullius Cicero aber sollte erstmals ein Römer die Palme der Redekunst erringen und den Griechen ihren jahrhundertealten Primat streitig machen. Cicero selbst bestätigt, dass ihn das Rhetorikstudium in Kleinasien und auf Rhodos in seiner Karriere als öffentlicher Redner mehr als alles andere vorangebracht habe: »Nach zwei Jahren konnte ich nicht nur besser ausgebildet, sondern fast völlig verwandelt nach Rom zurückkehren.«[5]

Wir können es an dieser Stelle unerörtert lassen, ob die Vorhersage des Molon tatsächlich in Form einer so scharfen Zäsur eingetreten ist. Zweifellos war Cicero einer der begnadetsten Redner aller Zeiten und zudem derjenige, der die Theorie der Rhetorik in Rom heimisch gemacht hat wie kein anderer zuvor. Ob er aber die griechische Konkurrenz in jeder Hinsicht übertroffen hat, darüber lässt sich lange, und da es auch um Fragen des stilistischen Geschmacks geht, wenig fruchtbar streiten.

»Eine Göttin, der nur das Wort als Tempel gilt«

Worüber man indes nicht geteilter Meinung sein kann, das ist das Copyright der Griechen in Sachen Redekunst. Sie haben die Macht der Rede entdeckt, sie in Theorie und Praxis zu einer *téchne*, einer erlernbaren handwerklichen Kunst, ausgestaltet und als selbstverständliches Medium des öffentlichen Alltags umfassend genutzt.

Peithó, die »Überredung«, war eine griechische Göttin. Ursprünglich im Umfeld der Erotik angesiedelt – wo ja auch das schmeichelnde Wort keine geringe Rolle spielt –, stieg sie im 5. Jahrhundert v. Chr. zur Personifikation der allgewaltigen Rede auf: eine Gottheit, »die keinen Tempel kennt als allein das Wort«.[6]

Dass das wohlgesetzte Wort, dass der argumentativ überlegte Aufbau einer Rede erfolgreicher ist und beim Gegenüber mehr bewirkt als zusammenhangarme Ausführungen oder emotionsgeladenes lautes Lospoltern, ist freilich nicht erst eine Entdeckung des 5. Jahrhunderts v. Chr. Schon bei Homer verfolgen Redner, die ihre Zuhörer zu einer bestimmten Haltung oder Entscheidung bewegen möchten, das, was man in der rhetorischen Terminologie als persuasive Strategie bezeichnen würde. Das sind wohlkomponierte Passagen, die die historische Realität vermutlich literarisch veredeln – obwohl es reine Spekulation ist, wenn wir den homerischen Helden weniger rhetorische Eleganz unterstellen, als der Dichter ihnen zubilligt. Warum sollte nicht der eine oder andere sich vom Vortrag der Rhapsoden so manches abgeschaut haben, das offenkundig hilfreich war, die anderen zu überzeugen?

Von einem systematischen Nachdenken über die Wirkung gesprochener Sprache konnte damals allerdings noch keine Rede sein. Die Wiege dessen, was die Griechen spätestens seit Platon *rhetoriké*, »Kunst des Redens«, nannten,[7] stand ausnahmsweise nicht in Athen, sondern auf Sizilien. Sie verbindet sich mit den Namen Korax und Teisias, von denen wir allerdings wenig wissen. Vielleicht waren sie Lehrer und Schüler, vielleicht fasste Teisias die in gemeinsamer Forschung entwickelte Lehre bereits in einem Handbuch zusammen. Aufhorchen lässt, was über die Geburtsstunde der neuen Disziplin berichtet wird. Sie schlug im Jahre 467/66 v. Chr., als die Tyrannen in Syrakus vertrieben wurden und eine demokratische Ordnung in Kraft trat. Damals erst wieder hätten, so berichtet Cicero, Privatklagen bei Gericht eingelegt werden können. Um solche Prozesse zu gewinnen, habe man seine Rechtsansprüche wahrscheinlich machen müssen. Und damit kam Peitho, die Göttin der Überredung, ins Spiel. Die beiden Erfinder der Rhetorik hätten, scharfsinnig und streitlustig, wie sie waren, »erstmals Regeln und Vorschriften verfasst«. Zuvor nämlich, fügt Cicero hinzu, »sei niemand gewohnt gewesen, systematische und kunstgerechte Reden zu halten«.[8]

Dieser Bericht über den Ursprung der Rhetorik ist in doppelter Weise aufschlussreich. Zum einen wird die Rhetorik gewissermaßen als ein Produkt der neu gewonnenen Freiheit hervorgehoben. Zum zweiten sind die damals aufgeschriebenen *praecepta*, »Vorschriften«, »Handlungsanweisungen«, für den erfolgreichen Redner eng mit dem Gerichtswesen verbunden. Und ebendas wird das gesamte Altertum hindurch die Domäne der Rhetorik bleiben. Die Gerichtsrede, der verbale Schlagabtausch zwischen den beiden Parteien, war konstitutiver Teil eines jeden Prozesses bei den Griechen und Römern. Damit hatte die auf Überzeugungskraft und Wirkung bedachte Rede eine einträgliche, praxisbezogene, gewissermaßen von der politischen Konjunktur unabhängige Nutzanwendung. Die Ästhetik der schönen, klangvollen Rede war das eine, ihr utilitaristischer Aspekt das andere und im Zweifelsfall wichtigere.

Es spricht einiges dafür, dass Teisias auch schon grundlegende Tipps für den Aufbau einer Rede in sein Lehrbuch einbezogen hat. Und dieser grundsätzliche Aspekt ist sicher wichtiger als die konkrete Anzahl der von ihm zugrunde gelegten einzelnen Redeteile. Die Vermutung, dass die später obligatorischen Bestandteile einer Rede bereits auf diese Schrift des Teisias zurückgehen,[9] liegt indes nahe. Das waren je nach Zählung vier oder fünf: die Einleitung, die bei den Zuhörern gut Wetter machen sollte und die heute noch inhaltlich in der lateinischen Begrifflichkeit als *captatio benevolentiae* (»Erheischung des Wohlwollens«) bekannt ist, danach die Darlegung des Sachverhalts, gefolgt von der Beweisführung, die sich in eine positive und eine negative gliedern kann, und schließlich der Epilog als Schlussappell, der durchaus mit einer angemessenen Emotionalität vorgetragen werden darf.

Was ist mit der politischen Rede, dem wortgewaltigen Auftritt vor einem kleineren Entscheidungsgremium wie dem Rat oder einem großen wie der Volksversammlung? Sie unterliegt in ihrer Disposition denselben Prinzipien. Wie ausführlich sie von den sizilischen Begründern der Rhetorik behandelt worden sind, bleibt angesichts einer schwierigen Quellenlage jedoch unklar. Sicher aber ist, dass sie in Athen weiterentwickelt worden ist und dort im späten 5. und im 4. Jahrhundert v. Chr. in größter Blüte gestanden hat. Ihre Patin war die *parrhesía*, das demokratische Recht der »Redefreiheit«. Ganz gewiss hat auch hier die Demokratie Athens wichtige Geburtshelfer- und Schrittmacherdienste geleistet, indem sie zu freier Meinungsäußerung ermutigte, gleichzeitig aber ein Mindestmaß an rhetorischem Geschick voraussetzte. Wer sein Wort nicht machen konnte, der hielt sich in der Volksversammlung besser zurück.

Weisheitskrämer und Wortverdreher

Es war indes nicht nur die Liberalität der demokratischen Verfassung, die Athen für lange Zeit zum Zentrum der Redekunst aufsteigen ließ, sondern auch das anregende geistige Umfeld, das die »Schule von Hellas« (Perikles) für alle Intellektuellen außerordentlich attraktiv machte. Das galt in besonderer Weise für die Sophisten, die als Wanderlehrer Philosophie und Weisheit an Interessenten verkauften. Dieses »Verkaufen« hat ihnen eine überaus schlechte Presse eingetragen, die bis heute ihre Spuren hinterlassen hat. Der Oberschicht, die als Rentiers von den Erträgen ihrer Landgüter lebte, galt jede eigene Erwerbstätigkeit als unfein, ja unwürdig, weil man sich damit von anderen abhängig machte. Das war in ihren Augen, zugespitzt formuliert, Sklavenarbeit. Über diese gesellschaftliche Norm setzten sich die Sophisten als Wissensverkäufer hinweg. Das passte zu ihrem aufklärerischen Habitus, der das Gegebene und scheinbar Selbstverständliche in jeder Hinsicht kritisch hinterfragte.

Warum sollte man sich nicht für die Dienstleistung der Weisheitsvermittlung ordentlich bezahlen lassen? Die Nachfrage war ja da, die Sophisten selbst hatten sie in der vornehmen Jugend gerade durch ihre erfrischende Unangepasstheit und ihr neuartiges, radikales Fragen geschaffen. Kein Wunder, dass sich ihre Neugier auch auf die Wirkung von Sprache richtete – und dass sie die Sprache auch virtuos zum Argumentieren zu nutzen verstanden. Das hat ihrem Ruf bis heute geschadet: »Sophistisch« gilt als Synonym für »spitzfindig«. Wer »sophistisch« argumentiert, scheint uns das Wort im Munde herumzudrehen, »Sophisten« gelten als clever, aber unseriös. Diese Fernwirkung haben die Sophisten vor allem Platon zu verdanken, er hat mit seiner Polemik gegen seine philosophischen Widersacher ihr Image gründlich ruiniert. Allenfalls das englische *sophisticated* schlägt in die andere Richtung aus, damit pflegen wir ja etwas als »raffiniert«, »ausgeklügelt« anzuerkennen.

Zum Erfolg von Platons Verleumdungskampagne hat das Selbstverständnis der Sophisten erheblich beigetragen: Wer alles infrage stellt, wer seine Hörer irritiert und verunsichert, wer sich als Freigeist kritisch mit etablierten Traditionen auseinandersetzt, der ist dem Bourgeois unheimlich, jagt ihm Furcht ein: Sind da nicht nur Besserwisser, sondern sogar Umstürzler unterwegs, die am Ende die Gesellschaft umkrempeln wollen? Und musste man nicht gegenüber diesen brillanten Diskutierern auf der Hut sein? Sie verstanden es ja tatsächlich hervorragend, den *lógos* als Waffe der Überredung einzusetzen.

Daran bestand kein Zweifel: Die Sophisten kannten sich in der neuen Kunst des Wortes aus. Oder besser: Sie standen an vorderster Linie, um sie auszubauen und weiterzuentwickeln. Rhetorik gehörte zu ihrem Markenkern und zu ihrem Coachingprogramm in Sachen Weisheit.

Einer, der sich bestens darauf verstand, war Gorgias. Wilfried Stroh tituliert ihn treffend als »rhetorischen Hexenmeister«. Gorgias stammte aus dem sizilischen Leontinoi, war aber wie seine Kollegen Reisender in Sachen Bildung und hielt sich auch längere Zeit in Athen auf. Er wusste die Menschen nachhaltig zu beeindrucken, mit ebenso wirkungsvollen wie reichlich eingesetzten Klang- und

Stilfiguren »brachte er die Athener vor Entzücken außer sich«. Der »Gewalt seiner Rede«, so der Historiker Diodor weiter, »konnte sich kaum jemand entziehen«.[10] Gorgias betrieb Werbung für Rhetorik durch angewandte Rhetorik; ein Zauberer mit Worten, der allerdings, das wird man konzedieren müssen, mit dem einen oder anderen rhetorischen Taschenspielertrick auch zum Negativimage der Sophisten beigetragen haben dürfte.

Sein rhetorisches Meisterstück war das *Enkómion auf Helena*. Helena und Enkómion? Das passt offensichtlich überhaupt nicht zusammen, meinten die Athener. Denn das *enkómion* ist ein Lobgesang, und Helena war so ziemlich die letzte Gestalt der griechischen Mythologie, die nach allgemeinem Dafürhalten einen Lobpreis verdiente. Schön war sie, aber ein Vamp, eine Verführerin und Ehebrecherin, und in den Augen vieler schuld am Trojanischen Krieg. Freilich, der trojanische Prinz Paris hatte sie in seine Heimat verschleppt und damit das gewaltige Kriegsringen der Frühzeit ausgelöst. Das Verhalten der Dame bei der Entführung aber war doch reichlich suspekt: Hatte sie sich vielleicht gar nicht so widerstrebend rauben lassen? Wie auch immer: Ein Lob der Helena, das ging gar nicht!

Und ob das ging! Eben das wollte Gorgias jedenfalls in seiner Musterrede aller Welt beweisen; er schickte sich an, »die übel Beleumdete von dem Vorwurf, ihre Tadler aber von ihrer Unwissenheit zu befreien«.[11] Gorgias bestreitet gar nicht, dass Helenas göttergleiche Schönheit die Männer geradezu verrückt machte. Den Grund für ihre Entführung aber hatte sie nicht zu vertreten. Der Anwalt der schönen Kopfverdreherin spielt vier Möglichkeiten durch: Entweder handelte sie auf Ratschluss der unsterblichen Götter, oder sie wurde mit Gewalt geraubt, entweder wurde sie mit schmeichelnden Worten überredet, oder aber sie wurde vom Verlangen zu ihrem Entführer Paris überwältigt.[12]

Schuld lastet, welche der vier Möglichkeiten auch zutrifft, nicht auf ihr. Erstens: Der Gott ist stärker als der Mensch. Wie sollte sich der Mensch da dem vom Gott verhängten Geschick entziehen können? Zweitens: Wenn sie gewaltsam geraubt wurde, so war Helena Opfer und nicht Täterin, man müsste Mitleid mit ihr haben, denn »der eine tat Furchtbares, die andere erlitt es«.[13] Drittens: Hat sie sich von den betörenden Worten des Paris überreden lassen, so hat er ihre Seele getäuscht. »Die Rede ist eine große Herrscherin, die ... göttlichste Werke vollbringt.«[14] Was Wunder, wenn Helena der Gewalt des Logos unterlag? »Denn die Rede ist es« – diesen dritten Beweis führt Gorgias mit größter Ausführlichkeit, weil er auch programmatisch für die Rhetorik steht –, »die die Seele überredet und sie geradezu zwingt, dem Gesagten zu gehorchen.«[15] Wer der Kraft der Rede erliegt, begeht also kein Unrecht, sondern gerät in diesem spezifischen Fall selbst ins Unglück. Viertens: Der göttliche Eros wirkt auch und gerade in dem, was unsere Augen sehen. Paris ist ein schöner, begehrenswerter Jüngling. Wen wundert's, wenn Helena beim Anblick dieses Körpers dem erotischen, will sagen: von Eros gesteuerten Verlangen nachgibt? Wenn aber ihr Verlangen »eine menschliche Krankheit«[16] ist, wie kann man sie dann für diese Verstrickung in den Fangnetzen des Schicksals haftbar machen wollen? Das ist Unglück, keine Schuld.

Und damit ist bewiesen, was Ziel des Beweises war: »Ich habe mit meiner Rede den schlechten Ruf von der Frau genommen.«[17] Im Griechischen steht da *to lógo*, »mit dem Wort«. Das ist das Zaubermittel der wohl gefügten Rede. Wer es beherrscht, hat Macht über die *psyché*, die »Seele«, der anderen, kann sie zu sich und zu seinem Standpunkt hin bewegen, sie überreden, sie überzeugen.

Überreden oder überzeugen ist ja wohl kaum dasselbe. Ist es doch, jedenfalls im Griechischen. Das Verb *peíthein* bedeutet beides; sein semantisches Spektrum erstreckt sich von »jemanden mit Bitten oder List bereden« und damit »täuschen« bis zu »jemanden überzeugen«, ihn »für sich gewinnen«. Den Ausschlag gibt der jeweilige Kontext. Was aber das *peíthein* der Rhetorik angeht, so ist es zweitrangig, ob das Gegenüber durch meinen *lógos* »nur« überredet ist oder sich so hat überzeugen lassen, dass es mir vorbehaltlos zustimmt. Entscheidend ist, dass es sich von mir bewegen lässt, dass es sich auf meine Seite stellt, sich mir – notfalls eben auch halbherzig – anschließt.

Der *lógos* steht auch im Zentrum einer berühmten Formulierung, die gern als programmatische Kernaussage sophistischer Rhetorik gewertet wird (auch wenn sie sich nicht eindeutig auf den Sophisten Protagoras zurückführen lässt): *ton hétto lógon kreítto poieín*.[18] Meistens wird das übersetzt mit »die schwächere Sache zur stärkeren machen«. Schon Cicero hat es so verstanden, wenn er übersetzt: *quemadmodum causa inferior dicendo fieri superior posset*.[19] Das hört sich so an, als stehe die Sache, die es rhetorisch aufzuwerten gilt, auf schwächeren Füßen, als sei sie weniger glaubwürdig als die andere. Und das führt rasch zu der Deutung dieser Sache als einer moralisch unterlegenen, sittlich inferioren. Tatsächlich steht dort aber *lógos*. Das ist die Aussage, die jemand beispielsweise vor Gericht macht, die Art und Weise, wie er einen Sachverhalt mit Worten darstellt. Wer zögerlich, bescheiden, zurückhaltend auftritt, gerät leicht ins Hintertreffen gegenüber dem, der forsch, fordernd, selbstbewusst agiert. Mit der Glaubwürdigkeit der beiden hat das im Grunde nichts zu tun, es kann aber von den Zuhörern in diese falsche Richtung gedeutet werden: Der Selbstbewusste scheint eher im Recht als der Kleinlaute. Und da kommt die Rhetorik ins Spiel. Sie vermittelt argumentative und stilistische Fähigkeiten, um einen schwächeren *lógos* stark, ja nach Möglichkeit stärker zu machen als den – rhetorisch nicht auf Vordermann gebrachten – Gegen-*lógos*.

Gleichwohl, das Misstrauen gegenüber den Sophisten war da: Wie haltet ihr es mit der Wahrheit? Und: Wie weit darf Rhetorik in ihrer auf persönlichen – polemisch formuliert: egoistischen – Nutzen zielenden handwerklichen Anwendung gehen? Wie verhält sie sich zu den geltenden Werten, wie steht sie zur Moral?

Das ist die Gretchenfrage an die Redekunst, seit es die Rhetorik und ihr Versprechen der Seelenlenkung durch das Wort gibt. Man kann nicht sagen, dass sie bis heute klar und abschließend beantwortet wäre. Die meisten griechischen Redelehrer setzten auf die moralische Indifferenz der Rhetorik: Ihr geht es um das Wahrscheinliche, nicht um das Wahre, sie will den anderen überreden, ihn nicht ethisch besser machen. Das klang nach einer Kriegserklärung an die Philosophie – jedenfalls eine idealistische Philosophie, die nach dem Guten, Wahren und Gerechten suchte.

Platon nahm den Fehdehandschuh auf. Er machte Gorgias zur Titelfigur eines seiner Dialoge und rechnete unerbittlich mit ihm ab. Als Kontrahenten des Gorgias in der illustren Gesprächsrunde wählte er wie so oft seinen Lehrer Sokrates. Und der ist mit seiner geschickten Fragetechnik die Idealbesetzung dafür, Gorgias in argumentative Schwierigkeiten zu bringen. Am Ende muss sich der Sophist, der die Rhetorik stets als außermoralische *téchne* begreift, als Moralist bekennen.

Der »Gorgias« ist noch heute ein anregendes, spannendes Streitgespräch unter Intellektuellen – auch wenn Platon sich in bemerkenswert fundamentalistischer Weise nicht mit einem Punktsieg des Sokrates zufriedengibt, sondern ihn einen krachenden K.o.-Sieg erringen lässt. Später wird er sich in der Auseinandersetzung mit den Sophisten deutlich weniger radikal zeigen. Aber im »Gorgias« wird es ernst: Da lässt er den sonst so milden Nachfrager Sokrates streckenweise als dozierenden Dogmatiker auftreten.

Mit der Definition der Rhetorik als *peithoús demiourgós*, »Erzeugerin von Überredung«, erklärt Gorgias sich einverstanden.[20] Dieser Überredungskunst spricht Sokrates aber den Charakter einer Wissenschaft ab; sie vermittle kein echtes Wissen, sondern baue auf Empirie und Übung auf, während echte Wissenschaft stets das Gute zum Ziel habe. Als »Seelenbewegerin« setze die Redekunst auf Schmeichelei. Alle großen rhetorisch begabten Politiker, selbst ein Themistokles, ein Kimon und ein Perikles, hätten »sich den Bürgern gefällig zu machen« bemüht, sich also rhetorischer Schmeichelei bedient. Oder »scheinen dir die Redner immer in Beziehung auf das Beste zu sprechen und darauf abzuzielen, dass die Bürger möglichst gebessert werden durch ihre Reden?«[21]

Was sollten die Verteidiger der Rhetorik darauf sagen? Was sagt man heute dazu, wenn man Politiker im Wahlkampf und in Talkshows, wenn man Rechtsanwälte vor Gericht, wenn man andere Verkäufer von Waren und Wissenschaften reden hört? Selbst wenn wir ihnen keine bewussten Lügen unterstellen wollen, erscheinen Platons ethische Ansprüche doch zu hoch. Und auch sein Wissenschaftsverständnis muss auf den Prüfstand. Dass verantwortungsvolle Wissenschaft sich an moralischen Maßstäben orientiert, mag eine berechtigte Forderung sein, dass nur das als Wissenschaft akzeptiert werden kann, was den Menschen zu einem besseren Wesen machen will und kann, verträgt sich indes mit modernem Wissenschaftsverständnis nicht.

Aus der *Rhetorik* des Aristoteles

Auch Platons Schüler Aristoteles hat sich in die Kontroverse zwischen Rhetorik und Philosophie eingebracht, jedoch deutlich moderater und weniger militant, deutlich mehr auf die Sache konzentriert als sein Lehrer. Das Ergebnis seiner Überlegungen ist seine berühmte *Rhetorik* – kein Werk aus einem Guss, keine Darstellung ohne Widersprüche und schwächere Passagen, eher eine Grundlage für Vorlesungen und weitere Forschungen des Autors als ein Lehrbuch für eine größere Öffentlichkeit. Und trotzdem eine Schrift, an der künftig niemand vorbeikam, der weiter über die Redekunst nachdenken und schreiben wollte. Wie auf anderen Gebieten war Aristoteles dort am stärksten, hatte er dort die nachhaltigste Wirkung, wo er streng systematisch arbeitete.

Das ist in der *Rhetorik* vor allem dort der Fall, wo er – offensichtlich als Erster in dieser strengen Klassifizierung – drei Typen der öffentlichen Rede definiert und ihnen eindeutige Bereiche zuweist. Die Kategorien dikanische, das heißt Gerichtsrede, symbuleutische, das heißt die beratende Rede, und epideiktische, das heißt vorstellende Rede, die üblicherweise als Festrede bezeichnet wird. Das ist sie in der Regel auch, indem sie etwas oder jemanden preist. Sie kann theoretisch allerdings auch das Gegenteil sein: eine Tadelrede, die alles aufzeigt, was an jemandem oder an einer Sache abstoßend und/oder sittlich schlecht ist. Diesen drei Grundtypen weist Aristoteles drei Zeitdimensionen zu. Die Gerichtsrede beschäftigt sich mit Dingen, die in der Vergangenheit liegen, die beratende Rede mit Vorgängen, die sich auf die Zukunft beziehen, und die Festrede dient dem Gegenwärtigen. Sie schildert eine Person oder Sache so, wie sie sich im Moment des Lobpreises präsentiert.

Auch inhaltlich gibt es eine klare Differenzierung. In der dikanischen Rede geht es um Recht oder Unrecht, in der symbuleutischen Rede um Nützliches oder Schädliches, in der epideiktischen Rede um das Schöne oder Hässliche beziehungsweise um das Sittliche oder Unsittliche. Diese aristotelische Kategorisierung wurde fortan zum Gemeingut der rhetorischen Theorie – was umso weniger verwunderlich ist, als sie die klassischen drei Arbeitsfelder des Redners in der rhetorischen Praxis aufgreift: Er tritt als Ankläger oder Verteidiger vor Gericht auf, er legt vor einem politischen Gremium, der Volksversammlung oder dem Rat, das Pro oder Contra eines Vorhabens oder Unternehmens dar, indem er dafür wirbt oder davor warnt, und er wird im Auftrag einer Gruppe oder der gesamten Bürgerschaft aktiv, indem er in ausgefeilter Rede mit rhetorischem Schmuck darlegt, inwiefern und warum etwas Lob oder Tadel verdient.

Bei der Festrede ist die Einseitigkeit, mit der ein Standpunkt vertreten wird, Programm. Hier geht es nicht um argumentative Differenzierung, sondern um ein eindeutiges Bekenntnis ohne Wenn und Aber, zu dem rednerischer Schwung, Begeisterung, ja Pathos gehören. Diese Spielregel der epideiktischen Rede ist allgemein anerkannt, sodass der Redner keine Sorge haben muss, seine Zuhörer durch den Verzicht auf Abwägung zu befremden. Im Gegenteil, als Exponent einer Festgesellschaft wird er zu deren Sprachrohr; er stellt seine professionelle Redekunst gewissermaßen dem guten Zweck zur Verfügung – ein Rollenspiel, das in einer von

Sprachkunst und Vergnügen an dieser Sprachkunst regelrecht durchdrungenen Gesellschaft erwartet und goutiert wird, sofern es gut gespielt wird.

Im epideiktischen Kontext kommt es sicher weniger auf das an, was bei den beiden anderen Redegattungen zentral ist: *pístis*, »Vertrauen«, aufbauen in das, was der Redner sagt, »Überzeugung« zu bewirken, machen, dass man ihm »Glauben« schenkt. Wie lässt sich diese für den Persuasionsakt grundlegende *pístis* erreichen? Aristoteles denkt auch darüber in der ihm eigenen konsequenten Methodik nach und liefert eine Theorie, die in der Folgezeit Bestand haben wird. Er unterscheidet drei Mittel der Überzeugung: Das eine liegt im Charakter des Redners begründet. Wie wirkt sein *éthos* auf die Zuhörer? Ist er ein anständiger Mensch, dem man das, was er vorträgt, abnehmen kann? Das zweite Mittel ist seine Fähigkeit, in den Zuhörern Stimmungen zu erzeugen, sie in das jeweilige *páthos* (»Gefühl«) zu versetzen, das sie geneigt macht, sich vom Redner leiten zu lassen. Das dritte Mittel ist die im *lógos*, der Rede selbst, begründete Beweistechnik. Sie arbeitet mit Wahrscheinlichkeitsschlüssen (*enthymémata*) und Beispielen (*paradeígmata*) und natürlich mit dem kunstvoll gesetzten Wort, dessen Wirkung auf das Auditorium bis ins sprachliche Detail antizipiert werden muss.[22]

Mochten sich in den älteren Rhetoriken schon ähnliche Gedankengänge finden, so verdankt die rhetorische Theorie Aristoteles doch eine präzise Systematisierung der angesprochenen Aspekte. Und die ist nicht weit entfernt von dem, was man ganz modern als Kommunikationsdreieck zu bezeichnen pflegt: Sender – Empfänger – Botschaft. Die *pístis* des Redners sollte sich auf alle drei Punkte dieses Dreiecks beziehen.[23] Das liegt nahe, mag man erwidern. Aber irgendjemand muss auch das tatsächlich oder scheinbar Naheliegende aussprechen, begründen und illustrieren. Ebendas hat wie auf vielen anderen Gebieten der ordnende Kopf des Aristoteles geleistet und damit auch eine Zusammenfassung all der damals bekannten Rhetoriken vorgelegt. Die *Rhetorik* des Aristoteles ist die erste aus dem Altertum vollständig erhaltene Theorie der

Redekunst – eine Schrift mit großer Fernwirkung, die noch heute zu den grundlegenden »Handbüchern« der Kunst der Rede zählt.

Auch die aristotelische *Rhetorik* war Teil des intensiven intellektuellen Ringens um die Möglichkeiten, Grenzen und Gefahren der Redekunst. Dass die Macht der Rede auch ein gewaltiges Potential an Manipulation umfasst, war den Griechen als Erfindern einer wissenschaftlichen Rhetorik nur zu bewusst. Das Besondere dieser Wissenschaft lag ja darin, dass die Theorie unmittelbare Auswirkungen auf die Praxis hatte, ja dass die Materie des überzeugenden Redens mit festem Blick auf ihre praktische Anwendbarkeit und Umsetzbarkeit erforscht wurde. Rhetorik ist Marktplatz, nicht Elfenbeinturm.

Wenn sich die Theorie aber als wahrheitsindifferent und moralisch wertneutral verstand, dann kam es sehr auf den Charakter, die soziale Kompetenz und das Verantwortungsbewusstsein des Redners an, ob er sein rhetorisches Rüstzeug ge- oder missbrauchte – wobei die Definition, was Gebrauch und was Missbrauch ist, auch stark vom Standpunkt des Betrachters abhängt. Sich in diesem Dilemma nicht mit einfachen, von bloßem Utilitarismus bestimmten Antworten zufriedengegeben, sondern auch die ethisch-moralischen Implikationen des rhetorischen Handwerks reflektiert zu haben, auch das gehört zum kulturellen Vermächtnis der Griechen: Die Erfinder haben ihre eigene Erfindung kritisch beleuchtet und begleitet, haben einen intensiven öffentlichen Diskurs über Nutzen und Schaden ihrer Erfindung geführt und eine kontinuierliche Chancen-Risiken-Abwägung vorgenommen, die mancher anderen Disziplin auch und gerade in unserer Zeit zur Ehre gereichen würde.

Demosthenes – »Der Redner schlechthin«

Wie viel Theorie in der rhetorischen Praxis ankam, das hing natürlich auch von der Qualität des einzelnen Rhetors ab. Auch in Hellas hat es Winkeladvokaten und Schaumschläger, Wortakrobaten und

Showtalente gegeben. Dazu allerdings zwei einschränkende Bemerkungen. Zum einen: Die Show gehörte dazu, der gute Redner musste auch durch die Art seines Vortrages, seine Mimik, Gestikulation und Stimmführung überzeugen. Er war insofern auch ein Schauspieler. Man sollte die ästhetische Wirkung, die von einem schwungvoll-begeisterten Könner der rhetorischen Kunst ausging, nicht gering schätzen. Die griechischen Zuhörer jedenfalls erwarteten das, und sie genossen es. Zum Zweiten: In einem politisch-gesellschaftlichen Klima, in dem die gute Rede und der gut ausgebildete Redner das Niveau vorgaben, hatten rhetorische Leistungen, die diesen Standard deutlich unterschritten, wenig Aussicht auf Erfolg. Eine athenische Volksversammlung des 5. und 4. Jahrhunderts v. Chr. hätte sich mit manch rhetorisch armseligen Auftritten, wie sie der Bundestag und die Landtage, zurückhaltend formuliert, immer wieder erleben, nicht abspeisen lassen. Sie hätten so etwas als Zumutung und Respektlosigkeit gegenüber den Adressaten empfunden. Wer Qualität gewöhnt ist, entwickelt auch ein Sensorium für Qualität und lässt es denjenigen, der diesen Standard nicht erreicht, deutlich spüren. Insofern darf man Rhetorik sogar als Teil der griechischen Allgemeinbildung bezeichnen, an der auch diejenigen in ihrer Rolle als Zuhörer Anteil hatten, die selbst nie in einem Rhetorik-Seminar gesessen hatten.

Wie sehr die Redekunst Teil dieser Volkskultur war, zeigt der Werdegang des Demosthenes sehr anschaulich. Demosthenes war noch ein Knabe, als er eines Tages hörte, wie sich seine Lehrer und Erzieher verabredeten, zu einem bestimmten Prozess zu gehen. Sie wollten sich den Auftritt des Rednerstars Kallistratos nicht entgehen lassen, weil nicht nur die verhandelte Sache spektakulär erschien, »sondern die Erwartungen allgemein hoch gespannt waren wegen der Kunst des Redners, der damals auf der Höhe seines Ruhms stand«.[24] Mit inständigen Bitten erreichte Demosthenes, dass sein Pädagoge ihn mit in die Verhandlung nahm. Ein Einschmuggeln dank guter Beziehungen zum Gerichtspersonal, das Folgen haben sollte. Das Erweckungserlebnis des jungen Zuhörers schildert

Plutarch so: »Als jetzt Kallistratos einen großen Tag hatte und höchste Bewunderung erntete, beneidete Demosthenes ihn um seinen Ruhm, wie er ihn von vielen gefeiert und hoch gepriesen sah. Noch mehr aber staunte er über die Macht der Beredsamkeit und erkannte, dass sie alles zu bezwingen und zu bezaubern vermag.«[25]

Sicher war Demosthenes nicht der Einzige, der sich von Könnern wie Kallistratos so faszinieren ließ, dass er es ihnen nachtun wollte. Aber kaum ein anderer dürfte mit solchem Feuereifer darangegangen sein, seinen Herzenswunsch in die Tat umzusetzen, wie er. Demosthenes jedenfalls soll sich fortan um nichts anderes mehr gekümmert haben als um die Ausbildung seiner Rednergabe. Mit der freilich war es nicht sehr weit her. Dem jungen Mann fehlte es an Talent, und trotz seiner intensiven Studien fiel er bei seinen ersten öffentlichen Auftritten glatt durch: undeutliche Aussprache, schwache Stimme, Atemprobleme, die zu falschen Pausen führten, eine gekünstelt wirkende Argumentation. Die Reaktion der Zuhörer war so eindeutig wie deprimierend: »Lärm und Gelächter«.[26]

Jeder andere hätte aufgegeben. Nicht so Demosthenes. Der quälte sich monate- und jahrelang. Er wollte es seinem Körper zeigen, sich nicht damit abfinden, dass seine Physis nicht zu seinem Berufswunsch passte. Er unterzog sich einem asketischen Training: Über lange Zeit diente ihm ein unterirdischer Übungsraum als rhetorisches Trainingslager, mitunter verlegte er es ans Meer, um gegen das Tosen der Meeresfluten akustisch anzukommen; gegen das Anstoßen der Zunge und seine Probleme mit dem »R« wurden Kieselsteine im Mund zu seinen rhetorischen Sparringspartnern. Aufbau und Argumentationsmuster von Reden studierte er ausführlich bei der Konkurrenz, und mit der Verschriftlichung all dessen, was er vortragen wollte, erschien er manchen Beobachtern als überehrgeiziger Perfektionist. Wobei er seine Konzepte nach der schriftlichen Fixierung natürlich auswendig lernte. Ein antiker Redner, der vom Blatt beziehungsweise von der Papyrusrolle ablas – undenkbar! Zu den zentralen Kompetenzen des Rhetors zählten ein gutes Gedächtnis und ein intensives Gedächtnistraining.

Nicht alle gaben sich so viel Mühe mit der schriftlichen Ausarbeitung ihrer Reden im Detail. Den Spott einiger Kollegen, weshalb er damit seine Zeit vertue, konterte Demosthenes mit einem bemerkenswerten Satz: »Ein Mann, der sich auf seine Reden vorbereitet, beweist damit demokratische Gesinnung«, stellte er klar, »denn sich vorzubereiten ist ein Akt der Höflichkeit gegenüber dem Volk, und sich nicht darum zu kümmern, wie die Menge die Rede aufnehmen wird, verrät einen überheblichen Aristokraten, der mehr an Gewalt als an Überzeugung denkt.«[27] Gewissenhafte Vorbereitung und glänzende Rhetorik aus Respekt gegenüber der auf der Kraft des Wortes basierenden Staatsform der Demokratie, das hat etwas. Man kann es auch verallgemeinern und auf andere Situationen übertragen: Die kluge, überlegte, gediegene Rede als Reverenz und Dank an die Zuhörer – da gibt es für viele heutige Redner noch eine Menge Luft nach oben.

Der an Selbstkasteiung grenzende Übungsmarathon des Demosthenes zahlte sich aus: Er vervollkommnete seine eher durchschnittliche Begabung in der Weise, dass er vom verlachten rhetorischen Greenhorn zum überragenden Redner von Hellas aufstieg. So wie man Homer als *ho poietés*, »den Dichter schlechthin«, bezeichnete, wurde Demosthenes später als *ho rhétor*, »der Redner schlechthin«, gepriesen. Was Cicero für Rom war, war Demosthenes für Griechenland.

Die Anfänge seiner Erfolgsgeschichte sind anekdotisch ausgeschmückt. Ob da jedes Detail zutrifft, daran darf man berechtigte Zweifel hegen. Wenn ein ganz Großer ganz klein beginnt, so weckt das unsere Neugier; Spannungsbögen in einer Biographie sind spektakulärer und unterhaltsamer als »glatte« Lebensläufe. Und *human touch* war auch schon im Altertum ein populärer Anreicherungsstoff für historische Stories.

Manches Legendäre an der unglaublichen Aufstiegsgeschichte des Demosthenes hat auch eine didaktische Funktion. Sie beweist, dass neben der natürlichen Anlage die Übung den guten Redner macht, ja im Zweifel sogar wichtiger ist als das ursprüngliche

Talent. Ein Punkt, den alle Handbücher der Redekunst geradezu gebetsmühlenhaft betonen: Einfach nur so mit einer guten Stimme und einer wachen Intelligenz eine Rede halten, das reicht nicht. Selbst das geniale Naturtalent kommt ohne die Kärrnerarbeit entsagungsvoller Übung nicht aus.

Daneben bestätigt die stilisierte Ausbildungsvita des Demosthenes, wie sehr es auf den Vortrag ankommt. Der Auftritt des Redners muss sitzen; Sprachgewalt und Argumentationsgeschick sind das eine, sie gewissermaßen an den Mann zu bringen das andere. Das geschieht über das Agieren des Rhetors, seine Körpersprache, seine Intonation, seine Fähigkeit, die Zuhörer auch emotional mitzunehmen. Der gute Inhalt braucht eine mindestens ebenso gute, möglichst eine noch bessere Verpackung – das ist eine Kernüberzeugung der Redekunst. Fragen wir doch jemanden, der etwas davon versteht, schließen wir uns der Frage eines Anonymus an, was er, Demosthenes, für das Wichtigste beim Redner halte. »Den Vortrag«, antwortet Demosthenes lapidar. Und was ist das Zweitwichtigste? »Der Vortrag.« Und das Drittwichtigste? »Der Vortrag.«[28] Gibt es einen besseren Anschauungsunterricht für die Richtigkeit dieser These als die endlosen Stunden, die Demosthenes in seinem kargen unterirdischen Trainingslager verbracht hat?

Demosthenes stieg als Redner zum wichtigsten Politiker seiner Zeit auf. Seine Würdigung als Macher fällt sehr unterschiedlich aus, den Erfolg, den er sich wünschte, hat er sicher nicht gehabt. Seine Misserfolge in der Politik gehen indes nicht zulasten seiner rhetorischen Leistung – die wurde und wird auch von denen anerkannt, die ihm als Politiker eher Mittelmaß bescheinigen. Dieser scheinbare Widerspruch lässt sich noch auf die Spitze treiben: Wo er als wortgewaltiger Ratgeber des Volkes seinen größten Erfolg hatte, gerade da hat er sein Ziel nicht erreicht. Sein Ziel, das war der Stopp der makedonischen Expansion, das Bemühen, den von Norden her drohenden Flächenbrand einer makedonischen Eroberung Griechenlands aufzuhalten und auszutreten. Dieses Vorhaben scheiterte auch an den militärischen Gegebenheiten und den unterschiedlichen Kräfteverhältnissen: Die Schlacht von Chaironeia (338 v. Chr.) endete mit der Niederlage der antimakedonischen Allianz griechischer Staaten. Damit war der Weg für Philipp II. frei, Griechenland unter seine Herrschaft zu bringen und die demokratische Autonomie Athens und anderer Poleis zu beenden.

Zuvor aber hatte Demosthenes seine großen Auftritte gehabt. Seine Reden gegen Philipp II. (*lógoi Philippikoí*) waren kraftvolle, leidenschaftliche Aufrufe zum Widerstand gegen den drohenden Unterdrücker eines freien Hellas. Cicero wird später seine eigenen Invektiven gegen seinen Intimfeind Marc Anton als *orationes Philippicae* bezeichnen und sie damit in die Tradition der demosthenischen Rhetorik gegen Philipp II. stellen. Auf diese beiden Ursprünge geht das zurück, was wir noch heute als »Philippika« bezeichnen: eine Schimpfrede, die an Deutlichkeit und Vehemenz nichts zu wünschen übrig lässt.

Das Feindbild war klar. Demosthenes wetterte gegen Philipp und seine imperialistische Politik. Doch war der Makedonenkönig nicht das einzige Ziel seiner Kritik. Demosthenes liest auch seinen Landsleuten gehörig die Leviten. Er hält ihnen die Versäumnisse und Fehlentscheidungen der Politik der letzten Jahre vor, und manches davon klingt wenig schmeichelhaft in den Ohren seiner Mitbürger. Und das macht nicht zuletzt die Bedeutung dieser Reden aus: dass da einer seinen Zuhörern keinen Honig ums Maul schmiert, um sich lieb Kind zu machen, sondern mit nüchterner Schonungslosigkeit Klartext redet – und das auch ganz offenbar als Programm vertritt. Es gehörten schon Mut und Charakterstärke dazu, sich zum unpopulären, aber notwendigen offenen Wort zu bekennen. Nachdem er einen für seine Landsleute peinlichen Brief Philipps verlesen hat, kommentiert er sein Vorgehen so:

> Von dem hier Vorgelesenen, Männer von Athen, ist leider das meiste wahr, doch vielleicht nicht angenehm zu hören. Wenn jedoch alles das, was einer in der Rede übergeht, um nichts Betrübliches zu sagen, auch in der Wirklichkeit übergangen wird,

> so darf man nur noch Gefälligkeitsreden halten. Wenn sich aber gefällige Redensarten am falschen Platz in Wahrheit als schädlich erweisen, dann ist es eine Schande, dass ihr euch selbst betrügt und dadurch, dass ihr alles aufschiebt, was unangenehm ist, hinter den Ereignissen hinterherhinkt.[29]

Den Kopf in den Sand stecken, Probleme aussitzen, Schönfärberei betreiben, das ist keine Politik, jedenfalls nicht im Verständnis des Politikers Demosthenes. Und der Redner Demosthenes spricht das aus, nimmt seine Verantwortung wahr und nutzt seine überragende Rednergabe dazu, den Athenern die Augen zu öffnen. Und sich auch dem vermeintlich übermächtigen Gegner Philipp mit aller rhetorischen Kraft und Verve entgegenzuwerfen – ein pathetischer Verfechter der Freiheit, der noch in der Neuzeit als Verbündeter im Geiste genutzt wurde, wenn es galt, gegen Unterdrücker der Freiheit wie Napoleon und Hitler rhetorisch zu Felde zu ziehen.

Mag die Freiheit in unseren Tagen auch nicht in Gefahr sein, so wäre man doch ab und zu froh, wenn ein wortgewaltiger, unabhängiger Redner wie Demosthenes seine Stimme erhöbe und uns davor warnte, das Unangenehme ständig aufzuschieben und »hinter den Ereignissen hinterherzuhinken«. Mindestens für dieses historische Vorbild unerschrockener politischer Rhetorik könnten wir Hellas dankbar sein.

Mit der Machtübernahme der Makedonen verband sich für die griechischen Poleis der Verlust ihrer Unabhängigkeit. Und das blieb so. Die Mächte wechselten, aber das System änderte sich nicht: Die wesentlichen politischen Entscheidungen wurden in der jeweiligen Hauptstadt eines Flächenstaates getroffen, der die alten Polis-Dimensionen bei Weitem sprengte. Auf der internationalen Bühne spielten die Griechen keine Rolle mehr.

Läutete dieser Wandel im politischen System jenen Niedergang der griechischen Rhetorik im Zeitalter des Hellenismus (323–30 v. Chr.) ein, den manche Beobachter auch schon in der Antike beklagen?

Es ist stets Vorsicht geboten, wenn die »guten alten Zeiten« verklärt werden und das Nachkommende als epigonal oder gar als dekadent pauschal diskreditiert wird. So auch hier. Gewiss, die freie politische Rede, wie sie durch Demosthenes ihre letzte große Blüte in Griechenland erlebte, hatte ihren Resonanzboden verloren: Die Polis der hellenistischen Welt war nicht mehr die des 5. und 4. Jahrhunderts v. Chr. Das hatte durchaus Auswirkungen auf die im wahrsten Sinne des Wortes politische Rede. Sie hatte ihr Zuhause verloren.

Aber in anderen Bereichen, vor allem im Gerichtswesen, wurde die Kunst der Rede nach wie vor gebraucht. Die literarische Produktion bediente sich ebenfalls der Erkenntnisse und Regeln, die die Rhetorik bereitstellte. Antike Dichtung ist ja nichts, was für das stille Kämmerlein geschaffen ist und dort rezipiert wird. Sie ist grundsätzlich auf den mündlichen Vortrag ausgerichtet – und das auch in der bescheideneren Form der Eigenlektüre. Im Altertum las man, auch wenn man ganz allein war, laut. Insofern kam es bei der Literatur nicht nur auf das geschriebene, sondern auch auf das gesprochene Wort mit seiner klanglichen Dimension an. Wortwahl, Periodenbau und stilistische Finessen, auf die der Redner genau achtete, waren auch für den Schriftsteller zentrale Kategorien seiner Sprachkunst.

Die Rhetorik entwickelte sich in der Zeit des Hellenismus weiter, und zwar in Theorie und Praxis. Was sich da in der praktischen Rednerausbildung tat, wird gern als Deklamationsrhetorik abgewertet, als Übungen mit blutlosen Inhalten ohne Bezug zur Alltagswirklichkeit. In der Tat wurde das Pro und Contra von Fragestellungen eingeübt, an deren Sitz im Leben milde Zweifel erlaubt sind: »Soll Sokrates heiraten?« »Darf Agamemnon seine Tochter Iphigenie opfern?« Aber zum einen waren nicht alle rhetorischen Besinnungsetüden so angelegt, und zum Zweiten ging es um die technische Schulung angehender Redner, um die Anwendung der theoretischen Rezepte und ihre Umsetzung in rhetorische Performanz. Und so etwas kann man ja im Sinne des exemplarischen

Prinzips auch anhand entlegener, mitunter ridiküler Stoffe erlernen. Die Schulstube als solche verhindert nicht den späteren Gang in die Realität – wollen wir doch hoffen.

Wer als Redner vor Publikum nicht reüssierte, konnte mit dem beim Rhetoriklehrer Erlernten durchaus noch etwas Praktisches anfangen und sogar Geld verdienen: Ghostwriter, die Plädoyers oder Festreden für andere verfassten, waren Teil der Rhetorik-Szene nicht erst in hellenistischer Zeit. Die Griechen nannten solche – teilweise sehr gut bezahlten – Redenschreiber Logographen. Unter ihnen gab es Stars, die zwar schreiben, aber nicht vortragen konnten. Der bedeutendste von ihnen war Isokrates (436–338 v. Chr.), geradezu eine Ikone in der Geschichte der griechischen Rhetorik und des griechischen Erziehungswesens. Wegen seiner schwachen Stimme und wenig robusten Konstitution hat Isokrates nie selbst vor einem großen Publikum gesprochen. Aber er hat einflussreiche politische Reden geschrieben, und er hat die Rhetorik wie kein anderer in eine allgemeine Bildungstheorie eingebettet. Ohne Rhetorik keine Bildung – dieses Credo des Isokrates sollte bis ans Ende der Antike Bestand haben. Und insofern waren auch die übel beleumundeten Deklamationen ein wichtiger praktischer Beitrag zu dieser Bildung.

Redekunst oder PowerPoint?

Der *lógos* ist das Spezifikum des Menschen. Ihn gilt es daher, argumentiert Isokrates, auszubilden und zur Perfektion zu bringen. Er ist ein Alleinstellungsmerkmal, das den Menschen auch zum politischen, will sagen kommunikativen Wesen macht. Er ist so gesehen wesensmäßiger Bestandteil, ja Kern von Menschsein, von Humanität, wenn man es mit einem lateinstämmigen Begriff ausdrücken will. Und deshalb muss der *lógos*, die Sprache, im Zentrum wahrhaft menschlicher Bildung und Ausbildung stehen. Lassen wir diesen Lobredner der Sprache einige Sätze lang selbst zu Wort kommen:

> In allen anderen Fähigkeiten unterscheiden wir uns gar nicht von den anderen Lebewesen. Ja, wir sind vielen sogar an Schnelligkeit, Körperkraft und anderen nützlichen Eigenschaften unterlegen. Doch weil wir von Natur aus die Fähigkeit haben, einander zu überreden (*peíthein!*) und dem anderen unsere jeweiligen Wünsche zu kommunizieren, haben wir uns nicht nur davon frei gemacht, ein Leben nach Art wilder Tiere zu führen, sondern wir haben zueinander gefunden, haben Städte gegründet, haben uns Gesetze gegeben und haben Künste erfunden. Und es gibt kaum eine Erfindung und Institution, bei der uns unsere Fähigkeit zu sprechen nicht geholfen hätte … Mit unserer Sprache tadeln wir die Schlechten und loben die Guten, mit ihrer Hilfe erziehen wir die Unvernünftigen und bringen den Verständigen unsere Wertschätzung zum Ausdruck … Wenn ich die Macht der Sprache kurz zusammenfassen soll, so werden wir feststellen, dass nichts, das mit Verstand getan wird, ohne die Hilfe der Sprache auskommt, sondern dass die Sprache in allem, was wir tun und denken, unsere Führerin ist und am meisten von denen genutzt wird, die am meisten Verstand und Weisheit besitzen. Wer also abfällig über Erzieher und Lehrer der Philosophie spricht, der verdient unseren Abscheu nicht weniger als diejenigen, die sich gegen die Heiligtümer der Götter vergehen.[30]

Wem diese Eloge auf den *lógos* einleuchtet, der muss der pädagogischen Konsequenz daraus eigentlich zustimmen: dass Rhetorik auf den Lehrplan jeder höheren Bildung gehört. Die Römer haben diese Konsequenz gezogen. Wer im öffentlichen Leben Roms eine Rolle spielen wollte, musste beim *orator* (Redner) in die Schule gehen. Oder, noch besser, sich nach Hellas begeben und Vorlesungen beim Rhetor hören. So wie der junge Spross der altehrwürdigen *gens Iulia*, der im Jahre 75 v. Chr. den Hörsaal des Apollonios nicht rechtzeitig erreichte, weil ihn Seeräuber eine Zeit lang festsetzten. Das hinderte indes weder ihn noch unzählige andere Römer der Oberschicht daran, die berühmten Professoren der Redekunst in

Griechenland, dem Mutterland der Rhetorik, aufzusuchen und sich intensiv einer Kunst hinzugeben, die in Rom eine zweite Blüte erleben sollte. Dafür steht der Name Ciceros, aber beileibe nicht nur seiner. Rom hat das Erbe der griechischen Rhetorik übernommen und es ganz im Sinne der Erblasser weitergeführt.

Schon im 2. Jahrhundert v. Chr. war die Begeisterung für die Kunst des *lógos* von Griechenland nach Rom übergesprungen. Wie begeisterungsfähig auch diese jungen Schüler eines alten griechischen Kulturhandwerks waren, zeigt sich an der frühen Hommage eines lateinischen Dichters an die Kunst der Rhetorik: Pacuvius rühmt sie als *flexanima atque omnium regina oratio*: »Die Herzen-Besiegerin und Königin über alle Dinge, die Rede«.[31]

Die freie Rede, wie sie die Griechen erfunden und in Theorie und Praxis vervollkommnet haben, wie glänzend überstrahlt sie jene armseligen PowerPoint-Präsentationen, die uns heutzutage, oftmals emotionslos abgelesen und geistlos vorgetragen, zugemutet werden! Wie sehnen wir uns angesichts dieser faden Präsentations-»Technik« nach der *rhetoriké téchne* zurück! Dass es auch anders, lebendiger, kunstvoller, »menschlicher« geht, das zeigen uns die alten Griechen. Hellas sei Dank!

KAPITEL 7

Vom Reiz des Staunens und Fragens – Die Erfindung von Wissenschaft und Philosophie

»Freund der Weisheit« – Liebhaber einer brotlosen Kunst

Das wäre ein spannendes historisches Zwiegespräch: Die intellektuell führenden Köpfe der alten Griechen einmal zu befragen, was sie eigentlich von der Output-Orientierung halten, die das deutsche Bildungswesen seit einigen Jahren fest im Griff hat. Zentrale Prüfungen als Lernstandabfragen, über welches konkrete Wissen unsere Schüler verfügen, gehören in der deutschen Schullandschaft mittlerweile zum Standard. Sie prägen den Schulalltag insofern, als es natürlich einer guten Vorbereitung bedarf. Die Schüler müssen fit gemacht werden; schließlich tragen die Ergebnisse, die jede Schule bei diesen Zentraltests erreicht, wesentlich zu ihrem Image und zum Platz im Schulranking bei. Je besser das abrufbare Wissen, umso höher die Anmeldezahlen – es lebe die Konkurrenz!

Unsere griechischen Lehrmeister in Sachen Geistesbildung hätten darob wohl eher die Stirn in Falten gelegt. Auch ihr Interesse richtete sich auf das Was, doch war dieses Was in ihrer Vorstellung von Bildung nicht von dem Warum zu trennen. Man könnte zugespitzt formulieren: Wissen war gut, aber Fragen war noch besser. Jedenfalls waren sich die Griechen einig darin, dass das Was ohne das Warum den menschlichen Wissensdurst nicht wirklich löschte. Dass etwas so ist, erkennt zur Not auch der geistig Minderbemittelte, und wer es nicht erkennt, dem kann man es so lange eintrichtern, bis er es reproduzieren kann. Die spannende Frage nach den Gründen und Ursachen dagegen setzt eine Neugier, einen Wunsch nach Horizonterweiterung, ein Ethos des Wissenwollens voraus, das im Menschen angelegt ist, aber aktiviert werden muss. Im Hinblick auf diese Aktivierung des forschenden Geistes verdankt Europa Hellas unendlich viel. Die Antworten, die die frühesten griechischen Denker gefunden haben, sind zum großen Teil überholt, die Mentalität des Staunens und Fragens dagegen ist als Voraussetzung für Erkenntnisgewinn so aktuell wie vor 2500 Jahren. Und es wäre nicht nur aus nostalgischen Gründen wünschenswert, wenn sich auch die herrschende Pädagogik und die brav folgende Schulpolitik ein bisschen stärker auf die Bedeutung des Fragens besönnen. Fragen zu stellen und denken zu lernen sind auch Kompetenzen.

Damals, um die Mitte des 6. Jahrhunderts v. Chr., begann das, was wir heute »Philosophie« nennen: die Suche nach den Ursprüngen und Ursachen, nach der Stellung des Menschen in der Welt, seinem Sein und Bewusstsein und nach den Strukturen und Schemata, die es ermöglichen, das Fragen und die Ergebnisse des Fragens erkenntnistheoretisch zu ordnen. Der Begriff »Philosophie« selbst bedeutet »Liebe zur Weisheit« (*phílos*, »Freund«; *sophía*, »Weisheit«), wobei diese Weisheit zunächst nicht die Konnotation des Abgehoben-Elitären hat, sondern weitgehend synonym mit »Wissen« gebraucht wird. Der Historiker Thukydides setzt *philosophía* mit *philomathía* gleich, »Liebe zum Wissen«, »Wissbegierde«.[1]

Cicero zufolge soll schon Pythagoras im 6. Jahrhundert v. Chr. den Begriff erfunden und sich selbst als Philosophen bezeichnet haben, auf Lateinisch als *sapientiae studiosus*, »Liebhaber der Weisheit«. Unabhängig davon, ob Pythagoras tatsächlich von sich und einigen anderen als *philosophi* gesprochen hat, »die alles andere gering schätzten und die Natur der Dinge aufmerksam betrachteten«, ist die von Cicero hervorgehobene Motivation dieses Wissensdurstes wichtig: Es ging ihnen nicht darum, »etwas für sich zu erstreben«, mithin ihre Erkenntnisse zu vermarkten und materiellen Gewinn daraus zu ziehen, sondern um die – im alltäglichen Sinne nutzlose – »reine Betrachtung und Erkenntnis der Dinge«.[2] Philosophie ist demnach nichts, mit dem sich eine unmittelbare Nutzanwendung verbindet, sie ist eine brotlose Kunst.

Damit bietet der wissbegierige Freund der Weisheit materiell denkenden Mitmenschen eine offene Flanke: Ein spöttisches Lächeln über so viel Idealismus muss er sich auch schon von seinen hellenischen Landsleuten gefallen lassen. Aber damit wird er fertig, und zur Not reagiert er mit intellektueller Arroganz. Darauf verstand sich schon Heraklit ganz gut, als der den vielen die Fähigkeit zu philosophischer Erkenntnis absprach.

Die Philosophie ist von Beginn an eine Wissenschaft, weil sie Rationalität und Systematik anstrebt, das heißt über ihr Vorgehen Rechenschaft ablegt und insofern stets nachvollziehbar ist. Als solche versteht sie auch Platon. Er verwendet die Begriffe *philosophía* und *philósophos* des Öfteren, legt aber großen Wert darauf, dass der Philosoph nicht der »Weise« ist, sondern eben nur einer, der die Weisheit anstrebt, der sich zum Wissenwollen hingezogen fühlt, eben ein »Freund der Weisheit«. »Jemand einen Weisen zu nennen«, lässt er Sokrates sagen, »dünkt mich etwas Großes zu sein und Gott allein zu gebühren, aber einen Freund der Weisheit oder dergleichen etwas möchte ihm selbst angemessener sein und auch an sich schicklicher.«[3]

An anderer Stelle ordnet Platon den Philosophen zwischen dem Unwissenden und dem absolut Wissenden ein: »Kein Gott philosophiert oder begehrt, weise zu werden, sondern er ist es … Ebenso wenig philosophieren auch die Unverständigen oder bestreben sich, weise zu werden.« Und weiter, mit einem ordentlich selbstbewussten Fußtritt gegen all diejenigen, die sich von der Philosophie fernhalten: »Denn das ist eben das Arge am Unverstand, dass er, ohne schön und gut und vernünftig zu sein, doch sich selbst ganz genug zu sein dünkt.«[4]

Der Anfang philosophischen Nachdenkens sind das Wissen um das eigene Nichtwissen und der Wunsch, diesem unbefriedigenden Zustand abzuhelfen. Das Schauen der Welt, die Wahrnehmung, dass die Dinge so sind, wie sie sind, wird als unzureichend empfunden. Man wundert sich über viele Phänomene, fragt sich, wie sie zusammenhängen, wo sie ihren Ursprung haben. Das Staunen, sagen Platon und Aristoteles, stand am Anfang der Philosophie.[5] Anliegen der Philosophie ist es, das Staunen zu überwinden. Dieses Staunen ist nicht das der großen Kinderaugen, ein naives Sichwundern, sondern ein Staunen, das aus der Erkenntnis der eigenen Wissenslücken resultiert, das Defizite geortet hat, das Probleme registriert hat. Will sagen: Stolpersteine wahrgenommen hat, die dem denkenden Menschen vor-geworfen sind. *problémata* nannten die Griechen Rätselspiele, gewissermaßen »Knacknüsse«, die etwa der Gastgeber eines Trinkgelages seinen Gästen zur Unterhaltung vorwarf. Im 4. Jahrhundert v. Chr. fand das *próblema* als vorgelegte Frage Eingang in die philosophische Terminologie. Die Sache selbst aber war älter: Wer mit wachen Augen um sich schaute, geriet vor lauter ungeknackten *problémata*, die da vor ihm lagen, ins Staunen.

Da lag vieles verborgen, das der Aufdeckung, der Enthüllung harrte. Ebendiese Enthüllungsarbeit ist die Sache der Philosophie, aber auch die der Wissenschaft. Beide sind der »Wahrheit« verpflichtet. Die heißt auf Griechisch *alétheia*, die »Nicht-Verborgenheit« (verneinendes *alpha* plus *lanthánein* beziehungsweise *léthein*, »verborgen sein«). Philosophie und Wissenschaft wollen das der Erkenntnis noch Verborgene enthüllen und ans Licht bringen – und zwar ohne wie zuvor Zuflucht beim Mythos zu nehmen, der wahrnehmbare Wirkkräfte schildert und benennt, sie aber nicht rational erklärt.

Der Ursprung des europäischen Denkens lag in Ionien, in den griechischen Städten Kleinasiens und den vorgelagerten Inseln. Die Ionier zeichneten sich durch besondere Weltoffenheit aus; sie verfügten über weitreichende Handelskontakte und kamen dadurch mit fremden Kulturen besonders intensiv in Berührung. Das Fremde ist ebenfalls ein Objekt des Staunens, das Andersartige will erklärt, im gerade dargelegten Sinne aufgedeckt werden. Es macht einem aber auch bewusst, dass die Dinge anders wahrgenommen und organisiert werden können und sich die Lebensverhältnisse der Menschen unterscheiden. Das reizt zum Vergleich und stellt die Frage nach dem Gemeinsamen.

Bei allen Unterschieden gibt es offenbar auch Einigendes, das die Dinge zusammenhält und Einheit stiftet. So zeigen sich, wenn man den Blick auf das All und seine Planeten richtet, gesetzmäßige Abläufe, die sich, wenn sie einmal erkannt sind, sogar antizipieren lassen. Das bewies der Triumph der astronomischen Forschung des Thales von Milet: Er sagte die Sonnenfinsternis des 28. Mai 585 v. Chr. richtig voraus. Der Begriff, der sich im 6. Jahrhundert v. Chr. für die »Welt« einbürgerte, setzt die Überzeugung voraus, dass es ein ordnendes Prinzip geben müsse, das die Mannigfaltigkeit planvoll zusammenhielt: *kósmos* ist auch der »Schmuck«. Die »Kosmetik« ist ein durchaus planvolles, abgestimmtes Verfahren, noch ein bisschen mehr »Ordnung« in das natürliche Aussehen zu bringen.

Welches war der Urstoff, das Prinzip, die Einheit, die sich in der empirischen Welt als Vielfalt darstellte? Die ionischen »Naturphilosophen« machten sich auf die Suche nach der Ursubstanz. Ihre Antworten fielen unterschiedlich aus: Für Thales war es das Wasser, für Anaximenes die Luft, für Heraklit das Feuer, für Anaximander das *ápeiron*, das »Unerschöpfliche«, in Zeit und Raum Unbegrenzte. Das für die Geschichte des abendländischen Denkens Entscheidende waren jedoch nicht die von den Ioniern gefundenen Stoffe als solche, sondern ihr methodisches Vorgehen mit dem Aufstellen von Hypothesen – die nach Möglichkeit zu verifizieren waren, damit sich die Erkenntnis auch anderen plausibel mitteilte – und der Ausbildung einer Theorie, in der sich unterschiedliche Sachverhalte mit rationaler Begründung unter einer Gesetzmäßigkeit subsumieren ließen. Das 6. Jahrhundert v. Chr. war eine spannende intellektuelle Aufbruchszeit, die Maßstäbe setzte für die Technik des »geistigen Schauens« – nicht anderes bedeutet *theoría*.

Befeuert wurde der Drang zur Wahrheit, die Liebe zur Weisheit gerade durch die unterschiedlichen Lösungen. Sie forderten zum Widerspruch, zur Diskussion und zu neuem Nachdenken mit Revisionen oder Modifikationen des zuvor Gefundenen beziehungsweise geistig Geschauten heraus. Gerade weil sich die Weisheitsfreunde nicht unbedingt grün waren und als Konkurrenten im Wettlauf um die Aufdeckung der Wahrheit sahen, bildeten sich auch Regeln der Zunft heraus: Wie formte und veröffentlichte man die eigenen Enthüllungen so zu einer schlüssigen Theorie, dass sie sich als begründet erwies? »Eine Sache wissen«, sagt Aristoteles, »heißt wissen, *warum* sie ist.«[6] Wissen ohne Struktur und Verknüpfung reicht nicht aus. »Vielwissen lehrt nicht Geist haben«, hat Heraklit schon um 500 v. Chr. den Output-Aposteln ins Stammbuch geschrieben.[7]

»Alles fließt« – Das erste Gesetz der Wissenschaftsgeschichte

Dieser Heraklit ist der wohl bedeutendste unter den sogenannten Vorsokratikern gewesen, den Philosophen, die vor oder zur Zeit des Sokrates wirkten. Er stammte aus Ephesos und lebte von ca. 540 bis 480 v. Chr. Wie von allen anderen Vorsokratikern sind auch von seinen Schriften nur Fragmente überliefert – was es nicht gerade leichter macht, den »Dunklen«[8] zu verstehen.

Der zentrale Gedanke seiner Lehre ist der eines Logos, der den gesamten Kosmos durchwaltet, einer gesetzmäßigen Kraft, die geradezu das Weltgesetz darstellt. Dieser Logos erweist sich als Einheit, in der die Gegensätze aufgehoben sind. »Alles geschieht nach dem Gesetz der Gegensätzlichkeit, und das Ganze ist in strömender Bewegung wie ein Fluss« – das berühmte *pánta rhei*. Wie hat man sich das konkret vorzustellen? Die entscheidende Erkenntnis Heraklits besteht in der wechselseitigen Bedingtheit dessen, was uns als Gegensatz erscheint – eine Dialektik des Gegensätzlichen, bei der die Elementarzustände in Wirklichkeit zusammengehören. Der Tag definiert sich durch die Abwesenheit der Nacht, die Gesundheit durch die Abwesenheit von Krankheit, der Reichtum als Abwesenheit von Armut, der Hunger als Abwesenheit von Sattheit, das Unglück als Abwesenheit von Glück, und umgekehrt.

Damit sind die Elementarzustände stets auch dann latent vorhanden, wenn ihr jeweiliger Gegensatz gewissermaßen gerade die Oberhand hat.

Der Mensch nimmt verständlicherweise das besonders wahr, was gerade ist, und er verdrängt, was gerade nicht ist. Wenn der Elementarzustand als ein guter empfunden wird – Jugend, Frieden, Gesundheit, Leben –, wünschen wir uns, er möge dauerhaft sein. In dieser Hoffnung verbirgt sich aber auch unser mindestens unbewusstes Wissen darum, dass es auch den gegenteiligen Elementarzustand gibt, den wir als ungut empfinden, der aber jederzeit, da ja alles im Fluss ist, bei uns »anklopfen« kann.

Weil der eine Zustand in dem anderen aufgehoben ist, kommt es notwendigerweise zum Wechsel. Es gibt kein dauerhaftes Verweilen, sondern nur die Abwechslung von Zuständen. Da der Mensch Teil des Kosmos ist, unterliegt auch er diesem kosmischen Prinzip, und er tut gut daran, es zu akzeptieren und sich darauf einzustellen. Anaximander sieht das ähnlich: Die Elementarzustände »geben einander Recht und Genugtuung, wie es sich gehört und nach der richterlichen Anordnung der Zeit«.[9] Dieses kosmische Gesetz – das erste Gesetz der abendländischen Wissenschaftsgeschichte – wird mit Begriffen der menschlichen Lebenswelt erläutert. Das hat manche Interpreten irritiert. Tatsächlich spricht der Philosoph hier in einem anschaulichen, eingängigen Bild. Das Gesetz entspricht einem fairen Verfahren. Wenn beiden Parteien grundsätzlich der gleiche Anteil zusteht, jeder von beiden aber immer nur auf eine bestimmte Zeitspanne das Ganze haben kann, dann bedarf es einer Regelung, wie der Wechsel vonstattengeht. *Dass* er vollzogen werden muss, dass »es sich so gehört«, ist die Bedingung des Naturgesetzes. Über den Zeitpunkt dieses Wechsels aber entscheidet die Zeit als Richterin. Sie kann dabei die grundsätzliche Regel des gleichen Anteils nicht außer Kraft setzen; ihr Spielraum besteht nur darin, dass sie jeweils unterschiedliche Zeitrahmen festlegen kann, die sich aber sozusagen *sub specie aeternitatis* zu einem Eins-zu-eins-Gleichgewicht summieren müssen.

Heraklit hat seinen Weltgeist als Logos bezeichnet; ein schwieriger, weil schillernder Begriff, dessen Bedeutungsspektrum von »Wort« und »Sprache« über »Lehrsatz«, »Berechnung« und »Rechenschaft« bis zu »Vernunft« und »Gesetz« reicht: alles das, was sich mit unterschiedlichem Grad an Verbindlichkeit »sagen« und »aussagen« lässt. Die Fähigkeit zum Logos unterscheidet den Menschen vom Tier, sie ist sein wesenhaftes Spezifikum und herausragendes Medium gewissermaßen logisch geordneter Welterfassung. Der Logos ermöglicht den Menschen eine einzigartige Kommunikation untereinander. Dies klar erkannt, theoretisch durchdrungen und in der praktischen philosophischen Anwendung genutzt zu haben ist ein wesentliches Verdienst griechischer Intellektualität – kein ausschließliches Verdienst der Philosophie, aber *auch* das ihre.

Logos wird zu einem Zauberwort in der Sprache der Wissenschaft. Es dürfte wohl kein zweites geben, das von ähnlich grundlegender Bedeutung ist und in vergleichbarer Weise Karriere gemacht hat. Ohne angehängte -logie keine Wissenschaft, könnte man seine semantische Erfolgsstory auf den Punkt bringen. Die Biologie ist die Wissenschaft vom »Leben« (*bíos*), die Psychologie die von der »Seele« (*psyché*), die Geologie die von der »Erde« (*ge*), die Theologie die von »Gott« (*theós*). Und ausgerechnet die »Dachwissenschaft« der Philosophie muss ohne -logie auskommen? Nicht ganz, sie hat sich sogar einen eigenen Zweig geschaffen, die Logik. Die wird allerdings im Altertum häufig als »Dialektik« bezeichnet, die »Lehre vom Auseinanderlesen« (*dialégein*), bei der man sich in These und Gegenthese unterhält.

Intellektuelle Geburtshilfe

Eine weitere Teildisziplin ist die Ethik, die Lehre von den Normen des menschlichen Handelns. *ethikós*, »sittlich«, »den Charakter betreffend«, ist das Adjektiv zu *éthos*, mit dem die Griechen zunächst allgemein eine »Gewohnheit« bezeichneten. Als neuer Zweig philosophischer Reflexion war die Ethik, will man den Philosophiehistorikern der Antike Glauben schenken, eine Erfindung des Sokrates. »Mit ihm trat die Wendung zur Ethik ein«, stellt Diogenes Laertios knapp fest.[10] Cicero bringt diese innovative Leistung in ein schönes Bild: »Sokrates hat als erster die Philosophie vom Himmel herunter gerufen, sie in den Städten angesiedelt, sie sogar in die Häuser hineingeführt und sie gezwungen, nach dem Leben, den Sitten und dem Guten und Schlechten zu forschen.«[11]

Diese Neuorientierung – als zusätzliche, nicht als Ersatzdisziplin philosophischen Nachdenkens – spiegelt sich noch heute in dem Begriff der »Vorsokratiker«. Deren Fragen betraf vor allem die *phýsis*, die natürliche Lebensumgebung der Menschen, das Ganze der Welt, das sie indes auch in ihren Auswirkungen auf die menschliche Kultur überdachten. Die scharfe Zäsur, die vielfach zwischen diesen *physiológoi* (»Naturphilosophen«) und den Ethikern angesetzt wird, ist deswegen nicht minder problematisch als die – nicht abwertend gemeinte, aber von manchem so empfundene – Bezeichnung »Vorsokratiker«. Sie waren keine bloßen Vorläufer größerer Geister, sondern wahre Vordenker, die die Grundlagen dessen gelegt haben, was wir »Philosophie« und »Wissenschaft« nennen.

Sokrates war als Philosoph ein Vertreter des Logos, als Person aber ist er zum Mythos geworden, und zwar in der doppelten modernen Bedeutung des Wortes: zum einen als legendärer Heros der »Königswissenschaft« Philosophie, zum anderen im Sinne einer kaum fassbaren historischen Persönlichkeit gerade im Hinblick auf die von ihm vertretenen philosophischen Positionen. Über seinen Lebensweg, der im Jahre 469 v. Chr. als Sohn eines Steinmetzen begann und im Jahre 399 v. Chr. mit der Verurteilung zum Tode endete, wissen wir einiges, hinsichtlich seiner Lehre dagegen sind wir auf das angewiesen, was seine Schüler überliefern. Das sind in erster Linie Platon und Xenophon, doch sind deren Aussagen über ihren Meister in wesentlichen Punkten unvereinbar. Sokrates selbst hat nichts Schriftliches hinterlassen.

Immerhin wird deutlich, dass es Sokrates um das sittliche Handeln des Menschen ging, um das *agathón*, das »Gute«. Dieses Gute ist nur auf der Basis intensiven Nachdenkens zu erreichen. Wer nie nachgedacht hat, was das Gute ist, wird zu diesem höchsten Wert menschlichen Daseins nicht vordringen können – weil er einfach nicht weiß, wo und unter welchen Bedingungen er nach ihm suchen sollte.

Sokrates ist ein guter Bürger seiner Heimatstadt Athen. Er ist als Ratsherr tätig, und er leistet mehrfach Kriegsdienst als Schwerbewaffneter. Darüber hinaus richtet er sein Denken an der Polis als politischer Bezugsgröße aus. Als Polit (»Bürger«) hat man den mehrheitlich gefällten Beschlüssen Folge zu leisten, auch wenn man das Gefühl hat, ungerecht behandelt zu werden. Dass Sokrates den Schierlingsbecher tatsächlich austrinkt, obwohl ihm eine Flucht aus dem Gefängnis möglich gewesen wäre, resultiert aus dieser Überzeugung. Nur in einem Fall erlischt die Gehorsamspflicht des Politen: wenn er gezwungen werden soll, aktiv Unrecht zu begehen. Denn das widerspricht dem ethischen Grundsatz des Sokrates, dass es besser sei, Unrecht zu erleiden, als Unrecht zu begehen.[12] Ein Credo, das ein Ausrufezeichen in der philosophischen Diskussion um Moralität setzt und in Verbindung mit der Entscheidung, das von den Richtern ihm zugefügte Unrecht zu akzeptieren, den Ruhm des Sokrates durch die Jahrtausende transportieren wird. Das Leeren des Schierlingsbechers hat Sokrates eine Glaubwürdigkeit verschafft, die nur wenige Philosophen in der schwierigen Balance zwischen schöner Theorie und gelebter Wirklichkeit erreicht haben – auch wenn eine Legenden bildende Selbststilisierung zum Märtyrer nicht zu übersehen ist.

Wenn das sittlich Gute und die Tugend (*areté*) die wichtigsten Ziele der praktischen Lebensführung des Menschen sind, dann entspricht es auch der staatsbürgerlichen Verantwortung des Intellektuellen, seine Mitbürger auf diesen Weg zu bringen und sie beim Anstreben dieses Ziels zu begleiten. Diese Aufgabe nahm Sokrates sehr ernst. Er suchte das Gespräch, bot es seinen Zeitgenossen an, ja drängte es ihnen mitunter auf. Aber dieses Gespräch war für seine

Gesprächspartner wenig angenehm. Die sokratische Methode des *élenchos*, des Prüfens und Widerlegens, war ein Frage-und-Antwort-Spiel, an dessen Ende der fragende Meister seinen antwortenden Schülern klargemacht hatte, dass sie wenig oder nichts wussten. Die Entlarvung unreflektierten Scheinwissens, das war die Spezialität des Sokrates.

Höflich, freundlich, sogar charmant und mit einer gewissen naiven Verstellung – das war die berühmt-berüchtigte sokratische Ironie (*eironeía*) –, mit beängstigender Zielstrebigkeit und souveränem Fragegeschick verunsicherte er seine Gesprächspartner und trieb sie in die Enge, bis sie kapitulierten. Ja, bei genauem Nachdenken müssten sie eingestehen, dass sie es doch nicht so genau wüssten. Die vollmundige Selbstsicherheit zu Beginn des Gesprächs schlug regelmäßig in die peinliche Selbsterkenntnis um, dass die scheinbar unumstößlichen eigenen Überzeugungen mindestens auf den Prüfstand erneuten oder genauer gesagt: erstmaligen Nachdenkens gehörten.

Als Hebammenkunst in der Nachfolge seiner Mutter, die diesem Beruf nachging, soll Sokrates seine Fragetechnik selbst bezeichnet haben, gleichsam als Hilfe für seine Gesprächspartner beim Zutagefördern ihrer Gedanken. So jedenfalls stellt Platon es dar.[13] Viele Philosophiehistoriker sind skeptisch, ob das nicht eine Erfindung Platons ist, und gehen nur mehr vorsichtig mit dem Begriff der sokratischen Maieutik im Sinne einer intellektuellen Geburtshilfe um. Wir können die Frage hier offen lassen. Sicher ist, dass die sokratische Methode insofern eine Fortführung der vorsokratischen Methodik war, als die Frage wichtiger war als die Antwort.

Mit dieser Art des geradezu investigativen Fragens, bei dem sich die intellektuelle Schlinge immer enger um den Hals des Gesprächspartners legt, schafft man sich nicht nur Freunde. Wenn Platons Darstellung auch nur annähernd stimmt, hat Sokrates sich dadurch viele Sympathien verscherzt. Manch einer sah sich von ihm bloßgestellt oder gar lächerlich gemacht. Andere dagegen fanden die Methodik des Sokrates ganz hervorragend. Ihnen machte es nichts aus, ihr Nichtwissen auf zum Teil drastische Art vorgeführt zu bekommen. Auch wenn es trotz der feinen Art des Sokrates nicht immer die feine Art war, wird man jeder denkfaulen, selbstgewissen, dumm dröhnenden Gesellschaft ihren Sokrates als geistigen Entlarver wünschen müssen.

Die sokratische Methode hatte eine destruktive und eine konstruktive Seite. Nur auf der Grundlage demaskierten Scheinwissens ist der Neuaufbau wirklich reflektierter Positionen möglich. Wenn das Fundament brüchig ist, ist alles, was darauf aufbaut, von Einsturz gefährdet. Der strenge philosophische Dialog gilt vorrangig dem Suchen nach der richtigen, widerspruchsfreien Antwort. Die Widerlegung falscher, zuvor ungeprüfter Meinungen ist ein notwendiges Begleitprodukt dieser Suche, nicht ihr Ziel und auch nicht ihr Motiv. Das ist freilich umso schwerer zu vermitteln, je empfindlicher der Schüler ist, der sich von dieser Suche nach dem Richtigen in die Mangel nehmen lässt. Wer sich auf die Maieutik eines Sokrates einlässt, muss sich klein machen und seine Eitelkeit ablegen, und das deutlich mehr als der Fragende. Als Lohn winkt nichts Geringes: das Erkennen dessen, was ihm zuvor verborgen war. Oder, griechisch gesprochen, die *alétheia*, die »Wahrheit«, soweit sie menschlichem Erfassen zugänglich ist.

Ob das eine absolute Wahrheit ist oder vielleicht nur die Erkenntnis des eigenen Nichtwissens, ist eine andere Frage. Immerhin stellt das den einsichtigen Schüler fast auf eine Stufe mit seinem Lehrer. Denn der pflegte, wenn denn die Überlieferung es richtig darstellt, zu beteuern, dass seine eigentliche intellektuelle Überlegenheit sich darauf gründe, dass er sich wenigstens darüber im Klaren sei, wenig zu wissen. »Ich weiß, dass ich nichts weiß«, so hat Sokrates das nie gesagt. Sondern nur, »dass ich um dieses Wenige weiser zu sein scheine, dass ich, was ich nicht weiß, auch nicht glaube zu wissen«.[14] Klingt nicht ganz so provokant-überheblich, aber unter der semantischen Oberfläche auch nicht gerade bescheiden. Selbstbewusste Aufklärer mit einem Hang zur Überheblichkeit – so sind sie, die Philosophen.

Wie viel Platon in Sokrates steckt, wie viel Sokrates in Platon, das wird sich wohl nie genau eruieren lassen. Sokrates hat, wie gesagt, nichts Schriftliches hinterlassen, sein Schüler Platon (427–347 v. Chr.) dagegen sehr viel. Ein riesiges philosophisches Œuvre, das ihn zum wohl einflussreichsten Philosophen in der Antike mit kaum zu überschätzendem Einfluss auf die gesamte Geistestradition Europas und der Welt bis in unsere Zeit gemacht hat. Ein zweiter Pfeiler seines kontinuierlichen Wirkens war die Gründung einer philosophischen Schule im Hain des attischen Heros Akademos, der platonischen »Akademie«. In ihr bildete er selbst Schüler in einer vertrauten Lehr- und Lerngemeinschaft aus. Nach seinem Tode bestand sie bis in die Spätantike als eine Art philosophischer Hochschule fort, die sein geistiges Erbe verwaltete und weiterentwickelte – und damit auch wesentlich dazu beitrug, die Gedanken ihres Gründers in der philosophischen Diskussion zu halten.

Platons Werke haben eine besondere Form. Es sind Dialoge, häufig mit Sokrates als dominierendem Gesprächspartner, der das Nachdenken und Sprechen über dieses Nachdenken vorantreibt. (Das Gespräch zwischen Lehrer und Schüler war im Übrigen auch die wichtigste Lernmethode der platonischen Akademie.) In den Dialogen machen sich die Gesprächsteilnehmer auf eine intellektuelle Suche, die vom Fragemuster »Was ist X?« ihren Ausgang nimmt: Was ist Tapferkeit? Was ist Frömmigkeit? Was ist Gerechtigkeit? Der Leser wird auf motivierende Weise zum Mitphilosophieren verleitet. Er hat den Eindruck, dabei zu sein, jedenfalls als stummer Zuhörer – und das ist, weil auch unterschiedliche Diskutanten mit unterschiedlichen Meinungen zu Wort kommen, eine viel angenehmere Situation als bei der Lektüre einer Abhandlung.

Die hat zwar den Vorteil der argumentativen Stringenz, während man beim Gespräch mit verschiedenen Positionen konfrontiert wird. Aber gerade darin liegt der Reiz (und auf der anderen Seite wohl auch der wesentliche Grund für Ungereimtheiten und

Widersprüche im platonischen Werk). Die Darstellungsmethode des Dialogs – eine hohe schriftstellerische Kunst, die Platons Dialoge auch zu sprachlichen Kunstwerken macht – erschöpft sich nicht in der medialen Form. Sie ist auch ein Teil der philosophischen Botschaft, indem sie den Leser gleichsam zum Mitmachen einlädt – und dies umso mehr, als manche Dialoge am Ende in eine Aporie führen, eine geistige »Unwegsamkeit«, aus der kein Weg herauszuführen scheint. Die Weckung von Problembewusstsein, auch wenn sie keine Lösung anbietet, ist Bestandteil philosophischer Reflexion, gepaart mit der indirekten Aufforderung an den Leser, die ins Stocken geratene Enthüllung der Wahrheit von sich aus weiter zu betreiben. Platons Dialoge sind so gesehen auch philosophische Exerzitien, Übungen und Anleitungen zum philosophischen Denken und Weiterdenken – offene Texte, die den Rezipienten insoweit ernster nehmen, als man manchmal »mittendrin« den Eindruck hat.

Platon versteht sich wie sein Lehrer Sokrates als Erzieher. Philosophie ist für ihn eine Art Seelenfürsorge, er kämpft im ursprünglichen politischen Sinne – als Polis-Bürger – darum, die Seelen seiner Mitbürger besser zu machen. Ein unabdingbares Fundament dafür sind Wissen und die Erkenntnis der Tugend. Genauer gesagt: Die Tugend *ist* das wirkliche Wissen (*epistéme*); sie entfaltet sich in den vier Kardinaltugenden der Tapferkeit, Besonnenheit, Weisheit und Gerechtigkeit.

Was aber ist gerecht? Wie kann der Mensch das Gerechte erkennen? Eine ebenso berechtigte wie schwierig zu beantwortende Frage, denn die menschliche Erkenntnis ist getrübt, und zwar ausgerechnet durch unsere Sinneswahrnehmung. Da sie in einer unvollkommenen Welt immer nur Unvollkommenes wahrnehmen kann, ist dieser körperlichen Schau der Blick auf das Vollkommene verstellt. Einzig die menschliche Seele, für die Platon Unsterblichkeit postuliert, ist in der Lage, das Vollkommene, das eigentliche Wesen einer Sache zu erkennen – in einer geistigen Schau, die Platon *idéa* nennt. Das ist im nichtphilosophischen Kontext das »Aussehen«, das »Äußere«, die »Erscheinung, wie etwas gesehen wird«. Als philosophischer Terminus technicus ist die Idee das imaginierte, der geistigen Schau vorbehaltene Urbild in seiner Vollkommenheit. Das »Ideale« hat es sogar bis in unsere Alltagssprache geschafft.

Damit etabliert Platon neben der gegenständlichen, mit Sinnen erfassbaren Welt eine zweite Welt. Sie ist nur durch das Denken wahrzunehmen. Den Weg zu dieser geistigen Welt, in der nicht mannigfache, unvollkommene Abbilder die Wahrnehmung stören, sondern die Ideen selbst erstrahlen, weist die Philosophie. Das Schauen des Wahren ist das Unterscheidungsmerkmal zwischen der Welt der Philosophen und der Nichtphilosophen.[15] Wer zu dieser »idealen« Schau gefunden hat, hat sich Gott so weit angeglichen, wie es für den Menschen überhaupt nur möglich ist.[16] Und er erkennt, dass die Idee des Guten, die mit der des Schönen zusammenfällt, das höchste Prinzip ist, das auch der Schöpfergott selbst verkörpert.[17]

Ließ sich das, was der Idealist Platon da geistig schaute, in die nicht ganz so ideale Welt der Politik übertragen? Dem Moralisten und Erzieher Platon musste daran gelegen sein, die seiner Ideenlehre entsprechenden Werte auch dem Leben der Menschen nutzbar zu machen. Und er erkannte die Chance dazu in einer Einladung an den Hof des Tyrannen von Syrakus. Platon sah darin einen willkommenen Test für die Praxistauglichkeit seiner staatsphilosophischen Vorstellungen. Ob er Dionysios I. vielleicht von seiner Vorstellung des gerechten Philosophen-Herrschers überzeugen könnte? Der Versuch scheiterte ziemlich kläglich, und auch zwei weitere Reisen zum Nachfolger Dionysios II., deren Ziel eine ähnliche Mission war, erwiesen sich als Fehlschläge. Immerhin hat uns Platon seine geistige Schau des idealen Staates in Gestalt eines umfangreichen Buches über den Staat hinterlassen, der *Politeia*, ein grundlegendes Werk der politischen Philosophie, auf das wir im »Politik-Kapitel« kurz eingehen.[18]

Aristoteles –
Vater der Wissenschaft, Lehrer Europas, Mittler zu Arabien

Mit Aristoteles (384–322 v. Chr.) betritt einer der bedeutendsten Systematiker, wenn nicht der bedeutendste überhaupt, die philosophisch-wissenschaftliche Bühne. Zwanzig Jahre lang war er Platons Schüler, aber er hat es verstanden, in wesentlichen Bereichen eigene Positionen aufzubauen und auszuformulieren, die sich von denen seines Lehrers zum Teil grundsätzlich unterscheiden. Die Ideenlehre Platons bleibt ihm fremd; er vertraut darauf, das Wesen der Dinge mit den Mitteln der alltäglichen Sinneserfahrung und der Empirie (*empeiría*, »Erfahrung«) erfassen zu können. Aristoteles schlägt damit gewissermaßen den naturwissenschaftlichen Weg ein.

Eine seiner fundamentalen Leistungen ist eine klare Differenzierung der Wissenschaften. Was uns heute selbstverständlich erscheint, musste erst nach einsichtigen Ordnungsprinzipien geschaffen werden. Der Kopf hinter der immer noch gültigen, wenn auch im Laufe der Zeit modifizierten systematischen Einteilung der Wissenschaften ist Aristoteles. Er unterscheidet grundsätzlich drei Bereiche: die des praktischen, die des theoretischen und die des herstellenden Wissens. Den letzten Bereich, zu dem er Kunst und Technik zählt, betrifft ein Anwendungswissen, eine technische Vernunft, die keine Entscheidung trifft wie das praktische Denken, sondern eine getroffene Entscheidung umsetzt, indem sie ein Gut herstellt (*poieín*). Zu den praktischen Wissenschaften, die sich auf das Handeln (*práttein*) richten, gehören die Ethik und die Politik. Die theoretischen Wissenschaften umfassen die Physik, die sich mit allen Erscheinungsformen der Natur (*phýsis*) befasst, die Mathematik, die Theologie und die Metaphysik. Sie erforscht das, was »jenseits der Natur« (*metà phýsin*) liegt, und ist deshalb die Lehre von den obersten Ursachen und Gründen und den – im Unterschied zu dem der Veränderung unterworfenen Physikalischen – unveränderlichen Dingen. Ihr gehört der höchste Rang in der Hierarchie der Wissenschaften, Aristoteles bezeichnet sie als »Erste Philosophie«.[19]

Wer den Menschen verstehen will, muss seine Welt verstehen. Das ist die Grundüberzeugung des Aristoteles. Und er macht sich sozusagen selbst an die Arbeit – Aristoteles ist ein Universalgelehrter, der über fast alle Bereiche der Wissenschaft persönlich geforscht und geschrieben hat. Die erhaltenen Schriften sind allerdings Vorlesungsmanuskripte, die ursprünglich nicht für die Publikation bestimmt waren, zwar ausformulierte, aber sicher um mündliche Erläuterungen zu ergänzende Materialsammlungen. Sie entstammen seiner Lehrarbeit im Rahmen der von ihm gegründeten Schule des Peripatos. Der Name leitet sich von *peripateín*, »herumgehen«, ab; Aristoteles hat dem philosophischen Gesprächsspaziergang vielleicht noch größere Bedeutung beigemessen als dem klassischen Lehrvortrag.

Dass er aber auch dem nicht abgeneigt war, zeigen seine eben daraus hervorgegangenen Lehrschriften. Die Breite der von ihm behandelten Themen ist beeindruckend. Aristoteles schreibt über Astrologie und Zoologie, über Physik und Psychologie, über Ethik und Politik, über Poetik und Rhetorik, über Metaphysik und Logik. Viele dieser Abhandlungen sind bis heute Basistexte der jeweiligen Wissenschaft, die zum geistig-methodischen Rüstzeug eines jeden einschlägig tätigen Forschers gehören. Im Hinblick auf die naturwissenschaftlichen Studien, die das Experiment noch nicht einbezogen, wird man das allerdings kaum noch sagen können, auch wenn etwa das genaue Hinschauen des Aristoteles im Bereich der Zoologie Charles Darwin zu dem Lob veranlasst hat, Aristoteles sei einer der besten, wenn nicht der beste Beobachter in der Geschichte dieser Wissenschaft gewesen.

Die Schriften des Aristoteles wurden Jahrhunderte später ins Lateinische und ins Arabische übersetzt; die Vermittlung griechischen Denkens und griechischer Wissenschaft im islamisch-arabischen Kulturraum geht ganz wesentlich auf seine Werke zurück. Für das abendländische Mittelalter war er *der* Gelehrte und Philosoph schlechthin. Diese Formulierung lässt erkennen, dass Wissenschaft und Philosophie lange Zeit eine Einheit bildeten, bis sie erst vor rund zweihundert Jahren getrennte Wege gingen. Niemand verkörpert diese Einheit so überzeugend wie Aristoteles.

Größten Einfluss hatte er auch auf die Herausbildung einer präzisen Wissenschaftssprache. Ohne das Definieren kommt die Wissenschaft nicht aus, das »Abgrenzen« (*de-finire*) ist grundlegend für jedes Verständnis und jede Ausübung von Wissenschaft. Man kann Aristoteles durchaus als den Erfinder des Definierens rühmen. Wer lernen will, was begriffliche Schärfe bedeutet, lese Aristoteles. Er lernt dabei zugleich, was Wissenschaft bedeutet und wie sie methodisch vorgeht.

Begriffliche Schärfe trägt zur Klarheit des Denkens bei. Wenn wir etwas in Kategorien einteilen, so unterscheiden wir damit unterschiedliche Gattungen von Aussagen. Der Begriff *kategoría* kommt ursprünglich aus der Gerichtssprache, er bezeichnet die Anklage, die etwas »aufzeigt«. Dass sich die Kategorie als wegweisender philosophischer Terminus etabliert, verdanken wir Aristoteles. Er unterscheidet zehn Kategorien, in die sich verschieden aspektierte Aussagen über einen Gegenstand oder eine Person unterscheiden lassen: Substanz, Quantität, Qualität, Relation, Ort, Zeit, Tun, Leiden, Haltung und Lage.[20]

In der lateinischen Begrifflichkeit handelt es sich um Prädikationen, Klassifizierungen von Aussagen. Die wichtigste Kategorie ist die Substanz, griechisch *ousía*. Sie kann als einzige auch ohne die übrigen kategorialen Aussagen existieren, die anderen brauchen jeweils die Substanz als Bezugspunkt der Aussage. Am Beispiel von Sokrates und seinem Bart wird das klar: Sokrates kann ohne Bart existieren, der Bart aber nicht ohne Sokrates. Wenn man Sokrates als weisen Philosophen bezeichnet, der im 5. Jahrhundert v. Chr. in Athen lehrte, so finden sich in diesem Satz unterschiedliche Aussageklassen: eine Qualität, immanent die Quantität eins, ein Ort, eine Zeit und ein Tun. Andere Philosophen haben andere Systeme von Kategorien entworfen als Aristoteles. Dessen entscheidende Leistung war die grundsätzliche Denkoperation, in der er Gesetzmäßigkeiten des Denkens herausgearbeitet hat – wobei diese Grundbegriffe der Logik die Gesamtheit des Wissens umfassen.

Das Denken ist die Domäne des Aristoteles. Damit steht er aber gewissermaßen für uns alle, für die gesamte Menschheit. Denn der Gebrauch des Verstandes, des *lógos*, ist das, was den Menschen erst eigentlich zum Menschen macht. Er ist das Spezifikum des Menschen. Nach Aristoteles ist es das Ziel eines jeden Wesens, besonders das auszubilden, worin es sich von den anderen unterscheidet. Das ist sein spezifisches Gut. Für Aristoteles gibt es nichts absolut Gutes; zum guten Menschen wird, wer sein Wesensmerkmal in besonderer Weise hegt und pflegt und zur Entfaltung bringt. Das ist beim Menschen die Vernunft. Sie anzuwenden und zur Perfektion zu bringen ist gleichbedeutend mit dem höchsten Glück.

Das Glück des Menschen in Abhängigkeit von seinem Vernunftgebrauch und dem Einsatz seines Verstandes zur wissenschaftlichen Forschung, das hat doch was. Und ist vielleicht auch heute noch eine interessante Perspektive und erwägenswerte Alternative zu manchen anderen Formen des Glücksgewinns, die uns mittels Werbung so schmackhaft gemacht werden. Schön, dass da jemand mal Glück und Verstand zusammendenkt und durch das phänomenale eigene Wirken anschaulich werden lässt, dass Wissen und Erkenntnis wahrhaftig glücklich machen können! Sollten wir Hellas dafür nicht ein bisschen dankbar sein? Auch wenn da unser Gefühl am Ende mit dem Verstand durchgeht …

Abschied von der Polis, Glückssuche im eigenen Ich

Bleiben wir beim Glück! Das war auch *das* Thema der hellenistischen Philosophenschulen. Aber sie verstanden darunter etwas anderes als Aristoteles. Und das ergab sich aus der neuen historischen Konstellation. Mit der Eroberung Griechenlands durch den makedonischen Herrscher Philipp II. im Jahre 338 v. Chr. nach der Schlacht von Chaironeia war die traditionelle Poliswelt der Griechen am Ende. Die zuvor unabhängigen Stadtstaaten wurden Teil eines großen Flächenstaates. Die alte Überschaubarkeit und die mit ihr verbundene Sicherheit waren dahin. Die Bürger waren nicht mehr Herren ihrer eigenen Zukunft, die wichtigen Entscheidungen, die auch ihr Leben betrafen, wurden in der fernen Residenzstadt des Monarchen getroffen.

Das war verstörend und löste Ängste aus. Die Antwort darauf war ein Rückzug ins Private. Wenn die öffentlichen Dinge so unsicher und undurchsichtig schienen, empfahl sich eine Konzentration auf das, was sich einigermaßen überblicken und selbst regeln ließ: der eigene enge Lebensbereich. Diese Mentalität verfestigte sich in den nächsten Jahrzehnten und Jahrhunderten. Denn an eine Renaissance der Polis im Sinne der politischen Autarkie war nicht zu denken. Auf Philipp II. folgte sein Sohn Alexander der Große, dessen Eroberungszug in Asien den territorialen Rahmen noch einmal stark erweiterte; es folgten die Aufteilung des Alexanderreiches in drei große Machtblöcke und die römische Eroberung des gesamten Ostens. Die Herren wechselten, aber die Strukturen der Abhängigkeit und Unübersichtlichkeit blieben bestehen. Sie prägten die Epoche des Hellenismus, die den Zeitraum zwischen dem Tode Alexanders im Jahre 323 v. Chr. und der Eroberung Ägyptens als letztem Nachfolgestaat des Alexanderreiches durch Rom im Jahre 30 v. Chr. umfasst, sowie die darauffolgende Epoche des Römischen Kaiserreiches.

Die beiden erfolgreichsten Philosophenschulen dieser Zeit waren die Stoa und der Epikureismus. Sie gewannen ihre Anhänger dadurch, dass sie eine Antwort auf die Verunsicherung und Zukunftsängste der Bürger bereithielten. Diese Antwort hieß *eudaimonía*, das »Glück« des Individuums, das unabhängig war von dem Glück der Allgemeinheit und dem Wohlergehen der Polis. Auch wenn sie die anderen Bereiche der Philosophie durchaus bedienten, stand die Ethik im Mittelpunkt dieser eudaimonistischen Weisheitslehren.

Die stoische Philosophenschule war eine Gründung des Zenon (333–262 v. Chr.). Er nahm im Jahre 301/00 v. Chr. seine Lehrtätigkeit in einer Säulenhalle an der Agora im Zentrum Athens auf. Genauer gesagt: in der Stoá Poikíle, der »bunten Säulenhalle«, die zur Namensgeberin der neuen Lehre werden sollte. Das stoische Lehrsystem entwickelte sich in den folgenden Jahrhunderten dynamisch weiter, blieb aber in den Grundaussagen weitgehend stabil.

Das wichtigste Anliegen der Stoiker war die Autarkie des Individuums. Zwar soll sich der Einzelne durchaus im Rahmen seiner Pflichten gegenüber seinen Mitbürgern politisch betätigen, aber er darf sich weder davon noch von anderen äußeren Gütern abhängig machen. Bezugsinstanz allen menschlichen Handelns ist die Natur, ihr zu folgen und sich dabei von seinem von der Natur gegebenen Verstand leiten zu lassen ist die stoische Erfolgsformel auf dem Wege zum Glück. Wenn er mit der Natur in Übereinstimmung lebt, braucht sich der Mensch vor keiner anderen Kraft und Herausforderung zu fürchten. Das Ziel und gleichzeitig der Inbegriff menschlichen Glücks ist die Unabhängigkeit von äußeren Einflüssen, die das eigene Ich nicht steuern kann.

Wer derart lebt, ist des höchsten Gutes teilhaftig. Das ist das sittlich Gute. Dieses sittlich Gute ist zugleich das einzige wahre Gut, andere Güter, die im Alltag als erstrebenswert angesehen werden, wie etwa Geld, Macht und selbst Gesundheit und Freiheit, sind vom Zufall abhängig und können deshalb kein Gut im stoischen Sinne sein, weil sie sich nicht beherrschen lassen. Wenn ich mein Glück an meinen Reichtum binde, kann mich jeder Räuber unglücklich machen, wenn mein Glück von meiner Gesundheit abhängt, wird mich jedes Fieber, jeder Magenkrampf unglücklich machen. Wer sich von flüchtigen äußeren Scheingütern abhängig macht, kann nicht autark sein; alles, was mir selbst nicht verfügbar, sondern der launischen Tyche, lateinisch Fortuna, dem blind waltenden Zufall, unterworfen ist, kann deshalb nicht zu meinem Glück beitragen.

Dieses Verständnis von Unabhängigkeit weiten die Stoiker auch auf die Gefühlswelt aus. Sie streben ein Freisein von Affekten (*páthe;* Singular *páthos*) an, die *apátheia*. Das deutsche Wort »Apathie« ist daraus hervorgegangen, aber es ist viel negativer konnotiert als die stoische *apátheia*. Als apathisch bezeichnen wir jemanden, der uns in seiner Teilnahmslosigkeit und Passivität eher als Objekt seiner Lebensumstände erscheint denn als selbstbestimmtes Subjekt seines Lebens. Eben darauf aber zielt die stoische Apathie. Wer seine *páthe*, »Leidenschaften«, »Gefühle«, »Gemütsaufwallungen«, nicht im Griff hat, verliert seine innere Freiheit, weil er anderen Menschen den Zugriff auf sich erlaubt. Denn jeder x-Beliebige kann mir eine Freude bereiten, er kann mich aber auch in Wut versetzen oder mich traurig stimmen. Solange es ihm überlassen ist, ob und wie er mich emotional manipulieren will, bin ich nicht Herr meiner Gefühle, sondern lasse mich von dem Zufall in Gestalt meiner unberechenbaren Mitmenschen beherrschen.

Nur die Unterordnung der Gefühle unter die Vernunft – die einzige Instanz, die mir wirklich verfügbar ist – verschafft mir innere Ruhe und Gelassenheit. Ich lasse die »böse«, jedenfalls nicht kalkulierbare Außenwelt einfach nicht an mein Inneres heran. Das ist der Zustand unabhängiger Leidenschaftslosigkeit, den die Stoiker als Glück definieren. Er lebt, wenn auch völlig aus seinem philosophischen Kontext gelöst, in unserer Redewendung von der »stoischen Ruhe« weiter. Das ist die Ruhe des in sich selbst ruhenden Menschen, der sich von nichts und niemandem erschüttern lassen will, weil das einem Angriff auf seine Autarkie und damit auf seine *eudaimonía* gleichkäme.

Der radikale, nicht so bürgerlich-vornehme Bruder der Stoa ist der Kynismus. Auch er strebt die Unabhängigkeit des Menschen von Glücksgütern an. Dieses Ziel lässt sich aber nur durch im Grunde aktiv betriebene Bedürfnislosigkeit erreichen, wie sie Diogenes, der Begründer der Schule, mit seiner »hündischen« Lebensweise vorgelebt hat. Wir haben diesem »bunten Hund« unter den Granden der hellenistischen Philosophie einen Exkurs im Anschluss an dieses Kapitel gewidmet, in dem es deutlich weniger theoretisch zugeht und sich die Philosophielektionen vom Hörsaal auf die Straße verlagern.

Auch Epikur (341–271 v. Chr.) ging es um eine größere Unabhängigkeit des Menschen. Hindernisse für ein glückliches Leben sah er vor allem in unbegründeten Ängsten, der Angst vor dem Tode und der Angst vor den Göttern. Die Todesfurcht ist unvernünftig, meint er. Denn entweder ist man am Leben und hat deshalb mit dem Tod nichts zu tun, oder man ist tot und empfindet nichts mehr. Mit dem Ende des Lebens fällt das Ende jeder Wahrnehmung zusammen, sodass der Tod nicht als Tod empfunden werden kann, weil es ja keinerlei Empfindung mehr gibt.

Die Angst vor den Göttern ist geradezu eine menschliche Obsession. Als Materialist, der sich an der Atomlehre Demokrits orientiert, glaubt Epikur im Unterschied zu den Stoikern nicht an eine höhere Macht, die das Weltgeschehen lenkt. Das ist vielmehr von dem zufälligen Aufeinandertreffen der Atome abhängig, unterliegt also keiner Weltvernunft oder einem schicksalhaften Plan. Epikur leugnet die Existenz der Götter nicht, aber er siedelt sie in einem Elysium an, wo sie selbstbestimmt und selbstgenügsam leben. Die Welt überlassen sie dem Zufallsprinzip. Wenn sie sich aber für die Dinge in der Welt nicht interessieren, besteht für die Menschen kein Grund, sich vor den Göttern zu fürchten. Diese schwere psychische Last will Epikur von seinen Mitmenschen nehmen – ein Akt der Emanzipation und Befreiung, der von manchen seiner Anhänger begeistert gefeiert wird. Rund zweieinhalb Jahrhunderte später wird der römische Dichter Lukrez Epikur als »Zierde des griechischen Volkes« rühmen, als Mann, »der es als erster geschafft hat, ein so helles Licht aus tiefem Dunkel zu holen, die Schrecken der Seele hinwegzufegen« und sie vom drückenden Joch der Religion, diesem »den Menschen eingepflanzten Grauen (*horror*)«, zu erlösen.[21]

Als höchstes Ziel und Inbegriff des Glücks propagiert Epikur die *hedoné*. Das wird meist mit »Lust« übersetzt und droht die epikureische Ethik – die älteste hedonistische Ethik überhaupt – in ein schiefes Licht zu rücken. *hedoné* meint in der Grundbedeutung die »Süße« und damit das »Angenehme«, »Erfreuliche«. Vielleicht wäre

»Freude« oder »Genuss« ein weniger missverständlicher Begriff als die »Lust«. Freilich hat diese Lust-Philosophie schon in der Antike manche falschen Jünger angelockt, die ihrem luxuriösen Genussleben ein philosophisches Mäntelchen umhängen wollten. Was Epikur tatsächlich meint, ist die Abwesenheit körperlichen und seelischen Schmerzes. Dabei wird die belastende Unruhe der Seele, der innere Aufruhr häufig durch falsche Begierden und Leidenschaften hervorgerufen, die der Mensch eigentlich zu steuern imstande wäre – Anklänge an die stoische Affektenlehre sind kein Zufall, resultiert unser Gefühl von Unglück doch oft genug aus unserer eigenen Unvernunft, indem wir uns von Empfindungen, sei es von außen kommenden, sei es in uns selbst entstehenden, überwältigen lassen.

Als Schiedsrichter aber für das, was an Lust sinnvollerweise zugelassen und an Unlust abgewehrt wird, setzt Epikur eine uns von der gesamten griechischen Philosophie wohlbekannte Instanz ein: unseren Logos, unsere Vernunft. Ihr obliegt es, die gegenwärtige Lust mit den zu erwartenden Folgen in der Zukunft in ein möglichst lustvolles Gleichgewicht zu bringen. Wenn absehbar ist, dass aus Lust Schmerz folgt, dann sollte diese Lust besser nicht angestrebt werden. Umgekehrt kann man vorübergehenden Schmerz vorziehen, wenn ihm voraussichtlich größere Lust folgt. Epikurs Einladung zur Lust ist demnach nicht die Aufforderung zu einem hemmungslosen Genussleben, sondern eher der Appell zu einer körperlichen und seelischen Ausgeglichenheit oder sogar die Mahnung zum Konsumverzicht, der sich aus dem vernunftgesteuerten Blick auf die Folgen unseres Handelns als förderlich, ja Glück verheißend erweisen kann.

Kein schlechter Rat für unsere Gegenwart, wie es scheint, der da am Ende dieses knappen Einblicks in die von den Griechen begründete Lehre von der Weisheitsliebe steht. Wer uns dafür schilt, dass wir nur eine kleine Auswahl aus dem Riesenfundus an philosophischen Ideen, Theorien und Methodiken – alles griechische Begriffe! – präsentiert haben, hat recht. Er weist ja mahnend darauf hin, dass die Schatztruhe der philosophischen Erkenntnisse, Entwürfe und Ratschläge aus griechischer Gedankenarbeit viel, viel voller ist. Und was das Schönste ist: Sie steht jedermann zur Verfügung, der in sie hineingreifen möchte. Wer sich bedient, wird schnell feststellen, dass diese Schätze auch heute noch wertvoll sind. Und darüber hinaus zum monetären, wenngleich nicht zum intellektuellen Nulltarif zu haben sind. Auch das gehört als hellenischer Aktivposten in eine historische Abrechnung.

EXKURS

Bürgerschreck, Clown und Himmelshund – Der Tonnenphilosoph Diogenes

Da läuft einer am helllichten Tag mit angezündeter Laterne durch Athen und ruft: »Ich suche einen Menschen!«[1]

Offensichtlich ein armer Irrer, dem die gleißende Sonne Attikas das Hirn verbrannt hat. Doch die Passanten bleiben stehen, schauen sich diesen verrückten Kerl an, mustern ihn neugierig von oben bis unten und fangen an zu diskutieren, was das merkwürdige Spektakel zu bedeuten hat. Und da kommt dem einen oder anderen der Gedanke, dass es bei der Suche um »richtige« Menschen gehe, um Menschen, die diese Bezeichnung verdienen, und dass diese Menschen nach Meinung des Laternenmannes eine äußerst rare Spezies sind. Hunderte tummeln sich auf den Straßen und Plätzen ihrer geschäftigen Stadt, aber ein »richtiger« Mensch, das scheint etwas schwer Auffindbares zu sein.

Manchem unfreiwilligen Zeugen des närrischen Auftritts dämmert es allmählich, dass auch er gemeint sein könne; auch er fällt offenbar nicht unter die Kategorie Mensch, wie ihn sich zumindest der Spinner dort vorstellt. Vielleicht beginnt er, von dem absurden Theater der Menschensuche per Laterne provoziert, darüber nachzudenken, wie sich der Mensch definiert, was den Menschen zum Menschen macht. Und das ist eine Frage, mit der sich gewöhnlich die Philosophie beschäftigt.

Es ist natürlich der »Tonnenphilosoph« Diogenes, der sich dieses berühmte Kabinettstückchen eigenwilliger Verleitung zum Philosophieren ausgedacht hat. Diogenes hält keine Vorlesungen, Diogenes schreibt keine Bücher, Diogenes sucht nicht das vertraute philosophische Gespräch. Seine Methode ist die Aktions- und Provokationsphilosophie. Er benimmt sich daneben, er fällt durch aggressive Statements auf, er gibt den Philosophieclown, den Aussteiger aus der bürgerlichen Welt, den Krawallmacher, das Original, kurz den »verrückten Sokrates«.

Sein Hörsaal ist die Straße, seine nicht ganz freiwilligen Zuhörer die Leute, die gerade zugegen sind, sein Medium ist das Gebaren als Bürgerschreck in Wort und Tat. Diogenes hat das Philosophieentertainment zu einer echten Marke entwickelt. Man kann sicher sein, dass es dort, wo er auftritt, eine muntere Show mit Knalleffekten gibt, einfallsreiche Aktionen und gute Sprüche – eine Art Philosophiekabarett, das so lange amüsant und unterhaltsam ist, bis man selbst ins Visier dieses angriffslustigen Plebejers gerät. Denn das hat sich schnell herumgesprochen: Er verschont nichts und niemanden. »Heda, Menschen!«, ruft Diogenes in eine große Menge. Aller Augen richten sich auf ihn, gespannt erwarten die Schaulustigen den zweiten Teil der Inszenierung. Der folgt dann auch ganz im Sinne der Laternenaktion, nur viel direkter und drastischer: »›Menschen‹ habe ich gerufen, nicht ›Unflat‹!«[2]

Damit musste man rechnen, wenn man sich auf die eigenwillige Philosophiemethode dieses frechen Hundes einließ. Und doch gab es nur wenige, die schleunigst das Weite suchten oder die Straßenseite wechselten, wenn sie Diogenes erblickten. Die meisten Leute nahmen seine Unberechenbarkeit und Dreistigkeit in Kauf – der Unterhaltungswert *dieser* Philosophielektionen war hoch.

Wenn das denn überhaupt Philosophie ist, was da als verrückt-vergnügliche Inszenierung an den Mann gebracht wird. Sind solche hemdsärmligen Verkaufsmethoden der Ware Weisheit angemessen? Oder ist das nicht letztlich deren Ausverkauf? Diogenes als praktizierender Billigheimer einer aristokratischen Wissenschaft, von deren hohem geistigem Anspruch sich in seinen Klamaukauftritten nur noch Spurenelemente wiederfinden? Tatsächlich hat die Philosophiegeschichte diesen unseriösen Verkäufer tief ins Unterdeck des stolzen Weisheitsschiffes verbannt – ein intellektueller Leichtmatrose, mit dem zusammen sich die noblen Philosophieadmiräle in ihren schmucken intellektuellen Uniformen nicht so gerne sehen lassen. Man schämt sich dieses aus der Art geschlagenen Verwandten – ein schwarzes Schaf, das man lieber ausgrenzt, auch weil man sich von ihm die Show nicht stehlen lassen will.

Aber so ganz kann man ihn aus der Philosophiegeschichte doch nicht hinauswerfen. Zum einen verfügte er über ein in sich stimmiges, auch theoretisch abgesichertes Konzept, zum anderen war er der Begründer einer philosophischen Schule, die in der Antike gar nicht so wenige Anhänger fand und die neben so manchen schrägen Vögeln auch einige bedeutende Köpfe hervorgebracht hat. Diese Schule nannte sich nach dem »Urhund« Diogenes die kynische. *kýon*, Stamm *kýn-*, ist der »Hund«. Diogenes zog sich diesen zunächst wenig schmeichelhaft gemeinten Spitznamen zu, weil er wie ein Hund durch die Gassen streunte, sich hier und da füttern ließ, über einen gefährlichen Biss verfügte, sich aber vor allem in hündischer Schamlosigkeit gehen ließ – so jedenfalls empfanden es die anständigen Bürger. Keine schlechte Bezeichnung, fand Diogenes, und deutete den Schimpfnamen flugs zum Ehrentitel um. Er bekannte sich ausdrücklich zu seinem »Hundeleben« und nahm den *kýon* als programmatisches Logo in sein Philosophiekonzept auf.

Die Methode des Diogenes hat ein stoischer Kollege von ihm einmal als »kurzen Weg zur Tugend« bezeichnet.[3] Der führte nicht über Erziehung, Gelehrsamkeit, Hörsaal und dicke Buchrollen, sondern über die unmittelbare Verhaltensänderung zum Ziel. Kyniker war man durch lebenspraktischen Vollzug seiner Überzeugungen, durch eine Philosophie des Handelns. Das hat schon der römische Kaiser Julian erkannt; er setzte sich vehement für die Ehrenrettung des unkonventionellen Philosophiepraktikers mit seiner Methode der Anschaulichkeit und des vorgelebten Beispiels ein: »Wenn Platon es vorzog, sein Ziel mit Worten zu erreichen, während Diogenes dafür Taten genügten – weshalb sollte er da Kritik von uns hören?«[4]

So denken nicht alle. Und deswegen ist Diogenes oft in bestimmten Kompendien der griechischen (Kultur-)Geschichte schlicht nicht präsent. Der Clown ist kein Großer, er wird aus dem

Pantheon der griechischen Geistesgeschichte ausgeschlossen. Zu wenig klassisch! Das stimmt weiß Gott. Zu wenig edel! Volltreffer. Ein ziemlich räudiger Hund! Wohl wahr – mit seinem groben Mantel, der ihm auch als Decke zum Schlafen diente, dem knotigen Wanderstock und dem zerschlissenen Ranzen auf dem Rücken war er eine Zumutung für jeden Ästheten.

Wir haben nichts gegen das Gute, Edle und Klassische. Aber wir haben etwas gegen ein einseitiges Klassikbild, das nur die prächtigen Säulen zeigt und den Hinterhof wegretuschiert. Gewiss, der kynische Hund hat sich wie ein Hinterhofköter aufgeführt, aber seine Botschaft weist über den Hinterhof hinaus. Wir haben uns in der Einleitung zu diesem Buch dazu bekannt, persönliche Akzente zu setzen. Das Kapitel über Diogenes ist so ein Akzent. Ob er diese Bevorzugung verdient hat, während andere, objektiv bedeutendere Gestalten der griechischen Geistesgeschichte nicht ausführlich behandelt werden, darüber kann man streiten. Wir finden, dass auch ein Diogenes zu dem Erbe gehört, für das wir dem alten Hellas dankbar sein sollten. Weil er aus dem klassischen Rahmen fällt, weil er an die Säulen pinkelt, weil er so herrlich unangepasst und frech und unterhaltsam ist.

Diogenes stammte aus Sinope, einer griechischen Kolonie am Schwarzen Meer. Sein Vater Hikesias war dort Bankier. Eines Tages soll er bei der Falschmünzerei erwischt worden sein. Auch Diogenes sei in die kriminellen Machenschaften seines Vaters verwickelt gewesen, berichten manche Quellen. Wie historisch das ist, steht dahin. Möglicherweise ist die finanzielle Falschmünzerei nur eine biographische Ausgangskonstruktion, um die philosophische Falschmünzerei des Diogenes zu erklären, der den »gültigen Konventionsgulden radikal ummünzte«.

Das Verlassen seiner Heimatstadt wird als Flucht oder Verbannung dargestellt, nachdem Hikesias und Diogenes aufgeflogen waren. Mit dem Hinweis auf diesen dunklen Punkt seiner Biographie konnte man Diogenes nicht ärgern. Die Bemerkung eines Kritikers: »Die Sinopenser haben die Verbannung über dich verhängt!«, konterte Diogenes trocken: »Und ich habe das Verbleiben über sie verhängt.«[5]

Es muss zwischen 370 und 360 v. Chr. gewesen sein, als Diogenes Sinope im Alter zwischen dreißig und vierzig verließ. Seine Lebensdaten sind unsicher, sie schwanken zwischen 412 und 403 für sein Geburtsjahr und 324 und 321 für sein Todesjahr. Dass er ein hohes Alter erreicht hat, scheint unzweifelhaft – seine genügsame, geradezu asketische Lebensweise hat ihm zumindest nicht geschadet. Diogenes kam zunächst nach Athen, er lebte zeitweise aber auch in Korinth und anderen Städten. Selbst das ist nicht so genau bekannt und verliert sich wie fast alle biographischen Details in einem undurchdringlichen Legendendschungel.

Für ihn selbst war es unerheblich, wo er lebte. Er verstand sich als a-politisch, das heißt ohne Bezug zu einer bestimmten Polis, ein »Weltbürgertum«, in dem sich die gewaltige historische Umwälzung spiegelt, die Hellas durch die Einverleibung der zuvor autonomen Poleis ins makedonische Reich (338 v. Chr.) erschütterte. Die Welt wurde größer, und sie erschien vielen als bedrohlicher. Ein Rückzug ins Private war die Folge – und eine tiefe geistige Verunsicherung, die vieles von dem infrage stellte, was bisher als sicher gegolten hatte. Die Suche nach der persönlichen *eudaimonía*, dem individuellen »Glück«, stand nunmehr im Vordergrund. Wie konnte man möglichst unabhängig von den undurchschaubaren Mechanismen einer undurchsichtiger gewordenen großen Welt ein glückliches Leben führen? Diogenes wusste eine Antwort darauf. Sie war radikal und verlangte eine radikale Neuorientierung, eine Umwertung der traditionellen Werte. Der Falschmünzer hatte sich zum geistigen Ummünzer weiterentwickelt.

Die für Diogenes entscheidende Bezugsinstanz ist die Natur beziehungsweise das, was er dafür hält. Mit der ihm eigenen Konsequenz kämpft er gegen ihre zivilisatorische Überformung. Prometheus, von den meisten Griechen emphatisch als Kulturheros gefeiert, der den Menschen nicht nur das Feuer, sondern viele zivilisatorische Techniken gebracht hat, ist für ihn ein Krimineller, der am Anfang einer unheilvollen Dekadenz steht. Eine bemerkenswerte Koalition, die der aufrührerische Hund Diogenes da mit dem Göttervater Zeus gegen seinen Aufrührerkollegen Prometheus eingeht: »Warum«, fragt Diogenes, »sollte Zeus die Menschen gehasst, warum sollte er ihnen etwas Gutes geneidet haben?«[6]

Der Mensch im Naturzustand war arm, aber zufrieden und frei – das ist die zentrale Botschaft dieses griechischen Rousseau. Der Urmensch musste zwar um sein tägliches Brot kämpfen, aber er opferte seine Unabhängigkeit nicht auf dem Altar von Güterjagd und Luxussucht. »Je mehr die Menschen das Angenehme um jeden Preis verfolgen«, diagnostiziert Diogenes, »umso unangenehmer und mühseliger wird ihr Leben, und während sie für Scheinbedürfnisse Sorge tragen, gehen sie in Wirklichkeit kläglich zugrunde.«[7]

Die meisten Menschen lassen sich aus der Perspektive des Hundes, der aufmerksam um sich blickend durch die Gassen streunt, in drei Kategorien einteilen: die Habgierigen, die Genusssüchtigen und die Ehrgeizigen.[8] Allen drei Typen ist eines gemeinsam: die Verkümmerung ihrer Persönlichkeit und ihres menschlichen Lebens. Sie sind sich selbst entfremdet, indem sie hinter scheinbaren Gütern herjagen, und werden zu Automaten ihrer Obsession. Beklemmende Charakter- und Verhaltensbilder, die Diogenes da von Menschen zeichnet, die sich zu moralischen Krüppeln entwickelt haben. Wie gut, dass das alles Vergangenheit ist!

Konsumterror führt zu einem pervertierten Bedürfnishaushalt, der den Menschen unzufrieden und unglücklich macht: Der eine stürzt sich in ein heißes Bad, weil ihm seine Völlerei Verdauungsprobleme bereitet, der andere wechselt x-mal am Tag seine Kleidung, weil ihm einmal zu kalt und dann wieder zu warm ist, der Dritte giert auch ohne körperliches Verlangen ohne Unterlass nach Sex[9] – wer pausenlos der Natur ein Schnippchen schlagen will, kommt nicht zur Ruhe, sondern hat das perfekte Mittel zur Selbstquälerei gefunden, das durch ständige Einnahme alles noch schlimmer macht.

Der größte Tyrann ist das Geld. Geldliebe ist die »Mutter aller Übel«, weiß Diogenes,[10] sie macht die Menschen zu Sklaven ihres Besitzes. Nie zufrieden mit dem, was sie schon angehäuft haben, leben sie in der ständigen Furcht, es zu verlieren. Wer nichts besitzt, braucht sich dagegen vor Dieben und Räubern nicht zu fürchten. Armut hat noch niemanden auf die Folterbank gebracht, Genügsamkeit schützt vor Fremdbestimmung durch Menschen und durch fragwürdige Güter. Sie durchbricht die unheilvolle Spirale der Gier, der Eigendynamik des Immer-mehr-haben-wollens und der selbstquälerischen Besessenheit nach Besitz um des Besitzes willen. Seine Botschaften würzt Diogenes gern mit einem kessen Spruch, der auch schon einmal Kalauerqualität hat. Warum das Gold so bleich sei, fragt er Passanten. Die schauen ihn fragend an. »Weil es Angst hat vor den vielen Menschen, die hinter ihm her sind.«[11]

Bürgerliche Konventionen sind Diogenes ein Gräuel, denn auch sie engen den Menschen in seiner Freiheit ein, erziehen ihn zu unnatürlichem Verhalten. Wieso sollte man in der Öffentlichkeit nicht essen und trinken dürfen? »Weil es sich nicht gehört« ist keine Antwort, die Diogenes gelten lässt. Weshalb sollte man warten, wenn Hunger- und Durstgefühl, ganz normale Regungen des Körpers, sich einstellen? Noch viel schockierender ist seine Sexualmoral – warum sollte man sich gegen eine natürliche Regung stemmen? Fragt Diogenes und treibt die Provokation auf die Spitze, indem er sich weder einer Erektion schämt, die ihn im Gymnasion beim Ringen mit einem schönen Knaben überkommt, noch sich der Onanie auf dem Marktplatz verweigert: »Wär's doch bloß so leicht, den Bauch zu reiben, um den Hunger loszuwerden«, kommentiert er die Empörung entsetzter Augenzeugen.[12]

Diese Schamlosigkeit (*anaídeia*) ist bei Diogenes Programm; nur so, findet er, entkommt man dem gesellschaftlichen Gefängnis. Die zivilisatorische Tünche zwingt die Menschen zu einer Doppelmoral: Was hier gut ist, soll dort schlecht sein? Geheimniskrämerei um die Sexualität und Tabuisierung bestimmter Sexualpraktiken –

all das hat die Natur dem Menschen nicht mit in die Wiege gelegt. Das ist Menschenwerk, das nur einengt und unterdrückt.

Ob sich Diogenes damit einen Gefallen getan hat, dass er gerade auf dem sensiblen Gebiet der Sexualmoral vorführt, was Unabhängigkeit von gesellschaftlichen Normen und Werten bedeutet, darf man bezweifeln. Diese Schocktherapie hat ihm sicher bei vielen, die grundsätzlich mit seinen Thesen liebäugelten, Sympathien gekostet; schon im Altertum und erst recht in späteren Epochen, als man sich über seine »viehischen Unreinheiten« echauffierte und ihn zum größten Ferkel der Philosophiegeschichte abstempelte. Seinen bürgerlichen Kritikern hat Diogenes es damit leicht gemacht. Solche taktische Rücksichten haben ihn allerdings nie interessiert – er ging seinen Weg mit aller Konsequenz einschließlich der natürlichen Schamlosigkeit.

Viele seiner provokanten Aktionen zielten darauf ab, dem Menschen die Fragwürdigkeit gesellschaftlicher Normen und Wertvorstellungen zu demonstrieren, ihnen die Hohlheit hinter der Fassade des Konventionellen zu Bewusstsein zu bringen. So etwas tut man nicht – das ist für Diogenes keine einsichtige Norm, und deshalb tut *er* das, was *man* nicht tut, erst recht. Ein junger Mann schickt sich an, bei Diogenes in die philosophische Lehre zu gehen. Geht in Ordnung, sagt Diogenes, gibt seinem neuen Schüler einen Hering in die Hand und trägt ihm auf, ihm zu folgen. Der vorher so begeisterte Eleve schämt sich furchtbar. Er wirft den Salzfisch weg und macht sich aus dem Staub. Als er ihm das nächste Mal begegnet, spottet der verhinderte Lehrer grinsend: »Ein Hering hat die Freundschaft zwischen dir und mir zerstört.«[13]

Der Salzfisch ist überhaupt ein gutes Medium. Er wird gleich noch einmal eingesetzt. Diesmal ist es der selbstbewusste Redner Anaximenes, dessen würdevoller Vortrag vor großem Auditorium Diogenes einen willkommenen Anlass bietet. Irgendwann im Laufe der Vorlesung hält Diogenes plötzlich einen Hering hoch. Aller Augen richten sich auf ihn. Anaximenes ist wütend über diese Störung – und Diogenes kann seine Aktion selbstzufrieden bilanzieren:

»Ein elender Salzfisch für einen Obolos hat genügt, der Disputation des Anaximenes ein Ende zu machen.«[14]

Die kleinen Störungen, das Piesacken der bedeutenden bürgerlichen Philosophie-Kollegen sind das eine, richtig schöne Skandalauftritte auf großer, möglichst auf gesamtgriechischer Bühne das andere. Die Gelegenheit dazu bietet sich bei den viel besuchten panhellenischen Wettkämpfen, wenn Athleten, Künstler, Offizielle und Schlachtenbummler aus ganz Hellas nach Olympia, Delphi oder Korinth strömen. Man kann nicht sagen, dass Diogenes dort ein gern gesehener Gast gewesen wäre. Im Gegenteil, er war als Störer und Spötter heiliger Zeremonien gefürchtet. Ein zersetzender Geist, der älteste Traditionen in den Dreck zog und auf die Stimmung drückte, fanden zumindest die Verantwortlichen – und ärgerten sich obendrein, wenn der notorische Troublemaker auch noch auf ein amüsiertes Publikum stieß.

Bei den Isthmischen Spielen lässt sich Diogenes vor einer großen Menschenmenge über die vermeintliche Albernheit sportlicher Wettkämpfe aus. Das sei doch Spielerei gegenüber den wahren Kämpfen des Menschen mit den Herausforderungen des Daseins. Am Ende setzt er sich selbst in einer spektakulären Aktion einen Siegeskranz aufs Haupt. Ein Frevel!, schäumen die Veranstalter. Sofort runter mit dem Kranz! Anmaßung! Ungesetzlich! Du hast doch keinen Sieg errungen! Und ob, entgegnet ihnen Diogenes, und zwar den Sieg über gewaltige Gegner wie Armut, Hunger und Exil. »Was meint ihr, bin ich es, der des Fichtenkranzes würdig ist, oder wollt ihr ihn lieber einem überreichen, der sich mit der größten Menge Fleisch voll gestopft hat?«[15] Damit spielt Diogenes auf die Schwerathleten an, von denen viele auf eine wunderliche »Fressdiät« à la Sumo-Ringer setzten.

Fast noch dreister und herausfordernder ist eine andere Aktion in Korinth. Der Störenfried sieht einem heftigen Zweikampf zu. Einer der Kontrahenten gibt schließlich auf und läuft weg. Auftritt Diogenes: Er überreicht dem Standhaften einen Siegeskranz und ruft ihn zum »Sieger im Treten« aus. Eine neue, von Diogenes kreierte Disziplin. Aber nicht genug mit dieser Eigenmächtigkeit, der eigentliche Skandal liegt ganz woanders. Die Sache hat mal wieder einen Diogenes-typischen Pferdefuß, und zwar in des Wortes eigentlicher Bedeutung. Es waren zwei Pferde gewesen, die sich gestritten hatten, und der von Diogenes bekränzte Sieger war demnach ein Pferd.[16] Die Offiziellen waren *not amused*. Aber so manch ein Augenzeuge der Szene dürfte erstmals im Leben über den Sinn und Unsinn heiliger Rituale nachgedacht haben.

Diogenes ließ sich von großen Namen und eindrucksvollem Auftreten nicht beeindrucken. Aufgeblasenheit und Eitelkeit bestrafte er mit Spott oder, noch schlimmer, mit Nichtbeachtung. Sein Intimfeind unter den Weisheitslehrern war, so will es jedenfalls die Tradition, die großen Gefallen an der Polarität zweier so grundverschiedener Philosophen fand, der berühmte Platon. Großdenker gegen Philosophieprolet, das war ein spektakuläres Duell, Theoretiker gegen Praktiker. Platon glänzte durch Definitionen, Diogenes durch Demonstrationen. Platon hatte den Menschen einmal als »federloses, zweifüßiges Tier« definiert – für Diogenes die Chance, den nicht immer ganz so definitionsfesten Kollegen kräftig zu düpieren. Er platzte in Platons nächste Vorlesung, hielt einen gerupften Hahn hoch und rief: »Das hier ist also Platons Mensch!«[17]

Platon war dreimal auf Einladung der Tyrannen Dionysios I. und II. nach Syrakus gereist. Ob es vielleicht gelingen könnte, aus dem von seinen Untertanen gefürchteten Gastfreund einen weisen Philosophenkönig zu machen? Platons Hoffnung erfüllte sich nicht, das zeigte sich schon bei seinem ersten Aufenthalt am Hofe des Tyrannen. Die zweite und dritte Reise schienen aus der Sicht kritischer Zeitgenossen philosophisch gesehen wenig sinnvolle Unternehmungen. War der große Philosoph da einfach nur den Verlockungen eines reichen Gönners erlegen? Man konnte das so sehen, musste aber nicht. Die Sache hatte freilich ein Nachspiel, als Diogenes einmal Platons Vorlesung mit demonstrativ missmutiger Miene störte. Platon reagierte gereizt, schimpfte den gelangweilten Zuhörer einen »Hund«. Und der konterte anzüglich:

»*Dieser* Hund ist nicht wieder dorthin zurückgekehrt, wo man ihn einmal verjagt hat.«[18]

Den Gipfel der Respektlosigkeit erreicht Diogenes dort, wo er auf die ganz Mächtigen stößt. Vor allem auf den Weltbeherrscher Alexander den Großen. Der besucht den »Tonnenphilosophen« angeblich einmal und bietet ihm an: »Fordere von mir, was du willst!« Diogenes darauf scheinbar ganz bescheiden: »Geh mir aus der Sonne!«[19] Genauso muss man mit den Großen dieser Welt umgehen: ihnen mit gelangweilter Gleichgültigkeit demonstrieren, dass man sie nicht braucht, und die herrisch-selbstgefällige Geste des großzügigen Herrschers einfach ins Leere laufen lassen. Die Bitte kommt bescheiden daher, aber gerade deswegen ist sie ein Affront: Ja, du kannst mir etwas Gutes tun. Geh ein Stück zur Seite. Eindrucksvoller kann man nicht sagen, was man vom mächtigsten Mann der Welt hält.

Es gibt eine Reihe von Alexanderanekdoten, deren Historizität ähnlich fragwürdig ist wie die der gerade erzählten. Sie alle beweisen, dass Geist nicht vor Macht zu kuschen braucht, dass eine hohe Stellung nur davon abhängt, dass sie als solche anerkannt wird. Grundsätzlich begegnen sich Diogenes und Alexander auf Augenhöhe. Der König lässt Diogenes auffordern, zu ihm nach Makedonien zu kommen. Diogenes erwidert, der Weg von Makedonien nach Athen sei genauso weit wie der von Athen nach Makedonien.[20]

Die Welt sähe vermutlich anders aus, wenn sich mehr »Diogenesse« den »Alexandern« verweigern würden. Warum sollten sie deren Vergeltung fürchten? Im Gespräch mit Diogenes erkundigt sich Alexander überraschend: »Hast du eigentlich Angst vor mir?« Diogenes reagiert mit einer Gegenfrage: »Was bist du denn – gut oder böse?« Alexander darauf, wie nicht anders zu erwarten war: »Gut!« Damit ist die Ausgangsfrage beantwortet: »Warum sollte jemand denn das Gute fürchten?«[21]

All das sind Beispiele für einen Wert, den Diogenes leidenschaftlich vertritt und für sich beansprucht: die *parrhesía*, die freie, unzensierte Rede. Sie bezeichnet er einmal als »die schönste Sache auf Erden«.[22] Damit steht der philosophische Kabarettist in der direkten Nachfolge der Alten Komödie. Aristophanes und seine Kollegen hatten dieses Grundrecht bis an seine Grenzen ausgeschöpft; die Komödie des 4. Jahrhunderts v. Chr. verliert dagegen diesen aggressiven Biss. Aber immerhin Diogenes besinnt sich darauf und wendet die *parrhesía* als Methode an. Es ist häufig ein schwarzer Humor mit verletzendem Spott, dessen sich der bissige Hund bedient. Nur Klartext kann den Menschen ihre Torheiten und Verkrustungen aufzeigen, findet Diogenes. Der gesellschaftliche Underdog nutzt die *parrhesía* als scharfe Waffe im Kampf gegen bourgeoise Kleinkariertheit, Sattheit und Lethargie, kann aber seinerseits auch einstecken.

Das ist überhaupt das Erfreuliche an diesem philosophischen Straßenköter mit Revoluzzermanieren: Er tritt nicht als ideologischer Betonkopf auf, der selbst keine Miene verzieht. Ist einer schlagfertiger als er, kann er sich auch lächelnd geschlagen geben. Er nervt seine Zeitgenossen, aber er flüchtet sich nicht in Selbstmitleid, wenn er auf Widerstand stößt oder selbst zur Zielscheibe von Gegenspott und Häme wird. Das muss einer wie er aushalten, der gerade nicht *everybody's darling* sein, sondern der anecken und aufrütteln will: »Wer der Menge gefällt, ist eher ein Eunuch als ein Philosoph«, stellt er fest und fragt mit Blick auf angepasste Kollegen: »Was nutzt uns ein Mann wie Platon, der schon so lange philosophiert, aber noch niemandem lästig geworden ist?«[23]

Den größten Trumpf aber spielt Diogenes mit seiner Lebensweise aus: seine Glaubwürdigkeit aufgrund einer Übereinstimmung von Theorie und Praxis, wie sie die Philosophiegeschichte selten kennt. Diogenes zeigt durch ein in jeder Hinsicht asketisches Leben, dass der »kurze Weg zur Tugend« gangbar ist, dass Konsumverzicht unabhängig macht, dass man mit wenigem freier lebt als im goldenen Käfig der eigenen Begehrlichkeiten. Er führt seinen Zeitgenossen vor Augen, dass ein alternativer Lebensstil, wie er ihn propagiert, möglich ist und man als Obdachloser überall ein Obdach findet – in einem Tempel, in einer Säulenhalle oder eben in dem legendären großen Fass (*píthos*), das als die »Tonne des Diogenes« sprichwörtlich geworden ist. Man kann sich mit Wasser und Brot und zusammengebettelten Lebensmitteln so ernähren, wie es die Natur erfordert, und sich als »glücklicher Bettler« (Ernst Bloch) durchs Leben schlagen, ohne den Mitmenschen zur Last zu fallen: Als arbeitsscheuen, in der sozialen Matte schaukelnden Intellektuellen hat ihn keiner angegriffen. Die Konsequenz, mit der er vorlebte, was er predigte, macht seine Größe aus – und das radikale Querdenkertum, mit dem er alles auf den Prüfstand stellte.

paracharáttein to nómisma, »die Münze umprägen«, das war seine Devise. Die Dinge gegen den Strich bürsten, sie aufzufordern, sich gewissermaßen neu zu legitimieren, das war sein Anliegen. Und weil er das mit einer Mischung aus Ernst und Spiel, mit Spontaneität und Einfallsreichtum, Witz und Aktion, Programmatik und Authentizität tat, konnte er ernst genommen werden und diese singuläre Stellung in der Geschichte der abendländischen Weisheitslehre erreichen.

Mag sein, dass Diogenes nur ein Konstrukt ist, dass die eigentliche historische Person von Anekdoten und Legenden, gut erfundenen und weniger gut erfundenen, regelrecht zugewuchert ist und, wenn man historisch-analytisch nachforscht, wenig mehr als ein Phantom bleibt. Aber das zeigt auch, dass viele an dieser Legende mitgestrickt haben, weil sie die Figur so faszinierend anders fanden. Und weil sie fanden, dass jede Gesellschaft ihren Diogenes braucht und gut beraten ist, hier und da auf ihn zu hören.

Nimmt man seinen sprechenden Namen ernst, so war er ein Hund, den der Himmel uns geschickt hat. »Dio-genes« ist der »von Zeus Abstammende«. Der griechische Göttervater hatte eine Menge auf dem Kerbholz, was seine amourösen Abenteuer angeht. Wenn aus einem dieser Seitensprünge indes dieser außergewöhnliche Sprössling hervorgegangen ist, dann haben wir allen Grund, ihm dankbar zu sein. Gäbe es diesen Diogenes nicht, müssten wir ihn erfinden, hat der angloamerikanische Althistoriker Moses I. Finley einmal gesagt.[24] Recht hat er.

KAPITEL 8

Bühne frei für Dionysos – Theater ist Kult

Publikumsbeschimpfung beim Staatsakt – und als Belohnung der Sieg

Die beiden altgedienten Sklaven sind sauer. Nachdem ihr Herr sich einen neuen Unfreien zugelegt hat, ist das gute Einvernehmen im Hause dahin. »Seit der Bursch im Haus sich eingenistet, sind Prügel unser täglich Sklavenbrot.«[1] Der Neue hat es verstanden, sich beim alten Herrn Demos lieb Kind zu machen, und der etwas trottelige Hausherr bemerkt nicht so recht, wie übel ihm mitgespielt wird, ja wie er im Grunde das Regiment an »den Paphlagonier« – einen aus der kleinasiatischen Landschaft stammenden Unfreien – abgetreten hat. Umso heftiger fällt die Klage des einen »Altsklaven« aus:

Wir haben einen Herrn,
heißblütig, toll, auf Bohnen sehr erpicht,
ein brummig alter Kauz, ein bisschen taub:
Herr Demos von der Pnyx. Am letzten Neumond
kauft' er sich einen paphlagon'schen Sklaven,
'nen Gerberburschen; ein durchtriebner Gauner!
Der merkt' sich gleich des Alten schwache Seiten –
Der Hund von einem paphlagon'schen Gerber!
Duckt sich vor ihm, mit Lecken, Schwänzeln, Schmeichelei
und Lederstückchen fängt er ihn und spricht:
»Geh baden, Demos, wohl verdient als Richter
hast du die drei Obolen! Schwelge! Schlürfe!
Soll ich servieren?« – Und dann rapst er weg,
was wir gekocht, um sich beim Herrn in Gunst
zu setzen …[2]

Der Chor haut in dieselbe Kerbe. Er wirft dem Alten ungeschminkt eine Vertrauensseligkeit vor, die von Hörigkeit nicht weit entfernt ist:

> Demos, wie du doch mächtig bist!
> Denn gefürchtet von jedermann
> herrschest als unumschränkter du
> Regent und Gebieter.
> Aber leicht dich betören lässt
> du von Schmeichelei, die ränkevoll,
> dich am Narrenseil führt; denn
> schwatzt dir einer was vor, da sperrst
> Maul und Nase du auf – dein Geist
> ergeht sich woanders.[3]

Die Szene aus der Aristophanes-Komödie *Die Ritter* hat es in sich. Natürlich ist der alte Herr Demos kein anderer als die Personifikation des Volkes von Athen. Die beiden Altsklaven sind die Feldherren Nikias und Demosthenes, die bei »Herrn Volk« eine Zeit lang in hoher Gunst standen, bevor der Demagoge Kleon, Besitzer einer Gerberei, ihre Position einnahm. Er ist jetzt der starke Mann von Athen – und das Volk lässt sich in übelster Weise von ihm knechten. Es fällt auf die Schmeicheleien des skrupellosen Politaufsteigers herein, auf sein intrigantes Machtspiel, zu dem auch Wahlgeschenke gehören: Die »drei Obolen« spielen auf die Erhöhung der Sitzungsgelder für Geschworene an – auch wenn sie, bei Licht betrachtet, beileibe nicht zur »Schwelgerei« einladen. Und sein Heißhunger auf Bohnen spielt auf die Bohne als Medium bei der Ämterauslosung an.

Man muss sich das vorstellen: Da sitzen im Publikum Tausende von Athenern, die ebendiesen angeblich leicht korrumpierbaren, ebenso heißblütigen wie kauzigen Demos verkörpern, und amüsieren sich köstlich darüber, wie von der Bühne herab mit polemischen Pfeilen auf sie geschossen wird. Mag sein, dass Aristophanes zum Kunstgriff der Personifikation auch deshalb gegriffen hat, weil direkter Spott am Volk möglicherweise nicht erlaubt war.[4] Aber natürlich entging es nicht einmal dem begriffsstutzigsten Zuschauer, wer das eigentliche Ziel der Attacke war und dass auch er selbst sich damit angesprochen fühlen durfte. Noch schärfer trifft der verbale Prügel der Komödie den populärsten Politiker der Stadt: Kleon wird als gewissenloser Opportunist beschimpft, als Populist und Demagoge im modernen Verständnis, der sich de facto wie ein Monarch über einen Demos gebärdet, der sich sonst doch so gern in seiner Souveränität und Machtfülle sonnt.

Kein Zweifel: *Die Ritter* sind die bissigste, boshafteste politische Komödie des Aristophanes – und eine der schärfsten der Weltliteratur. Man muss politisch mit dem konservativen, demokratieskeptischen Dichter nicht konform gehen, aber man muss sein literarisch-dramatisches Genie bewundern, seine Offenheit und seinen Mut – und die Toleranz, mit der die athenischen Zuschauer der aggressiven, bitterbösen Komödie eine der zentralen Errungenschaften der Demokratie zubilligen: die *parrhesía*, die »Redefreiheit«, die im Falle der Politikerbeschimpfung vor Verbalinjurien und gossensprachlichen Formulierungen nicht haltmacht.

Was in der Moderne – heutzutage in Deutschland vielleicht nicht mehr ganz so schnell – einen Theaterskandal nach dem anderen provoziert hätte, was den Ruf nach dem Zensor laut hätte erschallen lassen, was eine heftige Debatte über die Grenzen der Kunst ausgelöst hätte, das gehörte im Athen des 5. Jahrhunderts v. Chr. ganz selbstverständlich zur künstlerischen Freiheit des Theaters. Eines Theaters wohlgemerkt, das eine offizielle Institution der Polis Athen, mehr noch: ein Bestandteil des Kultes der Bürgergemeinde war. Jede Theateraufführung an den Dionysien im März/April und an den Lenäen im Januar/Februar war, wenn man so will, ein religiöser Staatsakt, eine Art Weihgeschenk an Dionysos als den in Athen beliebtesten aller Götter.

Es gelang Aristophanes nicht, den von ihm ungeliebten Kleon mit seinen Attacken gewissermaßen aus dem Amt zu jagen und ihn dem Demos zu entfremden. So weit reichte der Einfluss der Bühne nicht, auch wenn sie massiv in die politische Willensbildung der Athener eingriff, ja die Kunst zur tagespolitischen Agitationswaffe umschmiedete. Die Leute wussten sehr wohl einzukalkulieren, dass rüder Spott und persönlich diffamierende Angriffe auf Spitzenpolitiker Teil der künstlerischen Freiheit waren und keine Eins-zu-eins-Beschreibungen der Wirklichkeit: Man konnte und sollte über die Kritik nachdenken, aber man durfte sie nicht als Ausdruck einer allgemeinen Stimmung missverstehen. Theaterspiel war eben Spiel – und deshalb konnte man sich als Zuschauer vergnügt auf die Schenkel schlagen, wenn der eine oder andere Politiker sein Fett abkriegte, und trotzdem in der nächsten Volksversammlung seine Vorschläge unterstützen und ihn in eine verantwortliche Position wählen.

Dass zahlreichen Athenern dieser Spagat gelang, zeigt der Erfolg der *Ritter*: Kleons politischer Stern sank offensichtlich nicht, aber Aristophanes errang mit der ätzenden Politsatire den Sieg im Wettstreit der Komödiendichter des Jahres 424 – Ausdruck einer Liberalität und eines Differenzierungsvermögens, die einem angesichts mancher Verkniffenheit und Verbissenheit heutiger Diskurse im Spannungsfeld zwischen Kunst und Politik den Hut vor dem athenischen Demos ziehen lassen.

Von Athen in die Welt – Die Erfindung des Theaterspiels

Aristophanes war ein gefeierter Komödiendichter, aber seine Stücke waren in der Gunst des Publikums keineswegs stets auf Sieg programmiert. Auch er musste erleben, dass eines seiner Stücke durchfiel. Und da erwies er sich nicht immer als guter Verlierer. Mit den *Rittern* hatte er offenbar einen neuen Höhepunkt der Politikerinvektive gewagt und gewonnen – und seinen Dichterkollegen zu ähnlichen Abrechnungen Mut gemacht. Dass der eine oder andere auch noch nach dem Sturz eines bekämpften Politikers nachtrat, fand seine Billigung indes nicht – wie er überhaupt kein gutes Haar an den »Plagiatoren« im Konkurrentenkreis lässt und seine eigene Originalität betont:

> Zwei- und dreimal bringe ich euch nie einen Witz und täusch euch nicht,
> bin euch nagelneue Sujets vorzuführen stets bedacht,
> alle voller Keckheit und Witz, keines je dem andern gleich.
> Stieß ich nicht dem mächtigen Kleon mächtig vor den Bauch?
> Doch ich trat, sobald er im Staub lag, nicht mehr auf ihm herum.
> Andere, seit Hyperbolos sich einmal eine Blöße gab,
> trampeln auf dem ärmlichen Kerl stets und seiner Mutter rum,
> Eupolis vor allem – er schleppt seinen »Marikas« herein:
> Schmählich! Ein gewendeter Rock! Meine »Ritter« dumm verhunzt! …
> Gleich darauf kommt Hermippos und macht auch was auf Hyperbolos,
> auch die andern werfen [illegible] all sich auf Hyperbolos,
> und mein Gleichnis äffen sie nach: Wie man Aale im Trüben fischt.[5]

Die Passage lässt uns noch nach zweieinhalb Jahrtausenden miterleben, wie lebendig und intensiv die Theaterszene im Athen des 5. Jahrhunderts v. Chr. gewesen ist. Da wehrt sich ein etablierter, gerade hochdekorierter Komödiendichter heftig gegen die Abkupfereien der gar nicht so lieben Kollegen. Nachdem Aristophanes den Politikerspott auf die Spitze getrieben und damit gesiegt hat, hängen sich andere an den Erfolg, übernehmen Motive und Handlungsmuster. Eupolis nennt den »Doppelgänger« des neuen Demagogen Hyperbolos »Marikas«, andere Dichter scheinen bekannte Gags mehrfach in ihre Stücke einzubauen. Wenig originell, findet Aristophanes, und rühmt sich seiner eigenen Kreativität, die auf solche Teilreprisen und Déjà-vu-Motive konsequent verzichtet.

Wir kommen damit, auch wenn die Kollegenschelte des Aristophanes ganz andere Adressaten hat, einem Erfolgsgeheimnis des Theaterspiels im klassischen Athen auf die Spur. Es heißt *agón*, Wettbewerb. Die Griechen organisierten nicht nur sportliche Leistungen als agonales Geschehen, sie etablierten auch im kulturell-musischen Leben Wettkampfsituationen und schufen damit eine Struktur, die zu besonderen Leistungen anspornte. Qualität und Quantität liegen oft genug in vehementem Widerstreit miteinander. Nicht so im athenischen Theaterwesen des 5. Jahrhunderts. Da gehen sie Hand in Hand und bringen eine Blüte des literarisch hochkarätigen szenischen Spiels hervor, die in der Kulturgeschichte der Menschheit einmalig ist. Das klassische Hellas setzt gerade in diesem Bereich Maßstäbe, die bis in die heutige Zeit fortgelten – wie denn überhaupt das europäische Theater eine Erfindung der Griechen ist.

Das griechische *theásthai* heißt »schauen«, »bestaunen«; das *théatron* ist der »Platz, von dem aus man schaut«, ursprünglich also der Zuschauerraum, der dann auch auf die »zuschauende Menge« übertragen wird. Als Synonym für »Schauspielwesen« wird der Begriff erst in nachchristlicher Zeit verwendet.

Die Heimat des Theaters als Aufführungsplatz dramatischer Werke vor einem Publikum ist Athen. Von hier aus trat das Theater seinen Siegeszug durch die Welt an, sowohl im Sinne der szenischen Aufführungen als auch als architektonische Form. Die Mutter aller Schauspielstätten war das Dionysos-Theater am Südabhang der Akropolis, fast alle erhaltenen griechischen Dramen sind dort uraufgeführt worden. Im 4. Jahrhundert v. Chr. sprang die Theaterbegeisterung auf andere griechische Poleis über, die sich ebenfalls repräsentative Freilichttheater zulegten, wobei der Steinbau die hölzernen Konstruktionen erst in der zweiten Hälfte des 4. Jahrhunderts ablöste. In Athen wurden die Gesamtheit des Zuschauerraums und das Skenengebäude hinter der Bühne im Jahre 340 v. Chr. in Stein gebaut.

Mit dem Alexanderzug gelangte griechische Kultur auch in die eroberten Länder. Und damit auch das Theater, das in hellenistischer und römischer Zeit geradezu städtebaulichen Standardcharakter erhielt: Jede griechische und römische Stadt, die auf sich hielt, hatte ihr eigenes Theater. Im Ganzen lassen sich über 700 antike Theater archäologisch nachweisen, weitere 150 sind in der schriftlichen Überlieferung bezeugt. Athen, das wird an diesen Zahlen deutlich, hatte eine kulturelle Tradition begründet, die man als, auf die Antike bezogen, weltweite Erfolgsstory bezeichnen darf.

Sie wurde mit dem Untergang des Römischen Reiches unterbrochen. Die Idee des Theaters lebte bis zur Renaissance nur in rudimentärer Form weiter, ehe sie dann wiederbelebt wurde und, durch neue Sparten wie Oper und später Musical erweitert, einen zweiten, jetzt wahrhaft globalen Siegeszug antrat. Die Architektur wurde dabei wesentlich verändert. Den deutlichsten Unterschied zum antiken Theater markiert das Dach, das sich im Regelfall über ein modernes Theater wölbt. In seinem Wesen als Ort des Anschauens szenischer Darstellungen mit Wort, Tanz und Musik ist das Theater dagegen das geblieben, was es seit Anbeginn war: eine geistige Schöpfung made in Hellas.

Umso überraschender ist es, dass die Ursprünge dieses griechischen Geschenks an die Welt im Verborgenen liegen. Und das, obwohl die sogenannten dunklen Jahrhunderte der griechischen Geschichte längst vorbei waren, als das Theaterspiel erfunden wurde. Die ersten gesicherten Nachrichten fallen in die zweite Hälfte des 6. Jahrhunderts v. Chr., um das Jahr 535 fand der Tradition zufolge der erste Wettbewerb von Tragödiendichtern statt. Er hatte sicherlich Vorläufer, doch war über die schon im Altertum wenig bekannt. Selbst Aristoteles kommt in seiner *Poetik* über Hypothesen und Spekulationen nicht hinaus. Und auch die scharfsinnigsten Untersuchungen von Philologen in den letzten zweihundert Jahren haben zwar eine Menge Thesen über den Ursprung des Dramas hervorgebracht, von einem Konsens ist die Wissenschaft jedoch weit entfernt.

Sogar zentrale Begriffe wie »Komödie« und »Tragödie« sind etymologisch umstritten – und waren es schon bei den Griechen selbst. Mehrere griechische Volksstämme rühmten sich, die dramatische Dichtung erfunden zu haben, und führten zum Beweis dafür unterschiedliche Ursprungswörter an.[6] Das »Drama« leitet sich vom Verb *dran* ab, »handeln«; das *dráma* ist also eine Schauspielhandlung, sagt aber im Griechischen nichts darüber aus, ob es eine ernste oder heitere Handlung ist. Die »Dramatisierung« des Dramas ist erst eine spätere, moderne Sprachentwicklung, im »Dramaturgen«, dem »Urheber des Dramas«, und in der »Dramaturgie«, der »Fertigung eines Dramas«, lebt die ursprünglich neutrale Bedeutung auch heute noch weiter.

Die »Komödie« geht, so jedenfalls die mittlerweile weitgehend akzeptierte Etymologie, auf *kómos*, »Festumzug«, und *odé*, »Lied«, zurück.[7] Die *komodoí* waren Sänger des *kómos*, eines ausgelassenen dionysischen Trubels, der auf Vasenabbildungen seit dem 7. Jahrhundert v. Chr. bezeugt ist. Dabei traten Tänzer und Chöre auf, nicht selten in Tierkostümen und mit ausgestopftem Hinterteil, wie es auch die Schauspieler der Komödie später oft trugen. Ob auch der große umgebundene Lederphallos, der gleichfalls zur Staffage komischer Akteure gehörte, schon auf frühe Rituale zu Ehren des Vegetationsgottes Dionysos zurückgeht, ist unklar.

Auch die »Tragödie« ist in ihrem zweiten Teil ein »Lied«. Außerdem sind offenkundig »Böcke« im Spiel (*trágoi*). Aber wie verhalten sich die beiden Begriffe zueinander? Ist die Tragödie ursprünglich ein »Gesang der Böcke«, oder ist sie ein »Gesang anlässlich eines Bockfestes«? Die Mehrheit der Forscher neigt der zweiten Erklärung zu. Damit dürfte der vorliterarische Ursprung der Tragödie wohl auf Opferhandlungen zurückgehen, die sich mit dem Kult des Dionysos verbinden. Die »Böcke« stehen in enger Verbindung mit den traditionellen Begleitern des Dionysos, den Satyrn. Sie waren mythologische Mischwesen mit Menschengestalt, aber Hufen, Hörnern und spitzen Ohren, ungebärdige Gesellen, ständig berauscht und auf der Jagd nach Frauen. Ihre legendäre Geilheit zeigt sich an dem häufig erigiert dargestellten Glied – die Archäologen sprechen vornehm von ithyphallischen Darstellungen, das klingt viel nobler, meint aber das gleiche (*ithýs*, »gerade«, »aufrecht«).

Mit diesen animalisch-derben Naturburschen verbindet sich eine weitere dramatische Gattung, die sich im 5. Jahrhundert neben der Tragödie und der Komödie behauptete, ehe sie dann allmählich an Popularität verlor und auch in der Neuzeit nicht wiederbelebt wurde: das Satyrspiel. Sein entscheidendes Gattungsmerkmal ist der Chor aus zuerst zwölf, später fünfzehn »Satyrn«, die sich in ihren Tänzen und Gesängen als vom Weingott überaus enthusiasmierte Gefolgsleute erweisen: ausgelassen, primitiv, schamlos und stets ihrem unübersehbar am Lendenschurz befestigten (Kunst-) Phallos verpflichtet. Man lacht über sie und erkennt sich in ihnen doch auch ein Stück weit wieder – eine humorvolle Distanz und doch auch eine Zustimmung zur, ja geradezu eine Hommage an die Sexualität als animalischen Trieb des Menschen.

Der Plot des Satyrspiels ist vergleichsweise schlicht. Die Satyrn geraten in unangenehme Situationen, sie müssen Abenteuer bestehen, in denen sie sich nicht unbedingt durch Mut und Cleverness auszeichnen. Oft sind sie dabei von Dionysos, ihrem Herrn und Meister, getrennt, und die Handlung besteht vornehmlich darin, ihn wiederzufinden. Ein thematischer Zusammenhang mit einer vorangegangenen Tragödienhandlung lag nahe, war aber nicht zwingend. Dabei war das Satyrspiel nicht als Mythenparodie konzipiert; vom Atmosphärischen stand es der Komödie deutlich näher als der Tragödie – ein dionysischer Mummenschanz, der stets nach den Tragödien aufgeführt wurde und wohl als Brücke zwischen dem tragischen Ernst und einem möglichst unbeschwerten Alltag gedacht war. Als literarische Leistung geriet das Satyrspiel mit dem Abbruch der szenischen Tradition in Vergessenheit. Es ist daher nicht allzu erstaunlich, dass mit dem *Kyklops* des Euripides nur ein einziges Satyrspiel vollständig überliefert ist.

Mochte sich das Theaterspiel auch anderswo in der griechischen Welt in der einen oder anderen Form herausgebildet haben, so setzte sich doch Athen seit dem späten 6. Jahrhundert v. Chr. als seine eigentliche Heimat und Heimstatt durch, weil es dort prominent im Festkalender verankert war. In Athen war es – ein weiterer Grund für das grandiose Aufblühen des Dramas – nicht nur Teil einer Wettkampfkultur, die zu Höchstleistungen anspornte, sondern auch mit einer regen Beteiligung der normalen Bevölkerung verbunden, die die Unterscheidung zwischen Zuschauern und Akteuren tendenziell aufhob. Das Theater war eine Veranstaltung der ganzen Stadt für die ganze Stadt, kein elitäres Kulturangebot an eine kleine Minderheit, sondern ein anspruchsvolles Volksvergnügen mit Mitmachcharakter.

Wie sehr es Ausdruck einer mit der Staatsform Demokratie eng verbundenen Kultur war (um den missverständlichen Begriff einer »demokratischen Kultur« zu vermeiden), zeigt sich schlaglichtartig an der Einführung des *theorikón* wohl schon durch Perikles.[8] Dieses »Schaugeld« war eine Aufwandsentschädigung für Theaterbesucher, die in dieser Zeit ja keiner Erwerbstätigkeit nachgehen konnten: Auch die Ärmsten sollten sich einen Theaterbesuch leisten können – wobei der Eintritt selbstverständlich frei war, da die Dramen ja Teil eines kultischen Festprogramms waren. Im Jahre 2012 wurde in Deutschland heftig über die Einführung eines Betreuungsgeldes für Kleinkinder gestritten, die keine Kindertagesstätte besuchen. Dabei bereicherten einige Gegner des geplanten Gesetzes die Debatte mit dem Hinweis, der Staat zahle ja auch niemandem einen Theaterbesuch. Das tut er über Subventionen der öffentlichen Theater natürlich doch. Das antike Athen ging aber noch einen Schritt weiter: Es zahlte Theaterbesuchern tatsächlich ein »Handgeld« aus – eine Mischform von Kulturförderung und Sozialpolitik, die vielleicht etwas weiser war als die deutsche »Herdprämie«.

Es war beileibe keine seichte Theaterkost, die den Bürgern Athens im Rahmen der großen Festivals verabreicht wurde. Das zeigt sich schon an der beherrschenden Stellung der Tragödie im Festprogramm der Dionysien. Die ernste Muse hatte deutlich größeres Gewicht als die heitere. Ihr galt, wie oben gezeigt, der älteste dramatische Wettbewerb; der Agon der Komödiendichter wurde erst ein halbes Jahrhundert später, im Jahre 487/86 v. Chr., eingeführt. Zudem gehörten ihr bei den Großen Dionysien drei Festtage, während die Komödienaufführungen auf einen einzigen Tag beschränkt waren. Bei den Lenäen trat die Tragödie allerdings hinter die Komödie zurück (in welchem Ausmaß, lässt sich aufgrund der eingeschränkten Quellensituation nicht genau rekonstruieren). Freilich genossen die Dionysien – auch als panhellenisches Fest, zu dem Festgesandtschaften anderer Poleis eingeladen wurden – das bei Weitem höhere Prestige, die Lenäen haben stets in ihrem Schatten gestanden.[9]

Ihre Stoffe entnahmen die Tragödiendichter vornehmlich dem Mythos. Aber auch zeitgeschichtliche Sujets fanden ihr und des Publikums Interesse. Erhalten sind *Die Perser* des Aischylos, in denen der Dichter den Erfolg der Griechen über die persischen Invasoren aus der Perspektive des geschlagenen Großkönigs darstellt. Ein Lehrstück über die Unberechenbarkeit des Glücks und bei aller Würdigung der militärisch-politischen Leistung seiner Landsleute alles andere als ein literarisch-szenisches Triumphgeschrei mit nationalistischen Tönen.

Die Tragödie führt allgemeine ethische Positionen, Probleme und Normen, Fragen von Schuld und Gerechtigkeit, von Glauben und Recht am Schicksal einzelner Menschen vor. Sie schildert deren Konflikte und Beweggründe – und hält keineswegs immer die Lösung bereit. Ist Antigone im Recht, die ihren toten Bruder, wie es Pietät und Schwesterliebe gebieten, beerdigen will, oder ist König Kleon im Recht, der an einem Landesverräter ein Exempel der Staatsräson statuieren will? Oder sind vielleicht beide aus je unterschiedlicher Perspektive im Recht? Die Antwort darauf mag jeder

Zuschauer für sich selbst finden, der athenische Bürger des 5. Jahrhunderts v. Chr. wie der moderne Theaterbesucher: Das Theater zeigt auf, dass es keine einfachen Antworten auf elementare ethische Fragen gibt.

Tragödien können ähnlich anspruchsvolle Denkmaterien behandeln wie philosophische Traktate. Was sie denen voraus haben, sind die Lebendigkeit und das Veranschaulichungspotential durch die dramatische Aktion, die Konzentration auf ein konkretes Individuum und die emotionale Betroffenheit, die von der theatralischen Deklamation und dem szenischen Spiel ausgeht. Sie ergreifen die Rezipienten auch durch die Vielzahl der Sinneseindrücke in anderer Weise als die Lektüre eines Buches. Die Tragödie ist gegenüber der Abhandlung gewissermaßen mehrdimensional: unmittelbarer, im doppelten Wortsinn packender und provokanter. Philosophie- und Ethik-Unterricht live für Tausende, mit der Aufforderung, über Werte, über Richtig und Falsch, über Verantwortung, Schuld und »Tragik« nachzudenken und Stellung zu beziehen. Und so gesehen eine Ethik-Schule der Nation, Volksbildung für eine Polisgemeinschaft, die gemeinsam feiert – auch sich selbst –, gemeinsam zuhört, gemeinsam Anteil nimmt und gemeinsam nachdenkt; nicht einträchtig, nicht ohne konträre Gefühle und Gedanken, aber gemeinschaftlich in einer vieltausendköpfigen Bürgerversammlung. Das war politisches Theater in der eigentlichen Bedeutung – Theater für die Polis und die Politen, ihre »Bürger«.

Wem das zu idealistisch, zu enthusiastisch klingt, wem es unbehaglich zumute ist, wenn das Theater gewissermaßen als Anstalt der Volksbildung dargestellt wird, dem signalisieren wir Verständnis für diese Skepsis. Aber man muss auch mal über das Großartige und Singuläre dieser athenischen Theaterlandschaft ins Schwärmen geraten dürfen, vor allem wenn man sich klarmacht, wie wenige Bürger der »Bildungsrepublik Deutschland« sich heutzutage mit solchen Stücken auseinandersetzen und wie viele TV-Kanäle ihr Quoten-Heil in tendenziell verblödenden Produktionen für die Masse suchen. Quote oder Niveau – für das klassische Hellas war das keine Alternative. Wer hinter diesen leicht kulturpessimistischen Feststellungen altphilologische Arroganz wittert, irrt. Es ist die Hochachtung nicht nur vor dem künstlerischen Genie der großen Tragiker, die uns die Feder führt, sondern auch die vor dem »kleinen Mann«, der diese Kultur als die seine empfand und zu goutieren wusste.

Das hohe Niveau dieser volkstümlichen Unterhaltung erweist sich nicht zuletzt in der Zeitlosigkeit vieler dramatischer Stoffe und ihrer literarischen Bearbeitung: von der *Antigone* über die *Orestie* bis zu *König Ödipus*, den *Bakchen* und der *Medea*, um nur die Stücke zu nennen, die im 20. Jahrhundert die meisten Aufführungen erlebt haben. Die vielen, zum Teil leidenschaftlich diskutierten Neuinszenierungen der Klassiker zeigen ihre Vitalität, ihre Aktualität und – auch angesichts mancher Skandale und Skandälchen – ihr Provokationspotential. Zum »griechischen Drama auf der Bühne der Neuzeit« hat Hellmut Flashar mit *Inszenierung der Antike* ein kenntnisreiches, anregendes Buch vorgelegt. Flashar wertet es als »Faszinosum, dass das antike Drama voll integriert ist in ein Theaterleben überhaupt, also in der Konkurrenz mit Shakespeare, den deutschen Klassikern und modernen Dramen aller Art steht und in dieser Konkurrenz seinen Platz behauptet«.[10]

Ein mindestens ebenso großer Qualitätsnachweis wie die Präsenz dieser 25 Jahrhunderte alten Dramen auf modernen Bühnen ist ihre Rezeption in allen Sparten künstlerischen Schaffens in Wort und Bild. Antigone und Medea, Ödipus und Iphigenie, Phädra (Euripides' *Hippolytos* ist der Basistext), Orest und Prometheus dienen zahllosen Dramen aller Kultursprachen der Welt als Namensgeber. Das ist eine Hommage an den griechischen Mythos, aber nicht minder an die frühesten Dramaturgen dieser Mythen, deren Werke die Ausgangspunkte der allermeisten Rezeptionstexte waren.

Erfolgreicher ist in dieser Hinsicht bis heute keine andere Dramenliteratur gewesen als die altgriechische – und eine Konkurrentin zeichnet sich weit und breit nicht ab. Und da wollen manche Reformer auch noch das bisschen Griechisch, das in unseren Gymnasien übrig geblieben ist, als »verstaubtes Bildungsgut« hinausboxen? Als »bildungsbürgerliche Altlast«, bei der sich, schnell und gern in Kauf genommen, die Assoziationen »spießig« und »elitär« einstellen? Wer so denkt, hat von den Tragödienstoffen ebenso wenig Ahnung wie von ihrem emanzipatorischen, ja mitunter sogar ausgesprochenen Protestpotential gegenüber dem Mainstream. Es können doch weiß Gott nicht nur die verstaubten, verknöcherten Altphilologen gewesen sein, die dafür gesorgt haben, dass griechische Tragödien und Tragödienstoffe so lange so »in« und bis ins 21. Jahrhundert up to date sind. Sondern es muss wohl doch etwas mit ihrem Gehalt, ihrer literarischen Qualität, ihrer prägenden Kraft zu tun haben. Das ist geistiges Weltkulturerbe – und das braucht man nicht unter besonderen Schutz zu stellen, weil es von selbst kraftvoll weiterlebt. Nur in der Schule, dem einstigen Hort der »Muße« (*scholé*), da ist kein Raum mehr dafür, da machen wir dieses literarisch-sprachliche Weltkulturerbe im Namen von Effizienz, Utilität und Ökonomisierung aller Lebensbereiche platt.

Der Autor bittet um Nachsicht. Er hat sich zu diesem bildungspolitischen Plädoyer im wahrsten Sinne des Wortes hinreißen lassen. Es war an dieser Stelle nicht geplant, sondern ist ein Reflex auf die Bewusstmachung dessen, was »lebendiges Erbe« aus der Antike zu nennen man sich kaum noch traut, will man nicht zu einem der scheinbar oder tatsächlich weltfremden Antike-Schwärmer abgestempelt werden. Aber es muss sein, dieses Plädoyer. Pathos und Tragödie passen schließlich gut zusammen.

Neun Tragödien an drei Tagen

Gewiss waren nicht alle Tragödiendichter solche Koryphäen wie Aischylos, Sophokles und Euripides, deren klangvolle Namen die tragische Produktion des 5. Jahrhunderts v. Chr. dominieren. Die Kanonisierung dieses »tragischen Dreigestirns« fällt bereits ins 5. Jahrhundert. Und das verdrängte viele andere Dichter und ihre

Werke aus der Überlieferung. Selbst von den »großen drei« ist nur der kleinere Teil ihres Œuvres erhalten; bei Aischylos sieben von über 80 Tragödien, bei Sophokles ebenfalls sieben von über 120 Stücken und 17 von 88 Stücken bei Euripides. Wie groß der qualitative Abstand zu den Dutzenden ihrer Kollegen war, lässt sich seriös nicht sagen, weil die erhaltenen Fragmente ein solches Urteil nicht erlauben. Es wäre sicher verfehlt, deren Talent gering zu schätzen. Ein wichtiges Indiz für den hohen literarischen Rang auch der unbekannteren Dichter ist die Tatsache, dass die prominenten drei keineswegs automatisch den Sieg im Tragödienwettbewerb errangen, wenn sie nur antraten. Sie räumten zahlreiche erste Plätze ab, mussten sich gelegentlich aber auch geschlagen geben – was nicht immer ohne die branchenübliche heftige Reaktion auf verletzte Eitelkeit abgegangen zu sein scheint …

In der Tat muss man sich ob der enormen Produktivität der Dichter wundern, man gewinnt fast den Eindruck, sie hätten Tragödien im Akkord geschrieben. Der wesentliche Grund für diesen Schreib- und Inszenierungseifer war die Herausforderung durch die Wettbewerbsstruktur; sie förderte Talente, und sie forderte gleichzeitig zur Höchstleistung auf. Von den drei erfolgreichen Bewerbern, die – nach nicht bekannten Kriterien – in den Wettstreit berufen wurden, verlangte man, für die Dionysien jeweils eine dramatische Trilogie und ein Satyrspiel zu verfassen und zur Aufführungsreife zu bringen. Für jeden der drei konkurrierenden Tragiker war ein Festtag reserviert. Die Zuschauer sahen also an drei Tagen nicht weniger als zwölf Stücke. Die Aufführungen zogen sich über viele Stunden hin; sie begannen am frühen Morgen und endeten spätestens mit dem Einbruch der Dunkelheit – für die Dichter, die meist auch als ihre eigenen Regisseure tätig waren, eine gewaltige Beanspruchung. Aber auch den Zuschauern wurden eine fast unglaubliche physische Leistung und größte Konzentration abverlangt.

Reprisen – auch besonders erfolgreicher Stücke – wurden im 5. Jahrhundert in aller Regel nicht zugelassen. Das Theaterspiel war gewissermaßen eine Weihgabe an Dionysos; der Respekt vor dem Gott verlangte das Original, keine *low-cost production* mit fertigen und schon einstudierten Stücken. Athen war der Ort für Uraufführungen, Wiederholungen überließ man großzügig anderen Städten mit weniger ambitionierter Festspielkultur. Erst im Jahre 386 wurde per Gesetz erlaubt, auch Klassiker der »alten Tragödie« an den Dionysien wiederaufzuführen, zunächst aber außer Konkurrenz.

Bedenkt man, dass auch an den Lenäen Tragödien gegeben wurden – möglicherweise je zwei von zwei Dichtern –, dann errechnet sich für das 5. Jahrhundert v. Chr. eine Zahl von weit über tausend uraufgeführten Tragödien. Im 4. Jahrhundert blieb diese Zahl weitgehend konstant, auch wenn die Dichter die Berühmtheit der »großen drei« nicht erreichten. Hinzu kamen mehrere Hundert Satyrspiel-Produktionen, im Prinzip drei pro Jahr (mit Kürzungen in Kriegszeiten). Die Komödie nicht zu vergessen: Die Zahl der im 5. Jahrhundert aufgeführten komischen Stücke liegt deutlich über der Grenze von einem halben Tausend. Für die Zeit von 486 v. Chr., als der Komödienagon begründet wurde, bis zum Jahre 120 v. Chr. dürften es mehr als 2300 Stücke von 256 namentlich bekannten Dichtern gewesen sein.[11]

Der Komödientag der Großen Dionysien war für alle Beteiligten ebenso fordernd wie die Tragödientage. Es wurden gleich fünf Komödien verschiedener Dichter hintereinander aufgeführt, und jede von ihnen dauerte anderthalb bis zwei Stunden – ein Marathon für die Lachmuskeln und das Sitzfleisch aller Zuschauer und Jurymitglieder. Die zehn Juroren, die über Sieg und Plätze entschieden, waren keine Sachverständigen, sondern Laienrichter, Repräsentanten des Zuschauer-Volkes und damit des Durchschnittsgeschmacks.

Sie wurden, um Manipulationen vorzubeugen, erst am Tage der Aufführung aus einem zuvor gewählten Gremium ausgelost und waren in ihrem Urteil prinzipiell unabhängig. Aber natürlich registrierten sie, wie die einzelnen Stücke beim Publikum ankamen, und hier und da gab es wohl auch den Versuch einer gezielten Einflussnahme auf die Jury. Im Allgemeinen wird man davon ausgehen dürfen, dass das Votum der Schiedsrichter dem Urteil einer Mehrheit unter den Zuschauern entsprochen hat. Beurteilt wurden im tragischen Agon die Tetralogien, nicht die Einzelstücke – womit sich möglicherweise erklärt, dass solch wunderbaren Dramen wie *König Ödipus* und *Medea* der Sieg nicht zugesprochen wurde. Das Urteil galt dem Gesamtkunstwerk, also der dichterischen Leistung *und* der szenischen Umsetzung. Spezielle Agone für (tragische) Schauspieler kamen erst im Jahre 449 v. Chr. hinzu.

Tragödie, Satyrspiel und Komödie bildeten zweifellos die Höhepunkte der Theaterfestivals. Voran ging ihnen allerdings ein weiterer Programmpunkt, die Dithyrambenchöre. Sie bleiben häufig unerwähnt, weil bis auf wenige Fragmente keine einschlägigen Texte überliefert sind. Gleichwohl waren sie von größter Bedeutung für den Charakter der Dionysien und anderer Feiern als Volksfeste in kultischer Hinsicht. Die zwanzig Chorlieder zu Ehren des Dionysos, die nicht nur den Gott selbst, sondern auch Heroen wie Theseus und Herakles verherrlichen konnten, wurden von Laienchören zu jeweils fünfzig Sängern vorgetragen. Sieben bis acht Stunden lang – der einzelne Dithyrambos dauerte etwa eine Viertelstunde – trugen tausend athenische Bürger einstudierte Festgesänge vor. Das war Kult, Show und Selbstdarstellung der Polis Athen in einem. Und es war eine konsequente kultische Ergänzung – in Wirklichkeit eher ein Präludium – zum politischen Credo Athens, das das Mittun des Einzelnen förderte und einforderte: Engagement für die Gemeinschaft und zugleich sinnfälliger Ausdruck der für die ganze Polis konstitutiven Überzeugung, dass die Bürgergemeinde auch eine Kultgemeinde war. Der »Gottesdienst« für Dionysos war nicht die Sache einiger weniger für den Kult Zuständiger, sondern eine Verpflichtung für alle, die man nicht nur im wahrsten Sinne des Wortes absitzen, sondern auch aktiv mitgestalten sollte.

Zählt man die in den Theaterstücken auftretenden Laiendarsteller – das waren bis auf ganz wenige Spielleiter und Schauspieler im 5. Jahrhundert fast alle Beteiligten – zusammen, so kommt man auf eine Mitwirkendenzahl von rund 1500. Das sind fast 4 Prozent der Bürger, wenn man von 40 000 Vollbürgern am Vorabend des Peloponnesischen Krieges (432 v. Chr.) ausgeht. Und das heißt: Jeder 25. war allein beim Dionysienfest aktiv engagiert. Da es keine Ensembles gab, war die Fluktuation der Mitwirkenden durch die Jahre entsprechend hoch. Es fand also ein permanenter Rollenwechsel vom Akteur zum Zuschauer statt. Eine Form der kulturellen Bürgerbeteiligung, die in diesem Umfang wohl einzigartig in der Weltgeschichte war.

Auch in den Dramen spielte der Chor eine zentrale Rolle. Er bestand aus zwölf, später 15 Choreuten bei der Tragödie und 24 Choreuten bei der Komödie – und er tat deutlich mehr, als der heutige Begriff es erwarten lässt. Neben dem von einem Flötenspieler begleiteten Sprechgesang tanzte er. Der kreisrunde Platz zwischen Bühne und Zuschauerraum war seine Domäne; er hieß in griechischen Theatern *orchéstra*, was »Tanzplatz« bedeutet (das Verb *orchésthai* heißt »hüpfen«, »springen«, »tanzen«). Der moderne Begriff »Orchester« ist eine Reminiszenz an den Ort des ursprünglichen Tanzgeschehens; in der Renaissanceoper wurde der »Mittelplatz« zwischen Zuschauern und Schauspielern den Musikern zugewiesen: Der Klangkörper hat den Tanzplatz eingenommen. Wie sich der Chor tatsächlich bewegt hat, wissen wir nicht. Aber grundsätzlich gilt: Das griechische Theater war in ganz anderer Weise als das moderne Sprechtheater eine Kombination aus Sprechen, Singen und Tanzen.

Die Finanzierung der Stücke einschließlich des Verdienstausfalls der Mitwirkenden bei Proben und Aufführungen übernahm ein Chorege. Die Stellung eines solchen »Chorführers« (*choregós*) war sehr ehrenvoll, sein Sozialprestige stieg erst recht, wenn seine Truppe den Sieg errang. Daneben war die Choregie ein beliebtes Mittel der Selbstdarstellung. Je mehr der Chorege in Kostüme und Ausstattung investierte, als umso spendabler wurde er wahrgenommen. Kein Wunder, dass alle führenden Politiker des 5. Jahrhunderts v. Chr. als Choregen aufgetreten sind, auch wenn das eine Stange Geld kostete.

Die Choregie war nur etwas für Reiche. Im Normalfall hatte der zuständige Beamte keine Mühe, die jeweils 28 Choregien für die Dionysien zu besetzen (zwanzig Dithyramben, drei tragische Tetralogien, fünf Komödien). Wenn er wirklich einmal in Schwierigkeiten kam, konnte er einen wohlhabenden Bürger von sich aus berufen. Der hatte nur dann die Chance, sich dagegen zu sperren, wenn er einen anderen Mitbürger benannte, der reicher war, und diese Behauptung auch nachwies. In einer Zeit, da landauf, landab über Mittelkürzungen für Theater oder gar ihre Schließung nachgedacht wird, wäre der Blick zurück auf das athenische Finanzierungsmodell vielleicht nicht die schlechteste Anregung. Entsprechende Ansätze gibt es, genügend reiche Leute auch. Wenn »theatralisches« Bürgerengagement mit dem entsprechenden Sozialprestige belohnt wird, sollte es nicht so schwierig sein, Sponsoren zu finden. Im Übrigen gingen die Athener von der Überlegung aus, dass Eigentum verpflichte. Das haben wir doch auch schon mal irgendwo gelesen.

Die Aufführungsbedingungen des antiken Theaters unterschieden sich stark von denen des modernen. Die Schauspieler trugen Masken, die einen bestimmten Typus verkörperten und den Akteur auch im Habitus darauf festlegten. Ursprünglich gab es nur einen einzigen Protagonisten neben dem Chor, das war der Dichter selbst. Aischylos führte einen zweiten und Sophokles einen dritten Schauspieler ein. Da die klassischen Tragödien zwischen sieben und elf Rollen aufwiesen, musste jeder Schauspieler mehrere Rollen von manchmal sehr unterschiedlichem Zuschnitt übernehmen. Dabei waren die Masken als Mittel der Rollendifferenzierung sehr hilfreich. Die strikte Vorgabe »drei« entwickelte sich für die Tragödie nicht weiter. Die Komödie war darin flexibler, sie konnte schon im 5. Jahrhundert mit fünf, vielleicht sogar mehr Schauspielern operieren. Frauenrollen wurden ausschließlich von Männern gespielt. Kinder wurden vornehmlich als Statisten eingesetzt oder hatten nur sehr kurze Sprechpartien.

Da er seine Rollen durch mimischen Ausdruck nicht unterstützen konnte, waren Gestikulation und mehr noch die Stimme die wichtigsten Ausdrucksmittel des Schauspielers. Seit dem 4. Jahrhundert v. Chr. war eine fortschreitende Professionalisierung zu registrieren, die mit einer intensiven Stimmausbildung einherging – und die besten Bühnenakteure zu umjubelten Stars werden ließ. Starkult und Spitzengagen sind nicht erst ein Phänomen des modernen Theaters beziehungsweise des Films als seiner medialen Fortentwicklung, sondern schon eine Erscheinung des griechischen und erst recht dann des römischen Altertums. Die Feststellung des Aristoteles, die Schauspielkunst übertreffe zu seiner Zeit die Kunst der Dichter,[12] ist ein bemerkenswerter Beleg für einen Rollentausch in der öffentlichen Wahrnehmung, der in den Anfängen des Theaters wegen der Personalunion von Dichter, Schauspieler und Regisseur gar nicht möglich gewesen wäre.

Mit der Aufwertung der Schauspielkunst ging ein schleichender Niedergang der Tragödie einher. Nicht dass sich das Programm der Dionysien und anderer Feste geändert hätte, nicht dass sich das Drama der klassischen Zeit dank der Hellenisierung der Welt nicht sogar viele neue Spielstätten erobert hätte, nicht, dass die »großen drei« des 5. Jahrhunderts v. Chr. in Vergessenheit geraten wären. Aber gerade mit dieser Ausbreitung – und auch damit, dass Athen durch die Einbeziehung ins Makedonen- und später ins Römische Reich seine Autonomie verlor – änderte und lockerte sich die Beziehung des Theaterspiels zu seiner ursprünglichen Kommunikationssituation. Die politische Dimension der Tragödie war schwächer geworden. Sie verlor, auch weil sich Reprisen der bekannten Stücke immer stärker durchsetzten, an Unmittelbarkeit und Authentizität nicht im Hinblick auf das persönliche Ergriffensein der Zuschauer, wohl aber hinsichtlich ihrer identitätsstiftenden Wirkung in der Interaktion der Politen. Mit der politischen Einbettung des Dramas hatte es wenig zu tun, wenn Starschauspieler die berühmtesten Passagen aus den berühmtesten Tragödien spielten oder rezitierten. Bei solchen Best-of-Produktionen fehlte der Kontext in mehr als einer Hinsicht.

Wie Dionysos seinen Biss verlor und ihn neulich überraschend wiederfand

Der Komödie erging es immerhin als Gattung besser als der Tragödie. Sie entwickelte sich zu einer Art bürgerlichem Lustspiel, in dem die Sehnsüchte und das – natürlich erst nach vielen Wirrungen erreichte – Glück des Individuums im Vordergrund standen. Es ging um Liebeshändel und Wiedererkennungsszenen, um schwierige Charaktere, kleine Intrigen und menschliche Schwächen, und am Ende stand meist ein Happy End. Diese Neue Komödie war ausgesprochen populär; sie eroberte nicht nur die Bühnen der griechischen Welt, sondern auch das »bäurische Latium«, weil Plautus, Terenz und andere Dichter die griechischen Originale ins »Barbarische« umsetzten und mit diesen Adaptationen eine eigene blühende Gattung schufen. Ihr hoher literarischer Rang zeigt sich nicht zuletzt darin, dass Terenz in Mittelalter und Neuzeit ein viel gelesener Schulautor war.

Der führende Dichter der Neuen Komödie war der Athener Menander (ca. 342–290 v. Chr.). Seine Lustspiele zeichnen sich durch Lebensnähe und eine gediegene bürgerliche Moralität aus. Sie vermitteln Anstand und ethische Werte, die den Familienverband stärken, sind dabei aber nicht prüde und kommen ohne den erhobenen Zeigefinger aus. Menander weiß von den Versuchungen und Charakterschwächen, denen Menschen nur zu leicht erliegen, und er nutzt dieses Wissen, um seine Plots zu konstruieren, aber er stellt letztlich das Verständnisvolle, Versöhnliche, Menschlich-Allzumenschliche in den Vordergrund.

Menander eckt nicht an, er provoziert nicht, er erteilt seine komischen Lektionen nicht mit aggressivem Biss. Das unterscheidet ihn grundlegend von der Alten Komödie. Sie beißt mit beleidigender Härte zu, sie verspottet und verhöhnt, attackiert und rebelliert – und das in einer sehr volksnahen Sprache, in der nichts unausgesprochen bleibt. Die Deftigkeit und unflätige Ausdrucksweise auch im Sexuellen sind Programm. Die Alte Komödie ist so gesehen eine genuine Repräsentantin dionysischer Ausgelassenheit, ja Zügellosigkeit.

Ihr bedeutendster Vertreter war Aristophanes (um 450–386/85 v. Chr.). Ihm sind wir zu Beginn dieses Kapitels begegnet, mit ihm wollen wir es abschließen. Von seiner umfangreichen Produktion – wir kennen die Titel von 46 Stücken – sind elf Komödien vollständig erhalten. Aristophanes' Stücke sind hochpolitisch; der Komödiendichter hält seinen athenischen Mitbürgern den Spiegel vor und schafft phantastische Entwürfe mit utopischem Amüsier- und Reizpotential. In den *Ekklesiazusen* übernehmen die Frauen das Regiment im Staat, in den *Vögeln* fliehen zwei von der Politik ihrer Heimatstadt völlig frustrierte Athener zu den Herren der Lüfte, um dort mit dem »Wolkenkuckucksheim« eine neue Stadt zu gründen. In der *Lysistrata* erschafft Aristophanes eine starke Frau mit dem sprechenden Namen »Auflöserin des Heeres«, die ihre Geschlechtsgenossinnen überredet, unter anderem mithilfe eines Ehestreiks ihre kriegsfixierten Männer zur Räson zu bringen – und zwar Athener wie Spartaner gleichermaßen, in den *Fröschen* schickt der Dichter Dionysos in die Unterwelt, wo der nicht immer geschmackssichere Theatergott im Streit um den besten Tragiker entscheiden soll.

Ein beherrschender Zug der Alten Komödie ist neben ihrer Respektlosigkeit und ihrer Schonungslosigkeit das im Komischen gebrochene und doch stets durchscheinende Ethos der Anteilnahme an den Angelegenheiten der Bürgergemeinschaft, dem Politischen. Es ist dieser partizipative Ansatz, der wesentlich zur Wiederentdeckung des Aristophanes im 20. Jahrhundert geführt und seine Stücke wieder auf die Spielpläne unserer Theater gebracht hat. Man mag die Parallele zum Kabarett ziehen, darf dabei aber den hohen literarischen Rang der Komödie nicht übersehen. Ihr Spezifikum ist die Kombination von großer dramatischer Kunst mit authentischem politischem Engagement. Da wird niemand und nichts geschont – auch nicht der Demos selbst, der die Stücke in Auftrag gegeben hat und direkt im Zuschauerraum sitzt. Es wäre nicht das Schlechteste, an diese Tradition der kritischen, künstlerisch hochkarätigen Einmischung anzuknüpfen oder sich wenigstens von ihr den Weg weisen zu lassen. Mindestens für diese Anregung und für den Beweis, dass so etwas in der Realität funktioniert hat, schulden wir Hellas Dank.

KAPITEL 9

Traditionsstränge und Traditionsbrüche – Olympischer Sport als Rohstoff moderner Legendenbildung

Dabei sein ist alles? – Von wegen! Was zählt, ist der Sieg

Wie spricht man zerstrittenen Spitzensportlern zu, die den Sieg eines Konkurrenten nicht akzeptieren wollen? Baron de Coubertin, der Begründer der Olympischen Spiele der Neuzeit, wusste es: »Das Wichtigste bei den Olympischen Spielen ist *nicht* zu gewinnen«, klärte er die Streithähne bei den Spielen in London im Jahre 1908 auf, »sondern daran teilzunehmen.« Aus dieser Bemerkung sollte sich das entwickeln, was immer wieder als »olympisches Motto« beschworen wird: »Dabei sein ist alles.« Die deutsche Bundeskanzlerin Angela Merkel adelte diese Devise anlässlich der Gründung des Deutschen Olympischen Sportbundes im Jahre 2006 als »olympische Idee«. Und die meisten der damals in der Paulskirche versammelten Honoratioren mit sportlichem und weniger sportlichem Hintergrund dürften ganz beifällig genickt haben. Denn so idealistisch gefällt uns Olympia am besten; der tagtägliche Blick auf den Medaillenspiegel während der Spiele ist ja nur eine dumme Angewohnheit, von der wir uns flugs mittels des auch vom IOC intensiv propagierten Bekenntnisses zur Völkerverständigung als oberstem Ziel distanzieren.

Die alten Griechen würden sich verwundert die Augen reiben, wenn sie sähen, was aus ihrem berühmtesten Sportfest geworden ist und wie sie ideologisch vereinnahmt werden – jedenfalls überall dort, wo sich das moderne Olympia ausdrücklich auf das antike beruft. Allerdings hätten sie hinreichend Zeit gehabt, sich an diese Vereinnahmung zu gewöhnen. Denn die begann erst mit der Wiederbegründung der Olympischen Spiele im Jahre 1896.

Aber bleiben wir zunächst bei der olympischen Motivation. Warum kamen im alten Hellas alle vier Jahre die besten Athleten der griechischen Welt Ende Juli/Anfang August im heiligen Hain von Olympia zusammen? Die religiöse Begründung stand, auch wenn das Programm des Festes kultisch geradezu durchstrukturiert war, weder bei den Athleten noch bei den Zuschauern im Vordergrund. Die einen wollten spannende Wettkämpfe erleben und die Atmosphäre eines großen Festivals genießen – sie nahmen dafür auch die brütende Hitze in Kauf –, die anderen wollten siegen. Nicht die Teilnahme war das Movens für die Sportler, die strapaziöse Reise nach Olympia, das mehrwöchige Vortraining und die Wettkämpfe unter der heißen peloponnesischen Sonne auf sich zu nehmen, sondern die Aussicht auf einen olympischen Sieg – und den Ruhm, der davon ausstrahlte und ein ganzes Leben lang anhielt.

»Wer dort siegt, hat künftig im Leben stets süßester Heiterkeit Beglückung, weil den Kampfpreis er errang«, huldigt Pindar pathetisch, aber in der Sache zutreffend dem Olympiasieger.[1] Und noch Jahrhunderte später stellt der Römer Cicero fest, ein Sieg in Olympia stehe bei den Griechen in höherem Ansehen als in Rom selbst der ruhmreiche Triumph.[2]

Der Olympionike war ein gefeierter Star, der in seiner Heimat mit Ehren und materiellen Vergünstigungen überhäuft wurde und der darüber hinaus in der ganzen griechischen Welt etwas galt. Das Prestige ihrer Olympioniken nutzten griechische Poleis gern, indem sie sie als Gesandte zu heiklen diplomatischen Verhandlungen schickten. Aber es mussten eben Olympia*sieger* (*níke*, »Sieg«) sein, nicht Olympiateilnehmer, wie der Begriff heute mitunter falsch verwendet wird.

Die Triebfeder der Athleten war ein starker Wille zur Leistung. Genauer gesagt: zu einer anerkannten Leistung, die *timé*, »Ruhm«, »Ehre«, »Prestige«, mit sich brachte. Der sportliche Wettkampf war nicht Selbstzweck, sondern Mittel zum Zweck. Er ermöglichte es, in dem Kräftemessen mit anderen, im Prinzip Ebenbürtigen eine besondere Stellung zu erringen und die eigene *philotimía*, »Ruhmbegierde«, »Ehrliebe«, zu befriedigen.

Wir sind damit tief in einer aristokratischen Gedankenwelt. Zur adligen Werteorientierung – im Kampf, aber auch im zivilen Leben – gehört seit frühgriechischer Zeit das Bestreben, innerhalb der Kaste der »Besten« (*hoi áristoi*) der möglichst Beste zu sein. Die homerischen Helden orientieren sich an diesem Aristie-Ideal, ja sie sind ihm mit jeder Faser ihres Wesens ergeben: In *aristeía*, »Heldentat«, »Heldentum«, steckt natürlich *áristos*, »der Beste«. Seinen klassischen Ausdruck hat dieses Streben nach einem Spitzenplatz und der damit verbundenen Hochachtung seitens der adligen Standesgenossen in einem berühmten Homer-Vers gefunden: *aieí aristeúein kai hypeírochon émmenai állon*, »immer der Beste sein und den anderen überlegen«.[3]

Dieses griechisch-aristokratische Leistungsprinzip braucht den Wettkampf – auch wenn er im Extremfall zu einem »staublosen« *akonití*-Sieg führt, einem kampflos errungenen Erfolg, weil kein Gegner es gewagt hat, gegen den unbestrittenen Champion anzutreten. *akonití*-Siege waren nicht weniger ehrenvoll als die im Kampf mit Konkurrenten errungenen: Sie dokumentierten ja in besonderer Weise, dass kein Herausforderer sich ebenbürtig fühlte. Damit war klar, wer der Beste war.

Da es tatsächlich um den ersten Rang ging, war das Treppchen kein von den Griechen angestrebtes Ziel. Zweite und dritte Plätze zählten wenig bis gar nichts, sie wurden in Olympia und an vielen anderen Wettkampfstätten auch nicht vergeben. Der Zweite war nach dieser Überzeugung der erste Verlierer – mochten auch manche Veranstalter die Nächstplatzierten mit »Siegespreisen« entlohnen. Selbst wenn man die griechische Mentalität nicht ganz so auf den ersten Rang zuspitzt, ist doch völlig klar, dass ein Slogan wie »Dabei sein ist alles« so ziemlich genau das Gegenteil der Motivation griechischer Athleten ist. Die hätten mit völligem Unverständnis auf solch einen Trost reagiert oder sich gar verulkt gefühlt.

Der Ehrgeiz griechischer Adliger richtete sich auf die Spitzenstellung und auf die gesellschaftliche Anerkennung des Individuums: Wenn jeder allein der Beste sein will, dann lässt das keinen Platz für Teamdenken. Daher konnten sich Mannschaftssportarten in Hellas auch nie durchsetzen. Für Kollektive galt dieses Ehrstreben nicht, und deshalb war auch das, was wir mannschaftliche Geschlossenheit oder gar Solidarität nennen würden, keine Kategorie griechischer Sportethik. Und übrigens auch nicht der Fair-Play-Gedanke. Es mag sich schockierend anhören, aber Fairness ist kein ethischer Wert des Sports im Altertum. Es ist ein im 19. Jahrhundert mit der englischen Sportmentalität aufgekommener Begriff, dessen Rückprojizierung in die Antike schlicht ahistorisch ist. Was einen Baron de Coubertin und seine ideologischen Mitstreiter nicht daran gehindert hat, ebendies zur Legitimierung ihrer Olympia-Wiederbelebung zu tun. Man hätte es auch damals schon besser wissen können, aber zumindest die sporthistorischen Untersuchungen der letzten Jahrzehnte haben eindeutig erwiesen, dass der moderne Fairness-Gedanke dem Olympia-Gedanken der Antike nicht übergestülpt werden darf.

Griechische Athleten nutzten alle Mittel und Methoden, um zum Sieg zu gelangen. Die Art und Weise, wie der Erfolg zustande kam, war der Tatsache des Sieges eindeutig untergeordnet. Es war Aufgabe der Schiedsrichter, über die Einhaltung der Regeln zu wachen und diejenigen zu sanktionieren, die sie als Regelverletzer erwischten. In seiner Untersuchung *Der Agon im Mythos* kommt Ingomar Weiler zu der nüchternen Erkenntnis, dass Menschen wie Götter sich ohne schlechtes Gewissen einer List, eines Tricks oder eines Betrugs bedienen, um zu gewinnen. Allenfalls könne man, resümiert Weiler, von einer »Erfolgsethik« sprechen. Deren Wesen lasse sich indes auch auf eine weniger anspruchsvolle Kurzformel bringen: »Der Zweck heiligt die Mittel.«[4] Ein Fair-Play-Pokal für den Athleten, der im sportlichen Wettstreit am wenigsten auf Fouls setzte? Die Griechen hätten sich kopfschüttelnd von solch einem abstrusen Einfall abgewendet.

Jedenfalls solange er im Rahmen des Sports geblieben wäre, in dem es auf die athletische Bestleistung ankam. Anders dagegen, wenn die Fairness als solche Ziel des Wettstreits gewesen wäre. Dann hätte sich dieser Wettkampf in eine Fülle von Agonen eingefügt, die es neben den sportlichen Konkurrenzen auch auf anderen Gebieten gab. *agón* ist der griechische Begriff für »Wettkampf«. Es wäre zwar übertrieben, von einer »Agon-Sucht« der Griechen zu sprechen, aber es war schon ein starker Hang zur agonalen Auseinandersetzung, den man den Hellenen attestieren kann. Wettkampf, das war ihr Element, und deshalb explodierte die Zahl der Agone im Laufe der Zeit regelrecht und griff auf Felder über, die zum Teil skurril anmuten. Selbstverständlich gab es große musische Agone, es gab Agone im Bereich des Dramas, in der bildenden und in der darstellenden Kunst, Agone im Vortrag epischer und lyrischer Dichtung, von Prosawerken und Lobgedichten. Kithara- und Flötenspieler traten in Wettbewerben an, Chöre und Tänzergruppen, Schauspieler und Sänger, Lyriker und Historiker, Philosophen und Ärzte. Selbst für Gaukler gab es Agone, aber auch Schönheitswettbewerbe waren mancherorts nicht unbekannt; für Frauen sind sie auf Lesbos, für Männer in Arkadien bezeugt. Schulkinder wetteifern um die besten Leistungen in verschiedenen Fächern, Moralisten um die besten Weisheitssprüche, es gibt ernsthafte und nicht ganz ernsthafte Wettbewerbe im Rätselraten und im Schimpfen, im Aushalten von Schmerzen, im Bekämpfen des Schlafs, im Wettessen und in Megara sogar einen Agon im Küssen.[5]

Sich zu messen und im Wettkampf einen erkennbaren Sieger zu ermitteln, auf diese Weise die Überlegenheit in einer bestimmten Hinsicht zu dokumentieren und sie als Prestige und Legitimationsinstanz für den eigenen Anspruch zu nutzen, das lag den Griechen, wenn man es schlicht formulieren will, im Blut, und es ist ein ursprünglich aristokratisch-heroisches Denken, das diese Mentalität nachhaltig geprägt hat. Homer war *der* Lehrer der Griechen, und er transportiert dieses agonale Denken im Grundsätzlichen wie in vielen Einzelbeispielen. Zu den eindrucksvollsten gehören die

Agone, in denen sich Odysseus als Herr über Ithaka durchsetzt. Als Fremdling und Bettler kommt er unerkannt nach jeweils zehn Jahren Krieg und Irrfahrt zurück und lässt sich von einem anderen Bettler zum Faustkampf herausfordern. Die Meute der um seine Frau Penelope konkurrierenden Freier empfindet den bevorstehenden Agon zwischen zwei Bettlern geradezu als Gaudi und stachelt die beiden gegeneinander auf. Der Ausgang des Kampfes ist wenig überraschend: Iros, der Kontrahent des »großen Dulders«, erhält einen Schlag, »dass sein Kiefer knirschend zerbrach und purpurnes Blut dem Rachen entstürzte«. Die Reaktion der Zuschauer auf den blutigen Zweikampf zweier Underdogs: »Sie lachten sich atemlos.«[6]

Kurze Zeit später kommt es zu einer weiteren Konfrontation. Einer der Freier bietet dem – immer noch als Bettler verkleideten – Odysseus an, ihn als Knecht auf seinem Gutshof zu engagieren. Odysseus fordert den arroganten Eurymachos stattdessen zum Agon, und zwar im Grasschneiden, im Rindertreiben und im Ackerpflügen. Da werde sich zeigen, wer der bessere Bauer sei. Erst an vierter Stelle weist er für den Fall eines Kriegsausbruchs auf seinen Einsatzwillen »unter den vordersten Streitern« hin.[7] Der »erfindungsreiche« Odysseus als Sieger beim Wettpflügen und Wettmähen? Für die Agon-besessenen Zuhörer und Leser Homers keine abstruse Vorstellung!

Aus der Beliebtheit des Wettstreits bei den Griechen hat Jacob Burckhardt in seiner einflussreichen *Griechischen Kulturgeschichte* vor rund hundert Jahren den Typus des »agonalen Menschen« im frühen Griechentum sowie das »agonale Prinzip« abgeleitet – eine Theorie, die zunächst viele Anhänger gefunden hat. Mittlerweile sind diese Begriffe bei nicht wenigen in Misskredit geraten. Die meisten Wissenschaftler scheuen sich heute, sie zu gebrauchen, um nicht unter Ideologieverdacht zu kommen In der Tat kann man, angefangen von der sprachlich unglücklichen Adjektivbildung »agonal«, eine Reihe von Bedenken gegen eine zu pauschale und nicht selten unreflektierte Verwendung der Burckhardt'schen Termini geltend machen. Methodisch ist es gewiss immer fragwürdig, eine komplexere Realität auf einen einzigen generalisierenden Begriff zuzuspitzen. Es gab und gibt nicht *den* Griechen, und es gab so gesehen auch nicht *den* agonalen Menschen der griechischen Frühzeit, selbst wenn man ihn soziologisch auf die Aristokratie einengt.

Schwerer wiegt allerdings die Definition der »Zweckfreiheit«, die Burckhardt und seine Anhänger mit dem »agonalen Prinzip« verbinden. »Das Agonale«, formuliert etwa der renommierte Althistoriker Victor Ehrenberg, »ist der Trieb und der Wille zum Wettkampf, zum Sich-Messen um des Sieges willen, nicht für ein praktisches Ziel, erst recht nicht für materiellen Gewinn, aber auch nicht zu kultischem und magischem Zweck. Es ist der Wille zum Wettkampf an sich.«[8]

Der Sieg nur um des Sieges willen? Die These übersieht, dass der Sieg, je größer die Bühne ist, auf der der Agon ausgetragen wird, umso mehr gesellschaftliches Prestige verschafft, dass sich aber auch im Kleinen direkte Folgen für immaterielle und materielle Güter einstellen: mehr Macht, mehr Anerkennung, mehr Wertschätzung und spätestens daraus resultierende Vorteile für den Lebensstandard. Die homerischen Helden stehen den Siegespreisen für sportliche Agone übrigens keineswegs ablehnend gegenüber. Im Gegenteil, die Athleten sind erpicht darauf und freuen sich, wenn sie sie errungen haben – was angesichts des griechischen Wortes dafür, *áthla*, »Kampfpreise«, nicht verwunderlich ist. *athletés* und *áthla* gehören nicht nur sprachlich zusammen. Ein ganzes Buch der *Ilias* widmet Homer der Schilderung sportlicher Agone zu Ehren des Patroklos und zählt dabei sehr anschaulich die von Achill ausgesetzten Preise auf: Dreifüße und Stuten, Opferkessel und gewaltige Stiere, Gold und »ein schönes, tadelloses Weib, geübt in den Werken der Hände«.[9] Das sind sehr materielle Motivationsanreize für die adligen Athleten. Ein zweckfreies Sich-Messen allein um des Sieges willen sieht anders aus.

Und Olympia? Und die anderen bedeutenden »Kranzspiele« in Delphi, Korinth und Nemea? Trifft es nicht zu, dass der Siegeskranz dort die einzige Belohnung für siegreiche Athleten war? Gewiss ist das richtig, und es hatte bis zum Ende der Spiele in der Spätantike Bestand: Die *agónes stephanítai*, »Kranzagone«, unterschieden sich in der Tat von den zahlreichen *agónes chrematítai*, »Erwerbsagonen«, durch das Fehlen materieller Kampfpreise. Für die angebliche Zweckfreiheit agonalen Handelns lässt sich daraus aber schwerlich eine effiziente Argumentationswaffe schmieden. Denn zum einen muss der Ruhm als immaterielle Belohnung mit einbezogen werden, zum anderen konnten Olympioniken ihr im Zeus-Heiligtum erworbenes Renommee bei den Erwerbsagonen versilbern. Diese Chance nutzten die meisten mit großer Selbstverständlichkeit; und damit lag dem Siegeswillen bei den »Kranzspielen« zumindest auch die indirekte Motivation lukrativer »Anschlusssiege« zugrunde.

Die These vom »agonalen Prinzip«, bei dem das Siegen Selbstzweck ist, steht somit auf tönernen Füßen; sie wird auch nur noch von wenigen mit Nachdruck vertreten. Auch die moderne olympische »Idee« hat sich ja seit einiger Zeit von jenem mehr oder minder heuchlerischen Amateurkonzept verabschiedet, das in vergleichbarer Weise eine idealistische Motivation der Spitzensportler unterstellte. Pierre de Coubertin hatte sich auch in diesem Punkt eine von Anfang an falsche historische Tradition konstruiert: Amateure im Sinne der früheren Olympia-Statuten der Moderne sind griechische Athleten nie gewesen. In der Frühzeit bis zum 5. Jahrhundert waren es überwiegend Adlige, die als Großgrundbesitzer genügend Geld und damit Zeit hatten, um zu trainieren und zu den Agonen zu reisen. Oder es waren wie in Sparta »Staatsamateure« beziehungsweise von anderen Städten finanziell geförderte Spitzenathleten, die im Ausnahmefall nicht auf aristokratische Ressourcen zurückgreifen konnten.

Seit dem 5. Jahrhundert v. Chr. änderte sich die Sozialstruktur der griechischen Athleten allmählich, die Szene professionalisierte sich zusehends durch Sportler, die ihren Lebensunterhalt mit den Preisgeldern der zahlreichen »Erwerbsagone« bestritten. Im Hinblick auf das vermeintliche Amateurideal war die Antike ehrlicher als die Neuzeit: Sie kannte diese Vorstellung gar nicht, und erst durch den realistischen Verzicht des IOC auf die Amateurklausel ergibt sich in dieser Hinsicht eine Angleichung der modernen an die antiken Olympischen Spiele.

Entkleidet man das »agonale Prinzip« seines idealistisch-ideologischen Ballasts, so bleibt gleichwohl der Befund gültig, dass agonistisches Leistungsstreben durchaus ein starker Wesenszug der Griechen gewesen ist. Und dass der Sport die Bühne war, auf der sie dieser Lust am Wettbewerb in besonderer Weise nachgegangen sind, ja eine Kultur des sportlichen beziehungsweise sportlich-musischen Wettstreits entwickelt haben, die konstitutiv war für die gesamte griechische Welt. Insofern ist die Berufung des modernen olympischen Sports auf das alte Hellas gerechtfertigt – einschließlich der Parallele, dass es dabei um Spitzensport ging und geht, um das sportive Wetteifern der Weltbesten in der je unterschiedlichen Definition von »Welt«.

Der kritischen Frage, ob diese Betonung des Sports als etwas spezifisch Griechisches nicht einer graekozentrischen Sichtweise entspringe, ob sich nicht gar rassistische Töne in die These vom »agonalen« griechischen Menschen eingeschlichen hätten, ist die sporthistorische Forschung der letzten Jahrzehnte intensiv nachgegangen. Man hat untersucht, welche Bedeutung der Sport bei anderen Völkern der Alten Welt hatte. Das Ergebnis ist recht eindeutig: Es gab auch in anderen Kulturen sportliche Betätigung und das Phänomen des sportlichen Wettkampfes, aber nirgendwo so ausgeprägt wie bei den Griechen. Mit der Intensität und der Infrastruktur des »Agonalwesens« im gesamten griechischen Raum haben die Griechen eine unbestrittene Spitzenstellung inne.[10] »Ohne Übertreibung darf man sagen«, fasst der Kölner Sporthistoriker Wolfgang Decker zusammen, »dass der Sport in der Menschheitsgeschichte in nur wenigen Kulturen eine vergleichbar hohe Stellung einnahm wie in Griechenland. Dieses Urteil«, fügt er mit Blick auf das »agonale Prinzip« Burckhardts hinzu, »bleibt auch dann bestehen, wenn man ihn nicht zum Motor der griechischen Kultur schlechthin stilisiert.«[11]

Weil der Sport bei den Griechen eine so bedeutende Rolle spielte und weil Olympia bei allen weiteren Assoziationen doch im Wesentlichen mit der Athletik verbunden war – ganz gleich, ob man sie als eine Art Opfer an die in riesiger Zahl im Heiligtum präsenten Götter oder seit dem 4. Jahrhundert v. Chr. als im Bewusstsein der Menschen zunehmend säkularisiertes Festival verstehen mag –, strahlte von den Olympischen Spielen eine Faszination aus, die die Geistesgeschichte Europas seit der Renaissance stark geprägt hat. Dazu trug auch die Tatsache bei, dass der Ruhm der Sieger – und damit indirekt auch die enorme gesellschaftliche Bedeutung des Sports – dank unterschiedlicher Medien weit über den Tag hinausreichten. Darstellungen des schönen Athletenkörpers in Bewegung gehören zu den beliebten und gelungensten Sujets der griechischen Bildhauerei. Für die literarische Verewigung sorgten Epinikien, »Siegeslieder«, die gut betuchte Olympioniken und Sieger in den anderen panhellenischen Agonen bei Dichtern in Auftrag gaben.

Der berühmteste Epinikiendichter war der in der ersten Hälfte des 5. Jahrhunderts lebende Pindar, von seiner umfangreichen literarischen Produktion sind 44 Siegeslieder erhalten. Sie gehören zu dem Besten, was die antike Literatur an Gedankenlyrik hervorgebracht hat. Dabei wird der sportliche Ruhm in einen mythologisch-religiösen Rahmen und in allgemein-ethische Reflexionen eingebettet, die die athletische Leistung überhöhen und als Ausdruck einer aristokratisch geprägten, gleichwohl allgemein griechischen Lebenseinstellung feiern. Man mag sich heute daran stoßen, dass es sich um Auftragsdichtung gegen klingende Münze vielfach aus der Hand mächtiger Monarchen handelt, der überragenden gedanklich-poetischen Qualität der Chorlyrik tat das jedoch keinen Abbruch. Ebenso wenig die Tatsache, dass diese Epinikien von ihren Auftraggebern auch propagandistisch genutzt worden sind. Hervorragendes zu leisten und öffentlich darüber zu sprechen beziehungsweise sprechen zu lassen war in griechischen Augen nicht anstößig. Da waren die Griechen wie in anderen Bereichen unverkrampfter –

oder vielleicht ehrlicher? – als wir. Wie sich denn auch weder bedeutende Künstler noch die Athleten und ihre Heimatstädte für »olympische« PR-Arbeit zu schade waren.

Spitzensport, sportlicher Ruhm und die Freude der Zuschauer an sportlichen Spektakeln waren öffentliche Themen, sie waren fest im Leben der Hellenen verankert. Die Inszenierung sportlich errungenen Ruhms gehörte ganz selbstverständlich dazu; in gewisser Weise setzte sich die gesamte griechische Kultur damit in Szene und schuf sich dauerhafte Denkmäler.

Auch damit blieben die Griechen also im kulturellen Gedächtnis präsent. Die Bemühungen um die Wiederbelebung der Olympischen Spiele, die seit dem 17. Jahrhundert bezeugt sind, stellen gewissermaßen die praktische Variante dieser Hellas-Rezeption dar. Mit ihrer Begeisterung für sportliche Höchstleistungen wirkten die Griechen weit über das Ende der antiken Kultur hinaus. Damit schufen sie auch für ganz anders verstandene Konzepte eine willkommene Legitimationsbasis, die bis auf den heutigen Tag stabil zu sein scheint. In diesem Sinne sind auch die modernen Olympischen Spiele Teil unseres griechischen Erbes, wenngleich das Trennende bei einem Vergleich beider Festivals, ihres Programms und ihrer Programmatik, deutlich überwiegt.

Ja zur Diskriminierung – Radikaler Wandel im »olympischen Geist«

Auf einige Unterschiede im Geist der modernen und der antiken Olympischen Spiele haben wir bereits hingewiesen. Von einem besonders gravierenden soll nun die Rede sein. Die fünf olympischen Ringe, das Symbol für die fünf Kontinente und damit für den globusumspannenden Charakter des heutigen Olympia, unterstreichen den Appell an »die Jugend der Welt«, sich alle vier Jahre zu einem »friedlichen Wettstreit« am jeweiligen Austragungsort zu versammeln. Die Mobilität im Turnus der Olympiastädte ist programmatisch: Sie signalisiert die Offenheit der Spiele für die ganze Welt. Ein eklatanter Traditionsbruch mit den Spielen der Antike, für die der Austragungsort Olympia konstitutiv war. De Coubertin hatte übrigens größte Mühe, dieses Rotationsprinzip durchzusetzen. Die Griechen hätten ihm zu gerne neben ihrem ersten Austragungsort eine dauerhafte Austragung der Spiele in Athen abgehandelt. Auch im Jahre 2004, als Athen erneut Gastgeber war, wurden reichlich Stimmen laut, die Olympischen Spiele doch auf Dauer in ihrer Heimat zu belassen. Heimat? Das wäre dann ja wohl Olympia. Aber so viel Heimat war und ist angesichts der Lage und Infrastruktur des Ursprungsortes im Westen der Peloponnesischen Halbinsel dann doch nicht gewünscht.

Die moderne olympische Bewegung hat die Völkerverständigung auf ihre Fahnen geschrieben. Weitere Werte des *Olympic spirit* sind Solidarität und Fair Play. Internationalität ist Trumpf, und deswegen darf es keine Diskriminierung geben, nicht nach Abstammung, Rasse, Religion und Geschlecht. Allesamt hehre Ideale, deren Einlösung in der Wirklichkeit wir an dieser Stelle nicht überprüfen wollen. Freilich kennt jeder den Standpunkt der Olympia-Kritiker mit der Kurzformel »So viel Heuchelei war selten«.

Mit diesen modernen Idealen hätten die alten Griechen indes wenig anfangen können. Nicht wenigen dieser Zielsetzungen stand der antike Geist sogar diametral entgegen. Sicher, die dem Zeus geweihten Olympien sollten ein friedliches, fröhliches Fest sein. Aber einen »Olympischen Frieden« hat die Antike nicht gekannt. Was gemeinhin so genannt wird, ist der *ekecheiría* genannte »Zustand, in dem die Hände zurückgehalten werden« – aber nur gegenüber den Athleten, den Zuschauern und Festgesandten, die bei oder auf dem Wege zu den Spielen waren. Ein Waffenstillstand, der dank eines bei Zeus geschworenen Eides aller Beteiligten eine ordnungsgemäße Durchführung und einen sicheren Transfer für Athleten und Schlachtenbummler ermöglichte, aber kein allgemeiner Frieden unter den Hellenen. Die zu Olympiazeiten die gesamte griechische Welt umspannende *Pax Olympica* ist eine moderne Legende.[12]

Der schärfste Kontrast zwischen griechischer und moderner olympischer »Idee« besteht bei den Zulassungskriterien. Die Griechen bekannten sich zur »Diskriminierung«, ja es gehörte zum Wesen aller ihrer großen Agone, dass ausschließlich griechische Athleten daran teilnehmen durften. Olympia war eine im eigentlichen Sinne des Wortes exklusive Veranstaltung: Barbaren waren definitiv ausgeschlossen – wobei der Begriff in archaischer Zeit keinen negativen Klang hatte und sich mit der Beschränkung auf den griechischen Teilnehmerkreis zunächst auch keine Überheblichkeit, kein Superioritätsgefühl verband. Wie selbstverständlich der Ausschluss fremder Nationen war, zeigt sich im Fall der Makedonen und der Römer. Es bedurfte ebenso gelehrter wie gewagter mythologischer Konstrukte, um diese »Supermächte« gewissermaßen griechisch einzugemeinden. Da wurden als Konzession an die politischen Verhältnisse aus Barbaren Griechen. Glücklich über diese Aufweichung eines ehernen olympischen Prinzips waren allenfalls die in die Olympia-Familie neu Aufgenommenen.

Tatsächlich kann man bei den Olympischen und den anderen großen Agonen von Familienfesten sprechen. Da blieben Hellenen unter sich, wenngleich der geographische Rahmen weit gezogen wurde: Durch die intensive Kolonisationstätigkeit zwischen 750 und 550 v. Chr. waren Griechenstädte in Südspanien und am Schwarzen Meer entstanden, in Nordafrika und in Italien. Sie alle schickten ihre besten Athleten nach Olympia, zusammen mit offiziellen Festgesellschaften der Heimatstädte und Privatpersonen, die als Zuschauer anreisten.

Mit modernem, von Political Correctness beherrschtem Denken ist man geneigt, den Ausschluss oder besser die Nichtzulassung von Nichtgriechen als schlimme Diskriminierung anzusehen und mit scharfen Worten pflichtschuldigst zu verurteilen. Nähert man sich dieser Grundregel indes vom Positiven her, indem man fragt, worin ihr Vorzug lag, so ist die Antwort rasch klar: Olympische Exklusivität war Teil eines Selbstvergewisserungsrituals, einer Identitätssuche, die gerade den in »barbarischer« Umgebung lebenden

»Auslandsgriechen« den Rücken stärkten. Olympia war ein Stück Heimat, ein einigendes Band für eine Nation, die über das gesamte Mittelmeerbecken und darüber hinaus verstreut war – und die politisch alles andere als einig war.

Ob die panhellenischen Festivals die Neigung der Griechen zum Familienzwist auf Dauer verringerten, darüber kann man sehr geteilter Meinung sein. Gewiss waren auch Diplomaten vor Ort, und gewiss diente Olympia auch als Heiratsmarkt der Hocharistokratie, aber als grundsätzliche Kriegsverhinderungs- oder auch nur Deeskalationsinstanz bei Spannungen war es keine besonders effiziente Institution. Es war eine Kommunikationsplattform, aber auch eine Bühne, auf der Rivalitäten offen ausgetragen wurden. Zwar wurden keine Nationalflaggen gehisst und keine Hymnen intoniert, aber neben dem Namen des siegreichen Athleten wurde auch der seiner Heimatstadt öffentlich ausgerufen. Darüber hinaus bemühten sich viele Delegationen, die anderen Besucher durch Prachtentfaltung und üppige Weihgeschenke und im heiligen Hain errichtete »Schatzhäuser« zu beeindrucken – ein Familienfest eben, auf dem man auch zeigt, was man hat.

Die flammenden Appelle zur Einigkeit, die Redner wie Lysias und Isokrates im 4. Jahrhundert v. Chr. in Olympia vortrugen, indem sie die alle Griechen bedrohende »Perser-Gefahr« beschworen, dürfen nicht den Blick darauf verstellen, dass diese Solidaritätsaufrufe de facto wenig bis nichts erreicht haben. Politisch war sich die griechische Welt selten einig; an dieser dramatischen, ja historisch katastrophalen Lust an der Kleinstaaterei änderten auch die vielen panhellenischen Familientreffen nichts.

Die griechische Mentalität neigte tatsächlich eindeutigen bis kompromisslosen disjunktiven Polaritäten zu: Mann – Frau, Freier – Sklave, Bürger – Fremder, Sieger – Verlierer gehörten ebenso dazu wie Grieche – Barbar. Griechen »konstruierten also auf verschiedenen Ebenen ihre Identität durch Negation«, konstatiert Paul Cartledge, »indem sie sich durch eine Reihe polarisierter Oppositionen von dem abgrenzten, was sie nicht waren«.[13] Das mag nicht nur im

Hinblick auf den modernen Zeitgeist problematisch sein, in der Abgrenzung zu den Barbaren hatte es jedoch auch sein Positives: Diese Selbstdefinition im ursprünglichen Sinne einer »Grenzziehung« (*de-finire*) schuf Identität und kulturelle Homogenität. Sie wirkte gegenüber den auch geographisch bedingten zentrifugal-partikularistischen Kräften stabilisierend und harmonisierend.

Die sportlichen Wettkämpfe und musischen Agone, wie man sie nicht nur in Olympia, sondern in vielen anderen Orten zelebrierte, der kultisch-mythische Rahmen, der die gemeinsamen Götter präsent sein ließ, die Lust am Feiern, der kommunikative Raum, der einem durch die gemeinsame Sprache besonders vertraut vorkam, die Händler und die Tourismusbetriebe, die die ökonomischen Chancen eines großen Festivals mit nicht ungriechischem Sinn für das Kommerzielle zu nutzen wussten, die Großen der Politik und die prominenten Aristokraten, deren Selbstdarstellung reichlich Gesprächsstoff für »panhellenischen« Klatsch lieferte, die Dichter und die Philosophen, die die Feste durch Geist bereicherten – all das vermittelte den vielen Tausend Menschen, die daran teilnahmen und die in der Heimat über ihre Erlebnisse berichten würden, das Gefühl, dazuzugehören, Teil einer »weltumspannenden« Kulturnation zu sein, auf die man stolz sein konnte. Ja sicher, da wurde auch Kulturpropaganda betrieben, da klopfte man sich selbst auf die Schulter, da gab es überhebliche Töne gegenüber den Barbaren, die man heute vielleicht als »kulturimperialistisch« einstufen würde. Aber es war im Ganzen doch eine positive Abgrenzung, ein Bekenntnis zum Eigenen, keine Diskreditierung des Fremden – und schon gar keine Abkapselung, die sich Anregungen von außen verschlossen hätte. Bei aller selbstbewussten Wertschätzung ihrer eigenen Kultur haben sich die Griechen stets eine Offenheit für das Fremde bewahrt.

Sollte man da nicht einmal der Versuchung widerstehen, dieses geistvoll-lebendige Modell der Identitätsstiftung als bedenkliche Diskriminierung und Abwertung des anderen ideologiekritisch zu zerpflücken? Sollte man es vielleicht sogar als nachahmenswert für ein Europa zu bedenken lernen, das sich in einer globalisierten Welt zunehmend unwohl fühlt, weil es seine Identität zu verlieren droht oder gar nicht mehr kennt, das sich mehr oder minder wehrlos von einer amorphen bzw. isomorphen »Welt-Zivilisation« überrollen lässt, deren Charakterisierung als »Amerika-lastig« man nicht gleich als plumpen Antiamerikanismus missverstehen möge. Was ist Europa? Was sind die geistigen Fundamente dieses alten Kontinents? Eine Selbstbesinnung als Orientierungsmarke in die Zukunft und als Mutmacher wäre hilfreich. Das antike Hellas gibt Anregungen dazu – auch weil es immer noch ein Teil unserer europäischen Identität ist. Und, wie gesagt, neben der Lust, sich selbstbewusst selbst zu feiern, auch die Anregung, offen zu bleiben für Neues, anderes.

Sportstätten – Stadion und Gymnasium

Wie nah uns der griechische Sport noch im Alltag ist, ohne dass wir es so recht zur Kenntnis nehmen, zeigt sich an zwei Sportstätten, die sich nicht nur vom Namen her in die moderne Zeit hinübergerettet haben: das Stadion und das Gymnasium.

Das Stadion ist ursprünglich ein griechisches Längenmaß. Es entspricht 600 Fuß. Da das Fußmaß in der griechischen Welt unterschiedlich groß angesetzt wurde, variiert die Länge eines Stadions zwischen 162 und 210 Metern. Das athenische *stádion* entsprach 186 Metern, das olympische 192 Metern. Da der Laufwettbewerb in Olympia zunächst die einzige Disziplin war (angeblich bis zur 13. Olympiade), lag es nahe, die von den Läufern durcheilte Strecke eines olympischen Stadions auf den Ort des sportlichen Wettkampfes auszudehnen. Das war im Anfang eine Talsenke mit der Böschung als Naturtribüne für die Zuschauer. Aus dieser Naturarena entwickelte sich der Bautypus mit seiner charakteristischen Form, für den man auch in seiner steinernen Ausprägung einen topographisch möglichst günstigen Platz suchte.

Die Schmalseiten blieben zunächst offen; in der nächsten Entwicklungsstufe wurde die eine Schmalseite durch eine ovale Rundung abgeschlossen, in einem weiteren Schritt dann auch die zweite. Daraus ergab sich die signifikante lang gezogene und relativ schmale Stadionform, die sich in der Neuzeit stärker zu einer Kreisform hin entwickelte.

Alle bedeutenden Städte und Heiligtümer der griechischen Welt verfügten über ein solches Stadion, zunächst mit Steh-, seit hellenistischer Zeit auch mit Sitzplatzkapazitäten für etliche Tausend Zuschauer. Zu den eindrucksvollsten gehören die Stadien in Epidauros, Delphi, Olympia und im südtürkischen Aphrodisias. Selbstverständlich hatte auch Athen ein repräsentatives Stadion; es ist dank der ganz in Marmor ausgeführten Restaurierung für die Olympischen Spiele des Jahres 1896 das am besten erhaltene.

Die Stadien im griechischen Raum wurden in der römischen Kaiserzeit weiter genutzt und so umgebaut, dass dort auch Gladiatorenkämpfe veranstaltet werden konnten. Als Bautyp setzte sich das Stadion im Westen des Reiches nicht durch. Allein in Rom ließ Kaiser Domitian, ein begeisterter Anhänger der von den Römern sonst wenig geliebten griechischen Athletik (*certamina Graeca*), ein prächtiges Stadion bauen: Das *stadium Domitiani*, in seinem Grundriss noch heute gut erkennbar, weil die Bebauung der Stadionform folgte, ist besser bekannt unter seinem heutigen Namen »Piazza Navona« – einer der schönsten Plätze der Welt.

Wer also heute am Samstagnachmittag ins Stadion geht, wandelt, sofern es nicht modisch in eine (römische) »Arena« umgetauft worden ist, auf den Spuren der alten Griechen. Ebenso sind alle, die ein Gymnasium besuchen oder besucht haben, zumindest äußerlich mit griechischer Bildung konfrontiert worden, auch wenn es kein humanistisches war. Der lateinische Begriff *gymnasium* geht auf das *gymnásion* der Griechen zurück – und das war eine Bildungsstätte für die männlichen Jugendlichen vorwiegend aus der Oberschicht. Jede griechische Stadt, die auf sich hielt, besaß mindestens ein *gymnásion*.[14]

Das voll ausgebaute *gymnásion* verfügte über eine Laufbahn und eine Palaistra, den von Säulengängen umrahmten Ringplatz, um den sich verschiedene Räume unter anderem für das Umkleiden, Waschen und Salben sowie für Vorträge und Unterricht gruppierten – ein ausgedehnter Architekturkomplex mit Freiflächen zum Trainieren, der sich als Freizeitzentrum für gehobene Ansprüche definieren lässt. Sein Name zeigt, dass es ursprünglich ganz auf die körperliche Ertüchtigung abzielte: Griechische Athleten trainierten nackt, und das heißt auf Griechisch *gymnós*. In der eigentlichen Bedeutung ist das Gymnasium mithin ein »Nacktübungsplatz«.

Diese Funktion stand bei den Griechen stets im Vordergrund, auch wenn seit dem 5. Jahrhundert neben die physische Schulung intellektuelle Lernangebote traten. Das Gymnasion war ein sozialer Treffpunkt, in dem auch Philosophen ihre »Gesprächsangebote« machten. Sokrates hielt sich gern in Gymnasien auf, um dort mit jungen Leuten zu philosophieren, Platon siedelt einige seiner Dialoge im Gymnasion an oder lässt sie jedenfalls dort ihren Ausgang nehmen. Diese intellektuelle Tradition lebt in der »gymnasialen« Bildung fort, so wie auch die »Schule« auf das griechische Wort *scholé* zurückgeht. Darunter verstanden die Griechen die »Muße«, die »Freizeit«, die zur Atmosphäre ihres *gymnásion* gehörte. Davon ist die heutige Schule, davon ist das G-8-Gymnasium weit entfernt. Eine Rückbesinnung auf die griechischen Ursprünge täte gut, auch wenn es nur eine tendenzielle Umkehr wäre. Ein Lernort mit jeder Menge Sport, mit intellektuellem Vergnügen, mit Bildung als Freizeitangebot: Für die Griechen war das kein Traum.

Immerhin, es gibt auch Fortschritte: Eine Schulpflicht kannten die Griechen noch nicht, und deshalb war das Gymnasion alles andere als eine klassenlose Institution. *hoi ek tou gymnasíou*, »die aus dem Gymnasion«, trugen die Nase ziemlich hoch und waren sichtlich stolz auf diese Zuordnung. Hier treffen wir erneut auf einen dieser binären Codes der griechischen Gesellschaft, die Antithese Trainierter – Untrainierter.[15] Dem Oberschichtideal der *kalokagathía*, der Einheit charakterlicher »Vollkommenheit« (*agathós*,

»gut«) mit körperlicher »Schönheit« (*kalós*, »schön«), lag die Ausbildung eines in der Palaistra (»Ringplatz«) athletisch durchtrainierten Körpers zugrunde. Körperliche Schönheit galt als gesellschaftliches Distinktionsmerkmal; den jungen vornehmen Griechen erkannte man an seinen breiten Schultern, seinem muskulösen Oberkörper, seinen starken Schenkeln, seiner schmalen Taille und seinem wohlgeformten Po – ein Schönheitsideal, das von Schriftstellern und Bildhauern vervielfältigt und dadurch auch über das Ende der altgriechischen Kultur hinaus tradiert worden ist. Es entspricht, sicher nicht ausschließlich, aber doch auch von dieser Tradition geprägt, dem ästhetischen Ideal unserer Tage.

Das ist nicht der Typus des blassen, bebrillten Primus aus dem Gymnasium, sondern eher der leicht gebräunte, muskulöse Sonnenbrillenträger aus dem Fitnessstudio – diese Präzisierung ist vonnöten, damit man nicht allzu sehr über die *kalokagathía* ins Schwärmen gerät. Welchen Vorrang das physische Training im griechischen *gymnásion* genoss, wird an einem anderen Synonym für die dort ausgebildeten Männer deutlich: Sie hießen auch *hoi aleiphómenoi*, »die (mit Öl) Eingesalbten«. So war es: Im Zweifel kam dem Salböl im griechischen *gymnásion* größere Bedeutung zu als dem Gehirnschmalz.

Verlieren lernen – Ein überraschendes Erziehungsziel griechischen Spitzensports

Gleichwohl, auch wenn sich die Akzente kräftig verschoben haben, wenn Begriffe des Sports mit teilweise anderen Inhalten gefüllt, wenn sich Programm und Geist der Olympischen Spiele nachhaltig bin hin zum Gegenteil verschoben haben, lassen sich doch Traditionslinien ziehen, die in der Kombination von Alterität und Identität zu vergleichender Reflexion anregen. Eine vordergründigplatte Parallelisierung altgriechischen und modernen Sports über das Label »Olympische Spiele« ist ebenso verfehlt wie unfruchtbar und kann in dieser Form allenfalls ein Aufhänger, aber nicht das Ziel von Geschichtsunterricht und der Ausbildung historischen Bewusstseins sein. Nicht Gleichheitszeichen sind Ausdruck von Bildung, sondern das Vergleichen, das Erfassen von Traditionssträngen und Traditionsabbrüchen. Wir erkennen unsere »westliche« Leistungsorientierung im antiken Spitzensport wieder, und wir lernen, dass man, wo es um den Sieg geht, auch mit weniger Heuchelei und ideologischer Verbrämung des eigentlichen Ziels auskommt. Aber wir können uns bei den auf Hochleistungen fixierten Griechen noch etwas anderes abschauen, ein geheimes Lernziel gewissermaßen, auf das Egon Flaig jüngst die Aufmerksamkeit gelenkt hat: bei allem Streben, stets der Beste zu sein, doch auch verlieren zu können und die Niederlage mit Fassung zu ertragen – das »implizite Erziehungsziel« einer agonalen Kultur. Ob es »sozial und kulturell bedeutsamer (war) als das explizite«, wie Flaig meint,[16] bleibe dahingestellt. Auf jeden Fall war es als Pendant und Ausgleich zum Ehrgeiz und Siegeswillen ein soziales Lernziel.

KAPITEL 10

Nabel der Welt, Orakel des Apollon, Sitz der Sieben Weisen – Delphi und die Inszenierung von Glaubwürdigkeit

»Das einzig wahre Orakel auf der Welt« – Testurteil: sehr gut

Die beste Universität, die beste Klinik, der beste Steuerberater – Rankings erfreuen sich in unserer Zeit großer Beliebtheit. Institutionen und Serviceanbieter werden genauestens unter die Lupe genommen und den Ergebnissen entsprechend in eine Reihenfolge gebracht. Zeitschriften und Nachrichtenmagazine verstehen das als Dienst am Leser und versprechen sich von der Veröffentlichung solcher Listen eine höhere Auflage. Konkrete Lebenshilfe zum Preis von fünf Euro – wer könnte da Nein sagen?

Wer im Altertum auf eine mehr oder weniger aussagekräftige Bestenliste Zugriff haben wollte, musste deutlich mehr Geld ausgeben. Für den sprichwörtlich reichen Lyderkönig Krösus war das freilich kein Problem. Und so schickte er seine Tester in die ganze Welt, und zwar zum großen Orakeltest. In einem ersten Schritt wollte er herausfinden lassen, welche göttlich inspirierte Vorhersageinstitution die zuverlässigste und glaubwürdigste sei, um sie dann im zweiten Schritt hinsichtlich einer nachgerade existentiellen Entscheidung zu konsultieren.

Was er, der Lyderkönig, wohl am hundertsten Tage nach Abreise seiner Boten gerade tue? Diese Frage sollten die Tester jedem Orakel vorlegen, die Antwort protokollieren und nach Sardes zurückbringen. Das war zwar nicht die klassische Orakelanfrage, weil sie sich ja nicht auf die Zukunft bezog und der Klient nicht im Stande des Nichtwissens war, dem die Vorhersage abhelfen sollte. Aber die Orakel ließen sich, so berichtet jedenfalls Herodot, alle auf die Testaufgabe ein. Der Lyderkönig hatte gewiss großzügig nachgeholfen und mögliche Bedenken mit Gold ausgeräumt.

Als alle Boten zurück waren, öffnete Krösus die Umschläge mit den Antworten der Orakelstätten. Das Ergebnis war eindeutig, für Krösus stand fest: Nur in Delphi gab es »ein wahrhaftiges Orakel; denn das allein habe erraten, was er selbst getan hatte«.[1]

Damit wurde es ernst. Der deutlich wichtigere Folgeauftrag ging eben an das Orakel in Delphi. Mit einem Mammutopfer von dreitausend Stück Vieh und üppigsten Weihgaben – Gold im Wert von zig Millionen – hoffte Krösus, den delphischen Gott für sich einzunehmen. »Nützliche Aufwendungen« konnten ja nicht schaden, kalkulierte Krösus, dem Gott eine positive Antwort auf seine Anfrage zu entlocken. Und die hieß: Soll ich gegen die Perser zu Felde ziehen und mir ein Heer von Bundesgenossen für diesen Feldzug besorgen? Nicht ohne noch einmal auf die feste Überzeugung ihres Auftragsgebers hinzuweisen, dass Delphi »das einzige wahre Orakel auf der Welt« sei, wandten sich seine Abgesandten mit dem Auskunftsbegehren an die Pythia, das Medium des Zukunft verheißenden Apollon.

Die Antwort ist bekannt. Sie wird gern als typisch missverständliche Orakelauskunft gehandelt: »Wenn Krösus gegen die Perser zieht, wird er ein großes Reich zerstören.«[2] Krösus fühlte sich in seiner Erwartungshaltung bestätigt. Er wollte Krieg führen – und deutete auch deshalb die Antwort erfreut als Ermunterung dazu. Nach dieser Bewährungsprobe beschenkte Krösus das Orakel und die Bewohner Delphis erneut sehr großzügig und erreichte damit einen Status, den wir heute als *key client* bezeichnen würden und der ihm sozusagen Wartelistenpriorität sicherte. Gleichzeitig ließ er ihm eine dritte Frage stellen, die sich auf den Bestand seiner Herrschaft bezog. »Er füllte sich mit dem Orakel an«, kommentiert Herodot. Man kann auch interpretatorisch übersetzen: »Er übersättigte sich damit.«[3] Auch mit der dritten Botschaft aus Delphi war Krösus hochzufrieden. Dem Feldzug gegen die Perser stand nichts mehr im Wege.

Statt Triumph stand jedoch die Katastrophe des Krösus am Ende des Krieges. Die persischen Truppen marschierten in Sardes, der Hauptstadt des geschlagenen Lyderkönigs, ein; er selbst wurde gefangen genommen und entkam nur mit knapper Not dem Scheiterhaufen, weil sich sein Widersacher Kyros tief beeindruckt vom Schicksal des Kollegen zeigte. Fortan diente Krösus dem Sieger als Berater. Auf seinen eigenen Berater indes, den Gott von Delphi, war Krösus überhaupt nicht mehr gut zu sprechen. Und er tat das, was viele zu tun pflegen, die von einem Produkt oder einer Serviceleistung enttäuscht sind, er beschwerte sich beim Management in Delphi: »Ob sich der Gott nicht schäme, Krösus durch seinen Orakelspruch zum Krieg gegen die Perser verleitet zu haben?«[4]

Das Management tat, was jedes Management einem guten Klienten schuldig ist: Es befasste sich mit der Reklamation und gab Auskunft. Dabei stellte es sich vor die Pythia und wies dem Kunden seine verhängnisvollen Deutungsfehler nach. Das Orakel sei ja durchaus von den Fakten bestätigt worden: Krösus *habe* ein großes Reich zerstört – aber eben sein eigenes. Der Zweideutigkeit der Antwort hätte sich bei überlegter und nicht vorschneller Interpretation abhelfen lassen: »Wenn Krösus gut beraten sein wollte, dann hätte er zum Gott schicken und fragen müssen, ob Apollon sein eigenes oder des Kyros Reich meine.«[5] Keine Produkthaftung bei fehlerhafter Anwendung, diesen Standpunkt machte das Orakel dem tief enttäuschten Kunden unmissverständlich klar. Es argumentierte ebenso ausführlich wie nachvollziehbar, und Krösus zog seinen Protest zurück: »Er erkannte nun, dass er selbst die Schuld trage und nicht der Gott.«[6]

Wenn die delphische Priesterschaft eine gute PR-Agentur gesucht hätte, um den Ruhm der Unfehlbarkeit ihres Orakels zu propagieren, sie hätte direkt Herodot engagieren können. Mit seinem Orakellogos im ersten Buch der *Historien* trägt der »Vater der Geschichte« ebenso zum Mythos von Delphi bei wie andere hervorragende Schriftsteller, etwa die Tragödiendichter, die den Handlungsablauf vieler Stücke auf die Vorhersage eines Orakels aufbauen, das sich im Laufe des weiteren Geschehens als zuverlässig erweist. Und meist ist es das Delphische Orakel, dem die Palme der »richtigen« Prophetie gebührt.

Herodots kleiner Orakelknigge

Herodots Krösus-Erzählung ist auch in anderer Hinsicht ein Lehrstück für den richtigen Umgang des Menschen mit dem göttlichen Orakel. Krösus ist ein instruktives Beispiel dafür, was man so alles falsch machen kann. Gewiss, alle Orakel waren auch Wirtschaftsunternehmen. Sie nahmen hohe Gebühren – pardon: Opferkuchen – und räumten besonders spendablen Kunden gewisse Privilegien im technischen Ablauf der Orakelbefragung ein. Aber Apollon ließ sich von üppigen Weihgeschenken nicht beeindrucken, er war nicht käuflich und korrupt. Das von ihm vertriebene Produkt hieß Wahrheit – und die lässt sich mit allem Geld der Welt nicht kaufen. Selbst wenn der Gott bestechlich gewesen wäre, könnte er diese von seinem Willen unabhängige Instanz nicht beeinflussen. Die Liste teurer Geschenke für Apollon, die Herodot in aller Ausführlichkeit aufzählt, hat wesentlich die Funktion, falsche Erwartungen bitter zu enttäuschen: Krösus glaubt, »den Gott noch günstiger für sich zu stimmen« – eine verhängnisvolle Fehlkalkulation, die sich jeder Ratsuchende schnell aus dem Kopf schlagen sollte.

Das ständige Nachfragen beim Orakel mit unterschiedlicher thematischer Akzentuierung ist auch nicht gerade hilfreich. Krösus kann offenbar nicht genug bekommen von für ihn erfreulichen Vorhersagen, er reizt das Konsultationsverfahren gewissermaßen aus. Damit verstößt er gegen das Übermaßverbot, das gerade der delphische Gott auf seine Fahnen geschrieben hat. Den »Übersättigungseffekt« notiert Herodot mit hochgezogener Augenbraue.

Und schließlich hört Krösus nicht richtig zu. Er deutet das Orakel vorschnell, so, wie es ihm zupasskommt. Die Antwort des Gottes will aber mit Bedacht, Umsicht, ja einer Form von Selbstbescheidung interpretiert werden. Sie heißt nicht: Krösus wird Kyros besiegen. Sie heißt aber auch nicht: Kyros wird Krösus besiegen. Sondern sie besagt: Solch ein riskanter Feldzug ist gut zu überlegen. Es wird einen Sieger geben und einen Verlierer – aber nur dann, wenn er überhaupt geführt wird. Die bedingende Einschränkung überhören viele im Eifer des Deutungsgefechts. Der Rat des Gottes zeigt eine dritte Option auf: den Krieg lieber überhaupt nicht zu führen.

Damit ist der Orakelspruch vielleicht gar nicht so tückisch und trickreich, wie er gern dargestellt wird. Er kann auch als Mahnung zur Besonnenheit, zur Risikoabwägung verstanden werden. Und insofern war die Antwort des Gottes nicht überflüssig; im Gegenteil, ein guter Rat war durchaus im delphischen Sinne als Warnung vor Selbstüberschätzung und Maßlosigkeit erteilt worden. Klartext zu sprechen war den Antworten des Orakels durchaus nicht fremd, aber es war der souveränen Entscheidung des Gottes beziehungsweise seines Mediums vorbehalten, in welcher sprachlichen Form der Bescheid zugestellt wurde. Und das hatte der menschliche Konsultant schlicht zu akzeptieren und nicht kritisch zu hinterfragen – gerade weil er der Mensch war und das Orakel die Stimme des Gottes.

Es gehörte zu den zentralen Botschaften des Delphischen Orakels, ebendiese Grenzlinie nicht nur zu respektieren, sondern sich ihrer auch stets bewusst zu sein. Entsprechend eindeutig ist die Quintessenz der Krösus-Affäre: Der Mensch trägt die Schuld und nicht der Gott – eine Lektion, die stets die Aufforderung an den kleinen Menschen impliziert, sich im Bewusstsein seiner menschlichen Hinfälligkeit und Haltlosigkeit nicht auf ein Duell mit dem großen Gott einzulassen. Erkenne dich selbst – die Mahnung, die gewissermaßen in großen Lettern über dem Weisheitsportal des delphischen Gottes steht, ist auch die Aufforderung, sich nicht zu den Göttern oder gar über sie zu erheben und die Sterblichkeit anzunehmen als »das Urmeter, von dem her alle anderen Maße des Menschlichen geeicht sind«.[7] Besserwisserei ist eine Form der

Hybris, die das Distanzgebot zwischen Sterblichen und Unsterblichen missachtet. Es gab kaum ein überzeugenderes Lehrbeispiel für diese Wahrheit des Gottes als den tiefen Fall eines mächtigen, sagenhaft reichen Herrschers, der sich einst als den glücklichsten Menschen auf der Welt gesehen hatte.

Eine letzte Lektion im Umgang mit dem Orakel hält das Paradigma Krösus bereit. Wer vom Gott Auskunft über die Zukunft begehrt, sollte sich gut überlegen, wie er seine Frage an die Pythia formuliert. Auch hier sind Unbedachtsamkeit und Oberflächlichkeit schädlich. Warum hast du mich nicht konkret fragen lassen, ob meine Prophetie der Zerstörung dein eigenes oder das Reich deines Gegners betreffe?, erwidert Apollon auf die Vorhaltungen des Krösus. Als dreiste Apologie im Sinne eines durchsichtigen Umdrehens des Spießes wäre diese Gegenfrage nur dann zu bewerten, wenn sich das Orakel grundsätzlich gegen allzu konkrete Fragestellungen gesträubt hätte. Das hat es aber nachweislich nicht getan, auch wenn das heutzutage vielfach das Image des Delphischen Orakels prägt. Klare Frage, klare Antwort – auch das war eine häufig praktizierte Form des mantischen Zwiegesprächs.

Man unterschätzt Herodot, wenn man unterstellt, er habe mit der Krösus-Geschichte vor allem eine spannende, unterhaltsame Story erzählen wollen. Sie ist auch als ein Musterbeispiel dafür angelegt, wie man mit einem Orakel *nicht* umgeht – schon gar nicht mit dem renommiertesten in ganz Hellas, ja der ganzen Welt. Die fatale Fehldeutung des Orakelspruches, die dem König bis heute Kübel voller Häme und Spott eingetragen hat, war die Konsequenz, in gewisser Weise sogar die Strafe dafür, dass er fundamentale Regeln der Orakelbefragung verletzt und eben trotz seiner äußerlich kaum zu steigernden Ehrerbietung dem delphischen Gott innerlich zu wenig Achtung erwiesen hatte.

Was die Autorität Delphis nach diesem verheerenden Irrtum des Krösus und dem ausführlichen Bericht Herodots darüber angeht, so war sie in den Augen des griechischen Publikums überhaupt nicht geschwächt, sondern eher gestärkt. Was die moderne

Rezeption ideologiekritisch gern als genialen mantischen Trick einer cleveren Priesterschaft deutet, die sich für jeden Ausgang des Krieges habe absichern wollen, war in der Wahrnehmung der Zeitgenossen wohl eher die Bestätigung der Überlegenheit und Geradlinigkeit des delphischen Apollon – *sie* kannten ja das Know-how im Umgang mit Orakeln und die grundsätzliche Philosophie des allwissenden Gottes von Delphi. Und deshalb hat der Fall Krösus sicher nicht am Lack des Orakels gekratzt.

»Berater aller Menschen auf dem Nabel der Welt«

Das Gleiche gilt für die defätistische Haltung des Orakels zu Beginn der Perserkriege; es hatte den Athenern geraten, »von hinnen zu fliehen fort zu den Enden der Welt«.[8] Damals stand das Delphische Orakel schon auf dem Höhepunkt seiner Autorität, die es das 5. und 4. Jahrhundert hindurch ungeschmälert genießen sollte, und hatte die Konkurrenz weit abgehängt. Delphi war anerkanntermaßen die Nummer eins unter den mehr als zwanzig zum Teil sehr renommierten Orakelstätten der griechischen Welt. Es war eine panhellenische Institution, die freilich auch, das Beispiel des Krösus zeigt es, für Barbaren offen war, und es war *die* kultische Instanz von ganz Hellas. Als allgemeingriechisches »Auskunftsbüro« mit göttlicher Legitimationsbasis war Delphi darüber hinaus eine Normen setzende moralische Instanz, ein Kristallisationspunkt griechischer Kultur und Ethik, ein Nabel der Welt, für alle Hellenen, wo immer sie auch lebten, eine geistige und spirituelle Heimat. Delphi war konstitutiver Bestandteil jeder griechischen Selbst- und Außenwahrnehmung, einigendes Band einer sonst heftig zerstrittenen Familie, Leuchtturm eines Zusammengehörigkeitsgefühls inmitten eines Meeres von Partikularismus.

Diese integrative Kraft Delphis geht auf die Epoche der griechischen Kolonisation zurück (ca. 750–550 v. Chr.). Überbevölkerung und Hungersnöte waren vielerorts die Gründe dafür, dass sich ein

Teil der Bürgergemeinschaft auf den Weg zu fremden Ufern machte. Die Suche nach lukrativen Handelsmöglichkeiten, Neugier und Abenteuerlust kamen als zusätzliche Motivationen hinzu; Homers *Odyssee* ist ein Spiegel dieser neuen Erfahrungen, aber auch der Risiken und Gefahren, die sich mit jedem Kolonisationsunternehmen verbanden. Da verließen Menschen ihre angestammte Heimat in der sicheren Erwartung, sie nie wiederzusehen, vertrauten sich den ausgesprochen unsicheren Planken eines Auswandererschiffes an – Seefahrt galt in der Antike stets als gefährlich – und brachen in Gegenden auf, die sie nur vom Hörensagen kannten. Eine äußerst ungewisse Reise, für die man gern einen Notvorrat an moralischer Unterstützung und Zuversicht mit an Bord nahm.

Deshalb wandten sich die Mutterstädte, bevor sie sich an ein Kolonisationsprojekt heranwagten, gern an eine prophetische Instanz, von der sie sich wenigstens ein bisschen mehr Aufschluss über die Erfolgsaussichten erhofften. Sehr früh schon schälte sich das Delphische Orakel als verlässliche, vertrauenswürdige Adresse in Sachen kultisch-moralischer Projektbegleitung heraus. Die schlichte Basisfrage bestand dabei oft genug in der Alternative »Sollen wir oder sollen nicht?«. Die klare Tendenz bei den Antworten Apollons ging zu »Ja«. Delphi gab damit kultisch-religiöse Rückendeckung für die Mutter- *und* ihre Pflanzstadt, die in aller Regel weiterhin eine Kultgemeinschaft bildeten, und zugleich eine moralische Aufrüstung: Wenn Apollon an den Erfolg der Unternehmung glaubt, dann können auch wir zuversichtlicher sein – für de facto isolierte Auswanderer wie die griechischen Kolonisten jener Zeit ein unschätzbarer, Mut machender Begleiter und eine große psychische Stärkung in Richtung *self-fulfilling prophecy*. Der führende Gott saß auf diese Weise sozusagen mit im Boot. Tatsächlich wurde Apollon zu einer Art Kolonial- oder Schutzgott der Aussiedler: Apollon Archagetes, der Gründerführer Apollon.

Hatten Kolonisten auf diese Weise zusätzliches Selbstvertrauen getankt, so trug ebendas oft genug auch zum Erfolg der Mission bei. Je mehr Koloniegründungen günstig verliefen, umso größer wurde auch der Ruhm des Apollon Archagetes. Sein segensreiches Wirken als psychischer Stabilisator und göttlicher Erfolgsgarant sprach sich herum, und das führte im Laufe der Zeit dazu, dass kaum ein Kolonisationsunternehmen ins Werk gesetzt wurde, ohne dass man zuvor den Segen Apollons einholte. Die delphische Priesterschaft war auf diese Weise bestens über alle möglichen Pläne informiert und konnte konkrete Tipps geben, etwa auf welche Ziele schon andere Poleis ein Auge geworfen hatten. Von einer Steuerung der Kolonisation durch das Delphische Orakel war diese Beratung weit entfernt, aber vielleicht könnte man von einer Art indirekter Koordination sprechen.

Nur wenige Misserfolge trübten die Erfolgsbilanz der delphischen Berater, sie verschwanden in der großen Zahl der aufblühenden Neugründungen rund um das Mittel- und das Schwarze Meer. Nicht wenige Kolonien beriefen sich stolz auf das Gründungsorakel des delphischen Apollon; sizilische Städte wie Naxos und Syrakus rühmten sich seines Beistandes und setzten ihm Denkmäler, je prominenter der Gründungsvater, umso berühmter seine Töchter.

Kyrene ist ein besonderer Glücksfall in der Gesamtbilanz des delphischen Gründer-Apollons. Die nordafrikanische Kolonie feiert sich und ihn mit den Worten eines ihrer größten Söhne, des im 3. Jahrhundert v. Chr. lebenden Dichters Kallimachos: »Keiner Stadt gewährte er so reiche Gaben wie Kyrene … Auch ehrten die Battosabkömmlinge selbst keinen anderen Gott mehr als Phoibos.«[9] Battos wurde als Gründungsheros der Stadt verehrt, und Phoibos war Apollon in seiner Erscheinung als »leuchtender« Sonnengott.

Kallimachos beschränkt sich indes in seinem Hymnos auf Apollon nicht auf dessen Leistung für Kyrene. Er weiß um die grundsätzlichen Verdienste des delphischen Gottes in der kolonisatorischen Aufbruchszeit von Hellas:

In Phoibos' Folge vermaßen die Menschen Städte.
Phoibos nämlich findet stets Gefallen an der Gründung von Städten,
selbst webt Phoibos die Grundmauern …
Phoibos auch wies meine Heimatstadt, die tieferdige, dem Battos …
Und er schwor, Stadtmauern zu geben unseren Königen;
seinen Eid hält Apollon aber immer.[10]

»Seinen Eid hält Apollon aber immer« – kann es eine schönere Vertrauenserklärung in die kultisch-mentale Begleitung durch den allwissenden Gott geben als diesen poetischen Ritterschlag? Durchaus, den rühmenden Worten entsprachen schon viel früher rühmende Taten. Gedieh eine Kolonie, so schickte sie immer wieder Festgesandte nach Delphi. Die brachten kostbare Weihgeschenke mit oder ließen sogar Schatzhäuser erbauen. Da verbanden sich Stolz auf die eigene erfolgreiche Aufbauleistung in der Ferne mit einem im wahrsten Sinne spektakulären Dank an Apollon – Dokumente eines gemeinsamen Erfolges, die Jahr für Jahr Tausende von Pilgern, Ratsuchenden und Touristen anschauten und in ihrer Heimatstadt weitererzählten.

Das Heiligtum in Delphi wuchs und gewann an äußerlicher Repräsentationskraft, je größer der Kranz florierender griechischer Pflanzstädte um das Mittelmeer wurde. Die griechische Kolonisation war eine historische Erfolgsstory, und ein großer Teil dieses Erfolges strahlte auf den delphischen Apollon zurück. Und das, wie alle Welt wusste, zu Recht: Er hatte ein schwieriges Projekt mit ungewisser Zukunft kraftvoll und mit einem Weitblick angeschoben, der eines prophetischen Gottes würdig war. Zu diesem Helfer und Begleiter kehrte man gern zurück, zu ihm bekannte man sich gern – die regelmäßigen Festgesellschaften aus der gesamten hellenischen Oikumene und ihre großzügigen Gaben waren sichtbarer Ausdruck dieser Verehrung und Zuneigung. Heute spräche man vielleicht von einem apollinischen Netzwerk oder von Apollons Alumni. Wie immer man dieses Beziehungsgeflecht, dessen Fäden in Delphi zusammenliefen, auch nennen mag, eines war klar: Apollon war ein bedeutender Integrator von Hellas, der Autorität weit über seine kultische Bedeutung hinaus ausstrahlte. Er war auch eine ethische Kapazität, ein Erzieher von Hellas.

Der Gott, der bei der Gründung realer Städte erfolgreich war, ist auch bei Staatsgründungen des Geistes gern gesehen. Platon nimmt den delphischen Apollon jedenfalls in den Beraterstab seines Philosophenstaates auf. Sein traditionelles Ressort ist der Kult, immerhin umfasst das »die wichtigsten, schönsten und ersten Gesetze«. Aber darin steckt auch ein bisschen Schmeichelei an die Adresse des Beraters, denn in die gesellschaftlich-politischen Strukturen des Idealstaates lässt sich Platon nicht hineinreden. Gleichwohl wird Apollon damit ja nicht auf ein Nebengleis abgeschoben. Er entscheidet mit über Triumphe, Opfer, die sonstige Verehrung der Götter, Dämonen und Heroen, die Bestattung der Toten und »die Bräuche, die man ihnen widmen muss, um sie gnädig zu erhalten. Darin werden wir bei der Staatsgründung, wenn wir vernünftig sind, keinem anderen folgen und keinem anderen Führer vertrauen als dem Gott unserer Väter. Denn seit den Tagen der Ahnen in solchen Fragen Berater aller Menschen, sitzt dieser Gott inmitten der Welt auf dem Erdnabel und deutet.«[11]

Die Erfahrungen der Kolonisationszeit hatten gezeigt, dass allein der Glaube an die Deutungskompetenz des delphischen Apollon bei der Erfüllung einer schweren Aufgabe hilfreich war, weil er anspornte und Selbstvertrauen gab. Dass der Glaube gleichsam Berge versetzt, lässt sich in manchen anderen Bereichen und zu anderen Zeiten beobachten. In Delphi wirkte vieles zusammen, um diese Suggestionskraft auszustrahlen, und das Management des Heiligtums trug das Seine dazu bei, um das Delphische Orakel zu einer gelungenen Inszenierung zu machen. Bedenkt man, dass der Apollon-Tempel auch eine Bank war und dass ganz Delphi ein erhebliches kommerzielles Interesse an einem großen Zustrom von Besuchern hatte, so wäre es naiv, anzunehmen, dass die Priester das mirakulöse Geschehen allein dem Zufall überlassen hätten.

Es gab in der Außendarstellung, der Politik und der Ethik Delphis klare Linien. Da war man bestrebt, den Ruhm und damit den Reichtum des Kultortes zu mehren und eine Art Corporate Identity zu schaffen, die die Alleinstellungsmerkmale Delphis ebenso umfasste wie den Markenkern der prophetischen Zuverlässigkeit der Pythia. Das gesamte Ambiente musste stimmen, um das suggestive Klima des Glaubens und Vertrauens aufzubauen. Und in diesem Urteil drückt sich mehr Anerkennung als Kritik aus. Da hat das Personal des Gottes die Chance, die ihm geboten wurde, konsequent genutzt – nicht um die Menschen zu betrügen und abzukassieren, sondern um ihnen in Notlagen beizustehen, bei Streit zu schlichten und dem Einzelnen wie ganz Hellas Orientierung zu geben. Dass man daran ebenso gut wie gern verdiente, ist völlig unstrittig. Die Orakelgebühren waren happig – besonders wenn staatliche Stellen den Gott konsultierten –, doch muss Geschäftstüchtigkeit, wenn sie Leistung bringt, nicht mit mangelnder Glaubwürdigkeit einhergehen.

Für die Griechen jedenfalls war das kein Stein des Anstoßes; sie hätten, wenn sich für die Orakel die Möglichkeit ergeben hätte, sich auf Facebook zu präsentieren, fast alle von der Option »Gefällt mir« Gebrauch gemacht. So viele »Freunde« hätte sonst keiner gehabt, Olympia nicht und Athen erst recht nicht. Wer den modernen Facebook-Kult für ein rationales Phänomen hält, braucht sich über vermeintlichen Kultbetrug im alten Hellas jedenfalls nicht weiter zu echauffieren.

Das *manteíon* (Orakel) von Delphi war eine stimmige, stimmungsvoll inszenierte Gesamtkomposition zur glaubwürdigen Erforschung der Zukunft: weltberühmt, prächtig, mysteriös. Ein besonderer Ort, an dem sich in mythischer Vorzeit die beiden Adler getroffen hatten, die Zeus vom westlichen und östlichen Rand der Erdscheibe hatte auffliegen lassen: der Nabel der Welt. Die steinerne eiförmige Nachbildung des Omphalós (»Nabels«) der Erde stand im Tempel des Apollon. Jeder Ratsuchende kam wohl an ihm vorbei, wenn er das Heiligste (Adyton) betrat. Die Legende vom

Nabel der Welt verbindet sich mit der frühesten Phase Delphis als Heiligtum der Erdgöttin Ge (Gaia). Sie musste um die Wende vom 2. zum 1. Jahrtausend v. Chr. ihrem Nachfolger Apollon Phoibos, dem »Strahlenden«, weichen. Die Pythia als einzige Frau, die das Heiligtum des neuen Herrn betreten durfte und zugleich eine zentrale Rolle als seine irdische Stimme spielte, scheint ein Relikt des ursprünglich »weiblichen« Kults der Erdmutter zu sein.

Der Übergang von Ge zu Apollon vollzieht sich nicht kampflos. Der Nachfolger muss sich zunächst durch eine spektakuläre Tat profilieren. Er tötet den riesigen Python-Drachen, der die Gegend terrorisiert, mit seinem Pfeil: Apollon Pythios, der Drachentöter und Heilsbringer, Stifter der Pythischen Spiele, betritt die Bühne mit einem heroischen Befreiungsakt. Ein Entree, das die Kraft und den Anspruch des neuen Herrschers über den Nabel der Welt unterstreicht. Schon die Gründungslegende weist auf die Sonderstellung eines Orakels hin, das sich nunmehr rasch etablieren wird. Die frühesten archäologischen Spuren weisen in die Zeit um 800 v. Chr.

Die Einbettung des Ortes in eine grandiose landschaftliche Szenerie trägt ebenfalls dazu bei, ihn als etwas Besonderes erscheinen zu lassen: Delphi liegt, durch eine gewundene Straße mit dem nahen Meer verbunden, auf 570 Metern Höhe und wird im Norden von schroffen Felswänden der Ausläufer des Musenberges Parnass überragt – mit seinem Kontrast zwischen wildromantischer Natur und zivilisatorischer Erschlossenheit hat es noch jeden Besucher in seinen Bann gezogen. Jeder Gedanke an Normalität, an Mittelmaß ist fremd; es ist der Eindruck des Außergewöhnlichen, Dramatischen, der sich beim Anblick dieser Landschaft aufdrängt. Eine Stätte, die näher ist am Unsterblichen, ein Ort wie geschaffen für eine verlässliche Kommunikation mit dem Göttlichen. Die enge Verbindung von Sehen und Wissen spiegelt sich gerade in der Sprache des alten Hellas: *eidénai*, »gesehen haben«, bedeutet »wissen«. Die Idee, *idéa*, leitet sich davon ab. Delphi war eine solche Schau – nicht nur eine geistige Schau im Sinne der platonischen Ideenlehre, sondern auch eine reale, »körperliche« Schau. Man wusste, dass der allwissende Gott hier in Kontakt zu den Menschen trat, und man sah es.

Man könnte sogar, mögen auch die Klassik-Verehrer empört aufschreien, von einer Show sprechen. Dieser Aspekt trifft sicher auf das Äußere des Heiligtums zu. Es war ganz auf Repräsentation ausgelegt: Der Nabel der Erde gab sich durch prächtige Tempel, strahlende Säulenhallen, prunkvolle Schatzhäuser, die Völker und Potentaten errichtet und mit kostbaren Weihgaben und Werken der größten Künstler ausgestattet hatten,[12] durch Statuen, Votivstelen und Ehreninschriften in fast unüberschaubarer Fülle und aus der ganzen Welt das Flair eines überaus erfolgreichen kosmopolitischen heiligen Ortes – das war keine Provinz, das war der Mittelpunkt der Welt.

Die Zahl der außen reich verzierten und innen mit wahrhaftigen Schätzen angefüllten *thesauroí* (Schatzhäuser) war mehr als doppelt so groß wie in Olympia. »Die Pythia hat Delphi reich gemacht«, stellt Plutarch rückblickend auf die Blütezeit der griechischen Polis fest.[13] Das galt aber auch umgekehrt: Der Reichtum und Glanz Delphis haben der Pythia zusätzliche Glaubwürdigkeit verliehen. Wer in so repräsentativem Ambiente in die Zukunft schaut, kann nicht irren.

Reichtum prägte, daran lassen die Quellen keinen Zweifel, das Bild des Heiligtums und der Stadt. Er war, solange Delphi seine Stellung als kultischer und gleichsam moralischer Nabel der griechischen Polis-Welt behaupten konnte, Teil seiner Attraktivität und Ausweis seiner Erfolgsgeschichte. Mit der Plünderung des Heiligtums durch die Phokäer im sogenannten Dritten Heiligen Krieg (356–346 v. Chr.), dann durch die Gallier und vor allem durch die Römer[14] büßte Delphi einen erheblichen Teil seiner Prachtfassade ein und erlebte parallel dazu einen Niedergang, der von Besuchern als krasser, schockierender Gegensatz zum einst glamourösen Pilger- und Besuchermagneten Griechenlands empfunden wurde. »Hinsichtlich seiner Schätze ist der Tempel zu Delphi jetzt sehr arm«, stellt Strabo um die Zeitenwende fest; und Pausanias leitet im

2. Jahrhundert n. Chr. seinen Rundgang durch Delphi mit dem Blick in Tempel ein, die teilweise »leer von Kultstatuen und anderen Standbildern« waren.[15] Delphi ist, gemessen an seiner früheren Stellung, parallel zum Verlust seines äußeren Glanzes in die Bedeutungslosigkeit gestürzt. Der einstige Nabel der Welt ist unter den neuen politisch-geographischen Vorzeichen des Flächenstaates Rom marginalisiert.

Delphi und die Sieben Weisen oder: Goldene Worte zur Finanzkrise?

Dass Delphi in der florierenden Epoche von Hellas mit kraftvoller Ausstrahlung in die hellenistische Zeit hinein auch als geistig-moralischer Mittelpunkt empfunden werden konnte, verdankt es der Verbrüderung mit einer anderen Legende: den Sieben Weisen. Sie gelten ja bis heute als Repräsentanten griechischer Ethik (oder eben delphischer Ethik und Weisheit). Als Gruppe sind sie eine reine Erfindung, ebenso wie ihr legendäres Treffen in Delphi, wo sie Platon zufolge »zusammenkamen und ein Erstlingsopfer ihrer Weisheit dem Apollon in den Tempel brachten, indem sie dort die Inschriften anbrachten, die in aller Munde leben: ›Erkenne dich selbst!‹ und ›Nichts im Übermaß!‹.«[16]

Wie sehr die Sieben Weisen ein späteres Konstrukt waren, zeigt sich an konkurrierenden Listen, die bis zu 17 Kandidaten aufwiesen. Da musste, um auf die heilige Zahl Sieben zu kommen, eine Auswahl getroffen werden. Einen Markstein auf dem Weg zur Kanonisierung stellt der platonische *Protagoras* dar. Sein Ranking blieb zwar nicht unwidersprochen, aber allmählich setzte sich eine weitgehend akzeptierte Liste durch, die Thales, Solon, Chilon, Pittakos, Bias, Kleobulos und Periander umfasste.[17]

Wichtiger als die Rekonstruktion der richtigen Namensliste und der Zuweisung der Aussprüche zu den einzelnen Weisen ist die Botschaft, die von diesen Autoritäten ausgeht. Sie waren zum großen Teil mächtige Männer und Staatslenker, aktive Politiker, und verkörperten damit praktische Intelligenz. Das Medium ihrer Weisheit war die Sentenz, eine Handlungsaufforderung ohne Begründung, ein autoritatives Motto, kurz, prägnant, imperativisch formuliert, leicht einprägsam. Widerspruch ist nicht vorgesehen, die apodiktische Formulierung ist Teil ihres Wirkungsgeheimnisses.

Der Ursprung der Legende von den Sieben Weisen liegt im kleinasiatischen Ionien. Markus Asper hat überzeugend nachgewiesen, dass die Sprüche eine Standesethik ionischer Aristokraten spiegeln, die ursprünglich der Gruppenidentifikation und -stabilisierung dienten. Eine Art Normenkodex, an welchen Leitsätzen sich jeder Adlige zu orientieren habe, um den Stand als Ganzes zu schützen – vor ambitionierten »Ausbrechern« aus dem eigenen Lager, aber auch vor Aufsteigern aus der bürgerlichen Gesellschaft: ein Integrationskonzept des ionischen Adels, eine Domestikationsethik für »die Einfügung in ein Kollektiv, dem sich der Einzelne letztlich unterzuordnen hat«.[18]

»Erkenne dich selbst!« bedeutet in diesem gesellschaftlichen Kontext die Warnung vor Selbstüberschätzung und einem Machtwillen, der die Gruppensolidarität zu sprengen droht. »Nichts im Übermaß!« und »Maß ist das Beste« zielen in die gleiche Richtung. Und als Abgrenzung nach unten dürfte das dem Chilon zugeschriebene Lebensmotto zu deuten sein: »Bürgschaft – schon ist das Unheil da.« Das bedeutet wohl die Warnung, mit den eigenen finanziellen Mitteln jemanden hochkommen zu lassen, der sich mithilfe dieses ökonomischen Vorteils eine für die Adelsherrschaft gefährliche politische Stellung aufbaut. Bezeichnenderweise wird dieser – hochaktuell erscheinende – Spruch gern unterschlagen, wenn über die Weisheit der Sieben Weisen philosophiert wird: Der ökonomisch-materielle Touch will nicht so recht ins edle Bild passen.

Als Nachteil dieser wohl um die Mitte des 6. Jahrhunderts v. Chr. zu datierenden Merksätze könnte man ihre Allgemeinheit und mangelnde Präzision empfinden: Welche Konsequenzen hat das für mich in einer konkreten Situation, wenn »das Maß das

Beste« ist? Wenn ich »den passenden Augenblick (*kairós*) erkennen« soll? Wenn ich höre, dass »alles Übung ist« oder dass »die meisten schlecht sind«? Geht's nicht ein bisschen konkreter?

Ebendiese Offenheit ist aber in Wirklichkeit der Vorteil solcher Maximen. Sie lassen sich auf alle Lebenssituationen beziehen, sie sind auslegbar und höchst flexibel. Aber sie verpflichten denjenigen, der sich an ihnen orientiert, auch zum Nachdenken. Und das bis heute. »Bürgschaft – schon ist das Unheil da.« Haben wir womöglich aus Eigennutz etwas falsch gemacht, als wir vor Jahren Griechenlands internationale Kreditlinie so stark erweitert haben, um unsere Exporte an den hellenischen Mann zu bringen? Haben wir den passenden Augenblick versäumt, in dem man das Steuer der Verschuldungsspirale noch hätte herumreißen können? Haben nicht nur die Griechen, sondern vielleicht auch wir Solons Appell »Nichts im Übermaß!« geflissentlich überhört? Haben wir uns in unterlassener Besinnung auf Selbsterkenntnis übernommen – wo doch vorher schon alles immer gut gegangen ist?

Die augenzwinkernde, aber vielleicht nicht nur augenzwinkernde Applikation der Sprüche der Sieben Weisen auf den Finanzschlamassel der Gegenwart illustriert ihre universelle Anwendbarkeit. Sie gleiten schnell, wenn sie nicht von einem begrenzenden Orientierungsrahmen im Zaum gehalten werden, zu unverbindlichen Weisheiten für den Abrisskalender, schönen Sprüchen fürs Poesiealbum, wohlfeilen Parolen ohne Folgen und Sanktionen ab.

Warnung vor Hybris, Mahnung zur Menschlichkeit

Es spricht einiges dafür, dass die delphische Priesterschaft recht früh die Chancen erkannt hat, die sich mit einer eigenen Interpretation der Spruchweisheit der Sieben Weisen als autoritätssteigernde Maßnahme für das Heiligtum eröffneten. Das war in moderner Wirtschaftssprache ausgedrückt eine Win-win-Situation: Die Sieben Weisen wurden durch Delphi gewissermaßen panhellenisch aufgewertet, das Delphische Orakel sicherte sich ebenfalls auf gesamtgriechischer Bühne die Auslegungskompetenz und nutzte die schon etablierte Autorität berühmter Ratgeber wie Solon und Thales zur eigenen Imageaufwertung. Die eine Legende stützte die andere.

Und das bis heute: Delphis Weisheit gilt als die Weisheit der Sieben Weisen, und die Sieben Weisen verdanken ihre überragende Stellung als »Volksethiker« ihrer unübersehbaren Präsenz im und am Apollon-Heiligtum. »Im Pronaos in Delphi sind Lebensweisheiten für die Menschen angeschrieben«, berichtet Pausanias, »geschrieben wurden sie von Männern, die die Griechen als weise bezeichnen.« Nachdem er die Sieben Weisen aufgezählt hat, fährt Pausanias fort: »Diese Männer nun kamen nach Delphi und weihten dem Apollon die berühmten Sprüche ›Erkenne dich selbst!‹ und ›Nichts im Übermaß!‹.«[19] Ob über die beiden von Pausanias zitierten Sprüche hinaus weitere Worte der Weisen in das öffentliche delphische Ethikportal aufgenommen waren, muss offen bleiben. Auf jeden Fall standen die beiden expressis verbis wiedergegebenen Lebensweisheiten im Zentrum des »Erziehungsprogramms«, das Delphi den Griechen verordnete. Was zuvor als Teil einer ionischen Adelsethik eine begrenzte Zielgruppe betraf, wurde durch Delphi zum umfassenden Konzept einer Ethik der Humanität erweitert: Denke stets daran, dass du nur ein sterblicher Mensch bist, dass du im Vergleich mit den unsterblichen Göttern unbedeutend bist und dem Walten des Schicksals unterliegst.

Das ist indes keine resignative Botschaft, die den Menschen lähmt und zu einem schicksalsergebenen Wesen degradiert. Die motivierende Message heißt: Wenn du innerhalb der dir gesteckten Grenzen das dir Mögliche versuchst, so ist dir das bekömmlicher und zuträglicher. Wer sich realistische Ziele steckt, wird weniger enttäuscht als derjenige, der sich auf hochfliegende, aber von Beginn an nicht umsetzbare Pläne kapriziert – sozusagen das Frustpräventionsprogramm des delphischen Gottes. Apollon macht dem Menschen, gerade indem er die Grenzen und Bedingtheiten des Menschseins aufzeigt, Mut, seine Kräfte zu entfalten; er stärkt ihn, gibt ihm – wie auch in seinen Prophezeiungen – Rückhalt und fordert ihn auf, aus seinen Möglichkeiten etwas zu machen: *Yes, you can* – aber innerhalb der von der *conditio humana* vorgegebenen Leitplanken deiner Existenz. Oder, um es mit Pindar zu sagen, der sich dem Geist Delphis besonders nah fühlte:

> Wünschen von Göttern nur soll
> man, was sich ziemt, sterblichen Sinns erkennend, was
> liegt auf der Hand: welch ein Schicksal einem zuteil ward.
> Kein unsterblich Leben erstrebe, mein Herz,
> doch die durchführbare Arbeit schöpfe aus![20]

An einem Ort wie Delphi war diese Mahnung nicht unangebracht. Hier entfaltete sie auch eine andere Wirkung als anderswo. Und sie stärkte die Autorität des allwissenden Gottes und das Vertrauen in die Wahrheit seiner Weissagungen.

Die zweite große ethische Linie des Delphischen Orakels war die des Maßes, der Mitte zwischen den Extremen. Sie spiegelt weniger die Tatsache, dass die Griechen zum Maßhalten neigten, als die Notwendigkeit, ihnen das Maßhalten zu predigen. Maßhalten gehörte nicht zu den starken Seiten der alten Griechen: »Dass die Griechen diesen Rat nötig hatten, beweist die Geschichte zur Genüge«, stellt Georg Luck lakonisch fest.[21] Und er hat recht damit. Delphi war bemüht, diesem Hang zur Übersteigerung durch den Appell an *sophrosýne*, »Mäßigung«, »gesunden Menschenverstand«, entgegenzuwirken. Der erweist sich doch als deutlich sozialverträglicher als ein allzu kühner Individualismus, der im persönlichen Ehrgeiz den Blick auf die anderen zu verstellen droht.

Die Mahnung galt aber auch dem Einzelnen: Wer sich in Glück und Unglück mäßigt, wird mit Schicksalsschlägen leichter fertig als der, der sich dem Gefühl des Augenblicks zu stark hingibt. Mitte und Maß schützen den anderen, sie schützen aber auch dich selbst – und sie sind Teil der Selbsterkenntnis, als sterblicher Mensch höheren Mächten unterworfen zu sein. Ein Programm realistischer Verantwortungsethik, die von Defätismus und Kleingläubigkeit weit entfernt ist. Sie zeigt zwar die Grenzen des dem Menschen Zuträglichen auf, aber sie will ihn nicht zu einem angepassten, mediokren Bourgeois erziehen, der sich möglichst unauffällig durch Leben schlägt: Die Ethik des Maßes ist noch lange keine Ethik der Mäßigkeit.[22]

Wäre es nicht hilfreich, wenn Delphi heutzutage auch denen, die sich für die *masters of the universe* halten und die in ihrer Gier und Selbstüberschätzung die *conditio humana* als Maßstab vergessen oder verachten, ordentlich die Leviten läse? Einverstanden, das klingt nach wohlfeilem Moralismus und nach Idealismus zum Nulltarif. Andererseits suchen wir doch dringend nach einer moralischen Institution, die der Idee des Maßes Gehör verschafft und einer weiteren Entfesselung der Maßlosigkeit Schranken setzen könnte. Auf die Eigenverantwortung des einzelnen Menschen können wir dabei offenkundig nicht setzen. Dieser Liberalismus führt in eine Sackgasse. Danken wir dem alten Hellas wenigstens dafür, dass es uns mit dem Delphischen Orakel als anerkannter moralischer Instanz ein Modell an die Hand gibt, auch wenn es sich mit dem Emanzipationsstreben der Moderne schlecht verträgt.

Und wir auch nicht wissen, ob es tatsächlich funktioniert hat. Die konkrete Wirkung der Selbsterkenntnis- und Maßhalteappelle der delphischen Weisheit lässt sich nicht messen. *Einen* Erfolg immerhin können der delphische Apollon und seine Priesterschaft verbuchen: Die Indienstnahme der Sieben Weisen hat ihrem Ethikprogramm eine Fernwirkung verschafft, die bis in die Gegenwart reicht und wohl auch in Zukunft nicht so schnell in Vergessenheit geraten wird. Rat von den Griechen brauchen wir nicht? Brauchen wir doch, mehr denn je.

Für Delphis Stellung in der griechischen Welt war die enge Beziehung zu den hoch geschätzten Sieben Weisen eine zusätzliche Legitimation und Ausdruck einer kaum zu steigernden Seriosität. Unter dem ideologiekritischen Blickwinkel reiner Herrschaftsstrategie betonte der delphische Apollon, indem er den Ratsuchenden ihre Sterblichkeit in Erinnerung rief, die Distanz zwischen sich und den Konsulenten und beanspruchte damit ein Maß an Vertrauen, das auch seinen Kunden zugutekam. Es gab ihnen noch größere Sicherheit, sich an den richtigen Gott und das richtige Orakel gewandt zu haben. Die ethische Autorität Delphis stärkte ihren Glauben an die Unfehlbarkeit des Gottes – in einer auch auf Suggestion setzenden Atmosphäre ein wichtiger Baustein dafür, dass Apollons Prophetie sich tatsächlich erfüllte.

Das Geheimnis der Pythia und des Orakels
Botschaft an die Welt

Zur Inszenierung Delphis trug schließlich auch die mysteriöse Aura bei, die allen mantischen Systemen eigen ist. Der Akt göttlicher Weissagung ist etwas Übersinnliches, er würde durch Transparenz an suggestiver Kraft einbüßen. Das war auch in Delphi so, und deshalb ist es gar nicht verwunderlich, wenn der eigentliche mantische Vorgang – das, was sich dort im Adyton abspielte – nirgendwo genau beschrieben ist. Die Pythia als Medium des Gottes saß auf einem Dreifuß. Sie sprach im Zustand der Trance. In den brachten sie aber weder das Kauen von Lorbeerblättern noch irgendwelche aus dem Erdinneren aufsteigenden Dämpfe, sondern aller Wahrscheinlichkeit nach eine Technik der Autosuggestion, die sich psychologisch gut erklären lässt.

Wie gelangte das Wissen der Pythia an die Ratsuchenden? In vielen Fällen in einer ganz schlichten Form, die, weil sie so wenig geheimnisvoll ist, oft unbeachtet bleibt. Viele Anfragen wurden per Bohnenorakel entschieden. Mit je einer schwarzen und einer weißen Bohne verbanden sich zwei unterschiedliche Optionen wie zum Beispiel Ja/Nein. Die Pythia zog ein Los, und die Antwort des Gottes war unmittelbar klar.

Wurde die Frage anders gestellt, so gab die Pythia in verbalisierter Form Auskunft, oft indes akustisch undeutlich und inhaltlich unklar. Insgesamt acht männliche Priester standen für ein »Redigieren« der Antwort bereit; das übliche Verfahren, wie aus dem Murmeln des Mediums ein zumindest in der sprachlichen Oberflächenstruktur verständlicher Orakelbescheid wurde, blieb ein wohlgehütetes Tempelgeheimnis. Das waren interne Vorgänge, die Außenstehende nichts angingen und über die das Management des Orakels verständlicherweise nicht sprach.

Wie stark war die Steuerung der Pythia durch die Priesterschaft? Wie wurde sichergestellt, dass die Linie des Orakels eingehalten wurde – und wenn es nur darum ging, in der Epoche der Kolonisation die Informationen, über die die Priester verfügten, an die Pythia, eine einfache Frau aus dem Volke, weiterzugeben? In die Kontroverse über das Problem manipulativ erzeugter Prophetien werden wir uns hier nicht einmischen. Es fällt freilich schwer, die gelegentlich vertretene These von der nur indirekt durch Gespräche und Stimmungen im Priesterkollegium beeinflussten Pythia ernst zu nehmen. Wenn Delphi ein Konstrukt war – und das war es zweifellos *auch* –, dann gehörten kluge rationale Baumeister dazu. Es sei denn, man glaubte tatsächlich an die alleinige Kraft der göttlichen Inspiration durch Apollon.

Wer in Delphi Rat suchte, wollte daran glauben. Er wollte eine Entscheidungshilfe, sehr oft übrigens in ganz banalen Dingen: Soll ich heiraten? Soll ich mich auf eine Schiffsreise begeben? Werde ich als Athlet Erfolg haben, wenn ich da und dort antrete? Soll ich diesen Prozess anstrengen? Werde ich ein schönes Lebensende haben? Ist jetzt der richtige Zeitpunkt, ein Orakel zu befragen? Und so weiter und so fort. Glaube niemand, der »Beruf« der Pythia sei nicht auch durch ermüdende Alltagsroutine geprägt gewesen!

Dergleichen war ihr Tagesgeschäft; die großen Fragen von Krieg und Frieden, von Gesetzgebung, Koloniegründung und Tempelstiftung, die der Pythia von Boten im Auftrage einer Stadt oder eines Herrschers vorgelegt wurden, waren die Ausnahme. Solche staatlichen Anfragen dienten auch der Selbstvergewisserung einer Bürgerschaft. Man konnte lange diskutieren, die Vor- und Nachteile, Chancen und Gefahren eines Projekts gegeneinander abwägen, und musste dann entscheiden. Gerade wenn man gründlich nachgedacht und das Für und Wider umsichtig erwogen hatte, blieb mitunter ein Unbehagen, vielleicht auch weil die Bürgerschaft sehr uneins und die Abstimmung knapp ausgegangen war. In dieser Situation lag es nahe, eine unabhängige Autorität zu konsultieren und ihr die letzte Entscheidung zu übertragen. Das war kein Ausdruck eigener Entscheidungsschwäche oder von Scheu, Verantwortung zu übernehmen, sondern auch ein Beitrag dazu, eine hin- und hergerissene Bürgerschaft durch den Schiedsspruch des Gottes zu befrieden. Stuttgart 21 wäre in der Antike ein guter Fall für Apollon gewesen.

Je größer die Autorität des Schiedsrichters war, umso höher war die Akzeptanz seines Schiedsspruchs. Wer in den Glauben an die Wahrheit investiert hat, ist eher geneigt, der geoffenbarten Wahrheit zum Sieg zu verhelfen. Der Glaube an den Gott wird zum Glauben an den Erfolg der Weissagung. Der Konsulent selbst wird mit all seinen Kräften zu diesem Erfolg beitragen. Das Erfolgsgeheimnis des Delphischen Orakels bestand darin, diese Suggestion nach Kräften und durchaus im Sinne der Ratsuchenden zu fördern. Mit Delphi verfügten die Griechen über eine von jedermann anerkannte Instanz, deren Glaubwürdigkeit nicht nur religiös bedingt war, sondern auch auf einem ethischen Konzept beruhte, das den Menschen nicht erniedrigte, aber ihm seine Stellung als Sterblicher in Erinnerung rief und ihn vor Anmaßung und Überheblichkeit warnte.

Delphi war eine – sicher auch zielstrebig zu einem *Brand*, einer Art Fünf-Sterne-Plus-Orakel ausgebaute – religiöse und moralische Institution, ein Hort der Autorität und Integrität, von dem Einzelne und ganze Bürgerschaften Führung und Orientierung erwarteten und zuverlässig erhielten. Ein historisches Beispiel dafür, dass es auch gut und hilfreich sein kann, einfach an das Walten und die Wahrheit einer höheren Macht zu glauben und dieses Vertrauen in Selbstvertrauen umzusetzen.

Man könnte vielleicht mit etwas mehr Mut in die Zukunft schauen, wenn es in unserer größer gewordenen Welt etwas Vergleichbares gäbe. Denn es hat durchaus den Anschein, dass auch der modernen Welt eine glaubwürdige Orientierung und Führung nicht schaden könnten. Gewiss, es wird kein neues globalisiertes Delphi geben. Aber zumindest weist das alte Delphi den Weg, wohin die Reise gehen könnte. Dafür sei Hellas Dank – und ganz unpathetisch sei daran erinnert, dass sich, wie das Beispiel Delphi zeigt, sittliche Werte, effiziente PR und gute Geschäfte keineswegs ausschließen.

KAPITEL II

Grenzerkundungen an der Schwelle zum Tabu – Erotische Konzepte aus dem alten Hellas

»Nur für charakterfeste Wissenschaftler«

Da gab es offensichtlich einiges zu verbergen. Wie anders lässt sich die Mitteilung des Dresdner Aretz-Verlages verstehen, wonach der im Jahre 1928 veröffentlichte Ergänzungsband zu Hans Lichts *Sittengeschichte Griechenlands*, der vor allem »unzensiertes« Bildmaterial bot, »nur den Bibliotheken, Forschern und solchen Persönlichkeiten zur Verfügung gestellt wird, die durch ihre Stellung eine Gewähr dafür bieten, dass der Band nur zu wissenschaftlichen Zwecken benutzt wird«? Die Begründung für das ungewöhnliche Verfahren: »Unsere Zeitgenossen haben leider die Naivität nicht mehr, die das Griechenvolk geschlechtlichen Dingen gegenüber besaß.«[1]

Das ließ tief blicken. Manche mochten sich unwillkürlich daran erinnert fühlen, dass »Pornographie« ein griechisches Wort ist: *porné* ist die »Hure«, und *gráphein* heißt »schreiben«. Als *pornógraphoi* bezeichnete erstmals Athenaios im frühen 3. Jahrhundert einige Maler, die Bilder von *pórnai*, »Prostituierten«, gezeichnet hatten.[2] Hatte sich etwa Hans Licht als Autor des fragwürdigen Ergänzungsbandes in diese unrühmliche Tradition der Pornographen eingereiht? Für manche bürgerlichen Kreise sprach einiges dafür – nicht zuletzt die Tatsache, dass dieser angebliche Hans Licht in Wirklichkeit Paul Brandt hieß und Professor für klassische Philologie an der Universität Breslau war. Brandt war die Sache offensichtlich zu heiß: Zwei Jahrzehnte lang hatte er sich mit der Erforschung der Erotik bei den Griechen in Wort und Bild beschäftigt, aber seine Ergebnisse wagte er um seiner bürgerlichen Reputation willen nicht unter seinem eigenen Namen zu publizieren. Er wählte ein Pseudonym – wie »Pornographie« übrigens ein Wort griechischen Ursprungs: *pseúdos* ist die Lüge, *ónoma* der »Name«; ein Pseudonym ist demnach ein »erfundener Name«.

Licht alias Brandt durchbrach mit seinem Buch ein bürgerliches Tabu. In das klinisch reine Bild einer hehren Klassik, die nicht in die Niederungen von Sexualität und Erotik hinabsteigt, passen weder der literarische noch gar der archäologische Gesamtbefund. Die Ausklammerung der sexuellen Thematik war eine bewusste, auf Anstand getrimmte Reduktion des Griechenbildes. Anstößiges und Unmoralisches wurde absichtlich unterschlagen, zumal wenn es bildliche Darstellungen waren, die man weder durch griechische Originalzitate ohne Übersetzung noch durch interpretatorische Abwertung als eine Art Kunsthandwerk im soziokulturellen Untergeschoss entschärfen konnte, indem man sie als sozusagen nicht systemrelevante Ausrutscher ins Allzumenschliche abqualifizierte. Was die attischen Vasenmaler im 6. und 5. Jahrhundert v. Chr. in nie wieder erreichter künstlerischer Vollkommenheit produzierten, kann man einerseits kaum als Gipfel klassischer Kunst bewundern, wenn es um genehme Motive geht, andererseits kann man es auch kaum ignorieren oder lediglich einer akademischen, charakterlich vermeintlich gefestigten Fachwelt zugänglich machen.

Eros gehört zur griechischen Kultur, und eben auch zur Hochkultur. Wer ihn ausklammert, um eine Art jugendfreie Klassik-Zone zu schaffen, übt Zensur aus, entmündigt und verfälscht. Was nicht heißen muss, dass man alle Erscheinungs- und Darstellungsformen des griechischen Eros gut und vorbildhaft finden muss. Da haben wir in einem Buch mit dem Titel *Hellas sei Dank!* klar Stellung zu beziehen. Allzu großes Nachahmungspotential vermögen wir angesichts der geänderten gesellschaftlichen Bedingungen und eines gewandelten Wertebewusstseins in den wichtigsten Ausformungen der griechischen Sexualmoral nicht zu erkennen. Auf diesem Gebiet überwiegen Diskontinuität und Alterität.

Aber das ist kein Grund, das heikle Thema völlig zu übergehen – schon gar nicht, da wir ja zumindest im Begrifflichen das griechische Erbe angetreten haben. Gott Eros hat seine sprachlichen Liebesspuren überall hinterlassen: Ob wir uns mit der als feiner, als vergeistigter empfundenen griechischen Erotik vom deftig-physischen römischen Sex (*sexus*, »Geschlecht«) abgrenzen, ob wir uns von einer erotisierenden Atmosphäre verzaubern lassen oder ob wir das gemeine, schäbige Bordell zum – na ja – kultivierteren Eros-Center nobilitieren, stets ist der griechische Gott der Liebe treu an unserer Seite. Einen guten Klang haben auch Aphrodisiaka; das hört sich doch viel gesitteter, geheimnisvoller, einladender an als das deutsche Synonym »den Geschlechtstrieb anregende Mittel«. Wer will denn so plumpes Zeugs, wenn es dasselbe auch als edles kleines Geschenk der Aphrodite gibt, der Göttin der Schönheit, Anmut und Liebe?

Zugegeben, da gibt es auch ein paar Begriffe, die uns nicht ganz so viel Freude bereiten. Der Erotomane etwa: Er übertreibt es mit dem Eros, wie man an der *manía* sieht. Das ist stets eine »Raserei« mit Suchtcharakter, eine »Besessenheit«, da fehlt uns das Spielerisch-Leichte. Oder auch die Nymphomanie. Ein ganz übler Begriff, denn er macht das Opfer zum Täter. Genauer gesagt: zur Täterin. Die Nymphen waren reizende, feenartige junge Göttinnen, die Quellen, Haine und Grotten bevölkerten. Sie finden sich auch im Gefolge des Weingottes Dionysos – und müssen sich dort ständig vor den Nachstellungen lüsterner Satyrn hüten. Auch wenn sie sich mal nicht so intensiv wehren, ist das kein Grund, sie als liebes- oder gar mannstoll zu diskreditieren. Zudem ist das Wort falsch gebildet: *manía* gibt in Zusammensetzungen stets an, auf was sich die Besessenheit richtet. Am »Erotomanen« wird es deutlich. Als nymphoman müsste also eigentlich derjenige gelten, der pausenlos scharf ist auf Nymphen. Stattdessen wird die *manía* fälschlich der Nymphe als Handelnden angehängt. Ein einziges Mal wird die Frau vom Objekt zum Subjekt, und schon entsteht eine Art Schimpfwort, jedenfalls ein Begriff, der uns die Augenbrauen hochziehen lässt. Wenn das die Griechen wüssten!

Kehren wir nach diesem Abstecher in die sprachliche Rezeptionswelt des Eros in sein tatsächliches griechisches Reich zurück. Gegenüber Paul Brandts Zeiten hat sich einiges normalisiert. Heute dürfen wir, ohne gesellschaftliche Ächtung befürchten zu müssen, so offen über griechische Erotik sprechen, wie die Griechen es uns vorgemacht haben. Seit etwa einem halben Jahrhundert hat die Altertumswissenschaft dieses Thema entdeckt und intensiv erforscht. Es liegen natürlich auch Bildbände vor, die die Materie für ein breites Publikum aufbereitet haben – übrigens in aller Regel nicht marktschreierisch-lüstern, sondern nüchtern und unaufgeregt. Angelika Dierichs' Band über die *Erotik in der Kunst Griechenlands* hat hier Maßstäbe gesetzt.

Was man lange Zeit als verstörendes Schockpotential empfunden und peinlich berührt vor den Blicken einer größeren Öffentlichkeit versteckt hat, sind die sehr drastischen Sexszenen der Vasenmalerei. Die Vasenmaler haben sich keineswegs allein auf diese Materie kapriziert; sie bilden – neben den zahlreichen mythologischen Motiven – auch andere Bereiche des Alltagslebens ab: Sport und Spiel, Handel und Gewerbe, Kampf und Hausarbeit, Kult und Feste. Liebeswerbung und Liebesakte sind aber eben auch Teil des Alltags, daher werden seine erotischen Aspekte mit großer Selbstverständlichkeit als Sujets aufgegriffen. Bemerkenswert ist schon, dass die Künstler ohne Zögern in intime Räume eindringen. Sie begnügen sich nicht mit Andeutungen des Akts, sondern sie stellen ihn in naturalistischer Unbekümmertheit dar. Viele Vasenmaler finden offenkundig Gefallen an den frivolen Motiven; die Lust an der Lust ist unverkennbar. Die Freuden des Lebens, die Dionysos und Aphrodite in besonderer Weise gewähren, werden als faszinierendes Motiv empfunden und teilen sich dem Betrachter auch als solches mit – von den Käufern dieser Vasen werden sie offensichtlich genauso wahrgenommen. Die allermeisten waren ja Gebrauchsgegenstände des Alltags, Teil des Haushaltes und keineswegs in Truhen versteckt oder im Schlafzimmer den Blicken der Hausbewohner entzogen. Auf das Gros der Betrachter haben sie wohl nicht stimulierend oder gar pornographisch aufreizend gewirkt, sie boten einfach schöne Anblicke: Sexualität als Erlebnis und Teil des Lebens, Erinnerung an vergangenen und Vorfreude auf kommenden Liebesgenuss.

Der klassische Ort für den Genuss der Gaben des Dionysos und der Aphrodite war das Symposion, das »gemeinsame Trinken«, das sich häufig mit dem Zwillingsgenuss der Liebe verband. Die erotischen Darstellungen der Vasenmaler setzen dieses Ambiente voraus, auch wenn sie die sexuellen Szenen meist nicht direkt dort ansiedeln. Gemalt werden alle Varianten des Liebesaktes: Umarmungen und Küsse, der normale Koitus in unterschiedlichsten, gelegentlich akrobatisch anmutenden Positionen, Liebesspiele zu dritt und zu viert, Fellatio, leichte Formen des Sadismus, sexuelle Stimulation der Frau mittels *ólisbos* (Lederphallos, vulgo Dildo) vornehmlich als voyeuristisches Motiv sowie männliche Selbstbefriedigung.

Kein Zweifel, es ist die sexuelle Phantasie des Mannes, die uns da aus den Vasenbildern anschaut, es ist das Reich des Phallos. Er steht im Zentrum des Interesses, um ihn herum gruppiert sich sozusagen das ganze Geschehen, er wird auf jede nur mögliche Weise bedient. Man muss nicht mit einer feministischen Deutung der athenischen Gesellschaft und Politik als »Phallokratie« konform gehen (obwohl Eva Keuls' Buch über *The Reign of the Phallus* wichtige Perspektiven und vor allem die weibliche Perspektive eröffnet), aber bezogen auf die erotische Vasenwelt kann man sich dem Eindruck und dem Begriff kaum entziehen. Sie ist eine Hommage an das *krátos*, die »Stärke«, die »Macht« des *phallós*. Und ebendas sollte sie offenkundig auch sein.

Frauen kommen in dieser Männerwelt durchaus vor, jedoch vorrangig in lustdienender Funktion, als Gespielinnen und Verführerinnen, aber trotz durchaus aktiven Stimulierens und Mitmachens nicht als Partnerinnen, als Spenderinnen von Lust, aber nicht als Nehmerinnen. In modischer Diktion würde man den Frauen vielleicht sogar einen »Objektcharakter« attestieren, doch ginge dieser Begriff sowohl an der Art der Darstellung selbst als auch an der gesellschaftlichen Institution, die sich darin spiegelt, vorbei. Die dargestellten Damen sind nämlich keine Ehefrauen, sondern Hetären.

Hetären, Freundinnen und Ehefrauen

Von gewöhnlichen Prostituierten unterschieden sich die Hetären (»Gefährtinnen«) sehr deutlich – durchaus auch in Sachen Reputation und teilweise auch in Sachen Selbstbestimmtheit. Begrifflich waren die beiden Sphären klar getrennt: Die einfachen Huren, die man für ein paar Minuten gewissermaßen mietete, hießen *pórnai*. Sie übten ihr Gewerbe im Bordell, in der Kneipe, auf der Straße oder in einem Hauseingang aus. An »Gelegenheiten dazu mangelt es gewiss nicht auf den Straßen und in den Häusern«, lässt Xenophon seinen Lehrer Sokrates zu seinem Sohn sagen.[3] Sicherlich hatten auch diese käuflichen Frauen die gleichen sexuellen Dienstleistungen in ihrem Repertoire, wie sie die Vasenmaler darstellen. Aber sie gehörten im Unterschied zu den Hetären der Symposien nicht zur bürgerlichen Gesellschaft und kamen deshalb in aller Regel – es gibt einige wenige Ausnahmen – nicht als Schmuckmotive für Vasen infrage. Flüchtige Sexabenteuer in diesem Milieu, das war Gosse; die Hetären standen für Raffinesse und Kultiviertheit, und sie waren deshalb einer künstlerischen Darstellung würdig (auch das ein Grund, mit dem Schlagwort vom »Objektcharakter« behutsam umzugehen).

Freilich bedarf auch der Hetären-Begriff einer Unterscheidung in zwei Fallgruppen. Da war zum einen die Hetäre, die eine Männerrunde zu einem Symposion bestellte oder die ein Teilnehmer selbst mitbrachte – wenn man so will, Callgirls oder Edelprostituierte, die nicht selten Sklavinnen waren und von ihrem Herrn für eine Nacht oder für längere Zeit gegen ein Honorar, das in seine Tasche floss, vermietet wurden. Daneben gab es auch Freiberuflerinnen, die sich anwerben ließen und dafür »Belohnungen« oder, noch vornehmer ausgedrückt, »Geschenke« in Empfang nahmen. Diese Frauen zeichneten sich durch Schönheit und Charme aus, wobei die *cháris*, die »Anmut« oder »Ausstrahlung«, im Zweifel als attraktiver empfunden wurde als schlichte körperliche Makellosigkeit und eine perfekte Figur. Im weiteren Sinne war *cháris* also eine charakterliche Eigenschaft, zu der die Bereitschaft gehörte, Liebe als Spiel zu inszenieren und den Männern das Gefühl zu geben, liebens- und begehrenswert zu sein.

Das geistige Niveau dieser Hetären spiegelt sich in Fähigkeiten, die weit über die Anforderungen an eine reine »Sex-Arbeiterin« hinausgingen. Die vielfach in Hetärenschulen ausgebildeten Frauen sind vielleicht am besten als »Unterhaltungskünstlerinnen«[4] im umfassenden Sinne zu bezeichnen. Sie beherrschten das Flöten- und das Lyraspiel, manchmal auch das Pantomimenspiel oder akrobatische Kunststücke und waren gewandt in der Konversation (gehobener Small Talk, selten fundierte literarische oder philosophische Bildung). Sie konnten geistreich und humorvoll parlieren, Komplimente machen und schmeicheln und verstanden es, auf unterschiedliche Weise stimulierend zu wirken, sexuelle Aktivitäten anmutig und charmant vorzubereiten und durch verführerische Accessoires – durchsichtige Kleidung, Schmuck und Schminke – auch äußerlich gefällig zu wirken.

»Gefällig« ist in diesem Zusammenhang überhaupt ein passendes Adjektiv: Hetären sollten den Männern gefallen, ihr Gefallen finden und auch zu Gefallen sein. Hetären waren allerdings keineswegs Pflicht bei jedem Symposion. Waren sie aber eingeladen, so waren die Spielregeln des Miteinanders klar: Die bezaubernden Damen verhielten sich damenhaft, waren aber eben auch bereit, zu einem bestimmten Zeitpunkt allzu damenhaftes Verhalten abzulegen. Da stellten sie dann andere Unterhaltungskünste zur Schau. Das Ganze hatte eine Menge mit kultivierter Geschlechterwerbung zu tun. Die Hetären warben für sich, bewarben sich spielerisch um die Aufmerksamkeit und Gunst der Männer, aber auch die Männer warben, indem sie das Spiel akzeptierten und goutierten, um die Hetären. Mit dieser Formulierung soll keiner idealistischen Verharmlosung oder Sublimierung der körperlich-geschlechtlichen Beziehung zwischen den beiden ungleichen Partnern das Wort geredet werden – dass auch »harter« Sex zu dieser Symposion-Beziehung gehörte, dürfte anhand der beschriebenen Sujets der Vasenmalerei deutlich geworden sein.

Symposien und Hetären waren ein kostspieliger Zeitvertreib. Ursprünglich eine Domäne des Adels, fanden sie im 5. Jahrhundert v. Chr. Eingang auch in die demokratische Gesellschaft Athens und anderer Städte. Die Institution demokratisierte sich insofern, als sie sich auch vermögenden bürgerlichen Kreisen öffnete. Wie auch auf manchen anderen Gebieten gab es keine radikale Trennung von der Tradition, sondern eine Anpassung an die neuen politischen und gesellschaftlichen Verhältnisse. Im Wesentlichen blieb das Symposion eine Veranstaltung der Oberschicht – jener Männer, die über genügend Muße und Vermögen verfügten. Das Gros der Athener huldigte beiden Göttern, dem Dionysos und der Aphrodite, in wesentlich bescheidenerem Rahmen. Die Nachfrageseite des Hetärentums war von der Vermögenselite geprägt.

Das traf erst recht auf jene andere Form des Hetärenwesens zu, bei der sich gut gestellte Herren mit einer charmanten außerehelichen Begleiterin auf längere Zeit schmückten und sich in aller Öffentlichkeit mit ihr zeigten, ja sie als Statussymbol vorführten. Manchen Männern reichte eine einzige »Gefährtin« nicht, sie legten sich mehrere zu – wie umgekehrt auch die (unverheirateten) Hetären sich keineswegs mit einem einzigen Freund begnügen mussten. Wenn alle Beteiligten einverstanden waren, sprach nichts gegen polygame Verhältnisse. Das ist indes bei genauem Hinsehen ein reichlich problematischer Begriff, da *gámos* für die »Hochzeit«, »Ehe«, steht. Die war es gerade nicht, sondern eine vorübergehende Verbindung, eine Liaison auf Zeit, die von beiden Seiten freiwillig eingegangen wurde und auf einseitigen Wunsch beendet werden konnte.

Diese Hetären waren schöne, elegante, kluge Frauen, die selbstbewusst und bis zu einem bestimmten Grad auch selbstbestimmt waren. Sie entschieden sich in der Regel ohne Zwang für diese Lebensweise; viele waren so begehrt, dass sie sich ihrerseits ihre Freunde aussuchen konnten. Dabei orientierten sie sich nicht nur an finanziellen Erwägungen, auch die gesellschaftliche Stellung ihres Freundes spielte eine erhebliche Rolle. Wichtige, erfolgreiche und gut aussehende Männer waren umgekehrt auch für sie Statussymbole und bedeuteten zusätzliche gesellschaftliche Anerkennung. Die Hetären waren in den großbürgerlichen Alltag integriert, sie wurden bewundert und respektiert – und keineswegs scheel angesehen, weil sie sich für ihren dauerhaften Escort-Service honorieren ließen.

»Honorar« oder noch stärker nach Bezahlung klingende Begriffe waren in dieser Welt ohnehin verpönt. Die Damen lebten von den »Geschenken« ihrer großzügigen Freunde. Deren Großzügigkeit war ein weiteres Statussymbol, und zwar für beide Seiten. Es kam durchaus vor, dass mehrere Männer um die Gunst einer stadtbekannten Hetäre warben, und dabei natürlich auch mit entsprechenden Werbegeschenken ihre Chancen zu vergrößern versuchten. Und je vornehmer das Paar war (oder sich gab), umso kraftvoller wurden die Freiwilligkeit von Leistung und Gegenleistung herausgestrichen und der freundschaftliche Charakter der Beziehung betont. Die Dame erhielt ein – auch als Altersversorgung begehrtes – Schmuckgeschenk und zeigte sich gefällig. Was in der Realität ein *Do, ut des*-Verhältnis auf letztlich merkantiler Grundlage war, wurde ideologisch zu einer partnerschaftlichen Beziehung aufgewertet, in der Sympathie, »gleiche Wellenlänge«, auch Zuneigung und erotisches Interesse auf beiden Seiten die entscheidende Basis darstellten. Dazu mochten sich manche Beziehungen durchaus auch entwickeln. Es hat Hetären gegeben, die den berühmten Mätressen, Kurtisanen und »galanten Damen« anderer Zeiten vergleichbar sind[5] und die sehr wohl das Gefühl hatten, auf der Sonnenseite des Lebens zu stehen. Schaut man auf sie, so zeigt sich, dass der Mythos der »selbstständigen, überlegenen, unabhängigen, natürlich sehr schönen Frau« sogar »auf weite Strecken der Wirklichkeit entsprach«.[6]

Ob diese im strahlenden Licht der Geschichte stehenden großen Verführerinnen indes auch nur im Ansatz repräsentativ sind für das Leben ihrer weniger prominenten Kolleginnen, dahinter muss man doch ein Fragezeichen setzen. Nüchternheit und Realismus sind da bessere Ratgeber als schwärmerische Überhöhung – auch was die tatsächliche Entscheidungsfreiheit der meisten Hetären angeht, manchmal auch Nein zu sagen.[7] Unser Quellenmaterial, das wunderbar anschauliche Bilder und manches literarische Kunstwerk bereithält, hat ja einen nicht unwesentlichen Schönheitsfehler: Es fehlt ihm die weibliche Perspektive. Die Stimmen der Hetären bleiben in dieser Tradition stumm.[8]

Und es stimmt ebenso nachdenklich, ob »Hetärentum« oder »Hetärenwesen« wirklich so geeignete deutsche Begriffe sind, um dieses Phänomen der feinen griechischen Gesellschaft auf den Punkt zu bringen. Denn beide Begriffe hören sich ja so an, als wäre die Institution von den Frauen ausgegangen und ausgestaltet worden. Und daran sind doch erhebliche Zweifel erlaubt. Aber immerhin ist der »Euphemismus« ja auch ein griechisches Wort (*eu*, »gut«, *phemí*, »ich spreche«).

Was sagten eigentlich die Ehefrauen zu alldem? Die schlichte Antwort darauf heißt: Sie hatten nichts zu sagen. Sie hatten diese gesellschaftlich akzeptierte Lebensweise ihrer Männer hinzunehmen. Dass sie entsprechend sozialisiert worden waren, machte die Sache für sie gewiss leichter. Aber besonders glücklich werden sie mit diesen Verhältnissen kaum gewesen sein. Das kann indes nur eine Vermutung sein, weil auch hier die Stimmen der Betroffenen fehlen.

Ernsthafte Konflikte waren nur dann zu erwarten, wenn die Hetäre in den der Ehefrau reservierten Bereich des *oíkos*, des »Hauses«, »Haushalts«, einzudringen drohte. Dort führte die Ehefrau gewissermaßen das Regiment, sie regelte alles, was mit der Haushaltsführung und der Kindererziehung zu tun hatte. Eine verantwortungsvolle Aufgabe, für die sie Respekt genoss. Wenn der Mann für die »Außenvertretung« der Familie zuständig war, so oblag der Frau die Innenverwaltung – eine tradierte Arbeitsteilung, die nicht nur unter der Perspektive des Eingeschlossenseins der Oberschichtehefrau zu betrachten ist, sondern auch unter dem Blickwinkel eines eigenverantwortlichen Aufgabenbereichs als »Familienmanagerin«. Es widerstrebt modernem emanzipatorischem Denken, das als eine Art Ausgleich anzuerkennen, aber jedenfalls wurde die Ehefrau dort ernst genommen. Umso mehr galt, dass dieser Bereich von der durch Symposien, Komoi (feuchtfröhlichen Umzügen) und Hetären geprägten Außenwelt männlicher Freizeitgestaltung scharf abgegrenzt werden musste.

Es scheint, dass auch das Gros der Männer diese Grenze respektiert hat. Gleichwohl hatte die ganze Familie, nicht nur die Ehefrau, ein Auge darauf, ob da nicht für eine Hetärenliaison Familienvermögen verschleudert wurde und die legitimen Kinder damit in ihren Ansprüchen eingeschränkt wurden. Derartige Beschwerden und Befürchtungen werden gelegentlich in Prozessreden laut – wobei das Beschwerdemuster dahin ging, sich über die dreiste, gierige Hetäre zu echauffieren, die dem Familienvater den Kopf verdrehe, ja ihn regelrecht verzaubere und willenlos mache. Für die angebliche emotionale Verwirrtheit der überforderten Kavaliere hatten die Herren Anwälte und Komödiendichter deutlich mehr Verständnis als für die »magischen« Praktiken egoistischer Freundinnen.[9]

Man muss es deutlich aussprechen: Aus heutiger Sicht war die Sexualmoral der Griechen ungerecht, weil sie sich einseitig nach den Bedürfnissen des Mannes richtete. Ein Redner des 4. Jahrhunderts v. Chr. bringt es auf den Punkt: »Die Hetären haben wir für die Lust, Konkubinen für die tägliche Pflege unseres Körpers, Ehefrauen aber, damit sie uns legitime Kinder gebären und treue Hüterinnen unserer Häuser sind.«[10] Die Konkubine (*pallakê*) war häufig eine freigelassene Sklavin, die nach dem Tod der Ehefrau den Haushalt führte. Sie ist nicht als Konkurrentin der Gattin anzusehen; sie diente vornehmlich der Bequemlichkeit des Mannes und dem häuslichen Komfort, hatte aber auch juristisch gesehen bei Weitem nicht den Rang, der einer Ehefrau zustand.

Die – man ist versucht zu sagen – Funktion der Ehefrau bestand darin, Kinder zur Welt zu bringen, die legitime Nachkommen und rechtmäßige Bürger der Stadt waren. Bei der Bewertung dieser »Zuständigkeit« darf man allerdings nicht von falschen Voraussetzungen ausgehen. Die Liebesheirat, die uns heute so selbstverständlich vorkommt, ist erst eine Errungenschaft der Romantik. Im alten Griechenland wurden Heiraten – zumal in der Oberschicht – von den Familien verabredet, und die so zusammengebrachten Eheleute mussten sich eine emotionale innere Grundlage ihrer von außen gestifteten Verbindung erst »erarbeiten«. Wo Kalkül und nicht Liebe und Leidenschaft am Anfang einer Beziehung stand, war schon viel erreicht, wenn sich das Verhältnis der Eheleute zu einer ehelichen *philía*, »Freundschaft«, entwickelte.

Sexuelle Lust war verständlicherweise keine automatische Begleiterscheinung einer solchen *philía*; eheliche Pflichterfüllung mag deshalb – das wissen wir nicht so genau, weil man *darüber* nicht sprach – der Normalfall des sexuellen Verkehrs zwischen den Eheleuten gewesen sein. Für den Mann kein großes Problem, standen ihm doch andere Möglichkeiten der Triebabfuhr zur Verfügung. Die Frau war die Verliererin dieser Sexualmoral. Gleiches Recht konnte man ihr, von allen anderen möglichen Vorbehalten abgesehen, schon deshalb nicht zugestehen, weil damit das entscheidende Fundament der bürgerlichen Ehe zerbrochen wäre: Von legitimen, weil eindeutig von den Eheleuten abstammenden Kindern konnte dann keine Rede mehr sein.

Die Vernachlässigung der sexuellen Erfüllung der Frau, man darf auch sagen: ihre sexuelle Unterdrückung, dürfte sich aber noch aus einer weiteren tief sitzenden männlichen Angst ableiten. Frauen galten, wenn man es zuließ, aufgrund der ihnen unterstellten Unbeständigkeit und Flatterhaftigkeit als unersättlich und maßlos auch in sexueller Hinsicht. Wer sich nicht beherrschen kann, der braucht einen Herrn. Aristoteles spricht es klar aus: »Das Verhältnis des Männlichen zum Weiblichen ist von Natur so, dass das eine besser, das andere geringer ist und das eine regiert und das andere regiert wird.«[11] Das Regiment der Männer in Sachen Sexualmoral war möglicherweise auch ein Selbstschutz vor sexueller Überforderung. Wenn man nicht aufpasste, indem man die Natur zivilisatorisch zähmte, war es mit der Phallokratie vielleicht doch gar nicht so weit her …

The winner takes it all. Man ist versucht, die von Männern festgelegten bürgerlichen Spielregeln im Sex- und Erotikspiel auf diesen Nenner zu bringen. Wir haben Prostituierte, wir haben Hetären, wir haben Konkubinen, wir haben Ehefrauen – das männliche Wir spreizt sich ganz schön selbstbewusst. Und doch ist damit noch nicht das Ende der sexuellen Möglichkeiten griechischer Männer erreicht. Es fehlt noch ein weiterer wichtiger Baustein männlichen Lustgewinns: Das, was die Griechen *paiderastía* nannten, »die Liebe zu Knaben«.

paiderastía – Die Liebe zum Jüngling als gesellschaftliche Institution

Mit dem, was wir heute unter Päderastie verstehen, hat das päderastische Konzept – jawohl: das Konzept – der Griechen nur am Rande zu tun. Die Griechen waren keine Kinderschänder, sie vergingen sich nicht an wehrlosen Kindern oder gar Kleinkindern, vielmehr banden sie das Physisch-Sexuelle in der Beziehung zu Minderjährigen in einen pädagogischen Kontext ein, den man auch bei einer kritischen Betrachtung nicht als bloßen Vorwand, als moralisches Feigenblatt oder ideologische Überhöhung abtun kann. Diese Klarstellung zu Beginn eines heiklen Themas erscheint angebracht, weil es heutzutage wohl keinen mit größerem Abscheu beund verurteilten kriminellen Übergriff gibt als die sexuelle Misshandlung von Kindern. Und das Tabuthema soll nun in einem Buch behandelt werden, das den Titel *Hellas sei Dank!* trägt?

Die *paiderastía* bezieht sich auf ältere *paídes*, genauer gesagt auf Jugendliche zwischen 12 und 18 Jahren. Der *pais*, auf den sich das *erán*, »Lieben«, bezieht, ist kein Kind, sondern ein Heranwachsender, ein Pubertierender an der Schwelle zum Erwachsenen. Dass besonders die pubertäre Übergangszeit das erotische Interesse des Liebhabers weckte, zeigt das folgende Epigramm aus dem 2. Jahrhundert n. Chr., das hinsichtlich seines Gehalts durchaus fünf- oder siebenhundert Jahre älter sein könnte:

> Zählt ein Knabe 12 Jahre, dann macht er mir Freude, und wenn er
> schon im 13. steht, zieht er noch stärker mich an.
> Doch im 14. ist er die süßere Blüte der Liebe,
> fängt er das 15. an, beut (bietet) er noch schönere Lust.
> 16-Jährige sind für sämtliche Götter, mit 17
> Such ich sie selber nicht mehr, sie gehören dem Zeus.[12]

Die Päderastie war in vielen griechischen Staaten eine anerkannte gesellschaftliche Institution – aber nur dann, wenn man sich an die Regeln hielt. Die Altersregel ist eine ganz zentrale, Päderastie mit unter zwölfjährigen Knaben war verboten und strafbewehrt. Auf der anderen Seite war Homosexualität zwischen erwachsenen Männern verpönt. Wer sich dabei erwischen ließ, riskierte den Verlust seiner bürgerlichen Rechte. Die Grenze zwischen Päderastie und käuflicher Liebe war allerdings fließend. Es gab auch »Strichjungen«, die sich sozusagen nur für die Triebabfuhr des Älteren zur Verfügung stellten. Und es gab Werbungsgeschenke der Liebhaber, die einen Jugendlichen für sich gewinnen wollten und dabei recht spendabel auftraten – gewissermaßen die offene Flanke im päderastischen »System«, die Übelwollenden und professionellen Spöttern wie den Komödiendichtern den Aufhänger für verleumderische Unterstellungen lieferte.

Umso wichtiger war die zweite Regel eines päderastischen Verhältnisses. Es definierte sich primär nicht durch sexuelle Interessen und Kontakte, sondern als pädagogische Liaison. Der Ältere diente dem Jüngeren idealiter als ethisches Muster, er führte den Jugendlichen in die Werte und Normen der Gesellschaft ein, zeigte ihm möglichst am gelebten Vorbild, was Mäßigung, was Ehrlichkeit, was Tapferkeit, was Tugend, was Einsatz für die Gemeinschaft bedeutete. Er orientierte sich dabei am alten aristokratischen Ideal der Kalokagathia, der perfekten Einheit von körperlicher Schönheit (*kalós*) und moralischem Gutsein (*agathós*). Diese Vorstellung ging zwar auf eine frühere Zeit und ihr Leitbild des schönen, edlen Adligen zurück, doch war es auch in einer demokratischen Gesellschaft nicht verkehrt, wenn sich gerade die Oberschicht zu Werten bekannte, die nicht nur sozialverträglich, sondern ausgesprochen gemeinschaftsbildend waren.

Die zahlenmäßige Basis dieser expliziten Repräsentanten anspruchsvoller Moralität wurde im demokratischen Staat durch die Aufnahme arrivierter Bürgerlicher in die gesellschaftliche Elite verbreitert. Sofern sich die päderastische Werteerziehung nicht als im Wortsinn exklusives Ethos gegen die Verfassung richtete, war sie durchaus willkommen. Sittliche Tadellosigkeit kann man in jeder Gemeinschaft gebrauchen – erst recht an der Spitze der Gesellschaft, wo sie ja erfahrungsgemäß keineswegs selbstverständlicher zu Hause ist als beim kleinen Mann. Die Knabenliebe war ursprünglich und blieb auch stets ein elitäres Phänomen. Aufbau und Pflege einer päderastischen Beziehung erforderten ein Maß an Freizeit und materieller Unabhängigkeit, von dem die große Masse der Bürger nur träumen konnte.

Eine ebenso wichtige wie anschauliche Quelle für den pädagogischen Eros, der der Knabenliebe zugrunde lag, ist Platons *Symposion*. Platon kettet diesen Eros geradezu an die Tugend, sie ist für ihn der zentrale Dreh- und Angelpunkt eines päderastischen Verhältnisses: »Sie ist der Eros der himmlischen Göttin und selbst himmlisch, und viel wert dem Staat (!) und dem einzelnen, indem er den Liebenden nötigt, viel Sorgfalt auf seine eigene Tugend zu wenden, und auch den Geliebten.«[13] Das innige Verhältnis führt Platon zufolge zu tiefer Scham, wenn einer der beiden etwas

Schändliches tut. Diese wechselseitige Stabilisierung und Konditionierung zu sittlich gutem Handeln ergibt sich aus dem Verlust an Achtung und Zuneigung, der droht, wenn einer der Partner sich sittlicher Verfehlungen schuldig macht.[14] Deshalb ist der charakterlich-seelische Einklang die entscheidende Basis der päderastischen Beziehung, nicht die körperlich-sexuelle Intimität: »Schlecht ist jener gemeine Liebhaber, der den Leib mehr liebt als die Seele, wie er auch nicht einmal beständig ist, da er ja keinen beständigen Gegenstand liebt.«[15]

Die Beständigkeit gehört zu den wichtigen Zielen, ja konstitutiven Merkmalen eines reinen päderastischen Verhältnisses: Die ursprüngliche Lehrer-Schüler-Beziehung soll in eine lebenslange *philía* übergehen, wenn der Jüngere der Pubertät entwachsen ist. Wäre das Interesse des Älteren nur sexuell bedingt, verlöre die Beziehung sonst ihre *raison d'être*. So aber bleiben Bewunderung und Wertschätzung, die der Jüngere für den Liebhaber wegen dessen sittlicher Vorbildhaftigkeit empfunden hat, bestehen und sind tragfähige Grundlage der dann stärker von partnerschaftlich-vertrauensvoller Freundschaft geprägten zweiten Phase der Beziehung. Man könnte, wäre das Wort nicht so abgegriffen, von einer echten Männerfreundschaft sprechen.

Das alles klingt in der Theorie nachvollziehbar. Es ist eine Form der Pädagogik im eigentlichen Wortsinne der »Knaben-Führung«, die als Sozialisationsmodell für männliche Jugendliche und als Vorbereitung auf ihre Rolle als Repräsentanten einer möglichst als vorbildhaft angesehenen Oberschicht auch in einer demokratischen Gesellschaft diskussionswürdig erscheint.

Es gab sogar tatsächlich ein Liebespaar in der athenischen Geschichte, das ebendiesem Ideal entsprach und dem deswegen öffentlich gehuldigt wurde. Das sind der jugendliche Harmodios und sein Liebhaber Aristogeiton. Die beiden verschworen sich im Jahre 514 v. Chr., den Tyrannen Hipparch, den letzten Herrscher der Peisistratiden-Dynastie, zu töten. Das Attentat gelang, aber die Verschwörer bezahlten es mit ihrem Leben. Und die demokratische

Polis Athen errichtete ihren vorbildlichen Freiheitskämpfern ein Denkmal, und zwar nicht irgendwo, sondern mitten auf der Agora, dem zentralen Markt Athens. Als Vorkämpfer für männliche *areté*, »Tugend«, genossen die beiden über Jahrhunderte größte Verehrung – und jedermann war klar, dass es ein päderastisches Freundespaar war, dem die Bürgerschaft da dauerhaft applaudierte. Diese Huldigung konnte man durchaus als Ermutigung der Gemeinschaft verstehen, solche Beziehungen einzugehen (wenn sich die Freunde denn tatsächlich ihrem Erziehungsauftrag zur Kalokagathia verpflichtet fühlten).

Die öffentliche Ehrung des berühmten Paares zeigt im Übrigen mit wünschenswerter Deutlichkeit, wie wenig Knabenliebe mit Homosexualität konnotiert wurde: Ein »Schwulen-Denkmal« mitten in ihrer Stadt hätten die Athener als schlimme Zumutung empfunden. Knabenliebe, darin ist sich auch die moderne Forschung einig, war in ihrer ganzen Erscheinungsform etwas anderes als Homosexualität.

Hat die Realität den Anspruch der päderastischen Idee einlösen können? Über mehr oder minder begründete Vermutungen kommt man da kaum hinaus. Grundsätzlich ist die übliche Kluft zwischen Anspruch und Wirklichkeit auch in dieser Frage zu unterstellen. Ob jeder Liebhaber seinen Sexualtrieb so im Griff hatte, dass er die richtige Hierarchie zwischen Charakter und Körper grundsätzlich beachtete, darf bezweifelt werden. Das päderastische Ethos dürfte nicht selten zum Deckmäntelchen der Geilheit verkommen sein – ein Missbrauch der Institution, der, wenn nicht energisch gegengesteuert wurde, im Missbrauch eines Jugendlichen endete.

Man wird sich dem ganzen Problemkreis mit der gebotenen Nüchternheit und mit misstrauischem Realitätssinn nähern müssen, kann aber ausschließen, dass die Ideologie der Knabenliebe dem erotischen Verlangen nach schönen heranwachsenden männlichen Körpern nur übergestülpt worden ist, um als oberflächliche Legitimation für sexuelle Akte zu dienen, die man insgeheim schon als Übergriffe empfand. Angreifbar ist insofern eher die Praxis der

Knabenliebe als ihre Definition als eine Form der Pädagogik mit unmittelbarem »Lohn« für den Pädagogen.

Sicher ist aber auch, dass die soziale Kontrolle weitgehend funktioniert und Exzessen vorgebeugt hat. Die Gesellschaft hatte sich wirkungsvolle Aufsichtsmechanismen geschaffen. Dazu gehörte in erster Linie die Öffentlichkeit. Päderastie fand zum größten Teil nicht im Verborgenen statt, sondern vor aller Augen. Niemand brauchte sich zu schämen, wenn er mit seinem Freund über den Marktplatz schlenderte, selbst dezente Liebkosungen wurden toleriert – und damit nicht in ein schwer kontrollierbares Schmuddelambiente abgeschoben, das dann seine eigenen Normen entwickelt hätte. Im Gegenteil. Der Liebhaber konnte seinen Mitbürgern nicht ohne Stolz demonstrieren, dass ein hübscher Jüngling ihn zum Lehrer und Vorbild auserkoren hatte – das hatte ähnlich wie bei den Hetären die Qualität eines Statussymbols. Je angesehener der Liebhaber war, umso größer war der Besitzerstolz auch des jungen Burschen: Er hatte sich, für die ganze Bürgerschaft unübersehbar, eine prominente Persönlichkeit zum Mentor erwählt.

Dem Zusammensein des Liebespaares ging eine intensive Werbungsphase voraus, in der sich vor allem der Ältere gegen eine gegebenenfalls stattliche Zahl von Mitbewerbern durchsetzen musste. Je begehrenswerter und schöner der Knabe war, umso mehr entwickelte sich die Werbung zu einem Agón, einem Wettkampf unter Konkurrenten. Zu den ungeschriebenen, aber der sozialen Kontrolle unterworfenen Regeln dieser Konkurrenz gehörte es, dass der Umworbene nicht zu schnell nachgab, sondern seine potentiellen Liebhaber einer charakterlichen Prüfung unterzog. »Unsere Sitte«, sagt Platon, »ermuntert den Liebhaber zum Nachjagen, den Geliebten zum Fliehen, indem sie einen Kampf inszeniert und eine Prüfung, zu welchen von beiden – den Schlechten oder den Guten – der Liebhaber gehöre und zu welchen der Geliebte. Sich schnell gewinnen zu lassen wird deshalb für schimpflich gehalten.«[16]

Geschenke und Griffe ans Genital – Wie viel Sex durfte sein?

Schauplatz der Liebeswerbung waren in der Regel die Gymnasien und Palästren. Dort trainierten die Knaben nackt, dort fanden sich Interessenten ein, um ihnen zuzuschauen, sie anzusprechen und ihnen den Hof zu machen. Zahlreiche Vasenbilder stellen diese alltägliche Szene dar, ebenso die Geschenke, mit deren Hilfe die Älteren sich bemühten, den umworbenen Heranwachsenden für sich zu gewinnen. Das konnten ideelle Anerkennungen wie ein Kranz oder ein Zweig sein – die Siegespalme gewissermaßen für den schönsten oder begehrenswertesten Jüngling –, das waren indes häufiger materielle Geschenke wie ein Salbgefäß, eine Schreibtafel, ein Ball oder ein Schabeisen. Auch Tiergeschenke, häufig Hasen und Hähne, waren üblich. Diese erotischen Werbungsgeschenke waren gesellschaftlich anerkannt, auch sie wurden öffentlich angeboten und angenommen.

Sie waren indes nicht auf die Werbungsphase beschränkt, sondern wurden kontinuierlich zur Festigung der Freundschaft wiederholt. Will man es positiv formulieren, so war die Beziehung als eine permanente Werbung des Älteren um den Jüngeren konzipiert. Die Geschenke waren so gesehen Ausdruck nie nachlassender Zuneigung und Aufmerksamkeit. Bei kritischerer Betrachtung könnten wir sie aber auch als Indiz einer potentiellen Instabilität des päderastischen Verhältnisses sehen, zumal vor dem Hintergrund einer Konkurrenzsituation, in der die zahlenmäßig vergleichsweise kleine Gruppe der 12- bis 17-jährigen besonders ansehnlichen Jugendlichen einem erheblich größeren Reservoir an potentiellen Liebhabern gegenüberstand.

Dass daraus Begehrlichkeiten erwuchsen, liegt nahe. Die Vermutung wird zumindest indirekt durch die befremdlich wirkenden Überlegungen mancher – oder vieler? – Liebhaber bestätigt, ob sie sich eine so kostspielige Beziehung überhaupt leisten könnten. So vertritt Phaidros gegenüber Sokrates eine rationalistische Position, die durchaus geeignet ist, manchen ideellen Höhenflug im platonischen *Symposion* zu relativieren: »Die Verliebten berechnen stets, wie schlecht sie ihr Vermögen der Liebe wegen verwaltet und wie viel Gutes sie schon erwiesen hätten. Indem sie zu den Kosten die Mühe hinzurechnen, die sie schon auf sich genommen haben, glauben sie, dem Geliebten schon längst den gebührenden Dank entrichtet zu haben.«[17]

Das klingt schon ziemlich nach einem Aufrechnen der Vor- und Nachteile. Uneigennütziges Geben sieht anders aus – und dankbares Nehmen auch. Man sieht: Der Grat, auf dem die Partner einer päderastischen Beziehung wandelten, war schmal; nicht alle sind der Gefahr entgangen, zur Prostitution hin abzustürzen. Eine Steilvorlage für Spötter wie Aristophanes, der kaum eine Gelegenheit auslässt, die Knabenliebe als Teil eines aristokratisch-elitären Lebensstils zu diskreditieren. »Ein rechter Knabe nimmt kein Geld!«, lässt er den armen Chremylos ironisch anmerken – und auf die Frage »Was denn?« seines Sklaven Karion hinzufügen: »Ein schönes Reitpferd, eine Koppel Hunde.« Auch Karion weiß Bescheid: »Bargeld zu fordern schämen sie sich, ja, das Schändliche verdeckt ein schöner Name.«[18]

Es ist nicht zu verkennen, dass die Geschenke nicht nur werbende Funktion hatten. Sie waren nicht allein materialisierter Ausdruck des Begehrens, sondern hatten, wenn der Jugendliche sie annahm, auch verpflichtenden Charakter. Die Gegenleistung bestand darin, sich liebkosen zu lassen und Berührungen hinzunehmen. Manche Vasenmotive stellen diese Wechselwirkung anschaulich dar, indem sie das Überreichen des Geschenks mit einem Streicheln im Gesicht, einer Umarmung oder einem Griff ans Genital kombinieren: Belohnung gegen Belohnung.

Die päderastische Beziehung hatte zweifellos eine nicht zu unterschätzende sexuelle Dimension. Nicht einmal Platon, der im Prinzip für die Sublimierung des Gefühls zu einer körperlosen »platonischen Liebe« wirbt, schließt diesen Aspekt aus oder verurteilt ihn. Er ist konstitutiver Teil der Beziehung. Allerdings ist auch er streng reglementiert. Vom Knaben ist sexuelle Teilnahmslosigkeit gefordert. Er bleibt passiv im eigentlichen Sinne des Wortes: Er erduldet die sexuellen Handlungen des Liebhabers an seinem Körper, er nimmt sie hin, aber er erwidert sie nicht aktiv, weder physisch noch emotional.

In dieser Hinsicht ist er Objekt. Das spiegelt sich auch in den Begriffen. Der Ältere, sexuell Tätige wird als *erastés*, »Liebhaber«, bezeichnet, der Jüngere als *erómenos*, »Geliebter«. Wie weit ging die körperliche Liebe im päderastischen Verhältnis? Orale und anale Penetration dürften – auch ausweislich der Vasenbilder – selten vorgekommen sein, denn sie waren Chiffren für Beherrschung und Unterdrückung beziehungsweise aus der anderen Perspektive für Erniedrigung und Demütigung. Und das war keine Basis für eine lebenslange Freundschaft zwischen gleichberechtigten Bürgern. Vermutlich war der Schenkelakt die gängige Methode der sexuellen Befriedigung des Erastes, er erscheint auch auf einigen Vasenbildern. Die Unsicherheit in dieser ja nicht marginalen Frage rührt vor allem daher, dass die Dinge nicht beim Namen genannt werden, sondern euphemistisch unbestimmt bleiben. Da erweist sich der Eromenos als »gefällig« oder »dient« auch schon einmal, und der Erastes »bekommt, was er will«. Was er im Einzelnen will, bleibt ungesagt. Intimes gehört nicht an die große Glocke gehängt. Und *phantasía*, »Vorstellungskraft«, ist schließlich auch ein griechisches Wort.

Kein Zweifel: In den Termini, mit denen die Griechen die beiden »Partner« einer päderastischen Beziehung bezeichneten, spiegelt sich – aktiv der eine, passiv der andere – die grundsätzliche Asymmetrie dieses Liebesverhältnisses wider. Das waren eben keine gleichrangigen Partner, sondern das war eine Verbindung, die bewusst auf den Unterschieden zwischen zwei Menschen aufbaute. Diese Unterschiede – im Alter, in der Entwicklung, in der gesellschaftlichen Stellung, in den Besitzverhältnissen – waren geradezu konstitutiv. Und sie machen uns heute so misstrauisch gegenüber der griechischen Päderastie. War da nicht der Jüngere dem Älteren in jeder Hinsicht unterlegen oder gar ausgeliefert? Und war das insofern nicht doch ein Missbrauch? »Knabenliebe« – sagt das im Grunde nicht schon alles?

Eine Gratwanderung, eine Grenzerkundung war die Päderastie gewiss. Eine Grenzüberschreitung aber nur dann, wenn moderne Moralität den Maßstab bestimmt. Dieser Maßstab aber ist wie alle Maßstäbe relativ; er ist soziokulturell determiniert und unterliegt dem historischen Revisionsvorbehalt. In der griechischen Gesellschaft war die Knabenliebe eine weithin akzeptierte Institution. Sie wurde als solche von der Gesellschaft kontrolliert, Normenverstöße wurden dort, wo sie erkennbar waren, sanktioniert. Die Familien der Eromenoi waren informiert. Sie dürften eine weitere Kontrollinstanz gewesen sein, und zwar eine, die genauer hinschaute als der Staat. Die Betroffenen mussten einverstanden sein. Und ein solches Einverständnis wiegt schwer, wenn es sich um Jugendliche in der Pubertät oder Vorpubertät handelt (und nicht um Kinder) und wenn sie in einer Konkurrenzsituation die Wahl hatten, auch Nein zu sagen – gegenüber dem einen oder auch gegenüber allen potentiellen Erasten. Die Heranwachsenden wurden umworben und nicht gezwungen, wobei wir nicht übersehen, dass mit intensiver Werbung auch eine starke Drucksituation aufgebaut wurde.

Die griechische Knabenliebe hatte ein pädagogisch-politisches Konzept, das, soweit wir sehen, tragfähig war, auch wenn es sich in der Praxis nicht immer bewährt haben dürfte. Dieses Manko hat es indes mit den meisten Konzepten gemeinsam. Dass den Jugendlichen in der Beziehung seelischer Schaden zugefügt worden wäre, lässt sich nicht belegen. Es spricht mehr dafür, diese moderne These zurückzuweisen. Denn aus dem Eromenos wurde nach wenigen Jahren oft ein Erastes. Und nichts weist darauf hin, dass dieser Rollenwechsel als eine Art Vergeltung für das in der eigenen Jugend erlittene »Unrecht« angesehen worden und anzusehen wäre. Das Pädagogikmodell der *paiderastía* ist historisch überholt. Es bedarf keiner Neuauflage und keiner Renaissance. Es taugt aber auch nicht als unreflektiertes geschichtliches Aufregerthema, an dem man sein ideologisches Mütchen kühlen kann.

Aphrodite und Eros präsentieren sich heute in anderer Gestalt als im alten Griechenland. Sie nehmen nunmehr in ganz anderer Weise die Frau als Subjekt von Liebe und Leidenschaft wahr. Für diese Flexibilität und Neubesinnung sei ihnen Dank: Auch Götter lernen offensichtlich dazu.

KAPITEL 12

Von »Auto« bis »Zerberus« – Unser tägliches Griechisch

Wo der Mist sich türmt – Die Finanzkrise aus der Perspektive des alten Hellas

»Chaos« ist ein griechisches Wort. Das verwundert niemanden, der schon einmal in Athen am Steuer eines Autos gesessen hat. Oder der sich über den Staatshaushalt Griechenlands und seine Finanzverwaltung Gedanken macht. In der Staatskasse herrscht gähnende Leere, da klaffen die Lücken nur so. Tatsächlich ist wohl *chaínein*, »klaffen«, das Ursprungswort von »Chaos«. Und mancher Hellas-Skeptiker – *sképsis*, »Überlegung«, stand Pate – fühlt sich bestätigt, wenn er liest, dass der frühgriechische Epiker Hesiod Chaos als Urgott schildert. Man sollte jedoch weiterlesen, dann erfährt man, dass dieser Gott auch über ein erhebliches schöpferisches Potential verfügte. So jedenfalls wird es in antiken Vorstellungen der Kosmogonie, der »Weltentstehung«, deutlich (*kósmos*, »Weltall«; *génesis*, »Werden«): Aus dem Ursprungschaos, einem Haufen schlecht verbundener Dinge, hat sich eine doch relativ geordnete Welt entwickelt.

Wenn man von den Weltfinanzen absieht, und erst recht von den griechischen. Sie treiben uns seit Jahren um, und die Sorgen darüber haben traumatische Ausmaße angenommen. Will sagen: Sie haben uns ein nachhaltiges *traúma*, eine »Verwundung«, zugefügt. Wir nutzen dieses Wirtschafts- und Finanzszenario nun, um Beispiele aus jenem großartigen Kulturwortschatz einzuführen, den uns das Griechische hinterlassen hat – und zwar als gesamteuropäisches Erbe, das wir hier nur in der deutschen Variante präsentieren. Das damit verbundene Risiko nehmen wir in Kauf: dass sich die Finanzlage während der Lektüre gegenüber dem Sommer 2012, in dem diese Zeilen entstanden, fundamental gewandelt haben könnte. Sollte es so kommen, dann hieße das ja nicht, dass sich die gegenwärtige Situation nicht zumindest rückblickend nachvollziehen ließe.

Also: Zurzeit hängt über der Zahlungsfähigkeit Griechenlands ein Damoklesschwert. Damit verbindet sich das Bild eines schwer einschätzbaren Gefahrenpotentials. Damokles war ein Günstling des Tyrannen Dionysios I. von Syrakus. Er schmeichelte seinem Herrscher: Ob es einen glücklicheren Menschen auf Erden gebe als ihn? Dionys gab ihm eine unerwartete Antwort. Er lud ihn zu seiner Tafel ein, ließ ihm erlesene Speisen und Getränke anbieten, wundervolle Salben und Kränze darreichen. Damokles kam sich vor wie im Paradies – bis zu dem Augenblick, als er ein Schwert erblickte, das, mit Pferdehaar aufgehängt, über seinem Kopf schwebte. Das sei, klärte Dionys ihn auf, ein Sinnbild für seine, des Tyrannen, Situation. Ob Damokles noch immer mit ihm tauschen wolle? Damokles erkannte die Brisanz der Lage und zog sich schleunigst vom Speisesofa des verwöhnten Gastes zurück.

Solch ein Rückzug Griechenlands würde manchen Euro-Ländern wohl passen. Sehen sie sich doch immer stärker zwischen Skylla und Charybdis gestellt, das heißt in einer wenig beneidenswerten Lage zwischen zwei großen Übeln. Griechenland mit weiteren Milliardenspritzen zu unterstützen oder es pleitegehen zu lassen – beide Optionen erweisen sich als wenig verheißungsvoll. Aber so ist das nun einmal für alle, die die tatsächliche oder die metaphorische gefährliche Meerenge von Messina durchfahren wollen: Auf beiden Seiten lauern Ungeheuer, die die Seefahrer ins Verderben zu reißen drohen; hier die mit sechs Rachen nach Beute schnappende Skylla, dort die das Meer dreimal am Tage einschlürfende und wieder ausspeiende Charybdis.

Da kann man mit Argusaugen darüber wachen, dass der soundsovielte Finanzplan eingehalten wird, bis dato erweist sich das griechische Staatsbudget ja eher als ein Danaidenfass. Dieses erinnert an die Töchter des argivischen Königs Danaos, die ihre Bräutigame in der Hochzeitsnacht getötet und deshalb zu einer ewigen Strafe verurteilt worden waren: Sie mussten unablässig Wasser in ein Fass mit Löchern stopfen – eine dank des mythologischen Fasses ohne Boden nie endende Mühe. Und die Argusaugen? Sie gehörten dem stets wachsamen Riesen Argos (lateinisch: Argus), dessen hundert Augen misstrauisch über die schöne Io wachten, auf die der Göttervater Zeus ein Auge geworfen hatte. Allerdings gelang es schließlich dem Götterboten Hermes, den ungleichen Augenkampf 100:2 trotzdem für seinen »Chef« zu entscheiden …

Argus war damit in der Rezeptionsgeschichte erfolgreicher als im »wahren« Mythos selbst – und auch das lässt nicht wenige Beobachter daran zweifeln, dass die griechische Finanzmisere selbst von noch so aufmerksamen Beobachtern in den Griff zu bekommen ist. Da macht dann schon einmal das Bild von einem Augiasstall die Runde, der sich nur mit radikalen Methoden ausmisten lasse. Als mythisches Vorbild für diesen metaphorischen gigantischen Misthaufen diente der Rinderstall des Königs Augias, in dem dreitausend Rinder nicht nur standen, sondern auch ihren Mist absonderten – und das dreißig Jahre lang, ohne dass sich jemand zum Ausmisten bequemt hätte. Mit dem irgendwann notwendigen Großreinemachen wurde schließlich Herakles betraut (vielen unter seinem lateinischen Namen Hercules besser bekannt). Er schaffte es, indem er zwei Flüsse umleitete und den legendären Saustall – pardon: Rinderstall – kräftig durchspülte. Unkonventionell, aber effizient.

Nur mit einem solch radikalen Zupacken sei der griechischen Finanzmisere beizukommen, orakeln viele – und stellen sich damit in die Nachfolge jener antiken Weissagungsstätten, von denen die des Apollon in Delphi die weitaus angesehenste war. Das Wort *oraculum* verdanken wir allerdings den Römern. Die Griechen sprachen von einem *manteíon*, und da sind wir mit der »Mantik« wieder auf festem griechischem Sprachboden. Im Labyrinth der griechischen Staatsfinanzen finde sich eh niemand zurecht, fügen die Pessimisten hinzu, da gebe es keinerlei Ariadnefaden und werde es auch keinen geben. Das war jener rettende Wollfaden, mit dem die Königstochter Ariadne ihrem geliebten Theseus das Leben rettete. Der hatte sich aufgemacht, in den Irrgängen des Minotauros das mythische Monster aufzustöbern und zu erlegen. Das gelang ihm und ebenso die Rückkehr aus dem Irrgarten mithilfe des berühmten Leitfadens.

Auf den aber brauche man beim griechischen Finanzdschungel gar nicht erst zu setzen, tönt es aus den Kassandrarufen der Schwarzmaler. Mit Kassandra stoßen wir auf eine Unheilsprophetin (*prophétes*, »Weissager«), die niemand so recht ernst nahm. Die Tochter des trojanischen Königs Priamos warnte ihre Mitbürger energisch davor, sich von dem Trojanischen Pferd täuschen zu lassen. Vergebens. Apollons Strafe für die Sprödigkeit der schönen Königstochter bestand darin, dass niemand ihr Glauben schenkte.

Der Glaube an immer neue Rettungspakete für den griechischen Patienten sei eine Chimäre, wettern die Verweigerer, ein Hirngespinst, das ebenso unwirklich sei wie das Fabelwesen mit seiner Mischgestalt aus Löwe, Ziege und Schlange. Tatsächlich müsse man den Gordischen Knoten wie weiland Alexander der Große »lösen« – indem man ihn mit einem Hieb durchhaue. Das gilt seitdem als Metapher für eine Radikallösung, und zwar eine erfolgreiche. Wer den schier unauflöslichen Knoten am Streitwagen des legendären kleinasiatischen Königs Gordion lösen könne, dem winke die Weltherrschaft. Das Zerhauen war eine Lösung, der Siegeszug Alexanders war der Beweis.

Auf einen anderen legendären kleinasiatischen Herrscher brauche man, damit auch das klar sei, angesichts der Ausmaße des Schuldendebakels gar nicht erst zu setzen, versichern die Skeptiker: Selbst ein Krösus sei mit dieser Situation völlig überfordert.

Was passiere, wenn der Gordische Knoten durchhauen sei? Die Gegner der Pleitelösung warnen vor einer nicht mehr beherrschbaren Panik auf den Finanzmärkten. Ihren Namen hat sie vom Hirtengott Pan erhalten, der durch sein plötzliches Erscheinen Menschen und Tiere, die sich in der Mittagshitze ausruhten, einen wahrhaft panischen Schrecken einjagte.

Gewiss, die Lage sei schlimm. Aber mit dem Vorwurf parasitären Finanzverhaltens gegenüber Hellas solle man doch etwas vorsichtiger sein, meint die Rettungsfraktion. Der Parasit, ursprünglich ein ganz respektabler Priester, der die Opfer *parà síton*, »beim Getreide«, beaufsichtigte, wurde durch die Komödie zu einem gefräßigen Typus degradiert, der mit Liebedienerei Jagd auf Essenseinladungen machte. Wenn man den verletzenden Begriff des Schmarotzers mal durch den auch nicht gerade klangvollen, aber nicht ganz so vernichtenden des Profiteurs ersetze, dann sei die Frage nach den Nutznießern der hellenischen Schuldenmacherei vielleicht doch nicht so eindeutig zu beantworten, mahnen die Unterstützer Griechenlands: Wer habe sich denn an den lukrativen Exporten eine goldene Nase verdient?

Klar, die Sanierung der griechischen Staatsfinanzen sei eine Sisyphusarbeit, räumen sie ein, und ja, ohne drakonische Maßnahmen werde es nicht gehen, wenn man die Hydra der Staatsverschuldung bezwingen wolle – aber dazu müssten eben alle ihren Obolus beisteuern.

Das hört sich ganz vernünftig-moderat an, die bildungsbürgerlich-klassische Garnierung wirkt ebenso seriös wie sympathisch – bei genauem Hinsehen jedoch nur auf der Oberfläche. Denn wenn die Sanierung der griechischen Staatsfinanzen wirklich eine Sisyphusarbeit ist, dann wird sie nie enden; der große Unterweltsbüßer wird seinen Stein ewig den Berg hinaufrollen, und ewig wird der Stein wieder der Schwerkraft erliegen und wieder hinabrollen. Ebenso furchteinflößend wirkt das Bild der Hydra. Diesem Ungeheuer wuchs für jeden seiner zahlreichen Köpfe sofort mindestens einer nach, und es bedurfte der Entschlossenheit und Klugheit eines Herakles, um ihm den Garaus zu machen – eine herkulische Aufgabe, für den der moderne Hauptdarsteller noch gesucht wird.

»Drakonisch« schließlich klingt besser, als es gebildet ist. Richtig wäre, pardon für die altphilologische Besserwisserei, »drakontisch«. Und außerdem steht der athenische Gesetzgeber Drakon in ganz falschem sprichwörtlichem Ruf. Weder waren seine Gesetze, wie es die Legende wissen will, mit Blut geschrieben, noch waren sie Ausdruck einer besonderen Härte. Eher ist das Gegenteil der Fall: Das erstmalige Aufschreiben des geltenden Rechts war ein Meilenstein in der Geschichte der Rechtssicherheit.

Und was schließlich den Obolós (lateinisch *obolus*) angeht: Das war eine Scheidemünze im Wert von nicht mehr als einer Sechsteldrachme. So viel gäben wir ja gern, wenn sich der Bankrott mittels semantischer Untertreibung abwenden ließe. Fehlt nur noch der Vorschlag, Griechenland solle nicht zur Drachme, sondern gleich zum Obolós zurückkehren …

Nun gut. So ein richtiger Heureka-Schrei entfährt den Befürwortern weiterer Rettungsaktionen allerdings auch nicht: Ein Patentrezept, eine Lösung des Problems scheint so schnell nicht in Sicht, jedenfalls nicht so schnell wie beim historischen Entdeckerjubel. »Heureka«, »ich hab's gefunden«, soll der große Physiker Archimedes ausgerufen haben, als er das entdeckt hatte, was man früher »spezifisches Gewicht« nannte und heute »Dichte« nennt – übrigens, will man der Anekdote Glauben schenken, in der Badewanne. Also heißt es wohl auf absehbare Zeit weiter: Euros nach Athen. Statt der sprichwörtlichen Eulen, über die die Athener einst in solcher Fülle verfügt haben sollen, dass man sie dorthin nicht zu tragen brauchte. Gemeint waren wohl eher die Eulen-Vögel, die an den Abhängen der Akropolis gute Nistplätze fanden, als die auf den attischen Münzen dargestellten Vögel der Stadtgöttin Athene – *so* reichlich war auch das klassische Athen schließlich nicht mit Geld gesegnet. Obgleich, verglichen mit heute …

Aber lassen wir das. Fest steht, dass wir für unsere nach Athen geschickten Euros einen verlässlichen Zerberus (griechisch: Kerberos) bräuchten. Das war im Mythos der hundertköpfige »Höllenhund«, der die Unterwelt bewachte, vor allem damit niemand *hinaus*kam. Heute hat sich sein Bild bis hin zum trivialen Türsteher-Vergleich etwas gewandelt: Er wacht eher darüber, dass niemand *hinein*kommt. In diesem Sinne sollten wie ihn zum Euro-Hüter befördern, der vor dem Danaiden-Fass auf dem Posten steht.

Sicher wird Hellas auf absehbare Zeit eine Achillesferse des Euroraums bleiben; ein wunder Punkt, der bei seinem mythologischen Namensgeber Achilles die einzige verwundbare Stelle war, weil seine Mutter ihn dort festgehalten hatte, als sie ihn in das immunisierende Wasser des Styx tauchte. Denkt man an Portugal, Spanien, Italien, so könnte man glatt an eine Vervielfachung der Achillesferse denken, die freilich mit anatomischen Gegebenheiten heftig in Konflikt geriete.

Rückschauend könnte man meinen, der Beitritt Griechenlands zur Eurogruppe sei ein echtes Danaergeschenk an Europa gewesen. »Danaer« ist ein anderes Wort für »Griechen«. Und das klassische Danaergeschenk war das Trojanische Pferd – ein Geschenk, das den Beschenkten Unglück brachte. So unschön die Auswirkungen sind, so schön ist die Logik des Mythos: Immerhin kommt dieses Danaergeschenk ja von echten Danaern.

Schwamm drüber. Zumal ja auch nicht erwiesen ist, dass die Hellenen angesichts ihrer Beitrittstricksereien seinerzeit in echtes homerisches Gelächter ausgebrochen wären. Dieses schallende, schadenfrohe Lachen ist denn auch in der *Ilias* eine Domäne der Götter – und *diese* Variante der Hybris, des frevelnden Übermutes, wollen wir unseren griechischen Partnern jedenfalls nicht unterstellen. Wohl aber muss Europa auf der Hut sein, sich von seinem charmanten griechischen Gründungsmitglied beim Aufspannen der Rettungsschirme nicht weiter bezirzen zu lassen. Schließlich war Kirke, die Erfinderin dieser umgarnenden Taktik, eine böse Zauberin, die es mit ihren Opfern nicht gut meinte; die Gefährten des Odysseus hatte sie in Schweine verwandelt. Odysseus selbst aber erlag der Versuchung nicht. Er nimmt der Dame vielmehr das Versprechen ab, das Unrecht wiedergutzumachen und ihm selbst nichts anzutun. Das Wunder geschieht: Kirke hält sich an ihren Schwur, und Odysseus bleibt ein volles Jahr bei ihr. Eine Beziehung, die auch für Hellas und seine Euro-Partner vorbildhaft sein könnte – der Neuanfang gar einer wunderbaren Freundschaft?

Beide Wörter, die uns im Zusammenhang mit der Finanzklemme so leicht von den Lippen gehen, sind griechischen Ursprungs: »Krise« und »Katastrophe«. Beide haben ein Bedeutungspotential, das Zukunftshoffnung nicht ausschließt. Man muss sie nur kreativ genug interpretieren. Bei der »Krise« ist das kein Problem. Schaut man auf die Medizin, so ist die Krise nicht so negativ besetzt wie im allgemeinen Sprachgebrauch. Sie ist dort im ursprünglichen Sinne eine *krísis*, eine »Entscheidungssituation«, aus der zwei Wege herausführen können, einer zum Schlechten, aber auch einer zum Guten. Bei der »Katastrophe« hilft ebenfalls der Blick auf die eigentliche Etymologie, dort ist sie eine »Umwendung«, ein »Wendepunkt«. Und so katastrophal, wie sich die Dinge im Moment darstellen, kann die nächste Katastrophe eigentlich nur der »Wendepunkt« zum Besseren sein …

Das sollten wir den Griechen gönnen – nicht zuletzt weil sie unsere Sprache und Vorstellungswelt mit einem anschaulichen Kulturwortschatz bereichert haben, von dem wir nur ein paar Beispiele vorführen konnten. »Finanzen« dagegen ist kein griechisches Wort, das Copyright darauf haben die Römer. Das Ursprungswort ist *finire*, »beenden«. Auch wenn das Partizip Präsens nicht ganz so klassisch gebildet ist, verstand man im Mittelalter unter *finantia* die »abschließenden Zahlungen«.

Dass das kein griechischstämmiger Begriff ist, versteht sich ja von selbst.

Von der engelsgleichen Angela zum bäurischen Georg

Wollen wir uns von der leidigen Finanzkrise und der anspruchsvollen, weil meist erklärungsbedürftigen Welt des griechischen Kulturwortschatzes im Deutschen ein wenig erholen? Dafür bietet sich ein kleiner Ausflug in die Namensgeschichte an. So mancher scheinbar deutsche Vorname hat seine sprachliche Basis (*básis*, »Grundlage«) im Griechischen. In »Andreas« und »Alexander« steckt eine durch und durch männliche Programmatik. Der eine verkörpert *andreía*, »Mannhaftigkeit«, »Mannesmut«, der andere ist ein »Männer-Abwehrer« (*aléxein*, »abwehren«), also ein tüchtiger Krieger. Auf das weibliche Pendant »Alexandra« sind die der Gleichberechtigung nicht ganz so gewogenen alten Griechen selbst nicht gekommen. Aber es macht in aufgeklärteren Zeiten ja Sinn: »Die Männer Abwehrende«, die übrigens auch in Sonja, Sandy oder Sandra steckt.

Vom »Abwehren« zum »Siegen«. Da steht Klaus in vorderster Linie, die Kurzform von Nikolaus, dem »Völker-Bezwinger« (*laós*, »Volk«; *nikán*, »besiegen«), und mit ihm die Varianten Niklas, Claas, Colin und Nils. Mit Nicole, Nicky und Nikola sind auch die Damen mit von der Siegespartie. Und mit »Irene« führen sie gewissermaßen auch die Gegenseite an: *eiréne* ist der »Frieden«. Andere Wunschvorstellungen verbinden sich mit Agathe, der »Guten« (*agathós*, »gut«), und mit Katharina, der »Reinen« (*katharós*, »rein«), deren kathartisches Wesen sich auch auf Kati und Kathrin, Käte, Kathleen und Katja erstreckt.

Barbara dagegen ist die »Fremde« (*bárbaros*, »fremd«), Margarete ist die »Perle« (*margarítes*) ebenso wie die davon abgeleiteten Kurznamen Greta, Margot, Margret und Rita. Sophia ist nicht zufällig so beliebt, verbindet sich mit ihr doch die »Weisheit« (*sophía*).

Eine männliche Parallelform gibt es in diesem hochgeistigen Bereich interessanterweise nicht. Mit Georg und Jürgen, Jörg und Juri, York und Giorgio begeben wir uns eher auf die Gegenseite; das Ursprungswort *georgós* ist der »Bauer«. Da kommt Philipp, wenngleich auch landwirtschaftlich konnotiert, deutlich vornehmer daher: Er ist der »Pferdefreund« (*phílos*, »Freund«; *híppos*, »Pferd«). Auf Peter sollte Verlass sein, er ist der »Fels« (*pétros*), was gleichermaßen auf Pierre, Pieter oder Pjotr zutrifft. Wie gut, dass das Griechische auch einen weiblichen Felsen (*pétra*) kennt! So braucht sich Petra ihre Verlässlichkeit und Standhaftigkeit nicht von der männlichen Form zu borgen.

Einen Spitzenplatz in der Beliebtheitsskala männlicher Vornamen hatte einige Zeit über »Sebastian« inne. Er ist der »Ehrwürdige«

(*sebastós*), wobei eine religiöse Bedeutung mitschwingt. Sie steht bei »Dorothea« ganz im Vordergrund: Wer so heißt, gilt als »Gottesgeschenk« (*theós*, »Gott«; *dóron*, »Geschenk«), was natürlich auch auf die Variationen Doris und Doro, Dörthe und Dorothee zutrifft. Engelgleich kommt Angelika daher, sie ist die »(Himmels-)Botin« (*ángelos*, »Bote«; *angelikós*, »engelhaft«). Und das erst recht, wenn sie bundeskanzlerinnengleich als Angela oder Angie Dienst tut.

Damit endet unsere Tour durch den Alltag griechischstämmiger Vornamen, ohne dass sie Vollständigkeit angestrebt hätte. Die »Tour« als französischer Begriff zum Abschluss einer griechischen Vornamenarchäologie? Gibt es keinen griechischen Ausdruck dafür? Und ob. Eben die »Tour« hat eine griechische Vergangenheit. Sie geht auf den *tórnos* zurück, das »Dreh-» oder »Drechseleisen«. Von der entsprechenden Tätigkeit des *torneúein*, »Drehens«, schnitten sich die Römer eine Sprachscheibe ab in Form von *tornare* – und das machte nicht nur in den romanischen Sprachen Karriere, sondern auch im Deutschen. Mochte der deutschtümelnde Turnvater Jahn, der etwas gegen die griechische »Gymnastik« hatte, das »Turnen« für ein genuin deutsches Wort halten – tatsächlich hat er damit den alten Griechen seine Reverenz erwiesen.

Je kundiger, desto griechischer

Mit dem gerade gebrauchten Begriff der Spracharchäologie schlagen wir eine weitere Seite unserer lexikalischen Spurensuche auf. »Archäologie«, das passt so recht zu den Griechen. *archaiós* ist das griechische Wort für »alt«, *lógos* das für »Wort«, »Rede«, »Berechnung« und »Lehre«. Archäologie ist demnach das »Sprechen über das Alte«, die »Lehre vom Alten«. Und so bezeichnen zahlreiche andere -logien jeweils eine Wissenschaft, deren spezifischer Logos sich mit rationaler Systematik (*sýstema*, »sinnvoll zusammengesetztes Ganzes«) verbindet. Es ist alles andere als ein Zufall, dass die Sprache des Volkes, das am Anfang der europäischen Wissenschaftsgeschichte stand, so vielen Disziplinen ihren Namen gegeben hat: von der Theologie als »Lehre von Gott« (*theós*) über die Biologie, die »Lehre vom Leben« (*bíos*), die Geologie, die »Lehre von der Erde« (*ge*) und die Psychologie, die »Lehre von der Seele« (*psyché*), bis zur Ethnologie, der »Völkerkunde« (Singular *éthnos*) und Pharmakologie, der »Lehre von den Heilmitteln« (Singular *phármakon*).

Damit sind wir schon nah an der Medizin. Auch sie ist eine von den Griechen in Europa erstmals entwickelte Wissenschaft. Kein Wunder also, dass sie sprachlich noch immer griechisch daherkommt. Für Magen (*gastér*) und Darm (*énteron*) ist der Gastroenterologe zuständig, für die Augen der Ophthalmologe (*ophthalmós*, »Auge«). Der Mastdarm (*próktos*) ist das Reich des Proktologen, das Gewebe (*histós*) das des Histologen und das Herz (*kardía*) das des Kardiologen. Der Gynäkologe hat sich auf die Frauen spezialisiert (Singular *gyné*), der Urologe auf den Harn (*oúron*) und seine Organe. Dem Venerologen dagegen müssen wir, bei seinem Spezialgebiet nicht ganz so verwunderlich, einen lateinischen Seitensprung attestieren. Er müsste sich eigentlich auf gut Griechisch Aphroditologe nennen, denn sein Kampf gilt jenen Krankheiten, für deren Verbreitung die Liebesgöttin sorgt. Immerhin, auch wenn Aphrodite und Venus die göttliche Patenschaft getauscht haben: Die »ärztliche Lehre von der Venus«, das hört sich doch deutlich freundlicher, ja geradezu gesellschaftsfähiger an als die »Wissenschaft von den Geschlechtskrankheiten«.

Das kultivierte Sprechen verdankt dem *lógos* eine Menge: Das kann der Mono-log sein, bei dem nur »einer allein« (*mónos*) spricht, der Dia-log, das »Gespräch zwischen« mehreren, der Pro-log als »Vor- rede« oder der Epi-log als »angehängte Rede«. Mehrbändige Werke wie Tri-logien (*tría*, »drei«) oder Tetra-logien (*tetrás*, »Vierzahl«) erfreuen sich als materialreiche Untersuchungsgegenstände der besonderen Gunst der Philo-logen, die ausweislich ihrer Bezeichnung »Freunde (*phíloi*) des Wortes« sind. Dass der *lógos* bei den Griechen auch die »rechnende Vernunft« war, lässt noch heute eines der Zauberwörter der modernen Welt erkennen: die Logistik. Und das auch dann, wenn sie ganz chic als *logistics* daherkommt.

Damit können wir die kleine Logo-logie abschließen – rechtzeitig bevor wir in den Verdacht der Logorrhoe geraten. Die gibt es im Unterschied zum Logologen tatsächlich. Die deutsche Bezeichnung wäre »Wort-Durchfall«, vulgo »Geschwätzigkeit«. Und über diese Diagnose wären wir nicht allzu glücklich. Logisch – oder, noch moderner: logo.

Mit der -logie kann es, wissenschaftlich gesehen, nur ein weiteres Suffix aufnehmen: die -ik-Endung. Sie bezeichnet im Griechischen in der Regel ein Adjektiv, bei dem *téchne*, »Kunst«, »Wissenschaft«, zu ergänzen ist. So ist die Musik ursprünglich eine *mousiké téchne*, das »Wissen um die Musen«. Die Arithmetik hat es mit *arithmoí*, »Zahlen«, zu tun, die Phonetik mit der »Stimme« (*phoné*), die Nautik mit der Schifffahrt (*naus*, »Schiff«) und die Pädagogik mit der Kunst, »Kinder zu erziehen« (*pais*, »Kind«; *ágein*, »führen«). Die Graphik ist die Kunst des »Schreibens« (*gráphein*), die Grammatik die Kunde von den »Buchstaben« (*grámmata*), die Thermik das Wissen um das »Warme« (*thermós*) und die Politik schließlich die Kunst der Staatsverwaltung (*politikós*, »den Bürger betreffend«).

Die Mathematik scheint ihre besten Zeiten hinter sich zu haben, denn ursprünglich ist sie mal als Lehre vom »Wissen allgemein« angetreten (*máthema*, »Erlerntes«); ihre Gegenstände deuten einen inhaltlichen Schrumpfungsprozess an, der anderen Disziplinen zugutekommt: der Logik und der Taktik, der Rhetorik und der Ethik, der Diagnostik und der Elektronik, der Technik und der Lyrik – sie alle haben sich zu eigenständigen Wissensgebieten entwickelt, die indes ihren griechischen Ursprung nicht verleugnen können. Und die Erotik? Sie fügt sich bestens ins -ik-Schema (*schéma*, »Gestalt«) ein, handelt es sich doch schlicht um eine »Liebeskunde«, die sich um ihren Gott Eros, »Liebe«, rankt. Womit sie sich einerseits in die Systematik (die Lehre vom »zusammengesetzten Ganzen«) der -ik-Wörter einreiht, andererseits möglicher Kritik an dieser »Gleichstellung« entgegenwirkt, der *kritiké téchne*, der »Kunst des Beurteilens«.

Beeindruckend, wie sehr wir den Griechen sprachlich verpflichtet sind: Wir benutzen ihre Lexik (*lexikós*, »das Sprechen betreffend«), was nicht so selbstverständlich ist, zum Nulltarif, ohne jede Nutzungs- und Copyrightgebühr. Auch dafür könnten wir ja mal tief in die Tasche greifen, empfiehlt der Autor und stützt sich dabei auf eine Dialektik, die ebenfalls auf die Hellenen zurückgeht: Die *dialektiké téchne*, die »Kunst des Streitgesprächs«, war bei ihnen hoch entwickelt.

Man braucht indes nicht in die Wissenschaft einzutauchen, um unbewusst Griechisch zu sprechen. Der ganz normale Alltag hält jede Menge Begegnungen mit der Sprache des alten Hellas bereit. Ob man mit dem Auto fährt (*autós*, »selbst«) oder ins Kino geht (*kínein*, »bewegen«), auf das Thermometer oder auf den Tachometer schaut (*thermós*, »warm«; *métron*, »Maß«; *tachýs*, »schnell«), eine Tele-Pizza (*téle*, »fern«) oder ein Bier an der Theke bestellt (*théke*, »Behälter«), durchs Mikroskop schaut (*mikrós*, »klein«; *skopé*, »Sehen«) oder sich am Computer mit Photoshop abmüht (*phos*, »Licht«), ein Kilo Butter kauft (*chílioi*, »tausend«; *boútyron*, »Kuhkäse«) oder lieber zu makrobiotischer Kost greift (*makrós*, »groß«; *bíos*, »Leben«), sich eine Symphonie anhört (*syn*, »mit«; *phoné*, »Stimme«) oder einen Porno anschaut (*pórne*, »Hure«), sich im Gymnasium oder im Gym abrackert (*gymnós*, »nackt«; *gymnásion* ursprünglich »Turnplatz für nackte Sportler«), die Schulbank drückt (*scholé*, »Muße« – lang ist's her!) oder als Tourist die Welt umrundet (*torneúein*, »drehen«), jemanden als Idioten schmäht (*idiótes*, »Privatmann«, »Laie«) oder als Koryphäe anhimmelt (*koryphaíos*, »an der Spitze stehend«), ob man ein schönes Panorama genießt, eine schöne Idee verfolgt oder eine schöne Theorie entwickelt und jedes Mal dabei griechisch »sieht« (*idéa*, »Gestalt«, »Urbild«; *pan*, »alles«; *horáma*, »das Gesehene«; *theoría*, »das Anschauen«), ob man bei der Kosmetikerin Rat sucht oder beim Astrologen (*kósmos*, »Schmuck«; *ástron*, »Stern«) – überall haben die

Griechen dem Deutschen bereitwillig semantischen Nachhilfeunterricht gegeben (*séma*, »sprachliches Zeichen«).

Sieht das nicht fast nach einem Programm aus (*prógramma*, »öffentliche Bekanntmachung«): »Griechisch, bis der Arzt kommt«? Diese saloppe Ausdrucksweise erlauben wir uns nur, weil auch der »Arzt« ein griechisches Wort ist. Er leitet sich vom *archiatrós* ab, dem »ersten Leibarzt«, wobei vor allem das arch- im Deutschen übrig geblieben ist, das den »Anfang«, die »führende Stellung« signalisiert. In anderen Zusammensetzungen hat sich dieses arch- zur deutschen Vorsilbe »Erz-« entwickelt. So ist der Erzbischof der »erste«, »führende« *epískopos* (»Aufseher«), der Erzengel der »erste Bote« (*ángelos*) – und der Erzhalunke der »führende« Spitzbube.

Was den Arzt angeht, so hat er so viele griechische Diagnosen im Gepäck (*diágnosis*, »Unterscheidung«, »Beurteilung«), dass einem nicht nur Hören und Sehen, sondern sogar Deutsch vergehen kann. Entzündungen kommen als -itis daher, Schmerzen als -algie (*álgos*, »Schmerz«); -pathie, an ein Körperteil gehängt, lässt auf ein langwieriges »Leiden« schließen (*páthos*, »Schmerz«, »Leiden«), -om löst große Ängste aus, weil es eine unter Umständen bösartige »Geschwulst« erkennen lässt, und auch -osis, verdeutsch zu -ose, signalisiert eine Krankheit. Das alles verdanken wir den Griechen – aber eben nur im lexikalischen Sinne. Tröstlich immerhin, dass auch die Therapie griechischen Ursprungs ist: *therapeía* ist der »Dienst«, die »Behandlung«. Wie auch jenes ärztliche Ethos (*éthos*, »Gewohnheit«), das sein Echo (»Schall«, »Widerhall«) in jenem berühmten hippokratischen Eid gefunden hat, auf den wir im »Heilkunde«-Kapitel eingehen.

Spargel und Pfeffer, Pasta und Eisbein – Dank an ein sprachliches Geberland

Liebe geht bekanntlich durch den Magen. Wenn das stimmt, ist die griechische Küche geradezu ein semantisches Eros-Center. *gastér* ist der »Magen«, und daran werden wir lieber durch einen vorzüglichen Gastroservice als durch eine leidvolle Gastritis (-itis, siehe oben) erinnert. Die ist mit ihren eher seltenen Attacken deutlich im Hintertreffen gegenüber den vielen schönen kulinarischen Errungenschaften, die in griechischem Sprachgewand auftreten und geeignet sind, den Hellenen weitere Sympathiepunkte einzubringen (*sym-pátheia*, »gleiche Empfindung«). Beginnen wir mit den Gewürzen: Ohne Griechisch kein Pfeffer (*péperi*) und kein Senf (*sínap*i), kein Thymian (*thýmon*) und keine Petersilie (*petrosélion*). Aber auch keine Austern (*óstreia*) und kein Spargel (*aspáragos*), keine Kirsche (*kérasos*) und keine Lakritze (*glykýrriza*, »Süßwurzel«). Und die Pasta? Der Inbegriff der italienischen Küche? Geht zumindest sprachlich auf die Griechen zurück: Sie verstanden unter *pástę* einen »Mehlteig« oder »Brei«, der die Römer so überzeugte, dass sie die *pasta* wie so vieles andere als Lehnwort ins Lateinische übernahmen. Die deutsche Pastete ist daher viel weniger deutsch, als man gemeinhin so denkt, und auch bei den Plätzchen liegt eine – wie immer nicht in Rechnung gestellte – Übernahme aus dem Griechischen vor: Sie gehen auf den *plakoús* zurück, den »flachen Kuchen« der Griechen.

Zum Schluss lassen wir eine weitere sprachliche Bombe platzen, und zwar hoffentlich mit solchem Getöse, wie ihn der griechische *bómbo*s als ein »dumpfes Dröhnen« nahelegt. Hätten Sie jemals urdeutsches Eisbein mit dem mediterranen Flair von Hellas in Verbindung gebracht? Wohl kaum. Und doch geht es über niederländische Vermittlung auf ein griechisches Ursprungswort zurück. Mit *ischbeen* bezeichneten die Holländer Knochen, die zum Eislaufen geeignet waren. Genauer gesagt: zur Herstellung von Schlittschuhen. Und das waren »Hüftknochen«. Die aber nannten die

Griechen *ischía* – nicht wenigen Zeitgenossen über den Ischiasnerv bekannt, der sich unter anderem bei allzu intensivem Eislaufen meldet. Oder wenn man dem purinhaltigen Eisbein allzu sehr zuspricht: Ischias, der »Hüftschmerz«, ist oft genug das Symptom (*sýmptoma*, »Zufall«, »Vorfall«) für Lendengicht.

Zugegeben, Eisbein ist nicht gerade ein Gericht, das seinen griechischen Namensgebern Sympathisanten in großen Scharen zutriebe. Anders sieht es, obwohl vom ärztlichen (siehe oben) und ästhetischen (*aísthesis*, »Wahrnehmung«) Standpunkt aus auch nicht gerade unbedenklich, beim populären Gyros aus. Als Speise haben es die alten Griechen zwar noch nicht gekannt, wohl aber haben sie den Begriff *gyrós*, »rund«, in die Welt gesetzt. Und deswegen ist Gyros, ob es den Aposteln (*apóstolos*, »Abgesandter«) des guten Geschmacks nun passt oder nicht, einfach eine runde Sache.

Genauso wie die griechische Sprache. Sie hat auch die »Phantasie« hervorgebracht (*phantasía*, »Vorstellungskraft«). Und die konnte nicht einmal der real existierende Sozialismus staatlich reglementieren. Sodass der Trabbi als DDR-Volkswagen einen wunderschönen, komplett griechischen Spitznamen erhielt: Der »Leukoplastbomber« ist die ostdeutsche Hommage an unser gesamteuropäisches Geberland in Sachen Sprache: *leukós* ist »weiß«, *plastós* ist (aus Kunststoff) »geformt«, und der Bomber ist, *bómbos* lässt grüßen, der »Kracher«.

Der Griechisch-Boom, der, schaut man mal genauer hin, nicht nur im Deutschen, sondern in allen europäischen Sprachen seinen Niederschlag findet, ist nichts anderes als ein englisch eingefangener *bómbos*. Und damit ein kultureller Kracher für und in ganz Europa, für den wir die eine oder andere Eucharistiefeier anberaumen sollten. *eucharistía* ist die »Dankbarkeit«, und wenn die heutigen Hellenen sich für etwas bedanken wollen, sagen sie *efcharistó*.

Höchste Zeit, unserem sprachlichen Geberland endlich einmal von Herzen zuzurufen: *Efcharistó, Hellás!*

KAPITEL 13

Asklepiosstab und hippokratischer Eid – Ohne Griechen keine Heilkunst

Incubatio – Der Tempel als Krankenhaus, der Gott als Arzt

Schon auf der Hinreise nach Rom war er krank geworden. Fieberschauer jagten durch seinen Körper, alle inneren Organe schienen geschwollen, Atemnot und lähmende Schmerzen kamen hinzu. Die Ärzte griffen wie üblich zu Schröpfköpfen. Aber der Aderlass brachte keine Besserung. Im Gegenteil. Die Atemnot nahm zu, Erstickungsanfälle und körperliche Schwäche quälten den Patienten. Man entschloss sich, ihn nach Hause zu bringen. Eine lange Schiffsreise nach Kleinasien stand bevor. Irgendwie solle er sie durchstehen, beschworen ihn seine Freunde. Es war der Spätsommer des Jahres 144.

Die Reise wurde zur Tortur. Schlechtes Wetter, tobende See, Platzregen und Brecher, die das ganze Schiff überrollten. Der Kranke fühlte sich immer schlechter. Völlige Erschöpfung, rasende Schmerzen, das Gehör verloren, kein Gedanke daran, aus eigener Kraft zu stehen. Schließlich ist Milet erreicht. Ärzte werden herbeigeholt, aber sie wissen keinen Rat. Heilmittel schlagen schon lange nicht mehr an, die Krankheitssymptome vermehren sich, erfassen den ganzen Körper. Am Ende die Entscheidung, sich nach Pergamon bringen zu lassen, ins Asklepieion, den Tempel des Heilgottes Asklepios. Was dort geschieht, berichtet uns der Schwerkranke selbst:

> Ich hatte mich niedergelegt zwischen den Türflügeln und dem Gitter des Tempels gemäß einem Traumgesicht. Da erteilte mir der Gott folgenden Vers als Orakelspruch: »Doch zur Abendzeit blühten sie auf an erfrischenden Quellen.« Dann salbte ich mich

> in dem freien Hof innerhalb der Umfassungsmauern des Heiligtums und badete in dem heiligen Brunnen. Und es gab keinen, der nicht mit ungläubigem Staunen zusah. Und beinahe wäre ich die ganze Krankheit losgeworden.[1]

Will man den letzten Satz böse kommentieren, so könnte man sagen: Es konnte dem notorischen Hypochonder Aelius Aristides nichts Besseres passieren, als dass ihm wenigstens noch ein bisschen Krankheit übrig blieb. Darüber und über viele, viele weitere Unpässlichkeiten und gesundheitliche Einschränkungen informiert er die Nachwelt in seinen *Heiligen Berichten*. Ein schwer verdauliches Krankheitstagebuch aus der Feder eines sonst brillanten Rhetors, das uns aber in eine fremde und doch in mancher Hinsicht modern anmutende Welt einführt, die Welt der Heilträume. Was den etablierten Ärzten und Medikamenten in dieser depressiven Situation des Kranken nicht gelingt, das erreicht der heilende Gott, indem er seinem Patienten im Traum Wege zur Gesundung aufzeigt: Am Morgen gehört das schwere, von niemandem und nichts in den Griff zu kriegende Leiden der Vergangenheit an. Der Kranke fühlt sich geheilt – na gut, im Falle unseres psychotisch auffälligen habituellen Kranken *fast* geheilt.

Solche Inkubationsträume gehörten zu den grundlegenden Praktiken in Heilkulten wie dem des Asklepios. Aristides schildert kurz, aber nachvollziehbar, wie sie funktionierten. Der Kranke sucht als Pilger ein einschlägiges Heiligtum auf; Asklepieien finden sich in der gesamten griechischen Welt, ausgehend von Epidauros unter anderem in Korinth, Ägina, Athen, Kos und Pergamon. Dort begibt er sich in die Schlafhalle und wartet darauf, dass ihm der göttliche Arzt im Traum erscheint. Tempelbedienstete können bei diesem wesentlich auf Autosuggestion basierenden Heilungsprozess assistieren, aber sie greifen in der Regel nicht medizinisch ein. Der erste Schritt zur Beinahe-Gesundung ist im Falle des Aristides ein Traum, der ihm die richtige Stelle im Tempel anzeigt, der zweite ein Orakelspruch des Gottes, den er offenbar richtig deutet (im Unterschied zu wohlmeinenden Bekannten und Ärzten, denen er dann fälschlicherweise mehr Vertrauen schenkt als seinem eigenen Gefühl und damit die Komplettheilung verpasst).

Der lateinische Begriff *incubatio* ist der Terminus technicus für diesen »offenbarenden« Tempelschlaf als Voraussetzung einer Wunderheilung; das griechische *enkoímesis* hat die gleiche Bedeutung: das »Sich-hinein-Betten«. Im Normalfall tritt der Heilgott im Schlaf wie ein echter Arzt zu dem Patienten. Er untersucht ihn, gibt ihm eindeutige oder verklausulierte medizinische Ratschläge, verabreicht ihm Medikamente und Salben, greift gegebenenfalls zum Operationsmesser und weist ihn an, wie er sich am nächsten Tag verhalten soll.

Der Erfolg der Tempelmedizin beruhte auf einem ganzheitlichen medizinischen Ansatz, der psychosomatische und psychogene Erkrankungen ernst nahm und sie in gewisser Weise homöopathisch behandelte. Natürlich trug das Ambiente das Seine dazu bei – die Pilgerschlafsäle als erfolgreiche Orte wundersamer Heilung, die Informationspolitik der Heiligtümer und ihrer Priester, die spektakuläre Heilungswunder werblich geschickt vermarkteten, sowie eine Atmosphäre, die dem Kranken tatsächlich die erhofften Traumvisionen erleichterte und seiner suggestiven Phantasie auf die Sprünge half. Der Heilungserfolg war allerdings keineswegs immer das Ergebnis einer einzigen Nacht. Nicht wenige Patienten verbrachten Tage und Wochen im Asklepios-Heiligtum, bevor sich der erlösende Traum einstellte. Und viele Pilger werden unverrichteter Dinge wieder nach Hause gereist sein. Doch von denen schweigt die Überlieferung: Das Spektakuläre ist schlagzeilenträchtiger als das Normale.

Zur PR-Arbeit der Heiligtümer, die an großzügigen Weihgeschenken der Geheilten durchaus Interesse hatten und nach erfolgter Heilung einen *misthós*, »Honorar«, beanspruchten, gehörte die Veröffentlichung mirakulöser Heilungsberichte. Etwa siebzig solcher *iámata*, »Heilungen«, sind inschriftlich aus Epidauros erhalten. In seiner *Reisebeschreibung Griechenlands* bestätigt Pausanias ausdrücklich die Existenz solcher Inschriftentafeln im Asklepieion von Epidauros.[2] Umso eindrucksvoller sind Primärquellen wie diese:

> Ein Mann kam zum Gott Hilfe suchend, einäugig, und zwar so, dass er vom anderen Auge nur die Lider hatte, darunter aber nichts, sondern es war völlig leer. Einige Leute im Heiligtum lachten über seine Einfalt, zu meinen, er werde sehen können, da doch das Auge überhaupt keinen Ansatz dazu habe außer der leeren Höhle. Als er drin schlief, zeigte sich ihm ein Gesicht: Ihm träumte, der Gott habe eine Arznei gekocht, darauf die Lider geöffnet und sie eingeträufelt. Als der Tag anbrach, kam er an beiden Augen sehend heraus.[3]

Manchmal bedurfte die Wunderheilung gar nicht des visionären Heilschlafes. Es reichten der Genius Loci und ein emotionaler Ausnahmezustand, um die Krankheit zu kurieren: »Nikanor, gelähmt. Diesem entriss, als er, ohne zu schlafen, dalag, ein Kind den Stock und lief damit davon. Er aber sprang auf, verfolgte es und wurde darauf gesund.«[4]

Derartige plakativ angebrachte Berichte stimmten die Gesundheit Suchenden zusätzlich auf eine positive Erwartungshaltung ein. Dass der Glaube Berge versetzt, ist eine biblische Weisheit, nicht unbedingt das Credo einer naturwissenschaftlich-rational fundierten Medizin. Man mag viele dieser tatsächlichen oder vermeintlichen Wunderheilungen in den Asklepieien der griechischen Welt als Ausdruck einer vorwissenschaftlichen Volksmedizin abtun, man mag auch mit durchaus berechtigter ideologiekritischer Skepsis jede Menge Manipulationen in Rechnung stellen, aber man kann sich gleichwohl nicht dem Eindruck entziehen, dass an dieser Heilmethodik sozusagen etwas dran war. Anders würde sich der jahrhundertelange Erfolg dieser Stätten des Glaubens in medizinischer Hinsicht kaum erklären lassen. Es gibt genügend Patienten, die auf ebendiese suggestive Medizin gewissermaßen anspringen – mag auch der große Spötter Diogenes mit seiner allgemein auf Tempelweihgaben dankbarer Gläubiger gemünzten Sottise recht haben: »Es wären noch weit mehr Weihgeschenke«, merkte er respektlos-trocken beim Anblick eines damit vollgestopften Tempels an, »wenn auch die nicht Geretteten solche Stiftungen machten!«[5]

Der Asklepios-Kult war im gesamten Mittelmeerraum heimisch. Die Mythologie kennt Asklepios zunächst als Heros, dessen göttlicher Vater Apollon – der olympische »Ansprechpartner« für die Heilkunst – und dessen Mutter eine Sterbliche war. Aufgrund seiner großen Bedeutung und Anhängerschaft stieg er bei vielen Menschen vom Heilheros zum unsterblichen Heilgott auf. Auch die Römer wollten auf seine guten Dienste nicht verzichten. Sie nahmen ihn unter dem lateinischen Namen Aesculapius in ihr Pantheon auf.

Sein bedeutendstes Heiligtum blieb stets Epidauros auf der Peloponnes. Es war auch das von den vielen Zweigniederlassungen akzeptierte Zentrum des Kultes. Dort war der Heilgott seit dem 6. Jahrhundert v. Chr. tätig, dort »heilte er Krankheiten aller Art«, wie es der Geograph Strabo um die Zeitenwende auf einen knappen Nenner bringt.[6] Im 4. und 3. Jahrhundert v. Chr. wurde das Heiligtum großzügig zu einem medizinischen Kult- und Kurort ausgebaut: Die vielen Pilger machten es reich, und besonders die Geheilten erwiesen sich mit kostbaren Votivgaben dankbar. Auch die anderen Asklepieien verschmähten milde Gaben der Patienten keineswegs. Asklepios-Heiligtümer waren keine karitativen Institutionen, sie ließen sich ihre kultisch-medizinische Dienstleistung gut bezahlen.

Welch großen Einfluss der Asklepios-Kult im Rahmen der Heilkunst der Antike hatte, zeigt sich noch heute an der erstaunlichen Fernwirkung seiner zentralen Attribute. Das sind der Äskulapstab und die Schlange. Der knorrige Stock, um den sich eine Natter windet, war seit dem 5. Jahrhundert v. Chr. das Erkennungszeichen des Asklepios. Vermutlich war der Stock zunächst das Logo des Wanderheilers, das dann zu einer Art Zepter der Heilkunde umgedeutet wurde. Die Schlange galt aus mehreren Gründen als wichtigstes Symboltier des Heilgottes. Zum einen wegen ihrer Häutung, die Verjüngung signalisierte, zum anderen wegen ihrer Wachsamkeit und wohl auch wegen der Heilkraft ihres Fleisches, aus dem zahlreiche Pharmaka hergestellt wurden. In der Vorstellung vieler Patienten leckte sie die verletzte oder kranke Körperstelle während des Inkubationsschlafes und trug damit wesentlich zur Gesundung bei.

Noch heute ist der Äskulapstab das Erkennungszeichen der Heilberufe. Als Piktogramm auf grünem Grund signalisiert er zusammen mit einem Kreuz international »Arzt«. Im bekannten Apotheken-A ist der Stab allerdings durch eine Arzneischale ersetzt worden. Die Schlange aber ist geblieben, sie ringelt sich nun um die Schale statt um den Stab. Natürlich ist es nicht die Geschäftstüchtigkeit der Heilberufsszene, die die klassischen Attribute des Asklepios zum optischen Bindeglied zwischen antiker und moderner Medizin prädestiniert hat, sondern das zeitlose Bemühen um die Heilung kranker Menschen. Bemerkenswert ist gleichwohl, dass sich die moderne Heilkunst eines Logos bedient, das auf die, wenn man so will, antike Konkurrenz zur wissenschaftlich-empirischen Medizin zurückgeht. Der Heilgott Asklepios setzte auf letztlich irrationale Mechanismen der Selbstheilung, der Schulmediziner dagegen auf rationale Methoden, die sich aus Wissen und Erfahrung speisten – auch wenn es vielfach nur vermeintlich gesicherte Kenntnisse waren.

Hippokrates von Kos –
Vater der schreibenden Medizin

Bei allen Fortschritten, die die Medizin vor allem in den letzten Jahrzehnten gemacht hat, gilt gleichwohl: Die Grundlagen einer wissenschaftlichen Heilkunde haben die Griechen gelegt. Wir stehen damit auch auf diesem Gebiet gewissermaßen auf ihren Schultern – auch wenn aus den Zwergen, als die die Renaissancegelehrten sich in diesem Bild empfanden, mittlerweile veritable Riesen geworden sind.

Mit den Anfängen einer wissenschaftlichen Heilkunde ist der Name des Hippokrates unauflöslich verbunden. Er gilt noch heute als berühmtester Arzt der Antike. Um 460 v. Chr. auf der Insel Kos geboren, scheint er einer Medizinerfamilie zu entstammen. Es lag daher für ihn nahe, in die beruflichen Fußstapfen seines Vaters zu treten und selbst die *iatriké téchne* (»medizinisches Handwerk«) zu erlernen. Irgendwann verließ er seine Heimat, um als Wanderarzt tätig zu werden. Im Jahre 375 oder erst 351 v. Chr. ist er in hohem Alter im thessalischen Larissa gestorben. Alles andere, was über seine Biographie im Umlauf war und ist, verliert sich im Dickicht der Legende. Über den Begründer der griechischen Medizin wissen wir wenig mehr, als dass er kein mythischer *heuretés* (»Entdecker«) gewesen ist, mit dem man auf anderen Gebieten gern eine bestimmte Tradition und Entwicklung personifizierte, sondern ein medizinischer Praktiker aus Fleisch und Blut. Ob er indes die Ärzteschule von Kos ins Leben gerufen hat, die sich mit großem Stolz auf ihn berief, ob er überhaupt eine Schule begründet hat, das lässt sich historisch nicht strikt nachweisen.

Die Tatsache, dass unter seinem Namen ein umfangreiches Schrifttum überliefert ist, mag dafür sprechen: Im *Corpus Hippocraticum* sind mehr als sechzig medizinische Abhandlungen in 73 Büchern versammelt. Einige stammen sicher aus der Feder des Hippokrates selbst, aber das sind die wenigsten. Philologen und Medizinhistoriker haben mit großem Scharfsinn daran geforscht, die echten von den Pseudo-Schriften zu unterscheiden und die einzelnen Teile des Konglomerats wenigstens ihren unterschiedlichen Entstehungszeiten zuzuordnen. Wir werden indes auf diese »hippokratische Frage« nicht weiter eingehen, sondern nur die wichtigsten Ergebnisse der intensiven wissenschaftlichen Erforschung dieses Sammelwerks skizzieren, das auch thematisch sehr heterogen ist. Der größere Teil der Schriften ist zu Lebzeiten des Hippokrates entstanden, das heißt zwischen 430 und 350 v. Chr., ein Viertel der

Texte stammt aus hellenistischer Zeit. Vermutlich ist das Corpus in Alexandria zusammengeführt worden, mit dem Urheber oder den Urhebern verbindet sich jedoch kein konkreter Name. Solche Kompilationen passen programmatisch gut ins Bild des Sammelfleißes am Museion. Als einigendes Band der Schriften dienen einerseits der medizinische beziehungsweise medizinaffine Inhalt und andererseits der griechisch-ionische Dialekt, in dem alle Abhandlungen verfasst sind.

Dass sie samt und sonders dem Hippokrates zugeschrieben wurden, dürfte mit seinem überragenden Renommee als ärztliche Koryphäe der klassischen Zeit zusammenhängen, der klangvolle Name machte auch die nicht von Hippokrates geschriebenen Bücher bedeutungsvoller und adelte das gesamte Corpus. So ein Werk übergeht man nicht – diese Überlegung, wenn sie denn die Motivation der anonymen Herausgeber widerspiegelt, hat bis heute getragen. Das *Corpus Hippocraticum* ist sozusagen ein Monolith des medizingeschichtlichen Schrifttums, an dem keiner vorbeikommt.

Die im Corpus angesprochenen Themen sind vielfältig. Da finden sich Spezialuntersuchungen über »Kopfverletzungen«, »Krankheiten junger Frauen« und »Hämorrhoiden«, ja sogar über »Fisteln« und »Fürze« ebenso wie allgemeinere Untersuchungen über die »Nahrung«, über »weitverbreitete Krankheiten« (die sogenannten »Epidemien«) und über »Diäten« im Sinne einer zuträglichen, gesunden Ernährung. Die hier nur angedeutete Breite der medizinischen Fragestellungen weist auf eine entscheidende Zäsur in der Geschichte der Heilkunst hin, die sich mit Hippokrates verbindet: Die Medizin wurde zu einer schreibenden Wissenschaft. Sie beschränkte sich nicht mehr auf die rein handwerkliche Anwendung, die Praxis, sondern fasste das verfügbare Wissen zusammen und brachte den neuen Typus des gelehrten Arztes hervor, der Buchrollen mit medizinischem Wissen in die Hand nahm und sich damit in ganz anderer Weise weiterbildete, als es das Zuschauen bei älteren Kollegen und die eigene praktische Erfahrung vermitteln konnten. Der Horizont weitete sich; da stand nunmehr ein Fundus an Kenntnissen, ein Fremderfahrungsschatz zur Verfügung, den der einzelne Arzt konsultieren konnte und mit dem er ein Stück weit aus der Isolation des eigenen Wissens und Nichtwissens herausfand.

Man darf sich allerdings keine Illusionen über die Zahl der literarisch beschlagenen Ärzte machen. Die Zielgruppe der medizinischen Publikationen war überschaubar. Bücher waren teuer, ihr Nutzen dürfte dem normalen Arzt begrenzt erschienen sein. Eine vorgeschriebene Ausbildung, gar eine staatliche Approbation von Ärzten hat die gesamte Antike nicht gekannt. Arzt war, wer sich dazu berufen fühlte und wer sich auf dem völlig deregulierten Markt durchzusetzen vermochte. Da war der Quacksalberei Tür und Tor geöffnet, und es wäre falsch, das Niveau des medizinischen Schrifttums als Maßstab für den ärztlichen Standard des normalen Praktikers nehmen zu wollen. Der war deutlich niedriger.

Aber dieser realistische Blick auf die Kompetenz des griechischen Feld-Wald-und-Wiesen-Arztes ändert nichts an der Tatsache, dass da von einigen bewundernswerte medizinische Grundlagenforschung betrieben worden ist, die im Laufe der Zeit auch Eingang in die ärztliche Praxis vieler gefunden hat. Wie diese Rezeption vonstattengegangen ist, lässt sich nicht rekonstruieren, da es ja keine einschlägigen Quellen wie Ausbildungsordnungen oder gar Weiterbildungszertifikate gibt. Aber *dass* von der forschenden und schreibenden Medizin auch vieles bei der medizinischen Basis angekommen ist, ist sicher. Es lässt sich materiell etwa an der Perfektionierung ärztlicher Instrumente in römischer Zeit nachweisen.

Die beiden wichtigsten Schriften des *Corpus Hippocraticum* sind wohl die Abhandlung über die »Umwelt« – genauer: »Über Luft, Wasser und Orte« – und das *Prognostikón* (über »das Vorausschauen«). Sie bilden den Kern dessen, was man unter der zusammenfassenden Bezeichnung »hippokratische Medizin« im Sinne einer Richtung und Schwerpunktfragestellung bezeichnen kann. Beide Untersuchungen sind wegweisende Schriften, die zumindest hinsichtlich der Problemstellung und des methodischen Ansatzes auch nach über zweitausend Jahren lesenswert sind.

»Umwelt« ist allerdings ein anachronistischer Begriff. Das Altertum kannte den modernen Umwelt-Begriff nicht. Dass aber der Mensch von seiner Umgebung stark geprägt wird, dass Wasser und Luft entscheidende Lebensgrundlagen sind, das wusste natürlich auch die Antike. Und der Verfasser der Abhandlung über Luft, Wasser und Orte zog medizinische Schlüsse daraus. Die Schrift richtet sich an den Wanderarzt, der bei der Ausübung seines ambulanten Gewerbes in viele Landschaften und Städte kommt. Er soll sich die jeweiligen klimatischen Grundlagen klarmachen, die das Leben der dort siedelnden Menschen – und damit auch ihre Gesundheit und ihre Krankheiten – bestimmen. Wer die Windströmungen kennt, wer sich kundig gemacht hat, welche Wasserquellen seine Patienten benutzen, der kann diese wichtigen äußeren Faktoren in seine Diagnostik und Therapie einbeziehen. Der wird aber bei der Behandlung auch die Unterschiede in der Physis und in der Mentalität der von ihm Behandelten berücksichtigen.

Weil er diese Unterschiede als wesentlich geographisch determiniert ansieht, legt der Verfasser eine Art Völkerkunde vor, die sich an rationalen Kriterien orientiert – und die von irrationalen, göttlichen Einwirkungen nichts wissen will. Insofern ist die Schrift über die »Umwelt« auch ein repräsentativer Spiegel eines neuen Blicks auf den Menschen. Er wird nicht in seinem Verhältnis zur Gottheit betrachtet, sondern im Verhältnis zu seiner Natur, seinem Körper und dessen Funktionen – ein ganz entscheidender Schritt zu einem wissenschaftlich-naturwissenschaftlichen Selbstverständnis der Heilkunst.

Das *Prognostikón* nimmt, anders, als es der Begriff anzudeuten scheint, nicht nur die Zukunft des Patienten unter die medizinische Lupe, sondern auch seinen aktuellen Zustand sowie die Genese seiner Krankheit, medizinisch gesprochen die Anamnese. Sie gewinnt in der hippokratischen Medizin einen starken Einfluss auf die Prognose, das heißt das, was man »vorher wissen« und dem Kranken und seinen Angehörigen »voraussagen« kann. Diese Fähigkeit zur Prognose wird als wichtiges Kriterium für einen »guten

Arzt« (*iatrós agathós*) angesehen, weil sie das Vertrauen in seine Professionalität stärkt.

Zur prognostischen Kompetenz des guten Arztes gehört das genaue Hinschauen, die exakte Beobachtung von Krankheitssymptomen, die mit allen Sinnen geschieht. Der Arzt soll sehen, hören, tasten und riechen und aus dem Ensemble dieser Sinneswahrnehmungen Rückschlüsse auf die Krankheit des Patienten und ihren voraussichtlichen Verlauf ziehen. Der »Techniker« der Heilkunst ist sozusagen ein erfahrener Voyeur, der die visuellen Eindrücke durch akustische, haptische und olfaktorische Wahrnehmungen ergänzt – eine Kompetenz, die vielleicht im Zeichen der modernen Apparatemedizin etwas verloren gegangen ist. Wie auch immer, das gewissermaßen hippokratische Hinsehen, der von anderen Sinneseindrücken komplettierte ärztliche Röntgenblick ist sicherlich nichts, auf das die moderne ärztliche Kunst verzichten sollte und verzichten kann. Dass sie uns daran kontinuierlich erinnern und mancher heutigen Behandlungspraxis wenigstens – hoffentlich! – ein schlechtes Gewissen machen, dafür sei den Griechen ausdrücklich Dank gesagt. Es ist ein ganzheitlicher medizinischer Zugriff, den sie empfehlen, und das hört sich nicht gerade antiquiert an.

Ihre Reverenz an das genaue hippokratische Hinsehen hat die moderne Heilkunde immerhin mit einem gängigen medizinischen Fachbegriff erwiesen. Die *facies Hippocratica*, das »hippokratische Gesicht«, ist allerdings kein besonders ermutigender Terminus; man würde sich einen positiver konnotierten wünschen, der an den Begründer der abendländischen Medizin erinnert. Das wird klar, wenn man sich die einschlägige Stelle aus dem *Prognostikón* anschaut:

> In akuten Krankheiten muss man auf folgendes achten: Zuerst auf das Gesicht des Kranken, ob es demjenigen gesunder Menschen gleicht, vor allem aber, ob es sich selbst gleich sieht. So wäre es am günstigsten; am schlimmsten aber wäre die größte Unähnlichkeit. Dann sieht es so aus: Spitze Nase, hohle Augen,

> eingesunkene Schläfen, die Ohren kalt und zusammengezogen, die Ohrläppchen abstehend, die Haut im Gesicht hart, gespannt und trocken, die Farbe des ganzen Gesichts grünlich oder grau …[7]

Was Hippokrates hier beschreibt, ist der Gesichtsausdruck des moribunden, dem Tode geweihten Patienten. Wie gesagt: Das »hippokratische Gesicht« ist nicht gerade eine besonders beflügelnde Reminiszenz der modernen Medizin an ihren griechischen Patron. Aber schon eine, die gut illustriert, was und warum man noch heute von ihm lernen kann.

Körpersäfte und Krisen

Zu den bevorzugten Beobachtungsfeldern der hippokratischen Medizin gehörten die Körperflüssigkeiten. Zwei Schriften des Corpus vertreten die von Galen später wieder aufgenommene und wirkungsmächtig propagierte Theorie von den vier Säften, deren ausgewogene Mischung die Basis von Gesundheit sei: Blut, Schleim, gelbe und schwarze Galle. Krankheiten entstehen dieser Humoralpathologie zufolge (der Begriff ist modern), wenn die Balance der Körperflüssigkeiten gestört ist und sich das Verhältnis der flüssigen Bestandteile des Körpers zueinander verschiebt. Die Therapie muss darauf abzielen, dass der schädliche Körpersaft abgestoßen wird oder in weniger sensible Körperregionen abfließt. Zur Wiederherstellung der Säfte-Harmonie empfiehlt der Arzt die Umstellung der Lebensweise – dafür steht das griechische Wort *díaita*, »Diät« – oder er nimmt Eingriffe wie den Aderlass oder vorsichtige chirurgische Öffnungen vor. Auch Vomitive und Purgative, Brech- und Abführmittel, gehören zu seinem Repertoire. Eine zentrale Rolle aber spielt schon der behutsame Aderlass mittels Schröpfköpfen, die auf die Haut gesetzt werden und durch Unterdruck überschüssige Säfte und Krankheitsstoffe entfernen. Der Schröpfkopf machte auf diese Weise Karriere als wichtigstes Erkennungsmerkmal des Arztes im Altertum.

Die Bedeutung des Eiters als vom Körper abgesonderter Schadstoff war den griechischen Ärzten voll bewusst, er fügte sich ja bestens in die Theorie von den Körpersäften ein. Als nicht minder wichtigen Körperalarm nahmen sie das Fieber wahr; es galt zutreffend als Symptom vor allem von akuten Krankheiten und stand im Mittelpunkt der Lehre von den »kritischen Tagen«. Der Krisenbegriff, den die griechische Heilkunst damals entwickelt hat, ist noch heute der in der Medizin gültige. Der allgemein übliche Krisenbegriff hat sich davon gelöst, insofern wir die Krise in aller Regel negativ als eine Form des Niedergangs verstehen. Im medizinischen Verständnis ist die Krise dagegen seit Hippokrates die Phase der »Entscheidung«, *krínein*, »entscheiden«, ist das zugrunde liegende Verb: der Zeitraum, in dem sich die Dinge zum Negativen, aber auch zum Positiven hin entwickeln können, zum Tode oder zur Wiedergesundung. Eine Zeit der Spannung, die aber keineswegs mehr oder minder zwangsläufig in die Katastrophe mündet.

In der modernen Schulmedizin spielt die Humoralpathologie keine Rolle mehr. Kritiker sehen in ihrer jahrhundertelangen Dominanz bis ins 19. Jahrhundert sogar ein erhebliches Hemmnis auf dem Wege zum medizinischen Fortschritt. Dagegen setzen manche alternativmedizinischen Konzepte auch heute noch darauf, dass an der hippokratischen Säftelehre nicht alles falsch war, sondern dass sie in Teilen durchaus noch als tragfähiges Fundament einer effizienten Diagnostik und Therapie gelten könne. Ganz so überholt scheint Hippokrates also auch in diesem Punkte nicht zu sein.

Die hippokratischen Ärzte kannten zwar die wichtigsten Körperorgane wie Hirn, Herz, Lunge, Leber, Nieren, Milz und Harnblase. Aber das Körperinnere war für sie eine Blackbox. Das änderte sich erst in der hellenistischen Medizin, die in enger Beziehung zum Museion von Alexandria stand. Sie gab sich mit der Beobachtung der physiologischen Prozesse anhand der Eingangs- und Ausgangsstoffe des Körpers nicht mehr zufrieden, sondern machte sich daran, die Körperwelt des Unsichtbaren, Verborgenen zu entdecken. Das war eine epistemologische Wende in der Medizingeschichte, die sich mit einer neuen erkenntnistheoretischen Ausrichtung verband. Ermöglicht wurde sie durch intensive anatomische Studien, sie waren gleichzeitig auch der Motor der weiteren Erforschung: Innere Organe, die jetzt erstmals zu sehen waren, warfen ihrerseits Fragen auf, wie sie im Einzelnen und in der Verbindung miteinander funktionierten. Die »hellenistische Wende« bedeutete keine radikale Abkehr von der hippokratischen Medizin, sondern sie erweiterte die medizinische Forschung und schuf ein neues Modell auf anatomischer Grundlage.

Voraussetzung für diese Neuausrichtung war ein Tabubruch. Aristoteles hatte für seine zoologischen Forschungen Tiere seziert. So etwas mit menschlichen Leichnamen zu tun war aber in Hellas undenkbar. Erst die in jeder Hinsicht wissenschaftsfreundliche Einstellung der ptolemäischen Herrscher gab den einschlägig interessierten Medizinern – weit weg von Griechenland im ägyptischen Alexandria – grünes Licht. Es war nur ein kurzes Zeitfenster, etwa fünfzig Jahre im 3. Jahrhundert v. Chr., das sich da für die anatomische Feldforschung öffnete, bevor die Skrupel wieder überhandnahmen und die Sektion menschlicher Körper wieder verboten und wenn überhaupt, dann nur im Geheimen durchgeführt wurde. Aber es reichte dafür aus, dass die Medizin grundlegendes Wissen über den Körperbau des Menschen und seine inneren Organe sammeln und sichern konnte.

Die hellenistische Medizin verbindet sich mit Namen wie Herophilos von Chalkedon und Erasistratos von Keos, der vom Herrscher sogar die Erlaubnis erhielt, Vivisektionen an zum Tode verurteilten Verbrechern durchzuführen – eine weitere Stufe des Tabubruches, die im Altertum auch unter Ärzten höchst umstritten war. Die forschenden Ärzte publizierten ihre Erkenntnisse in zahllosen Traktaten und Lehrbüchern; sie alle sind jedoch für uns bis auf wenige Fragmente verloren. Auch wenn sich die Medizin später von der »anatomischen Wende« wieder verabschiedete, fanden die

Ergebnisse des Erasistratos und seiner Kollegen durchaus Eingang in das allgemeine medizinische Schrifttum, sodass das kurze Intermezzo der besonderen Offenheit und Freiheit der anatomischen Grundlagenforschung nicht ungenutzt blieb, sondern weitertradiertes ärztliches Wissen bereitstellte.

Vermutlich haben sich viele Ärzte mit dem neuen Ethos, das das Aufschneiden menschlicher Leichen – der gleichbedeutende griechische Begriff *anatémnein* begegnet uns als Terminus technicus erst in der Spätantike – zum medizinischen Erkenntnisgewinn erlaubte, schwergetan. Traditionelle Grundeinstellungen ändern sich nicht so schnell, und das umso weniger, je weiter der Alltag des normalen Praktikers von der Forschungsarbeit im Labor entfernt ist. Tatsächlich führte die Pionierarbeit der Alexandriner zu einer gewissen Polarisierung zwischen den forschenden Theoretikern einerseits und den klassischen Klinikern andererseits. Die hießen so, weil sie an der *klíne*, dem »Lager«, »Bett«, des Kranken, tätig waren und ihren medizinischen Dienst sozusagen am Mann verrichteten. Zu ihnen zählten auch die »Handarbeiter«, die sich auf die Behandlung von Knochenbrüchen und äußeren Wunden spezialisiert hatten, auf Griechisch die Chirurgen (*cheir*, »Hand«; *érgon*, »Arbeit«).

Die Entfremdung zwischen der »universitären« Medizin, die sich unter dem Patronat der Ptolemäer als theoretische Grundlagenwissenschaft verstand – auch das medizinhistorisch gesehen eine griechische Erfindung! –, und dem einfachen Stadt-, Land- und Wanderarzt wuchs offensichtlich, zumal sich die Theoretiker selbstbewusst – mancher hätte formuliert: arrogant-überheblich – in Stellung zu bringen verstanden. Der Historiker Polybios (ca. 200 – ca. 120 v. Chr.) skizziert diesen Konflikt: »In ihrer Propaganda, in der sie die größten Erfolge verspricht, umgibt sich die theoretische Medizin mit einem solchen Nimbus, dass man meinen sollte, kein anderer sonst beherrsche die ärztliche Kunst.« Einige Sätze weiter wird er noch deutlicher: »Sie ziehen mit großem Tamtam von Stadt zu Stadt und haben gewaltigen Zulauf, während sie anderen, die durch wirkliche Heilerfolge einen Beweis ihres Könnens erbracht haben, vor ihren Zuhörern nicht nur den ärztlichen Ruf, sondern auch ihre Praxis ruinieren.«[8]

Wehe aber, wenn solche Theoretiker vor einem echten Kranken stehen! Dann gleichen sie, so Polybios, Kapitänen, die ein Schiff steuern zu können glauben, nachdem sie ein Buch über diese *téchne* gelesen haben. Am Krankenbett versagen sie jämmerlich, ja mitunter in geradezu krimineller Weise: »Da sind Kranke, die auf ihre ausgezeichnete Reklame hereinfielen und sich in ihre Hände gaben, obwohl ihnen zunächst nichts Ernstliches fehlte, dann doch in Lebensgefahr geraten.«[9]

Polybios, das wird aus diesen Zeilen klar, ergreift eindeutig Partei für die traditionelle klinische Medizin. Man wird diese Passage nicht als grundsätzlichen Lagerkampf in Medizinerkreisen überbewerten dürfen, aber sie lässt schon erkennen, dass die Modernisierer mit breiter Brust aufgetreten sind und die Wende zu einer anatomisch fundierten Medizin sehr offensiv vertreten haben. Dass dadurch Geschäftsinteressen der Traditionalisten berührt und in einzelnen Fällen auch geschädigt worden sind, ist offenkundig. Wie schön, dass es so etwas in der heutigen Medizinlandschaft ebenso wenig gibt wie Rivalitäten und Animositäten zwischen forschenden und praktischen Ärzten!

Wie auf allen anderen Gebieten der Wissenschaft waren die Griechen auch in der Medizin die Lehrmeister der Römer. Seit dem späten 3. Jahrhundert v. Chr. wurde die reichlich schlichte Hausvatermedizin Roms durch die wissenschaftlich fundierte der Griechen peu à peu abgelöst. Der erste griechische Arzt soll sich im Jahre 219 v. Chr. in Rom niedergelassen haben, ein gewisser Archagathos, der sich durch emsiges »Brennen und Schneiden« den wenig schmeichelhaften Spitznamen eines *carnifex*, »Fleischmachers«, »Henkers«, zuzog.[10] Trotz mancher Anfeindungen und Rückzugsgefechte seitens der Verfechter der altrömischen Naturheilkunde setzte sich die griechische Medizin zügig durch: Ihre Überlegenheit war allzu augenfällig.

Römische Ärzte schauten ihren griechischen Kollegen vieles ab, aber die medizinische Szene in Rom wurde doch stark von Griechen geprägt. Natürlich hat es auch hervorragende römische Mediziner gegeben – darunter auch welche wie Celsus, die medizinische Lehrbücher in lateinischer Sprache verfassten –, aber der griechische Einfluss dominierte, personell wie programmatisch. So verwundert es nicht, wenn am Ende der Medizingeschichte der Antike ein Mann stand, der griechischer Herkunft war, aber als Leibarzt mehrerer römischer Kaiser auch ein Römer: Galenos von Pergamon, eingedeutscht Galén – aber unbedingt mit der Betonung auf der letzten Silbe. Mit dem in der NS-Zeit rühmlich hervorgetretenen Münsteraner Bischof von Galen hat er nur die Schreibweise des Namens gemein, nicht aber seine Aussprache. Wem dieses Insistieren auf der richtigen Betonung als Ausdruck altphilologischer Pingeligkeit erscheint, der hat noch nicht die Peinlichkeit erlebt, wenn selbst gestandene Mediziner Galen, den griechisch-römischen Doyen ihrer Zunft, auf der ersten Silbe betonen.

Galen lebte von 129 bis wahrscheinlich 216 n. Chr.; das Todesjahr ist allerdings nicht gesichert. Er erhielt in seiner Heimat Pergamon eine gründliche philosophische Ausbildung und absolvierte dann an verschiedenen Orten ein Medizinstudium. In Pergamon war er danach eine Zeit lang als Gladiatorenarzt tätig. Eine gute Adresse für Ärzte, um sich in der Wundversorgung zu perfektionieren, aber auch durchaus eine Anerkennung seiner besonderen Kompetenz: Gladiatoren wurden in der Regel von sehr guten Praktikern betreut. Mit der Übersiedlung nach Rom mit Anfang dreißig legte Galen die Grundlage zu einer bemerkenswerten Karriere, die ihn, wie erwähnt, sogar zum Leibarzt von vermutlich drei Kaisern aufsteigen ließ.

Die Rivalität zwischen medizinischen Praktikern und Theoretikern war in der Person des Galen aufgehoben: Er konnte beides, und er betrieb beides. Neben dem Dienst am Patienten widmete er sich einer ausgedehnten medizinischen Publikationstätigkeit; seine lange Lebensdauer kam seinen Ambitionen als »schreibender Arzt«

ausgesprochen zugute. In rund fünfzig Jahren wuchs ein breites Werk, das man mit Fug und Recht als Synthese der antiken Medizin bezeichnen darf, als eine *summa medicinae* in griechischer Sprache wohlgemerkt. Denn die war in der gesamten Antike der mediale Motor in der Bestandssicherung und Weiterentwicklung medizinischen Wissens.

Galen fasste Medizin und Philosophie als Einheit auf – ein im weiteren Sinne ganzheitliches Konzept mit erheblichem Zukunftspotential. Auch wenn er sich als Hippokratiker verstand und in zum Teil scharfer Polemik gegen Erasistratos Stellung bezog, nahm er die Ergebnisse, Erkenntnisse und Fragestellungen der hellenistischen Medizin in seine Schriften auf. Galen war, wie bei seinem Erfolg als praktizierender *und* publizierender Arzt kaum anders zu erwarten, ein selbstbewusster, nicht uneitler Mann, der auf sich selbst große Stücke hielt und sich auch schon einmal als »Wundertäter« bezeichnete.[11] Hätte er geahnt, welch überragende Autorität er über Jahrhunderte hinweg nicht nur im klassisch-abendländischen Kulturkreis, sondern weit darüber hinaus werden sollte, er hätte sich nicht gegen den Titel eines »Medizin-Papstes« gewehrt. Dazu wurde er nicht zuletzt durch die intensive Rezeption seines Werks in der arabischen Medizin. Sein Einfluss als medizinischer Lehrer, bei dem man sich konkreten Rat für die ärztliche Praxis holte, reichte bis ins 19. Jahrhundert. Diese Bedeutung hat er mittlerweile eingebüßt. Die recht rege Galen-Forschung unserer Tage ist fast ausschließlich von medizingeschichtlichem Interesse bestimmt.

Das Schriftcorpus des Galen und das *Corpus Hippocraticum* sind als Lehrbücher nicht mehr up to date, aber sie sind Schatztruhen eines medizinischen Wissens und einer medizinischen Methodik, die die Basis der modernen Heilkunde gelegt haben. Das ist, scheint uns, kein geringer Anlass, um Hellas Dank zu sagen.

»Ärztliches Ethos« – Mehr Griechisch geht nicht

Ein Aspekt altgriechischer Medizin ist indes auch nach zweieinhalb Jahrtausenden alles andere als veraltet und überholt. Die Rede ist vom ärztlichen Ethos. Der dafür nach wie vor gültige Grundtext ist der sogenannte hippokratische Eid. Das wohl im 4. Jahrhundert v. Chr. formulierte »wirkungsmächtigste Arztgelöbnis der abendländischen Medizingeschichte«[12] war kein Schwur, der jedem griechischen Arzt abverlangt worden wäre, oder gar ein ritueller Akt seiner beruflichen Initiation, es war kein juristisch bindendes Dokument, sondern ein ethischer Wegweiser, ein Vertrag des angehenden Mediziners mit seinem Lehrer und mit sich selbst, eine moralische Verpflichtung.

In einzelnen Fragen bleibt der hippokratische Eid inhaltlich wie sprachlich unklar, in den meisten zentralen Aussagen jedoch ist er präzise. Die Pflichten, zu denen sich der Arzt durch den Schwur bei Apollon, Asklepios und allen anderen Göttern und Göttinnen bekennt, sind zweigeteilt. Sie beziehen sich zum einen auf seinen »künftigen Lehrer« und zum anderen auf seine künftigen Patienten. Der Eid ist Teil eines Ausbildungsvertrages, in dem der medizinische Lehrling sich in eine Art Adoptionsverhältnis zu seinem Ausbilder begibt. Er erklärt sich bereit, »das Leben mit ihm zu teilen und, falls er Not leidet, ihn mitzuversorgen«. Die Fürsorge erstreckt sich auch auf die Nachkommen des medizinischen Vaters. Diese Bestimmungen können in weiterem Sinne als Ursprung eines ethisch fundierten ärztlichen Standesrechts gelten, das ja auch einem Solidargedanken verpflichtet ist.

Im Verhältnis zu den Patienten ist der Eid in vielen Punkten hochaktuell. Das gilt für die ärztliche Schweigepflicht ebenso wie für die unbedingte Orientierung am Wohl des Patienten. Zum ersten Gebot sagt das Gelöbnis unmissverständlich: »Was immer ich bei der Behandlung sehe oder höre …, soweit man es nicht ausplaudern darf, werde ich darüber schweigen und es als heiliges Geheimnis achten.« Das zweite Gebot ist folgendermaßen formuliert:

»Ich werde Maßnahmen zum Nutzen der Leidenden nach meinem Vermögen und Urteil treffen, Schädigung und Unrecht aber von ihnen fernhalten.« Im Klartext: Oberstes Ziel ist es, dem Patienten zu nutzen – und nicht dem eigenen Geldbeutel, dem eigenen Ehrgeiz oder dem medizinischen Fortschritt. Die rote Linie jeder Behandlung verläuft da, wo ein Überschreiten mit Schaden für den Patienten verbunden ist oder sein könnte.

Das war alles andere als selbstverständlich in einer Gesellschaft, die juristisch gesehen Menschen zweiter und dritter Klasse kennt, wenn man Frauen und Sklaven einmal so vereinfachend kategorisieren darf: die medizinische Gleichbehandlung aller, unabhängig von ihrem Geschlecht und ihrem Rechtsstatus. Der Arzt sieht im Kranken den leidenden Mitmenschen, dem er mit seiner *téchne* helfen muss. Und dessen Schwäche und eingeschränkte Wehrhaftigkeit er auf keinen Fall ausnutzen darf: »Welche Häuser ich betreten werde, eintreten werde ich zum Nutzen der Leidenden, mich fernhalten von allem vorsätzlichen Unrecht und jeder anderen Schädigung, auch aller Werke der Wollust an den Leibern von Frauen und Männern, Freien und Sklaven.«

Der Arzt schützt Leben, er vernichtet es nicht. Diesem Grundsatz sind die Verbote der Beihilfe zur Selbsttötung, der Tötung auf Verlangen und der Abtreibung verpflichtet. Die Vorschriften des hippokratischen Eids entsprechen damit weder der in den meisten griechischen Staaten geltenden Rechtsnorm noch dem allgemeinen Rechts- und Moralempfinden der Bevölkerung. Hier werden an die Verantwortung des Arztes offenkundig höhere ethische Ansprüche gestellt, als es die Gesellschaft von ihm erwarten würde. Das Berufsethos des Mediziners ist umfassend und soll auch sein Handeln außerhalb des professionellen Raumes bestimmen: »Heilig und rein werde ich mein Leben und meine Kunst bewahren.«[13]

Mag sein, dass nur eine kleine Minderheit der Ärzte in der Antike den hippokratischen Eid überhaupt gekannt hat. Das ändert indes nichts an seiner Bedeutung als Magna Charta des ärztlichen Ethos. Als solche stellt er sich nämlich in der nachantiken Zeit dar.

Seine große Akzeptanz in Mittelalter und Neuzeit beruht nicht zuletzt darauf, dass er mit der christlichen Ethik weitgehend übereinstimmt. Bis in die Mitte des 19. Jahrhunderts wurden Absolventen des Medizinstudiums an deutschen Universitäten auf den hippokratischen Eid verpflichtet.

Danach kam er eine Zeit lang ein bisschen aus der Mode. Um 1900 wurde er »in weiten Kreisen als unzeitgemäß und irrelevant belächelt«.[14] Aber spätestens nach dem Ende des Zweiten Weltkrieges trat – auch unter dem Eindruck von Kriegsverbrechen und Verbrechen wider die Menschlichkeit, an denen Ärzte beteiligt waren – eine Neubesinnung ein, die den ethischen Postulaten des hippokratischen Eids im Genfer Arztgelöbnis von 1949 zu neuer Geltung verhalf, zwar in einer modernisierten Form, aber durchaus im Geiste des Basistextes. Dieses einige Jahre später leicht revidierte Gelöbnis ist nach wie vor Bestandteil der deutschen Berufsordnung für Ärzte.

In den USA dagegen erfreut sich die Originalversion großer, ja steigender Beliebtheit. Waren es im Jahre 1920 landesweit nur zwanzig medizinische Fakultäten, die sich auf den Eid des Hippokrates beriefen, so versechsfachte sich deren Zahl Ende der 1980er-Jahre.[15] *Back to the roots* – ein Slogan, der auch auf die Medizin der alten Griechen zutrifft? Zumindest im Sinne einer ethischen Grundorientierung scheint das so zu sein; auch das eine Form des historischen Dankes an Hellas als Ursprungsland der abendländischen Medizin.

Selbst im Alltag werden wir, wenn man es recht bedenkt, ständig daran erinnert, wer am Anfang auch dieser wissenschaftlich-zivilisatorischen Erfolgsstory gestanden hat. Ganz gleich, ob wir einen Arzt oder eine Klinik aufsuchen, ob wir uns eine Diagnose stellen lassen oder auf eine Therapie hoffen, uns eine Narkose geben oder nur ein Hämatom behandeln lassen oder uns hochmodernen bildgebenden Verfahren wie Elektroenzephalogramm (EEC) und Tomographie anvertrauen, die Griechen sind sprachlich immer mit im Heilkunst-Boot. Nur der Patient nicht. Der ist ein lateinisch »Leidender«.[16]

KAPITEL 14

Museion, Bibliothek, Koryphäen – Das alexandrinische Modell des Musendienstes

Lichtgestalten menschlicher Kreativität – Vom Hain zum Kuss der Musen

Natur und Kultur erscheinen meist als gegensätzliche Begriffe, auch wenn es immer wieder geistige Entwürfe und praktische Konzepte gegeben hat, sie als komplementär zu begreifen oder besser miteinander zu vereinen. Griechisch gesprochen: eine Harmonie zwischen ihnen herzustellen, eine »Fügung«, in der sie »zusammenpassen«. Auch der Ursprung des Museums geht auf solch ein »Zusammenpassen« zurück: Ein *mouseíon*, ein »den Musen heiliger Ort«, wurde gern auf einem Hügel, an einer Quelle oder in einem schattigen Hain angelegt. Der berühmteste »Musensitz« war der Helikon, ein wald- und quellenreicher Gebirgszug in Mittelgriechenland. In einem Hochtal am Nordhang des Berges lag der »Hain der Musen«. Dort stieß der Reiseschriftsteller Pausanias bei seinem Besuch im 2. Jahrhundert n. Chr. auf eine Reihe von Statuen der Musen und ihres göttlichen Anführers Apollon, außerdem zahlreiche Standbilder prominenter Dichter.[1]

Diese marmorne Fülle kannte die Frühzeit nicht. Da reichte im 7. und 6. Jahrhundert v. Chr. ein einfacher Altar, um eine Kultstätte der Musen zu markieren, später ab dem 5. Jahrhundert auch eine Kapelle oder ein Tempel. Aus dem religiösen Kultort wurde in klassischer Zeit vielfach ein den Musen im übertragenen Sinne dedizierter Raum. Als ein Museion wurde sprachlich häufig aufgewertet, was wir schlicht »Schule« nennen. Das konnte durchaus eine einfache, einräumige Elementarschule sein, in der die Büste einer Muse dem Vermittlungsprozess ihren musischen Segen gab. Diese Beförderung der Schule zum Musensitz wurde wohl auch dadurch begünstigt, dass die Musik als *mousiké téchne* im engeren Sinne ein wichtiger Teil des Lehrplans war. Mit einiger Übertreibung konnte man in den Lehrern Musendiener und in den Musen »Schulheilige« sehen, man darf aber an den Qualitätsstandard dieser *mouseía* nicht allzu hohe Erwartungen richten. Die Kluft zwischen Anspruch und Wirklichkeit im Bildungswesen ist nicht erst eine werberhetorische Errungenschaft der Moderne.

Mit den Musen ist den Griechen die Schaffung göttlicher Personifikationen für menschliche Kreativität gelungen, bis auf den heutigen Tag haben sie als Chiffre für schöpferische Kraft Bestand. Wer von der Muse geküsst ist, dem gestehen wir ein besonderes künstlerisches, häufig literarisches Talent zu. Die inspirierende Wirkung des Musenkusses zeigt sich auch darin, dass wir eine Person, der wir in einem kreativen Schaffensprozess viel zu verdanken haben, »unsere Muse« nennen. Unter musischer Bildung werden vornehmlich Musik sowie bildende und darstellende Künste verstanden. »Musisch« klingt positiv, auch wenn sich manche gesellschaftlichen Werte wie Effizienz, Rationalität und Output-Orientierung eher als Kontrahenten darstellen. Mit Musen lässt sich kein Geld verdienen. Sie sind in die knapp bemessene Freizeit abgeschoben, in der wir uns von den Kreativen, den Musenjüngern gern unterhalten lassen. Wobei das die gehobene, anspruchsvolle Unterhaltung meint, nicht eine tendenziell verblödende TV-Hausmannskost, bei deren Urhebern die Muse offenkundig ordentlich vorbeigeküsst hat.

Die Griechen haben den Musen-Begriff deutlich weiter gefasst, ihnen ein erheblich größeres Reich zugewiesen. Musen galten als Töchter des Zeus und der Mnemosyne, der Göttin der Erinnerung. Damit waren sie nicht nur Personifikationen der Künste, sondern sie repräsentierten die Fähigkeit des Menschen, sich seiner Stellung im historischen Kontinuum bewusst zu sein und sich selbst zu reflektieren. Sie sind gleichsam memoriale Wesen, die neben der kulturellen Gegenwart und Zukunft auch die kulturelle Vergangenheit verkörpern. Mit anderen Worten: Lichtgestalten des Geistes und seiner Errungenschaften, die wir eben jetzt gut gebrauchen könnten.

Am Anfang stand möglicherweise nur eine einzige Muse. Homer beschränkt sich jedenfalls zu Beginn seiner Werke darauf, *eine* Muse um ihren Beistand zu bitten. Wenige Jahrzehnte später ruft Hesiod die Musen im Plural an, zu seiner Zeit vermutlich drei. Der Musenanruf als solcher wird Teil des dichterischen Repertoires werden, und zwar – bei den Griechen wie bei den Römern – als eine Art Gebet, das den Dichter in eine Partnerschaft mit den inspirierenden göttlichen Kräften bringt und ihn in einen Dialog mit ihnen eintreten lässt.

Angesichts des nicht auf die Poesie beschränkten, sondern deutlich weiter gefassten Zuständigkeitsbereiches der Musen lagen eine Spezialisierung und damit eine Erhöhung ihrer Zahl nahe. In klassischer Zeit finden wir dann die kanonische Neunzahl vor. Die Geschäftsverteilung sieht die Anführerin Kalliope für die heroische Dichtung, das Epos, vor, Kleio für die Geschichte und Geschichtsschreibung, Melpomene für die Tragödie und Euterpe für die Flötenmusik. Erato ist für die Lyrik zuständig, Thaleia für die Komödie, Polyhymnia für den Chorgesang, Terpsichore für den Reigentanz, Urania schließlich für die Sternenkunde.

Die Musen sind Begleiterinnen des schöpferischen Menschen, Anregerinnen, Ansprechpartnerinnen. Sie verkörpern Geist und Bildung und werden so auch von den Römern übernommen. Aus dem griechischen *mouseíon* wurde dadurch das uns vertrautere lateinische *museum*. Wenn man in Rom jemanden als *sine ulla Musa* charakterisierte, »ohne jede Muse«, dann war das ein Synonym für »geistlos« und »ungebildet«. Und spätestens damit wird klar, warum die Musen in den Klassenzimmern griechischer Schulen geradezu einen Siegeszug erlebten.

Gegenüber der Normalschule war es indes schon ein ganz anderes Niveau, als Platon um 387/86 in dem nach dem Heros Akademos benannten Park ein *mouseíon* gründete, einen Kultplatz, der sich mit seinem Haus als Philosophenschule eng verband.[2] Das jährlich ausgerichtete Schulfest war Teil des Musenkults. Kein Wunder, dass der Meister selbst seine Philosophievermittlung auch als Musendienst bezeichnet.[3] Ihn führte die besser als »Akademie« bekannte Schule Platons weit über den Tod ihres Begründers hinaus fort, sie war bis in die Spätantike eine feste, renommierte Institution des griechischen Geisteslebens. Wie renommiert, erweist sich in der Tatsache, dass die »Akademie« als Synonym für »Hochschule« einen guten Klang hat – auch wenn sie gelegentlich als »TÜV-Akademie« oder gar als »Pizza-Akademie« daherkommt.

Platons Schüler Aristoteles trat in die Fußstapfen seines Lehrers. Auch seine als Lern- und Lebensgemeinschaft geführte »peripatetische« Schule – *perípatos* ist der »Spaziergang«, die »Säulenhalle« – war ein »Musenheiligtum« mit Altar, Kultstatuen und Weihgeschenken, wenn auch wohl erst nach dem Tod des Schulgründers von seinem Nachfolger offiziell eingeweiht, der im Unterschied zum Nicht-Athener Aristoteles eigenen Grundbesitz erwerben durfte.[4] Die enge Verbindung zwischen Musen und schulisch-akademischer Unterweisung ist offenkundig. Sie ist seit dem 5. Jahrhundert v. Chr. konstitutiv, doch reichte dieser Traditionsstrang nicht aus, um den Boden für das moderne Museum vorzubereiten. Das will zwar auch erziehen und bilden, aber seine primäre Funktion ist die des Sammelns, die Bereitstellung von Bildungsmaterial unter dem Patronat der Musen. Oder sollte man in Gender-bewegten Zeiten angesichts weiblicher Gottheiten lieber vom Matronat sprechen?

Alexandria –
Führende Stadt der hellenistischen Welt

Der eigentliche Namensgeber für das moderne Museum stand nicht in Athen, sondern in Alexandria, der Hauptstadt des ägyptischen Ptolemäerreiches, das als einer der drei Nachfolgestaaten aus dem Alexander-Reich hervorgegangen war. Hier, in der Metropole an der Nilmündung, legte die Ptolemäerdynastie eine moderne Residenzstadt an, die architektonische Pracht mit technischen Spitzenleistungen – den Großen Leuchtturm, benannt nach der Insel Pharos, zählten viele zu den Weltwundern –, hoher Wirtschaftskraft und kulturellem Glanz vereinte. Alexandria stieg zur führenden Stadt der hellenistischen Welt auf. Als Zentrum eines überaus regen Geisteslebens brauchte sie keine Konkurrenz zu fürchten.

Der entscheidende Baustein für diese Spitzenstellung war das von Ptolemaios Soter gegen Ende des 4. Jahrhunderts v. Chr. gegründete und von seinem Sohn Ptolemaios Philadelphos konsequent weiter ausgebaute Museion von Alexandria. Es stand durchaus in der Tradition der klassischen athenischen Musen-Schulen eines Platon und Aristoteles. Aber es war viel breiter aufgestellt, finanziell ungleich besser ausgestattet und als Leuchtturmprojekt staatlicher Kulturförderung in ganz anderer Weise öffentlich – und öffentlich wahrgenommen – als die privaten Musenstätten von Philosophieschulen. Wie sehr es als imagefördernde Projekt zum größeren Ruhm des der Wissenschaft zugewandten Herrscherhauses konzipiert war, geht schon aus der (bisher noch nicht genau rekonstruierten) Lage des alexandrinischen Museums hervor. Der antike Geograph Strabo beschreibt sie so: »Die Stadt beherbergt die schönsten öffentlichen Plätze und königlichen Paläste, die ein Viertel oder sogar ein Drittel des gesamten Umfangs einnehmen … Ein Teil der königlichen Gebäude ist auch das Museum. Es umfasst eine Halle zum Herumwandeln, eine andere zum Sitzen und einen großen Bau, in dem sich der Speisesaal der am Museum tätigen Gelehrten befindet.«[5]

Das »Musenheiligtum« war also integraler Bestandteil des architektonischen Palastkomplexes. Die Musen, ihre Künste und Vermittler, stehen unter dem Schutz des Herrschers, der sie bei sich wohnen lässt. Ihre Förderung gehört – das ist die programmatische Botschaft der räumlichen Nähe – zu den vornehmsten Zielen der Dynastie. Jahrhunderte, bevor Maecenas als enger Weggefährte des Augustus zu sprichwörtlichen Ehren als mäzenatischer Förderer von

Literatur und Kunst gelangen wird, profilieren sich die Ptolemäer sozusagen als Früh-Mäzenaten: Das alexandrinische Museum wird zielstrebig zum »intellektuellen Aushängeschild«[6] des Herrscherhauses ausgebaut und propagiert.

Die finanzielle Ausstattung der Organisation entsprach dieser herrscherlichen Selbstdarstellung; das Bekenntnis zur Bildungs- und Wissenschaftsförderung schloss in Alexandria die Selbstverpflichtung zur Bereitstellung nicht nur knapp kalkulierter Ressourcen ein – was ja bekanntlich nicht bei allen Mächtigen der Fall ist, die sich mit ähnlich vollmundigen Wissenschaftskonzepten schmücken und dabei sogar »Bildungsrepubliken« ausrufen. Organisation, das hieß ein Kultverein für die Musen-Verehrung unter Leitung eines vom König ernannten Priesters mit einem Kultvermögen, das sich vermutlich aus königlichem Grundbesitz und dessen Erträgen speiste. Die Gelehrten, die zu Mitgliedern des Museions berufen wurden, waren nominell Angehörige dieser religiösen Gemeinschaft. Sie waren zur Teilnahme an den gemeinsamen Mahlzeiten verpflichtet, wurden aber sonst, wie Forscher es lieben, weitgehend in Ruhe gelassen. Von administrativen Aufgaben befreit, konnten sie sich ganz der Forschung widmen. Man erwartete zwar Vorlesungen und Disputationen über die Gegenstände ihrer Gelehrsamkeit, doch dürften die meisten Akademieangehörigen das eher als Chance zum wissenschaftlichen Dialog, zur Bindung von Schülern und zur Selbstdarstellung geschätzt denn als lästige Pflicht empfunden haben.

Als Angestellte des Museions wurden die Wissenschaftler vom König berufen und großzügig alimentiert. Die Höhe ihrer Gehälter ist nicht überliefert, wohl aber, dass sie Steuer- und Abgabenfreiheit genossen. Die übliche Form der Berufung scheint die in eine lebenslange Stellung am Museion gewesen zu sein. Manche Gelehrte zog es allerdings nach ein paar Jahren am Museion in die Heimat zurück, wo sie sicher auch unter Hinweis auf ihr alexandrinisches Renommee eine fürsorgliche Behandlung durch ihr eigenes Herrscherhaus erwarten durften. Natürlich kannte man auch eine Art

Gaststipendium, mit dem wissenschaftliche Koryphäen für eine Zeit lang ans Museion gebunden wurden, Forschungsaufenthalte und eine Studierendengemeinschaft, die sich um die Großen des Museions scharte. Es gab in der hellenistischen Welt für Intellektuelle, Forscher und Nachwuchswissenschaftler keinen attraktiveren, anregenderen Ort als das Museion – auch wenn der eine oder andere Student sich in der üblichen Nörgelei über »sinnlose und hohe Studiengebühren« erging und darüber, dass »aus den Professoren nichts Vernünftiges herauszuholen« sei.[7]

Was war das Besondere am Museion von Alexandria? Was machte die Institution so bedeutsam, dass sie zumindest die sprachliche Patenschaft für jedes moderne Museum innehat? Neben den Qualitätsstandards bei der Auswahl der Museion-Angehörigen – man könnte aktualisierend von einer Exzellenzinitiative der Ptolemäer sprechen – war es wohl die wissenschaftliche Breite, in der es sich darstellte. In Alexandria forschten Vertreter aller namhaften wissenschaftlichen Disziplinen ihrer Zeit, sodass man trotz des Anachronismus von einer »Universität« sprechen kann, in der »alle« (*universi*) Wissensgebiete repräsentiert [illegible] und das Gespräch miteinander führten.

Ein Vorzug der gemeinsamen Mahlzeiten bestand im Gedankenaustausch von Wissenschaftlern unterschiedlicher Fachrichtungen miteinander. Auch Vorträge und Diskussionen förderten das, was man heute Interdisziplinarität nennt. Das beugte einer Isolierung einzelner Fachgebiete vor und beförderte das Bewusstsein einer fachübergreifenden wissenschaftlichen Community. Natürlich gab es auch damals den einen oder anderen »Fachidioten«, der über den Tellerrand der eigenen Disziplin nicht hinauszublicken vermochte oder wagte. Aber es dürfte ihm doch aufgrund der kommunikativ-interdisziplinären Strukturen des Museions schwergefallen sein, diese selbstzufriedene Elfenbeinsituation auf Dauer durchzuhalten. Mag sein, dass es in solchen schwierigen Fällen hin und wieder sogar einen entsprechenden Fingerzeig des Förderers gab. Aber das ist Spekulation – und die sollte nicht dazu führen, die weitgehende Unabhängigkeit der Museion-Community infrage zu stellen.

Gewiss, es hat Interventionen des Herrscherhauses gegeben. Doch waren sie von einer grundsätzlichen Zensur und kleinkarierten Einflussnahme auf die Wissenschaftler und ihre Forschungsgegenstände weit entfernt. Gängelung der Wissenschaften? Zumindest Manfred Clauss ist fest davon überzeugt, dass die erst im 20. Jahrhundert »durch politische Vorgaben und staatliche Forschungsförderung erfunden« worden sei.[8] Andere Forscher, die sich intensiv mit dem alexandrinischen Museion befasst haben, sehen das allerdings kritischer, sie betonen die starke Position des Geldgebers und Herrschers gegenüber den in Alexandria tätigen Gelehrten. Doch darf man insgesamt von einem hohen Maß an Liberalität und Toleranz ausgehen, das manchen demokratischen Staaten des 21. Jahrhunderts und ihren Kultus- und Wissenschaftsbürokratien durchaus als Vorbild zu empfehlen ist.

Die genaue Zahl der am Museion tätigen Wissenschaftler ist nicht bekannt; sie dürfte im Durchschnitt bei einigen Dutzend gelegen haben, von denen indes nur die Namen der Prominenten überliefert sind. Das größte Kontingent haben wohl die Philologen gestellt. Die wissenschaftliche Textkritik mit dem Ziel der größtmöglichen Annäherung an den Ursprungstext ist damals in Alexandria erfunden und methodisch grundgelegt worden – wie sich die Museions-Gelehrten überhaupt in vielen Disziplinen um die Ausbildung einer anerkannten Fachmethodik verdient gemacht haben. Zu den führenden Literaturwissenschaftlern zählten sowohl der einflussreiche Dichter Philetas von Kos, von dem sich allerdings nur wenige Fragmente erhalten haben, als auch sein Schüler Zenodotos von Ephesos. Ihn kann man mit Fug und Recht als Begründer der Homer-Philologie bezeichnen. Er säuberte den Homer-Text von zahlreichen Interpolationen – wobei er knapp fünfhundert Verse der *Ilias* als spätere Zusätze entlarvt zu haben scheint – und teilte die beiden Epen des griechischen Dichters schlechthin in die noch heute gültigen jeweils 24 Bücher ein.

Dabei wurde »Buch« im Altertum im Prinzip mit einer Papyrusrolle gleichgesetzt.

Ferner edierte Zenodotos andere Klassiker der griechischen Literatur. Grammatiker analysierten die Werke der griechischen Dichter, Historiker und Philosophen und verfassten gelehrte Kommentare dazu. Der bedeutendste Literat des Hellenismus, Kallimachos von Kyrene (ca. 310–240 v. Chr.), war ebenfalls langjähriges Mitglied des Museions. Seine enorme Produktivität verdankte er vielleicht auch dieser Stellung und den vielfachen Anregungen in diesem alexandrinischen Intellektuellendorado. Sein Einfluss auf die junge römische Literatur ist kaum zu überschätzen.

Auch Historiker und Philosophen folgten dem Ruf der alexandrinischen Musen gern und genossen die von Zensur weitgehend freie Atmosphäre: Die Musen boten auch Denkern Asyl, die sich dem philosophischen Mainstream verweigerten und radikale Theorien vertraten. Erst dann, wenn die praktische Umsetzung eines besonders freigeistigen Entwurfs bedrohliche Konsequenzen zu haben schien, schritt die Obrigkeit ein. Dem für den Selbstmord werbenden Philosophen Hegesias, dessen Anhänger sich in angeblich großer Zahl zu Tode gehungert hatten, erteilte König Ptolemaios Lehrverbot.[9] Solche Maulkörbe für Anstoß erregende, aus der Welt der bürgerlichen Konventionen ausbrechende Denker waren jedoch sicher die Ausnahme. Als Beleg für ein repressives Klima am Museion taugt die Kaltstellung des Hegesias kaum. Immerhin gibt es ja auch in einer modernen Demokratie bindende Spielregeln des Geistes. Zu ihnen zählt der Tatbestand der Volksverhetzung, der letztlich eine Einschränkung der freien öffentlichen Meinungsäußerung im Gefolge hat.

Es waren nicht nur Geisteswissenschaftler, die das Museion zu einem solch anerkannten Forschungsinstitut werden ließen. Auch Naturforscher trugen erheblich zu seinem Renommee bei. Die in der Moderne viel beklagte Kluft zwischen den *two cultures* gab es in Alexandria nicht. Im Gegenteil, nicht wenige Gelehrte waren in beiden Welten zu Hause. So etwa der Enzyklopädiker Eratosthenes, der in der zweiten Hälfte des 3. Jahrhunderts v. Chr. Vorsteher der Bibliothek von Alexandria war. Eratosthenes verfasste philologische und naturwissenschaftliche Werke, er war Grammatiker und Poet, Mathematiker, Geowissenschaftler und Philosoph. Seine Vielseitigkeit trug ihm nicht nur Bewunderung, sondern auch Neid und Häme ein. Böse Zungen hängten ihm den Spitznamen »Pentathlos«, »Fünfkämpfer«, an – ein Multitalent, für das es indes in Einzeldisziplinen nicht zum Sieg reiche. Noch gehässiger war der zweite Spottname »Beta«. Der zweite Buchstabe im griechischen Alphabet sollte den »ewigen Zweiten« charakterisieren.

Kollegenneid mit den entsprechenden Sottisen war der griechischen Gelehrtenwelt durchaus nicht fremd. Der Philosoph Timon von Phlios nannte das Museion einen »Vogelkäfig« mit »wohlgenährten pedantischen Hühnern, die ohne Unterlass im Museum herumstreiten«.[10] Hatte da einen begabten Satiriker etwa der Musenruf aus Alexandria nicht erreicht?

Was speziell Eratosthenes angeht, so wird die Häme seinem Lebenswerk schwerlich gerecht. Mit seinem Namen verbindet sich die genaueste Berechnung des Erdumfangs, die aus dem Altertum überliefert ist. Mit 25 200 Stadien, rund 45 000 Kilometern, lag er mithilfe der Vergleichsmessungen des Einfallswinkels der Sonnenstrahlen in Alexandria und Assuan näher am richtigen Ergebnis als alle anderen einschlägigen Forschungen bis ins 17. Jahrhundert. Und mit seinen weiteren astronomischen und geographischen Untersuchungen brachte er die antike Kartographie ganz entscheidend weiter – in diesem Bereich war er also ganz sicher ein Alpha-Wissenschaftler!

Mit Euklid wirkte einer der bedeutendsten griechischen Mathematiker am Museion. Ob er dort sein Hauptwerk *Die Elemente* verfasst hat, ist ebenso wenig bekannt wie andere biographische Details. In den *Elementen* gelang es Euklid, neben der Formulierung neuer Einsichten die Erkenntnisse früherer Mathematiker zu systematisieren und ein – im Mittelalter übrigens vor allem durch arabische Übersetzungen tradiertes – Lehrbuch zu verfassen, das bis heute zu den grundlegenden Werken in der Geschichte der Mathematik zählt. Dass er zu dem »Mäzen« des Museions in direktem Kontakt stand, scheint eine Anekdote zu belegen, in der er dem an einfacheren Lernmethoden interessierten König mit feinem Spott klarmacht, es gebe keinen Königsweg zur Geometrie.[11]

Stärker anwendungsorientiert waren die Studien des Heron. Er war Mathematiker und Ingenieur. In seinen Werken über die Mechanik und Pneumatik beschrieb Heron eine Reihe von Automaten, die die Druck- und Sogwirkung von Luft und Wasser nutzen. Die meisten der von ihm konstruierten Geräte dienten der Unterhaltung staunender Zuschauer, die sich das Funktionieren der wie von Geisterhand gesteuerten Apparate nicht erklärten konnten. Gleichwohl waren das keine Spielereien, sondern Anwendungsbeispiele, die die zugrunde liegenden Theorien bestätigten und vielfach auch in die Entwicklung von Automaten mit praktischem Nutzen, etwa einem Weihwasserautomaten, einmündeten. Wenn Herons Schriften ebenfalls zum Teil nur durch arabische Übersetzungen auf uns gekommen sind, so unterstreicht das den Rang seiner Forschungen und die Bedeutung des alexandrinischen »Exzellenzclusters«

Die am Museion arbeitenden Wissenschaftler hatten das große Privileg, sich zielgerichtet und detailliert Instrumente nach ihren Vorstellungen bauen lassen zu können. Der Schatzmeister des Kultvereins stand solchen Anträgen offensichtlich wohlwollend gegenüber. Musendienst kostet Geld, und das brauchte man dort als Forscher anscheinend nicht mit umfangreichen Schriftsätzen nachzuweisen.

Des Weiteren standen den Wissenschaftlern – und jetzt kommen wir dem modernen Museumsbegriff nahe – allerlei Sammlungen für praktischen Anschauungsunterricht zur Verfügung. Bezeugt sind ein botanischer und ein zoologischer Garten sowie weitere nicht näher spezifizierte Sammlungen und eine Sternwarte. Auch Mediziner erhielten wichtige – und damals noch ungewöhnliche – Studienobjekte auf Wunsch zur Verfügung gestellt. Die Rede ist von Leichen. Die Sezierung menschlicher Leichname bedeutete einen Tabubruch.[12] Er verbindet sich mit dem Namen des Herophilos (ca. 340–250 v. Chr.). Herophilos gelangte vor allem beim Bau des menschlichen Gehirns und des Auges sowie beim Nervensystem zu völlig neuen anatomischen Erkenntnissen. Man darf ihn wohl als Vater der medizinischen Anatomie bezeichnen.

Dem ersten Tabubruch folgte dann allerdings ein zweiter, der ihn schon im Altertum zu einer äußerst umstrittenen Gestalt werden ließ: Herophilos scheute im Dienst der Wissenschaft auch nicht vor Vivisektionen zurück. Der König überließ ihm dafür zum Tode verurteilte Gefangene – für manche Betrachter eine Wissenschaftsförderung, die eindeutig zu weit ging, und ein Forschertrieb, der unverzeihlicherweise Grausamkeit in Kauf nahm.[13] Der christliche Kirchenvater Tertullian bezeichnet den alexandrinischen Anatomen schlicht als »Henker«.[14]

Der Musensitz als Ort des Sammelns – Die weltberühmte Bibliothek

Mochten spezifische Sammlungen, Materialien und Geräte den Naturforschern und Ingenieuren die Arbeit merklich erleichtern, so bestand das wertvollste Hilfsmittel für alle Wissenschaftler doch in der sagenumwobenen Bibliothek, die dem Museion angegliedert war. Das war ein unvergleichlicher Wissensschatz, wie ihn die Alte Welt trotz mancher ambitionierter Konkurrenzunternehmen, etwa in Pergamon, in dieser Breite nur einmal gekannt hat – wenn man so will, ein Büchermuseum, das nicht nur den am Museion tätigen Gelehrten, sondern auch anderen wissenschaftlich Interessierten und Studenten zur Verfügung stand.

Das genaue Gründungsjahr der »Großen Bibliothek« – sie wurde durch eine Filiale im Serapis-Tempel ergänzt – ist nicht bekannt; der Grundstock wurde wohl um 300 v. Chr. gelegt. »Bibliothek«: Das ist der »Behälter«, der »Kasten« (*théke*) für »Bücher«

(*biblía*) – wobei freilich der Kasten angesichts der ehrgeizigen Zielsetzung der ptolemäischen Herrscher erheblich umfangreicher zu definieren war als jemals zuvor. Ihr Anspruch war es, das gesamte auf Buchrollen aufgeschriebene Wissen der Welt zu sammeln, zu magazinieren und öffentlich zugänglich zu machen. Die Idee dazu lag nahe: Durch den Alexanderzug war die Welt gewissermaßen zusammengerückt, hatte sich der Horizont des Fragens und Wissens enorm geweitet, war auch die Neugier angestachelt worden, die wissenschaftlich-methodische ebenso wie das Interesse an Kuriosem und Spektakulärem. Der Aufbau der Bibliothek war auch der Versuch, Ordnung in dieses in Büchern gespeicherte Wissen zu bringen, sozusagen ein Wissensreservoir zu organisieren, das jederzeit anzapfbar war, und es den besten Wissenschaftlern der Welt, die man in der Gelehrtengemeinschaft des Museions versammelt hatte, zur Verfügung zu stellen.

Das war in mancher Hinsicht Pionierarbeit. Tatsächlich sollte die Arbeit der alexandrinischen Bibliothekare Maßstäbe setzen in Sachen Bibliothekswissenschaft, Wissenschaftsorganisation, Editionstechnik und Lexikographie. Die Bibliothek von Alexandria wurde sozusagen zur Mutter aller Bibliotheken.

Zunächst freilich galt es fleißig zu sammeln und einen außergewöhnlichen Bestand zusammenzukaufen. Im Jahre 331 v. Chr. gegründet, war Alexandria eine junge Stadt ohne kulturelle Tradition. Die in der Umgebung verfügbaren Schriftrollen waren in ägyptischer Sprache geschrieben, während die Bibliothek Bücher in der Weltsprache Griechisch bereitstellen sollte. Immerhin war Ägypten ein vergleichsweise reiches Land. Daher war für das Prestigeunternehmen »Große Bibliothek« – heutige Bibliothekare mögen es kaum glauben – Geld kein Problem. Der König steckte Riesensummen in sein Zukunftsprojekt – aus moderner Sicht eine kluge, nachhaltige und renditestarke Investition in die Ressource Wissen, aus der Perspektive der Ptolemäer aber eher eine publicityträchtige Sammelleidenschaft, die dem kulturellen Glanz der Residenzstadt zugutekam.

Jedenfalls wurden die königlichen Büchereinkäufer mit prall gefülltem Geldbeutel in die gesamte Oikumene geschickt. Ihr Akquiseauftrag bezog sich gleichermaßen auf Quantität wie Qualität: Zum einen wurde die neue Sammlung möglichst breit angelegt – vom hochgelobten literarischen Werk bis zum Kochbuch, vom Geschichtsklassiker bis zur Landkarte –, zum anderen aber sollten die Sendboten besonders bei den Werken berühmter Autoren möglichst alte Ausgaben erwerben. Sie schienen, weil weniger häufig kopiert, näher am Ursprungstext zu sein. Außerdem bezog sich der Sammeleifer besonders auf die prominenten Autoren; bei ihnen war Vollständigkeit wichtiger als bei namenlosen Schriftstellern.

Eine hohe Nachfrage weckt, je knapper das Wirtschaftsgut ist, Begehrlichkeiten auf der Anbieterseite. Ein marktwirtschaftlicher Mechanismus, der auch Betrügereien im Gefolge haben kann – und hatte: Die ptolemäischen Buchaufkäufer saßen hier und da auch Fälschern auf, die ihre Buchrollen künstlich älter machten oder sogar klingenden Autorennamen neue Schriften zuordneten. »Bevor die Könige in Alexandria und Pergamon um den Erwerb alter Bücher wetteiferten«, notiert Galen, »hat man niemals einen falschen Autorennamen auf einem Buch gefunden.«[15]

Nicht schön für die Wissenschaft, aber Mitleid mit den betrogenen Bibliotheksaufbauern brauchen diese Mogeleien gleichwohl nicht aufkommen zu lassen. Denn die erwiesen sich auch nicht gerade als zartbesaitet. Im Gegenteil, da wurde mit Tricks und Pressionen gearbeitet, um an besondere Schätze zu gelangen; selbst vor Diebstahl und Enteignung schreckten die Alexandriner nicht zurück. Auf Neleus, den Schüler des Aristoteles und Erben seiner renommierten Bibliothek, übten die Emissäre des Ptolemäerkönigs offenbar so großen Druck aus, dass er gegen seinen erklärten Willen einen Teil der Bücher an sie verkaufte – wohl nicht die Originalhandschriften der Aufzeichnungen des Meisters, aber eben Buchrollen aus seinem Besitz.[16]

Diese Methoden sprachen sich herum. Die Athener wussten, warum sie sich gegen die Ausleihe einzigartiger Handschriften von den Tragödien des Aischylos, Euripides und Sophokles an Alexandria sperrten. Sie zweifelten daran, dass sie sie je wiedersehen würden, auch wenn es offiziell nur um das Kopieren der Werke ging. Erst bei der gigantischen Kaution von fünfzehn Talenten wurden sie schwach – und erhielten ihre Buchrollen als wunderschöne, künstlerisch ausgesprochen wertvolle Abschriften zurück. Mit der Einbehaltung der gewaltigen Sicherheitsleistung trösteten sie sich über den Verlust der Originale hinweg.[17]

Jedes Schiff, das im Hafen von Alexandria anlegte, wurde angeblich auf interessante Buchrollen hin durchsucht. Wurden die Kontrolleure fündig, so beschlagnahmten sie das wertvolle Kulturgut. Die Eigentümer wurden durch eine rasch in Auftrag gegebene Kopie »entschädigt«.[18] Wie historisch solche Berichte sind, steht dahin. Eines geht aus ihnen jedoch hinreichend deutlich hervor: Die Ptolemäer waren nicht gerade zimperlich beim Aufbau ihrer legendären Bibliothek. Wissenschaft, das ist bekannt, fordert Opfer. Dass andere sie erbringen, gehört nicht unbedingt zur vornehmen Art der Wissenschaftsförderung. Wohl aber zu einer effizienten.

Immerhin dürfte das Gros der Erwerbungen auf legalem Wege in die »Große Bibliothek« gelangt sein. Erfolgreich waren die Akquisitionsanstrengungen allemal: Mit rund einer halben Million Buchrollen war die Bibliothek die bei Weitem größte Büchersammlung der Alten Welt. Die Bestandszahlen divergieren allerdings je nach Quelle stark; manche Angaben liegen unterhalb der Halbe-Million-Schwelle, manche darüber.[19]

Zum Vorsteher der Bibliothek wurde stets ein angesehener Wissenschaftler berufen, unter anderem nahmen Zenodotos, Eratosthenes und Kallimachos diese Funktion wahr. Dass das mehr als ein schmückender Frühstücksdirektorenposten war, zeigt zum einen die Tatsache, dass der Bibliothekschef in der Regel auch als Prinzenerzieher tätig war. Zum anderen erweist sich das administrative Engagement vieler Leiter exemplarisch in der großartigen Bestandsaufnahme, die Kallimachos mit seinen *pínakes*, »Tafeln«, leistete: Er katalogisierte den gesamten Bestand auf nicht weniger als 120 Papyrusrollen. Außerdem scheint er das alphabetische Anordnungsprinzip, bezogen auf den Autorennamen, erstmals konsequent angewendet zu haben. Beide Reformen bedingten sich gegenseitig, denn ohne eine detaillierte Bibliographie wäre der Lagerort einer Buchrolle zügig kaum zu finden gewesen.

Ein anderer Direktor der Bibliothek, Aristophanes von Byzanz (ca. 257–180 v. Chr.), zeichnete sich durch seine kolossale literarische Bildung und ein hervorragendes Gedächtnis aus. Jahrelang besuchte er wohl als einfaches Mitglied des Museions vom frühen Morgen bis zum späten Abend die Bibliothek. Er las und las und las – und war der Einzige, der bei einem Dichterwettbewerb alle Finalisten bis auf einen des Plagiats überführen konnte. Zielsicher holte er die Papyrusrollen mit den plagiierten Werken aus den Regalen und wurde zum Dank für die Aufklärung dieses Skandals vom König zum Leiter der Bibliothek berufen.[20]

Der Chef der Büchersammlung stützte sich auf einen sicher nicht kleinen Stab von Bibliothekaren, Einkäufern, Restauratoren und Kopisten. Er hatte wohl auch die Kompetenz (und das Kapital!), um für einzelne große Forschungs- und Editionsprojekte Spezialisten wie Übersetzer, Philologen und Abschreiber auf Zeit zu verpflichten. Auf diese Weise entstand vermutlich im Laufe des 2. Jahrhunderts v. Chr. die berühmte *Septuaginta*, eine Übersetzung der hebräischen Thora ins Griechische. An diesem Unternehmen – vermutlich dem ersten in dieser Weise organisierten der Wissenschaftsgeschichte – sollen 72 Gelehrte beteiligt gewesen sein. Deren auf 70 abgerundete Zahl gab dem neuen Werk seinen Namen: »Septuaginta« heißt auf Lateinisch »siebzig«.[21]

Die Bibliothek war, wenn die Metapher nicht zu gewagt ist, das Flaggschiff der alexandrinischen Wissensflotte, das Museion ein wissenschaftlicher Thinktank, wie es ihn niemals zuvor gegeben hatte. Die Ptolemäer haben sich damit ein Denkmal gesetzt – was durchaus beabsichtigt und deshalb alles andere als selbstlos war. Doch schmälert diese Motivation der ehrgeizigen Dynastie nicht die großartigen Leistungen, mit denen viele Forschergenerationen das Renommee des Museions begründet und seinen Ruhm über die Antike hinaus lebendig gehalten haben. Wissenschaft auf höchstem Niveau, durchaus mit Nachwuchsförderung, mag auch die Berufungspolitik der Ptolemäer vornehmlich etablierte Koryphäen (*koryphé*, »Gipfel«) begünstigt haben, ein intensiver, durch die gemeinsamen Mahlzeiten strukturell gestützter Austausch unter den Vertretern verschiedener Disziplinen, weitgehende Unabhängigkeit der Forschung mit hervorragender finanzieller Absicherung der Gelehrten, ein unbegrenzter Zugriff auf Arbeitsmittel und -geräte. Das war eine Atmosphäre, in der die Forschung gedieh und wesentliche Grundlagen im Wissen und in der Methode gelegt wurden, die – nicht zuletzt über arabische Vermittlung – bis in die Neuzeit ausstrahlen. In mancher Hinsicht hat das alexandrinische Museion Vorbild- und Modellcharakter.

Untergang und Neubeginn

Zu einem aufsehenerregenden Aufstieg gehört nach dem dramaturgischen Gusto vieler Menschen ein spektakulär tiefer Fall. Endete auch die Erfolgsstory des alexandrinischen Museions in einer solchen Katastrophe? Konkret: in einem Feuersturm, der sein Herzstück, die Bibliothek, komplett vernichtete? So kann man antike Quellen lesen, die den Untergang der Bibliothek mit dem Alexandrinischen Krieg des Jahres 57 v. Chr. in Verbindung bringen.[22] Beim Angriff Caesars auf die Stadt brach tatsächlich ein Großbrand aus, doch legen es neuere Forschungsergebnisse nahe, dass *nur* 40 000 in Hafenmagazinen gelagerte Buchrollen ein Opfer der Flammen wurden, die »Große Bibliothek« jedoch verschont blieb.[23] Luigi Canfora, der der »Verschwundenen Bibliothek« ein wunderbares Buch gewidmet hat, macht wahrscheinlich, dass sie erst in kriegerischen Auseinandersetzungen um 270 untergegangen ist.[24] Möglicherweise hat die Bibliothek aber selbst diese Katastrophe überlebt und ist erst in der Spätantike in einem schleichenden Prozess in Vergessenheit geraten.

Im Jahre 2002 ist die Traditionslinie sichtbar wieder aufgenommen worden, und zwar durch die Einweihung der modernen *Bibliotheca Alexandrina*. Ein repräsentativer Bau, unter der Schirmherrschaft der UNESCO für fast 300 Millionen Dollar errichtet, mit angeschlossenen Forschungsinstituten, Kulturzentren, Planetarium und dem größten Lesesaal der Welt, der zweitausend Besuchern Platz bietet. Man kann sicher darüber streiten, ob nicht ein Großteil der Bausumme sinnvoller in ein Alphabetisierungsprogramm in Ägypten hätte investiert werden sollen und ob es nicht auch eine oder zwei Nummern kleiner gegangen wäre. Wir haben ja zu Anfang des Kapitels gesehen, dass sich die Musen durchaus auch mit bescheideneren Kultplätzen zufriedengegeben haben.

Dass indes zu Beginn des 21. Jahrhunderts am Heimatort des berühmtesten Heiligtums der Musen eine Bibliothek gleichsam als Museum allen Wissens wieder ersteht, können wir als Ausdruck des Dankes für all das betrachten, was griechische Wissenschaftler und Wissenschaftsorganisatoren unter dem Patronat der alexandrinischen Musen dort für die zivilisierte Welt geleistet haben.

ANHANG

Abkürzungsverzeichnis

Ael. Aelian
Ael. Arist. Aelius Aristides
Aischyl. Aischylos
Amm. Marc. Ammianus Marcellinus
AP Anthologia Palatina
Apoll. Rhod. Apollonios von Rhodos
Aristoph. Aristophanes
Aristot. Aristoteles
Athen. Athenaios
Cass. Dio Cassius Dio
Cels. Celsus
Cic. Cicero
DChr. Dion Chrysostomos
Demosth. Demosthenes
Diod. Diodor
Dion. Hal. Dionys von Halikarnass
DL Diogenes Laertios
Eur. Euripides
Flav. Jos. Flavius Josephus
Gal. Galen
Gell. Gellius
Gorg. Gorgias
Hdt Herodot
Hes. Hesiod
Hippokr. Hippokrates
Hom. Homer
IG Inscriptiones Graecae
Isid. Isidor von Sevilla
Isokr. Isokrates
Jul. Julian
Kallim. Kallimachos
Mart. Martial
NP Der Neue Pauly
Ov. Ovid
Pap. Oxyrrh. Papyrus Oxyrrhinchos
Paus. Pausanias
PG Patrologia Graeca
Pind. Pindar
Plat. Platon
Plb. Polybios
Plin. Plinius
Plut. Plutarch
Ps.-Diog. Pseudo-Diogenes
Ps.-Xen. Pseudo-Xenophon
Sen. Seneca
Soph. Sophokles
Suet. Sueton
Tert. Tertullian
Thuk. Thukydides
Vitr. Vitruv
Xen. Xenophon

Anmerkungen

EINFÜHRUNG

1 Bernhard Zand, »Mekka Deutschland«, Spiegel 23/2012, 46.

KAPITEL 1

1 Aristot. Pol. III 1275 a18ff.
2 Thuk. II 40, 2.
3 Isokr. Paneg. 79.
4 Aristot. Pol. I 1253 a 3; vgl. III 1278 a 24ff.
5 Thuk. II 40, 2.
6 Aischyl. Eum. 970ff. (Übersetzung: Droysen).
7 Hdt III 80, 1.
8 Ebd., 80; 82.
9 Ebd., 81.
10 Ebd., 80, 6.
11 Welwei, Athen 256f.
12 Plat. Pol. 562–563.
13 Ebd., 520 c.
14 Plat. Tim. 18 d; Pol. 451 d.
15 Plat. Pol. 377 d.
16 Ebd., 389 b.
17 Aristot. Pol. I 1253ff.
18 Ebd., 1254 a–1255 b.
19 Aristot. Pol. IV 1292 b 10f.
20 Aristot. Pol. II 1272 b; Pol. IV 1294 a 1ff.
21 Aristot. Pol. IV 1317 b 19f.
22 Aristot. Pol. VI 1317 b 1f.
23 Aristot. Pol. VII 1328 b 34ff.

KAPITEL 2

1 Plut. Aristid. 7.
2 Aristot. Athen. pol. 22, 1.
3 Hom. Il. 200ff. (Übersetzung: Schadewaldt).
4 Ebd., 274f.
5 Aristot. Athen. pol. 26, 7f.
6 Aristot. Athen. pol. 20, 1; Hdt V 66, 2.
7 Die Zahl ist nicht sicher. Herodot spricht von 100, Strabon in augusteischer Zeit von 174.
8 Hansen, Athen. Demokratie, 258.
9 Aristot. Pol. VI 261ff.
10 Die zentrale Quelle hi[illegible] Aristot. Athen. pol. 43f.
11 Thuk. VIII 69, 4; Aristot. Athen. pol. 62, 2.
12 Aristoph. Ekkl. 300ff.
13 Aristot. Pol. VI 1317 b 30ff.
14 Kratinos frg. 224 K.
15 Plut. Per. 9.
16 Ps.-Xen. Athen. Pol. III 3.
17 Ebd., I 2.
18 Ebd., I 5.
19 Plat. Prot. 319 d–e.
20 Aristot. Pol. IV 1298 a 22; VI 1318 b 21–22.
21 Xen. Mem. I 2, 9; Aristot. Rhet. 1393 b 4–8.
22 Aristot. Pol. VI 1317 b 2–3.
23 Thuk. II 65, 9.
24 Plut. Per. 3.

EXKURS PERIKLES

1 Thuk. II 37, 1.

2 Ebd., 34, 6.

3 Sonnabend, Thukydides 87f.

4 Thuk. II 35, 3.

5 Zum gesamten Komplex siehe Zieske, »Die geschrumpfte Präambel oder: Das Thukydides-Zitat, das aus dem EU-Vertrag verschwand«, in: Forum Classicum 4/2011, 284ff.

6 Ebd., 284f.

7 Thuk. II 40, 2 (Übersetzung: Landmann, auch für die folgenden Zitate).

8 Ebd.

9 Ebd., 37, 1.

10 Ebd., 37, 2.

11 Flashar, Epitaphios 19.

12 Thuk. II 37, 3.

13 Thuk. 38, 1.

14 Thuk. II 41, 1

15 Thuk. II 40, 1.

16 Ebd., 40, 2.

17 Es ist nicht ausgeschlossen, dass Thukydides das Scheitern der perikleischen Vision dadurch andeuten will, dass er direkt auf den Epitaphios die Schilderung der Pestkatastrophe folgen lässt. Diese Wertung des Thukydides muss man sich aber nicht zu eigen machen; sie schmälert insofern nicht den Gehalt der Perikles-Rede.

KAPITEL 3

1 Plut. Per. 12.

2 Ebd., 14.

3 Thuk. II 41, 1.

4 Plut. Per. 13.

5 Höcker, Lexikon antiker Architektur 191.

6 Welwei, Athen 121.

7 Connor, Athenian civic identity, in: Bolgehold/Scafuro (Hg.), Athenian identity and civic ideology 34–44.

8 Demosth. Androt. 76.

9 Plut. Per. 13.

KAPITEL 4

1 Hes. Theog. 508ff. (Übersetzung: Marg).

2 Hes. Erga. 91ff.

3 Ebd., 109.

4 Aischyl. Prom. 256; 504f. (Übersetzung: Droysen).

5 Paus. I 30, 2.

6 NP X (2001), 404, s. v. »Prometheus«.

7 Lindemann, Prometheus, in: Walther, Antike Mythen 218.

8 Goethe, Prometheusode 12f.; ebd., 51ff.

9 Byron, Prometheus (Übersetzung: Grüning).

10 Nietzsche, Die Geburt der Tragödie, 8. Kapitel.

11 Camus, Prometheus in der Hölle (1946; Übersetzung: Lang).

12 Lukian, Prometheus (Übersetzung: Christoph Martin Wieland).

13 Hom. Od. XII 160f.; 189; 47; 52.

14 Hinz, s. v. »Sirenen«, in: Moog-Grünewald, Mythenrezeption 655f.

15 Hom. Od. XII 39–54; ebd., 166–200.

16 Ebd., 189.

17 Ebd., 45f.

18 Apoll. Rhod. Argon. IV 891–921.

19 Ov. ars am. III 311ff.

20 Athen. XIII 558 c.

21 Mart. III 64, 1f.; ebd., 12.

22 Cic. fin. V 48.

23 Ebd., 49.

24 Isid. Et. XI 3, 30f.

25 Belege bei Seidensticker, Glücklicher Sisyphos 153f.

KAPITEL 5

1 Thuk. V 116.

2 Thuk. I 1.

3 Ebd., 23, 6.

4 Ebd., 22.

5 Cic. Brut. 29; orat. 30; Dion. Hal. Thuk. 24.

6 Zitiert nach Sonnabend, Thukydides 110; diese und die folgenden Überlegungen nach Sonnabend und Meineke.

7 Hdt I 6–13.

8 Cic. leg. I 5.

9 Hdt I pr.

10 Aristot. Poet. 1451 a 36.

11 Dion. Hal. Pomp. 3, 11.

12 Hdt I 30ff.; III 40ff.

13 Hdt II 50, 1; ebd., 82.

14 Ebd., 3, 1.

15 Plut. mal Her. Mor. 868 a.

16 Zitiert nach Bichler/Rollinger, Herodot 126.

17 Hdt II 123, 1; vgl. IV 195, 2.

18 Hdt VII 152, 3 (Übersetzung: Feix; auch für die folgenden Zitate).

19 Hdt I pr.

20 Hdt V 77f.

21 Hdt VIII 109.

22 Hdt I 32, 9.

KAPITEL 6

1 Suet. Caes. 4.

2 Cic. Brut. 313ff. (Übersetzung: Kytzler).

3 *celebratum nomen*, »gefeierter Name«, Cic. Brut. 314.

4 Plut. Cic. 4 (Übersetzung: Ziegler).

5 Cic. Brut. 316.

6 Eur. Ant. frg. 170 Nauck.

7 Erste Bezeugung des Begriffs bei Plat. Gorg. 449 c.

8 Cic. Brut. 46.

9 Stroh, Macht der Rede 49f. (auch zum Folgenden).

10 Diod. XII 53, 2ff.

11 Gorg. Enk. Hel. (Diels-Kranz 11) 2.

12 Ebd., 6.

13 Ebd., 7.

14 Ebd., 8.

15 Ebd.

16 Ebd., 19.

17 Ebd., 21.

18 Aristot. Rhet. 1402 a 23.

19 Cic. Brut. 30.

20 Plat. Gorg. 453 a.

21 Ebd., 502 e.

22 Aristot. Rhet. 1356 a 20ff.

23 Stroh, Macht der Rede 174.

24 Plut. Dem. 5 (Übersetzung: Ziegler).

25 Ebd.

26 Ebd., 6.

27 Ebd., 8.

28 Cic. de or. III 213.

29 Demosth. or. Phil. I 38.

30 Demosth. Nikokles oder die Zyprier 5ff.

31 Zitiert nach Cicero de or. II 187.

KAPITEL 7

1 Thuk. II 40, 1.
2 Cic. Tusc. V 9f.
3 Plat. Phaidr. 278 d.
4 Plat. Symp. 204 a.
5 Plat. Theait. 155 d; Aristot. Met. I 982 b.
6 Aristot. Met. I 982 a1–3.
7 Heraklit frg. 22 A 1 D.–K.
8 Strabo XIV 25; »der Rätsler«: DL IX 6.
9 Anaximander frg. 12 A 9 D.–K. (Übersetzung: Held).
10 DL I 18.
11 Cic. Tusc. V 10 (Übersetzung: Gigon).
12 Plat. Gorg. 508 d.
13 Plat. Theait. 149 a–b.
14 Plat. Apol. 21 d.
15 Plat. Pol. 476 a ff.
16 Plat. Theait. 176 b; Pol. 500 c.
17 Plat. Pol. 508 d–509 b.
18 Siehe S. 26ff.
19 Aristot. Met. VI 1026 a 24.
20 Aristot. Kat. IV 1 b 25ff.; vgl. Top. I 9, 103 b 20.
21 Lukr. III 1ff.; V 1165.

EXKURS DIOGENES

1 DL VI 41.
2 Ebd., 32.
3 DL VII 121.
4 Jul. or. VI 189 a.
5 DL VI 49.
6 DChr. VI 25.
7 Ebd., 28.
8 DChr. IV 83f.
9 DChr. VI 12.
10 Ebd., 50; DChr. IV 83f.
11 DL VI 51.
12 Ebd., 46; ebd., 69.
13 Ebd., 36.
14 Ebd., 57.
15 DChr. IX 11–13.
16 Ebd., 22.
17 DL VI 40.
18 Ael. v. h. XIV 33.
19 DL VI 38; Plut. Alex. 14; Cic. Tusc. V 92.
20 Ps.-Diog. ep. 23.
21 DL VI 68.
22 Ebd., 69.
23 Ps.-Diog. ep. 11; Ant. PG 136, 1052.
24 Finley, Diogenes the Cynic 89.

KAPITEL 8

1 Aristoph. Equ. 41 (Übersetzung: Seeger, auch im Folgenden).
2 Ebd., 40ff.
3 Ebd., 1111ff.
4 Ps.-Xen. Ath. Pol. II 18.
5 Aristoph. Nub. 146ff.
6 Aristot. Poet. III 1448ff.
7 Ebd., 1448 a 28–b 1.
8 Plut. Per. 9.
9 Blume, Antikes Theaterwesen 28f.
10 Flashar, Inszenierung der Antike 8.
11 Zimmermann, Griech. Komödie 9.
12 Aristot. Rhet. III 1, 1403 b 33.

KAPITEL 9

1 Pind. Ol. I 97ff.
2 Cic. pro Flacco 31.
3 Hom. Il. VI 208; XI 784.
4 Weiler, Der Agon im Mythos 261.

5 Meier, RE I 1 (1893), s. v. »Agones«, 836ff.

6 Hom. Od. XVIII 95ff.

7 Ebd., 365ff.

8 Ehrenberg, Ost und West 65.

9 Hom. Il. XXIII 254ff.

10 Golden, Sport and society 28ff., vor allem 176; Flaig, Olympiaden 368.

11 Decker, Sport 9f.

12 Lämmer, Olympischer Frieden, in: Stadion 8/9, 1982/3, 47ff.; Weeber, Unheilige Spiele 138ff.

13 Cartledge, Die Griechen und wir 13.

14 Paus. X 4, 1.

15 Müller, Von Olympia nach Athen 145.

16 Flaig, Olympiaden 356.

KAPITEL 10

1 Hdt I 48, 1.

2 Ebd., 53, 2.

3 Ebd., 55, 1.

4 Ebd., 90, 4.

5 Ebd., 91, 4.

6 Ebd., 91, 6.

7 Schadewaldt, Delphi 679.

8 Hdt VII 140, 2; etwas relativiert durch den zweiten Spruch: Hdt VII 141.

9 Kallim. Eis Apollona 94/96 (Übersetzung: Asper).

10 Ebd., 55f.

11 Plat. Pol. IV 427 c–d.

12 Strabo IX 3, 4.

13 Plut. Mor. 409 a.

14 Plut. Sulla 12; Paus. X 7, 1.

15 Strabo IX 3, 8; Paus. X 8, 6; vgl. auch Plutarchs Pythische Dialoge (Mor. 384ff.).

16 Plat. Prot. 343 a.

17 Stobaios III 1, 172 (nach Demetrios von Phaleron).

18 Asper, Literatursoziologisches 85.

19 Paus. X 24, 1.

20 Pind. Pyth. III 58ff.

21 Luck, Magie 311.

22 Nach Schadewaldt, Delphi 679.

KAPITEL 11

1 Licht, Sittengeschichte, Ergänzungsband, S. IV.

2 Athen. XIII 567 b.

3 Xen. Mem. II 2.

4 Hartmann, Heirat 157.

5 Dazu Schuller, Welt der Hetären 231ff.

6 Ebd., 28.

7 Hartmann, Heirat 182f.

8 Schuller, Welt der Hetären 256f.

9 Beispiele bei Hartmann, Heirat 199ff.

10 Demosth. 59, 122.

11 Aristot. Pol. I 1254 b 12ff.

12 AP XII 4 (Übersetzung: Beckby).

13 Plat. symp. 185 b (Übersetzung: Schleiermacher).

14 Ebd., 178 d–e.

15 Ebd., 183 d–e.

16 Ebd., 184 a.

17 Plat. Phaidr. 231 a.

18 Aristoph. Plut. 144ff. (Übersetzung: Seeger).

KAPITEL 13

1 Ael. Arist. Hieroi logoi II 71f. (Übersetzung: Schröder).

2 Paus. II 27, 3.

3 IG IV 2. A. 121–124, Nr. 9 (Übersetzung: Müri).

4 Ebd., Nr. 16.

5 DL VI 59.

6 Strabo VIII 6, 15.

7 Hippokr. Progn. 2.

8 Plb. XII 25 d (Übersetzung: Drexler).

9 Ebd.

10 Plin. NH XXIX 12f.

11 Galen Praecop. 7, 1 K. 14, 641.

12 Leven, Antike Medizin 420.

13 Hippokr. Iusiur. (Übersetzung: Müri).

14 Nutton, Art. »Medizin«, NP 15/I (2001), 371.

15 Nutton, Art. »Hippokratischer Eid«, NP 14 (2000), 419.

16 »Arzt« aus *archiatrós*, »erster Arzt«; *klíne*, »(Kranken-)Lager«; *diágnosis*, »Beurteilung«; *therapeía*, »Behandlung, Pflege«; *nárkosis*, »Betäubung«; *haíma*, »Blut«, *élektron*, »Bernstein« (als Träger von Reibungselektrizität); *enképhalos*, »Gehirn«; *gráphein*, »schreiben«; *tomé*, »Schneiden, Schnitt«.

KAPITEL 14

1 Paus. IX 30.

2 DL IV 1.

3 Plat. Phaidr. 259 d; ebd., 61 a.

4 DL V 51.

5 Strabo XVII 1, 8.

6 Weber, Die neuen Zentralen, in: G. W. (Hg.), Kulturgeschichte des Hellenismus 100.

7 Pap. Oxyrrh. XVIII Nr. 2190, zitiert nach Clauss, Alexandria 95.

8 Clauss, Alexandria 93.

9 Cic. Tusc. I 83; Plut. Mor. 497 d; DL II 93ff.

10 Athen. I 22 d.

11 Stobaios II 228, 30.

12 Leven (Hg.), Antike Medizin 407.

13 Cels. I prooem. 23.

14 Tert. an. 10, 4.

15 Gal. de nat. homin. I 44.

16 Athen. I 3 a; überzeugend dazu Canfora, Bibliothek 152ff.

17 Gal. XVII 1, p. 607.

18 Gal. Comm. in Hippocr. edim. III p. 78f.

19 Gell. VI 17 und Amm. Marc. XXII 16, 13: 700 000; Sen. tr. an.: 400 000.

20 Vitr. VII pr. 5–7.

21 Flav. Jos. Ant. XII 103ff.

22 Plut. Caes. 29.

23 Gestützt auf Cass. Dio 42, 38, 2.

24 Amm. Marc. XXII 16, 15: Zerstörung des Stadtviertels Bruchion.

Bibliographie

ALLGEMEINE WERKE

K. Brodersen (Hg.), Große Gestalten der griechischen Antike, München 1999.

J. Brunschwig / G. Lloyd, Das Wissen der Griechen. Eine Enzyklopädie, München 2000.

P. Cartledge, Die Griechen und wir, Stuttgart / Weimar 1998.

– (Hg.), Kulturgeschichte Griechenlands in der Antike, Stuttgart 2000.

M. I. Finley (Hg.), The Legacy of Greece. A New Appraisal, Oxford 1981.

L.-M. Günther, Griechische Antike, 2. Aufl., Tübingen / Basel 2011.

W. Jens / B. Seidensticker, Ferne und Nähe der Antike, Berlin 2003.

H. Joas / K. Wiegand (Hg.), Die kulturellen Werte Europas, 5. Aufl., Frankfurt am Main 2010.

K. Rosen, Griechische Geschichte erzählt. Von den Anfängen bis 338 v. Chr., 2. Aufl., Darmstadt 2006.

W. Schuller, Griechische Geschichte, 6. Aufl., München 2008.

M. Stahl, Gesellschaft und Staat bei den Griechen, 2 Bände. I: Archaische Zeit; II: Klassische Zeit, Paderborn 2003 / 04.

E. Stein-Hölkeskamp / K.-J. Hölkeskamp (Hg.), Die griechische Welt. Erinnerungsorte der Antike, München 2010.

Th. A. Szlezák, Was Europa den Griechen verdankt. Von den Grundlagen unserer Kultur in der griechischen Antike, Tübingen 2010.

J.-P. Vernant (Hg.), Der Mensch der griechischen Antike, Frankfurt am Main 1993.

G. Weber, Kulturgeschichte des Hellenismus. Von Alexander dem Großen bis Kleopatra, Stuttgart 2007.

K.-W. Welwei, Athen. Von den Anfängen bis zum Beginn des Hellenismus, Sonderausgabe, 2. Aufl., Darmstadt 2011.

POLITIK – EIN GRIECHISCHES GEN

G. Bien, Die Grundlegung der politischen Philosophie bei Aristoteles, 3. Aufl., Freiburg 1985.

A. Demandt, Der Idealstaat. Die politischen Theorien der Antike, Köln / Weimar 1993.

A. Eckl / C. Kauffmann (Hg.), Politischer Platonismus, Würzburg 2008.

O. Höffe, »Platon und Aristoteles – die Geburt der politischen Philosophie«, in: E. Stein-Hölkeskamp / K.-J. Hölkeskamp (Hg.), Die griechische Welt. Erinnerungsorte der Antike, München 2010, S. 448ff.

I. Jordovic, »Aristotle on Extreme Tyranny and Extreme Democracy«, Historia 60, 2011, S. 36ff.

W. Kullmann, »Der Mensch als politisches Lebewesen bei Aristoteles«, Hermes 108, 1980, S. 419ff.

W. Nippel, »Politische Theorien der griechisch-römischen Antike«, in: H. J. Lieber (Hg.), Politische Theorien von der Antike bis zur Gegenwart, Bonn 1991.

D. O'Meara, »Politische Theorie«, Der Neue Pauly XV / 2, 2002, S. 412ff.

H. Ottmann, Geschichte des politischen Denkens, Bd. I: Die Griechen, Stuttgart / Weimar 2001.

W. Patt, Grundzüge der Staatsphilosophie im klassischen Griechentum, Würzburg 2002.

K. Piepenbrink, Politische Ordnungskonzeptionen in der attischen Demokratie des 4. Jahrhunderts v. Chr., Stuttgart 2001.

K. Popper, Die offene Gesellschaft und ihre Feinde, Bd. I: Der Zauber Platons, 7. Aufl., Tübingen 1992 (engl. Originalausgabe 1945).

K. Raaflaub, »Die Anfänge des politischen Denkens bei den Griechen«, in: I. Fetcher / H. Münkler (Hg.), Pipers Handbuch der politischen Ideen, Bd. I, 1988, S. 189ff.

–, »Politisches Denken und Handeln bei den Griechen«, in: Propyläen Geschichte der Literatur, Bd. I: Die Welt der Antike, Berlin 1988, S. 36ff.

P. Weber-Schäfer, Einführung in die antike politische Theorie, 2. Aufl., Darmstadt 1992.

DEMOKRATIE – EIN ERFOLGREICHES EXPERIMENT DER WELTGESCHICHTE

J. Bleicken, Die athenische Demokratie, 4. Aufl., Paderborn 1995.

J. M. Camp, Die Agora von Athen. Ausgrabungen im Herzen des klassischen Athen, Mainz 1989.

P. Cartledge, Eine Trilogie über die Demokratie, Stuttgart 2008.

J. Dunn, Democracy. The Unfinished Journey 508 BC to AD 1993, Oxford 1992.

W. Eder (Hg.), Die athenische Demokratie im 4. Jahrhundert v. Chr. Vollendung oder Verfall einer Staatsform?, Stuttgart 1995.

V. Ehrenberg, Aristophanes und das Volk von Athen, Zürich / Stuttgart 1968.

S. Forsdyke, Exile, Ostracism, and Democracy. The Politics of Expulsion in Ancient Greece, Princeton / Oxford 2005.

P. Funke, Athen in klassischer Zeit, 3. Aufl., München 2007.

–, »Bürgerschaft und Bürgersein – Teilnehmen als Teilhaben«, in: E. Stein-

Hölkeskamp / K.-J. Hölkeskamp (Hg.), Die griechische Welt. Erinnerungsorte der Antike, München 2010, S. 472ff.

L.-M. Günther, Perikles, Tübingen / Basel 2010.

M. H. Hansen, Was Athens a Democrcy?, Kopenhagen 1989.

–, Die athenische Demokratie im Zeitalter des Demosthenes. Struktur, Prinzipien und Selbstverständnis, Berlin 1995.

D. Haßkamp, Oligarchische Willkür – demokratische Ordnung. Zur athenischen Verfassung im 4. Jh. v. Chr., Darmstadt 2005.

K.-J. Hölkeskamp, »Parteiungen und politische Willensbildung im demokratischen Athen«, Historische Zeitschrift 267, 1998, S. 1ff.

A. H. M. Jones, »Wie funktionierte die attische Demokratie?«, in: F. Gschnitzer (Hg.), Zur griechischen Staatskunde, Darmstadt 1969, S. 219ff.

D. Kagan, Perikles oder die Geburt der Demokratie, Stuttgart 1992.

K. H. Kinzl (Hg.), Demokratia, Darmstadt 1995.

D. Lotze, »Der Bürger und seine Teilhabe an der Regierung der Polis«, in: D. Lotze et al., Bürger und Unfreie im vorhellenistischen Griechenland, Stuttgart 2000, S. 117ff.

Chr. Mann, Die Demagogen und das Volk. Zur politischen Kommunikation im Athen des 5. und 4. Jh. v. Chr., Berlin 2007.

Chr. Meier / P. Veyne, Kannten die Griechen die Demokratie?, Berlin 1988.

Chr. Meier, Athen. Ein Neubeginn der Weltgeschichte, 2. Aufl., Berlin 1994 (NA München 2012).

–, Kultur, um der Freiheit willen. Griechische Anfänge – Anfang Europas, 2. Aufl., München 2009.

W. Nippel, Antike oder moderne Freiheit? Die Begründung der Demokratie in Athen und in der Neuzeit, Frankfurt am Main 2008.

J. Ober, Mass and Elite in Democratic Athens. Rhetoric, Ideology and the Power of the People, Princeton 1989.

–, The Athenian Revolution. Essays in Ancient Greek Democracy and Political Theory, Princeton 1996.

–, Democracy and Knowledge. Innovation and Learning in Classical Athens, Princeton 2008.

R. Osborne, Athens and Athenian Democracy, Cambridge 2010.

A. Pabst, Die athenische Demokratie, München 2003.

K. A. Raaflaub, »Des freien Bürgers Recht der freien Rede«, in. W. Eck (Hg.), Studien zur Antiken Sozialgeschichte, Köln / Wien 1980, S. 7ff.

– / J. Ober / R. Wallace, Origins of Democracy in Ancient Greece, Berkeley 2007.

P. J. Rhodes, Ancient Democracy and Modern Ideology, London 2003.

L. J. Samons II (Hg.), The Cambridge Companion to the Age of Pericles, Cambridge 2007.

W. Schmitz, Wirtschaftliche Prosperität, soziale Integration und die Seebundpolitik Athens, München 1988.

Ch. Schubert, »Vom Areopag zur Agora: Die Entstehung der Demokratie«, in: K. Brodersen (Hg.), Höhepunkte der Antike, Darmstadt 2006, S. 39ff.

P. Siewert et al. (Hg.), Ostrakismos-Testmonien, Bd. I, Stuttgart 2002.

R. K. Sinclair, Democracy and Participation in Athens, Cambridge 1988.

E. Stein-Hölkeskamp, »Demokratie – ›die herrschende Hand des Volkes‹«, in: E. Stein-Hölkeskamp / K.-J. Hölkeskamp (Hg.), Die griechische Welt. Erinnerungsorte der Antike, München 2010, S. 487ff.

P. Vidal-Naquet, Die griechische Demokratie von außen gesehen, 2 Bände, München 1993 / 96.

U. Walter, An der Polis teilhaben. Bürgerstaat und Zugehörigkeit im archaischen Griechenland, Stuttgart 1993.

K.-W. Welwei, Athen. Von den Anfängen bis zum Beginn des Hellenismus, Sonderausgabe, 2. Aufl., Darmstadt 2011.

EXKURS: »DIE VERFASSUNG, DIE WIR HABEN, HEISST VOLKSHERRSCHAFT«

J. A. Andrews, »Pericles on the Athenian Constitution (Thuc. 2.37)«, American Journal of Philology 125, 2004, S. 539ff.

Th. Fischer, »Zur Gefallenenrede des Perikles bei Thukydides«, Geschichte, Politik und ihre Didaktik 17, 1989, S. 103ff.

H. Flashar, Der Epitaphios des Perikles. Seine Funktion im Geschichtswerk des Thukydides, Sitzungs-Berichte der Heidelberger Akademie der Wissenschaften 1969, 1.

K. Gaiser, Das Staatsmodell des Thukydides. Zur Rede für die Gefallenen, Heidelberg 1975.

G. P. Landmann, »Das Lob Athens in der Grabrede des Perikles«, Museum Helveticum 31, 1974, S. 79ff.

H. Leppin, Thukydides und die Verfassung der Polis. Ein Beitrag zur politischen Ideengeschichte des 5. Jh. v. Chr., Berlin 1999.

N. Loraux, L'invention d'Athènes. Histoire de l'oraison funèbre dans la »cité classique«, Paris 1981.

M. Meier, »Probleme der Thukydides-Interpretation und das Perikles-Bild des Historikers«, Tyche 21, 2006, S. 131ff.

K. Prinz, Epitaphios logos. Struktur, Funktion und Bedeutung der Bestattungsreden im Athen des 5. und 4. Jh. v. Chr., Frankfurt am Main 1997.

P. Spahn, »Perikles – Charisma und Demokratie«, in: W. Nippel (Hg.), Virtuosen der Macht, München 2000, S. 23ff.

W. Will, Thukydides und Perikles. Der Historiker und sein Held, Bonn 2003.

L. Zielke, »Die geschrumpfte Präambel oder: Das Thukydides-Zitat, das aus der EU-Verfassung verschwand«, Forum Classicum 4, 2011, S. 284ff.

SÄULEN UNSERER KULTUR – DIE AKROPOLIS ALS VISITENKARTE DER »SCHULE VON HELLAS«

M. Beard, Der Parthenon, Stuttgart 2009.

W. R. Connor, »The Problem of Athenian Civic Identity«, in: A. L. Bolgehold / A. C. Scafuro (Hg.), Athenian Identity and Civic Ideology, Baltimore 1994, S. 33ff.

M. B. Cosmopoulos (Hg.), The Parthenon and its Sculptures, Cambridge 2004.

H. Th. Grütter, »Die athenische Demokratie als Denkmal und Monument«, in: W. Eder / K.-J. Hölkeskamp (Hg.), Volk und Verfassung im vorhellenistischen Griechenland, Stuttgart 1997, S. 113ff.

Chr. Höcker, Lexikon antiker Architektur, Stuttgart 2004.

W. Hoepfner (Hg.), Kult und Kultbauten auf der Akropolis, Berlin 1997.

B. Holtzmann, L'acropole d'Athènes. Monuments, cultes et histoire du sanctuaire d'Athène Polias, Paris 2003.

J. M. Hurvit, The Athenian Acropolis. History, Mythology and Archaeology from the Neolithic Era to the Present, Cambridge 1999.

H. Knell, Perikleische Baukunst, Darmstadt 1979.

R. Krumeich / Chr. Witschel (Hg.), Die Akropolis von Athen im Hellenismus und in der römischen Kaiserzeit, Wiesbaden 2011.

U. Muss / Ch. Schubert, Die Akropolis von Athen, Graz 1988.

J. Neils, The Parthenon Frieze, Cambridge 2001.

J. Neils, The Parthenon, Cambridge 2005.

L. J. Samons II, »Athenian Finance and the Treasury of Athens«, Historia 42, 1993, S. 129ff.

L. Schneider, »Der Parthenonfries. Selbstbewusstsein und kollektive Identität«, in: E. Stein-Hölkeskamp / K.-J. Hölkeskamp (Hg.), Die griechische Welt. Erinnerungsorte der Antike, München 2010, S. 259ff.

– / Chr. Höcker, Die Akropolis von Athen. Eine Kunst- und Kulturgeschichte, Darmstadt 2001.

H. Wrede, Das Lob der Demokratie am Parthenonfries, Mainz 2008.

ZEUS, PROMETHEUS & CO – WAHRHEIT UND MACHT DES MYTHOS

I. Aghion et al. (Hg.), Reclams Lexikon der antiken Götter und Heroen in der Kunst, Stuttgart 2000.

L. Brisson, Einführung in die Philosophie des Mythos, Bd. I: Antike, Mittelalter, Renaissance, Darmstadt 1996.

H. Brumble, Classical Myths and Legends in the Middle Ages and Renaissance, London 1998.

W. Burkert, »Antiker Mythos – Begriff und Funktion«, in: W. Hofmann, Antike Mythen in der europäischen Tradition, Tübingen 1999, S. 35ff.

R. M. Erdbeer / F. Graf, »Mythos«, Der Neue Pauly 15 / I (2001), S. 636ff.

B. Guthmüller / M. Baumbach, »Mythologie«, Der Neue Pauly 15 / I (2001), S. 611ff.

R. Hard, The Routledge Handbook of Greek Mythology, London / New York 2004.

B. Hinz, »Sirenen«, in: M. Moog-Grünewald (Hg.), Mythenrezeption. Die antike Mythologie in Literatur, Musik und Kunst von den Anfängen bis zur Gegenwart, Der Neue Pauly, Suppl. 5, Stuttgart / Weimar 2008, S. 655ff.

G. Huber-Rebenich (Hg.), Der antike Mythos und Europa, Berlin 1997.

K. Hübner, Die Wahrheit des Mythos, München 1985.

F. Jürß, Vom Mythos der alten Griechen. Deutungen und Erzählungen, Leipzig 1988.

G. S. Kirk, Griechische Mythen. Ihre Bedeutung und Funktion, Berlin 1980.

L. O. Larsson, Antike Mythen in der Kunst. 100 Meisterwerke, Stuttgart 2009.

H.-K. und S. Lücke, Antike Mythologie. Ein Handbuch. Der Mythos und seine Überlieferung in Literatur und bildender Kunst, Reinbek 1999.

M. Moog-Grünewald (Hg.), Mythenrezeption. Die antike Mythologie in Literatur, Musik und Kunst von den Anfängen bis zur Gegenwart, Der Neue Pauly, Suppl. 5, Stuttgart / Weimar 2008.

U. Reinhardt, Der antike Mythos. Ein systematisches Handbuch, Freiburg 2011.

V. Riedel, Antikerezeption in der deutschen Literatur vom Renaissance-Humanismus bis zur Gegenwart, Stuttgart / Weimar 2000.

U. und J. Rüpke, Götter und Mythen der Antike. Die 101 wichtigsten Fragen, München 2010.

B. Seidensticker, »Der glückliche Sisyphos. Zur Präsenz des antiken Mythos«, in: W. Jens / B. Seidensticker, Ferne und Nähe der Antike, Berlin 2003, S. 151ff.

R. Stupperich et al. (Hg.), Lebendige Antike. Rezeption der Antike in Politik, Kunst und Wissenschaft, Ludwigshafen 1995.

O. Taplin, Feuer vom Olymp. Die moderne Welt und die Kultur der Griechen, Reinbek 1999.

P. Theisohn, »Prometheus«, in: M. Moog-Grünewald (Hg.), Mythenrezeption. Die antike Mythologie in Literatur, Musik und Kunst von den Anfängen bis zur Gegenwart, Der Neue Pauly, Suppl. 5, Stuttgart / Weimar 2008, S. 605ff.

P. Veyne, Glaubten die Griechen an ihre Mythen? Ein Versuch über die konstitutive Einbildungskraft, Frankfurt am Main 1987.

A. Walter, Von Göttern, Nymphen und Heroen. Die Mythen der Antike in der bildenden Kunst, Leipzig 1993.

L. Walther (Hg.), Antike Mythen und ihre Rezeption, Leipzig 2003.

S. Wedner, Tradition und Wandel im allegorischen Verständnis des Sirenenmythos, Frankfurt am Main 1994.

K.-W. Weeber, Von Achillesfersen und Trojanern. Wie die Antike im Deutschen weiterlebt, Stuttgart 2012.

THUKYDIDES UND HERODOT – EUROPAS VÄTER DER GESCHICHTE

K.-P. Adam (Hg.), Historiographie in der Antike, Berlin 2008.

E. J. Barker et al. (Hg.), Brill's Companion to Herodotus, Leiden 2002.

R. Bichler / R. Rollinger, Herodot, 3. Aufl., Hildesheim 2011.

A. B. Bosworth, »The Humanitarian Aspect of the Melian Dialogue«, Journal of Hellenic Studies 113, 1993, S. 30ff.

W. Burkert, Die Griechen und der Orient. Von Homer bis zu den Magiern, München 2003.

L. Canfora, Tucidide, Rom 1988.

G. Deininger, Der Melier-Dialog, Erlangen 1939.

C. Dewald / J. Marincola (Hg.), The Cambridge Companion to Herodotus, Cambridge 2006.

S. Hornblower, Thucydides, London 1987.

G. Lachenand / D. Longreés (Hg.), Grecs et Romains aux prises avec l'histoire, 2 Bände, Rennes 2003.

T. J. Luce, Die griechischen Historiker, Düsseldorf 1998.

O. Luschnat, »Thukydides der Historiker«, RE Suppl. XII (1970), S. 1085ff.; Suppl. XIV (1974), S. 760ff.

W. Marg, Herodot. Wege der Forschung, 3. Aufl., Darmstadt 1982.

J. Marincola (Hg.), A Companion to Greek and Roman Historiography, Oxford 2011.

Chr. Meier, Die Entstehung des Politischen bei den Griechen, Frankfurt am Main 1980.

S. Meineke, »Thukydidismus«, Der Neue Pauly 15 / 3 (2003), S. 480ff.

K. Meister, Die griechische Geschichtsschreibung, Stuttgart 1990.

–, »Thukydides«, in: K. Brodersen (Hg.), Große Gestalten der griechischen Geschichte, München 1999, S. 175ff.

W. Nippel (Hg.), »Griechen, Barbaren und ›Wilde‹«, Alte Geschichte und Sozialanthropologie, Frankfurt am Main 1990.

C. Scardino, Gestaltung und Funktion der Reden bei Herodot und Thukydides, Berlin 2007.

W. Schadewaldt, Die Anfänge der Geschichtsschreibung bei den Griechen, Frankfurt am Main 1982.

M. G. Seaman, »The Athenian Expedition to Melos in 416 BC«, Historia 46, 1997, S. 383ff.

H. Sonnabend, Thukydides, 2. Aufl., Hildesheim 2011.

H. Strasburger, »Die Entdeckung der politischen Geschichte durch Thukydides«, Saeculum 4, 1954, S. 395ff.

N. Thompson, Herodotus and the Origins of the Political Community, New Haven 1996.

U. Walter, »Herodot und Thukydides. Die Entstehung der Geschichtsschreibung«, in: E. Stein-Hölkeskamp / K.-J. Hölkeskamp (Hg.), Die griechische Welt. Erinnerungsorte der Antike, München 2010, S. 400ff.

H. U. Wiemer, »Thukydides und die griechische Sicht der Vergangenheit«, in: K.-P. Adam (Hg.), Historiographie in der Antike, Berlin 2008, S. 49ff.

W. Will, Thukydides und Perikles. Der Historiker und sein Held, Bonn 2003.

MACHT UND MAGIE DER REDE – RHETORIK ALS AUSDRUCK DES MENSCHSEINS

O. Andersen, Im Garten der Rhetorik. Die Kunst der Rede in der Antike, Darmstadt 2001.

M. Fuhrmann, Die antike Rhetorik. Eine Einführung, 5. Aufl., Düsseldorf 2007.

J.-M. Galy / A. Thivel (Hg.), La rhétorique grecque, Paris 1994.

A. Hellwig, Untersuchungen zur Theorie der Rhetorik bei Platon und Aristoteles, Göttingen 1973.

G. A. Kennedy, The Art of Persuasion in Greece, Princeton 1963.

H. Lausberg, Handbuch der literarischen Rhetorik. Eine Grundlegung der Literaturwissenschaft, 3. Aufl., Stuttgart 1990.

G. A. Lehmann, Demosthenes von Athen. Ein Leben für die Freiheit, München 2004.

J. Martin, Antike Rhetorik. Technik und Methode, München 1974.

K. Meister, »Aller Dinge Maß ist der Mensch«. Die Lehren der Sophistik, München 2010.

M. G. Moran, Classical Rhetorics and Rhetoricians, Westport / London 2005.

Chr. Neumeister / W. Raeck (Hg.), Rede und Redner. Bewertung und Darstellung in den antiken Kulturen, Möhnesee 2000.

A. W. Saxonhouse, Free Speech and Democracy in Ancient Athens, Cambridge 2006.

Th. Schirren / Th. Zinsmaier, Die Sophisten. Ausgewählte Texte, Stuttgart 2003.

W. Steidle, »Redekunst und Bildung bei Isokrates«, Hermes 80, 1952, S. 257ff.

W. Stroh, Die Macht der Rede. Eine kleine Geschichte der Rhetorik im alten Griechenland und Rom, Berlin 2009.

G. Ueding (Hg.), Rhetorik. Begriff, Geschichte, Internationalität, Tübingen 2005.

B. Vickers, Mächtige Worte. Antike Rhetorik und europäische Literatur, Berlin 2008.

C. W. Wooten (Hg.), The Orator in Action and Theory in Greece and Rome, Leiden 2001.

I. Worthington, A Companion to Greek Rhetoric, Malden / Oxford 2007.

H. Yunis, Taming Democracy. Models of Political Rhetoric in Classical Athens, Ithaca 1996.

VOM REIZ DES STAUNENS UND FRAGENS – DIE ERFINDUNG VON WISSENSCHAFT UND PHILOSOPHIE

J. Barnes (Hg.), The Cambridge Companion to Aristotle, Cambridge 1995.

W. Detel, Aristoteles. Grundwissen Philosophie, Stuttgart 2011.

M. Erler, Platon, München 2006.

–, Kleines Werklexikon Platon, Stuttgart 2007.

H. Flashar (Hg.), Grundriss der Geschichte der Philosophie. Die Philosophie der Antike, 4 Bände, Basel 1983 / 1998 (1. Band in 2. Aufl. 2012).

H.-G. Gadamer, Der Anfang der Philosophie, Stuttgart 1996.

G. Gemelli (Hg. / Übers.), Vorsokratiker, 2 Bände, Mannheim 2007 / 2010.

A. Graeser, Hauptwerke der Philosophie. Antike, Stuttgart 1992.

D. W. Graham, Explaining the Cosmos. The Ionian Tradition of Scientific Philosophy, Princeton 2006.

K. Held, Treffpunkt Platon. Philosophischer Reiseführer durch die Länder des Mittelmeeres, 3. Aufl., Stuttgart 2001.

O. Höffe, Aristoteles-Lexikon, Stuttgart 2005.

–, Aristoteles, 3. Aufl., München 2006.

Chr. Horn / Chr. Rapp, Wörterbuch der antiken Philosophie, 2. Aufl., München 2008.

M. Hossenfelder, Epikur, München 2006.

B. Inwood (Hg.), The Cambridge Companion to the Stoics, Cambridge 2005.

A. A. Long, Die hellenistischen Philosophien. Texte und Kommentare, Stuttgart 2000.

–, Handbuch Frühe griechische Philosophie, Stuttgart 2001.

Chr. Mueller-Goldingen, Aristoteles. Eine Einführung in sein philosophisches Werk, Hildesheim 2003.

–, Dichtung und Philosophie bei den Griechen, Darmstadt 2008.

M. Pohlenz, Die Stoa, 7. Aufl., Göttingen 1992.

Chr. Rapp, Vorsokratiker, München 2007.

F. Ricken, Philosophie der Antike, 4. Aufl., Stuttgart 2007.

W. Ries, Die Philosophie der Antike, 2. Aufl., Darmstadt 2010.

W. Schadewaldt, Die Anfänge der Philosophie bei den Griechen, Frankfurt am Main 1982.

Th. A. Szlezák, Platon lesen, Stuttgart 1993.

EXKURS: BÜRGERSCHRECK, CLOWN UND HIMMELSHUND

M. Billerbeck (Hg.), Die Kyniker in der modernen Forschung, Amsterdam 1991.

R. Bracht / R. M. Goulet-Cazé (Hg.), The Cynics. The Cynic Movement in Antiquity and its Legacy, Berkeley / Los Angeles 2000.

K. Döring, Die Kyniker, Bamberg 2006.

M. I. Finley, »Diogenes the Cynic«, in: Ders., Aspects of Antiquity, Harmondsworth 1972, S. 89ff.

R. Herd, Diogenes the Cynic. Sayings and Anecdotes, Oxford 2012.

G. Luck, Die Weisheit der Hunde. Texte der antiken Kyniker, Stuttgart 1997.

H. Niehues-Pröbsting, Der Kynismus des Diogenes und der Begriff des Zynismus, München 1979.

P. Sloterdijk, Kritik der zynischen Vernunft, 2 Bände, Frankfurt am Main 1983.

K.-W. Weeber, Diogenes. Die Botschaft aus der Tonne, Neuausgabe Darmstadt 2012.

BÜHNE FREI FÜR DIONYSOS – THEATER IST KULT

M. Bieber, The History of the Greek and Roman Theater, New Jersey 1961.

H. D. Blume, Einführung in das antike Theaterwesen, 3. Aufl., Darmstadt 1991.

–, Menander, Darmstadt 2002.

E. Burmeister, Antike griechische und römische Theater, Darmstadt 2006.

E. Csapo / M. C. Miller (Hg.), The Origins of Theatre in Ancient Greece and Beyond, Cambridge 2007.

G. W. Dobrov, Brill's Companion to the Study of Greek Comedy, Leiden 2010.

M. I. Finley, The Idea of a Theatre. The Greek Experience, London 1980.

H. Flashar, Inszenierung der Antike. Das griechische Drama auf der Bühne. Von der frühen Neuzeit bis zur Gegenwart, 2. Aufl., München 2009.

–, Sophokles. Dichter im demokratischen Athen, München 2010.

S. Föllinger, Aischylos. Meister der griechischen Tragödie, München 2009.

J. R. Green, Theatre in Ancient Greek Society, London 1994.

M. L. Hart, The Art of Ancient Greek Theatre, Los Angeles 2010.

N. Holzberg, Aristophanes. Sex und Spott und Politik, München 2010.

H. Hose, Euripides. Der Dichter der Leidenschaft, München 2008.

H. Kindermann, Das Theaterpublikum der Antike, Salzburg 1979.

F. Kolb, Agora und Theater, Volks- und Festversammlung, Berlin 1981.

R. Krumeich et al. (Hg.), Das griechische Satyrspiel, Darmstadt 1999.

J. Latacz, Einführung in die griechische Tragödie, 2. Aufl., Göttingen 2003.

Chr. Meier, Die politische Kunst der griechischen Tragödie, München 1995.

P. v. Möllendorff, Aristophanes, Hildesheim 2002.

U. Pappalardo, Antike Theater. Architektur, Kunst und Dichtung der Griechen und Römer, Petersberg 2007.

G. A. Seeck, Die griechische Tragödie, Stuttgart 2000.

B. Seidensticker, Das antike Theater, München 2010.

P. Wilson, The Athenian Institution of the Khoregia, Cambridge 2000.

B. Zimmermann (Hg.), Die griechische Tragödie, 3. Aufl., Düsseldorf 2005.

–, Die griechische Komödie, Frankfurt am Main 2006.

–, Europa und die griechische Tragödie. Vom kultischen Spiel zum Theater der Gegenwart, Frankfurt am Main 2006.

–, Dithyrambos. Geschichte einer Gattung, Berlin 2008.

–, Handbuch der griechischen Literatur der Antike, Bd. I, München 2011.

TRADITIONSSTRÄNGE UND TRADITIONSBRÜCHE – OLYMPISCHER SPORT ALS ROHSTOFF MODERNER LEGENDENBILDUNG

J. Burckhardt, Griechische Kulturgeschichte, 4 Bände (erstmals 1898/1902 ersch.), NA München 1971.

W. Decker, Sport in der griechischen Antike, München 1995.

M. I. Finley/H. W. Pleket, Die Olympischen Spiele in der Antike, Tübingen 1976.

E. Flaig, »Olympiaden und andere Spiele – ›Immer der Beste sein‹«, in: E. Stein-Hölkeskamp/K.-J. Hölkeskamp (Hg.), Die griechische Welt. Erinnerungsorte der Antike, München 2010, S. 370ff.

M. Golden, Sport and Society in Ancient Greece, 2. Aufl., Cambridge 2000.

–, Sport in the Ancient World from A to Z, London/New York 2004.

L.-M. Günther (Hg.), Olympia und seine Spiele. Kult, Konkurrenz, Kommerz, Berlin 2004.

R. Günther, Olympia. Kult und Spiele in der Antike, Darmstadt 2004.

H.-V. Herrmann, Olympia. Heiligtum und Wettkampfstätte, München 1972.

D. G. Kyle, Athletics in Ancient Athens, Leiden 1987.

M. Lämmer, »Der sogenannte Olympische Friede in der griechischen Antike«, Stadion 8/9, 1982/3, S. 47ff.

Ch. Mann, Athlet und Polis im archaischen und frühklassischen Griechenland, Göttingen 2001.

P. Mauritsch et al. (Hg.), Quellen zum antiken Sport. Eine Anthologie, Darmstadt 2011.

St. G. Miller, Ancient Greek Athletics, New Haven / London 2004.

St. Müller, Das Volk der Athleten. Untersuchungen zur Ideologie und Kritik des Sports in der griechisch-römischen Antike, Trier 1995.

R. Muth, »Olympia. Idee und Wirklichkeit«, Serta Philologica Aenipontana 3, 1979, S. 161ff.

M. B. Poliakoff, Kampfsport in der Antike. Das Spiel um Leben und Tod, Zürich 1989.

W. J. Raschke (Hg.), The archaeology of the Olympics. The Olympics and other festivals in Antiquity, Madison 1988.

Th. Scanlon, Eros and Greek Athletics, Oxford 2002.

U. Sinn, Olympia. Kult, Sport und Fest in der Antike, 3. Aufl., München 2004.

E. Stein-Hölkeskamp, Adelskultur und Polisgesellschaft. Studien zum griechischen Adel in archaischer und klassischer Zeit, Stuttgart 1989.

J. Swaddling, Die Olympischen Spiele der Antike, Stuttgart 2004.

W. E. Sweet, Sport and recreation in ancient Greece. A sourcebook with translation, Oxford 1987.

K.-W. Weeber, Die unheiligen Spiele. Das antike Olympia zwischen Legende und Wirklichkeit, 2. Aufl., Düsseldorf 2000.

I. Weiler, Der Agon im Mythos. Zur Einstellung der Griechen zum Wettkampf, Darmstadt 1974.

–, »Aien aristeuein. Ideologiekritische Bemerkungen zu einem viel zitierten Homer-Wort«, Stadion 1 / 2, 1975, S. 200ff.

–, Der Sport bei den Völkern der Alten Welt, Darmstadt 1981.

D. C. Young, The Olympic Myth of Greek Amateur Athletics, Chicago 1995.

NABEL DER WELT, ORAKEL DES APOLLON, SITZ DER SIEBEN WEISEN – DELPHI UND DIE INSZENIERUNG VON GLAUBWÜRDIGKEIT

J. Althoff / D. Zeller, Die Worte der Sieben Weisen, Darmstadt 2006.

E. Eidinow, Oracles, Curses and Risk among the Greeks, Oxford 2007.

J. Fontenrose, The Delphic Oracle. Its Responses and Operations, Berkeley / Los Angeles 1978.

M. Giebel, Das Orakel von Delphi. Geschichte und Texte, Stuttgart 2001.

S. I. Johnston, Ancient Greek Divination, Oxford 2008.

G. Luck, Magie und andere Geheimlehren der Antike, Stuttgart 1990.

M. Maaß, Das antike Delphi. Orakel, Schätze, Monumente, Darmstadt 1993.

–, Das antike Delphi, München 2007.

Chr. Meier, Die Entstehung des Politischen bei den Griechen, Frankfurt am Main 1980, S. 73ff.

H. W. Parke / D. E. W. Wormell, The Delphic Oracle, 2 Bände, Oxford 1956.

V. Rosenberger, Griechische Orakel. Eine Kulturgeschichte, Stuttgart 2001.

G. Roux, Delphi. Orakel und Kultstätte, München 1971.

W. Schadewaldt, »Der Gott von Delphi und die Humanitätsidee«, in: Ders., Hellas und Hesperien, Bd. I, Zürich / Stuttgart 1970, S. 669ff.

B. Snell, Leben und Meinungen der Sieben Weisen, 4. Aufl., München 1971.

J. Wiesehöfer, »Die Geheimnisse der Pythia. Orakel und das Wissen des reisenden Weisen«, in: E. Stein-Hölkeskamp / K.-J. Hölkeskamp (Hg.), Die griechische Welt. Erinnerungsorte der Antike, München 2010, S. 336ff.

GRENZERKUNDUNGEN AN DER SCHWELLE ZUM TABU – EROTISCHE KONZEPTE AUS DEM ALTEN HELLAS

J. Bremmer, »Adolescents, Symposion, and Pederasty«, in: O. Murray, Sympotica, Oxford 1990, S. 135ff.

J. N. Davidson, Kurtisanen und Meeresfrüchte. Die verzehrenden Leidenschaften im klassischen Athen, Berlin 1999.

A. Dierich, Erotik in der Kunst Griechenlands, 3. Aufl., Mainz 2008.

J. J. Dover, Homosexualität in der griechischen Antike, München 1983.

Chr. A. Faraone / L. K. McLure (Hg.), Prostitutes and Courtesans in the Ancient World, Madison 2006.

D. H. Garrison, Sexual Culture in Ancient Greece, Norman 2000.

D. M. Halperin / J. J. Winkler / F. J. Zeitlin (Hg.), Before Sexuality. The Construction of Erotic Experience in the Ancient World, Princeton 1990.

E. Hartmann, Heirat, Hetärentum und Konkubinat im klassischen Athen, Frankfurt am Main 2002.

I. Jenkins / V. Turner, Körper in der griechischen Kunst, Mainz 2009.

M. Johnson / T. Ryan, Sexuality in Greek and Roman society and literature. A sourcebook, London / New York 2005.

N. B. Kampen (Hg.), Sexuality in Ancient Art, Cambridge 1996.

E. C. Keuls, The Reign of the Phallus. Sexual Politics in Ancient Athens, London 1993.

M. F. Kilmer, Greek Erotica on Attic Red-Figure Vases, London 1973.

W. Krenkel, Naturalia non turpia. Sex and Gender in Ancient Greece and Rome, Schriften zur antiken Kultur- und Sexualwissenschaft, Hildesheim 2006.

H. Licht (= P. Brandt), Sittengeschichte Griechenlands, 2 Bände und Ergänzungsband, Dresden / Zürich 1925 / 28.

D. Ogden, Polygamy, Prostitutes and Death. The Hellenistic Dynasties, London 1999.

H. Patzer, Die griechische Knabenliebe, 2. Aufl., Wiesbaden 1983.

C. Reinsberg, Ehe, Hetärentum und Knabenliebe im antiken Griechenland, 2. Aufl., München 1993.

T. Scheer, Griechische Geschlechtergeschichte, München 2011.

W. Schuller, Die Welt der Hetären. Berühmte Frauen zwischen Legende und Wirklichkeit, Stuttgart 2008.

A. K. Siems (Hg.), Sexualität und Erotik in der Antike, Darmstadt 1988.

G. Sissa, Eros tiranno. Sessualità e sensualità nel mondo antico, Roma / Bari 2003.

A. Stewart, Art, Desire, and the Body in Ancient Greece, Cambridge 1987.

J. J. Winkler, Der gefesselte Eros. Sexualität und Geschlechterverhältnis im antiken Griechenland, Marburg 1994.

J. C. Younger, Sex in the Ancient World from A to Z, London 2005.

VON »AUTO« BIS »ZERBERUS« – UNSER TÄGLICHES GRIECHISCH

F. R. Adrados, Geschichte der griechischen Sprache. Von den Anfängen bis heute, Tübingen / Basel 2002.

F. Dornseiff, Die griechischen Wörter im Deutschen, Berlin 1950.

F. Kluge, Etymologisches Wörterbuch der deutschen Sprache, hg. von E. Seebold, 25. Aufl., Berlin 2011.

B. Kytzler / L. Redemund / N. Ebert, Unser tägliches Griechisch. Lexikon des altgriechischen Spracherbes, 3. Aufl., Mainz 2007.

W. Pfeifer (Hg.), Etymologisches Wörterbuch des Deutschen, München 1997.

R. Pohlke, Das wissen nur die Götter. Deutsche Redensarten aus dem Griechischen, Düsseldorf 2000.

F. Richter, Unser tägliches Griechisch. Deutsche Wörter griechischer Herkunft, Mainz 1981.

K.-W. Weeber, Musen am Telefon. Warum wir alle wie die alten Griechen sprechen, ohne es zu wissen, Darmstadt 2008.

–, Von Achillesfersen und Trojanern. Wie die Antike im Deutschen fortlebt, Stuttgart 2012.

H. Wiese, Eine Zeitreise zu den Ursprüngen unserer Sprache. Wie die Indogermanistik unsere Wörter erklärt, 2. Aufl., Berlin 2010.

O. Wittstock, Latein und Griechisch im deutschen Wortschatz, 3. Aufl., Berlin (Ost) 1982.

ASKLEPIOSSTAB UND HIPPOKRATISCHER EID –
OHNE GRIECHEN KEINE HEILKUNST

H. Achner, Ärzte in der Antike, Mainz 2009.

H. D. Grmek (Hg.), Geschichte des medizinischen Denkens. Antike und Mittelalter, München 1996.

R. J. Hankinson (Hg.), The Cambridge Companion to Galen, Cambridge 2008.

J. Jouana, Hippocrate, Paris 1992.

J. Kollesch / D. Nickel, Antike Heilkunst. Ausgewählte Texte aus den medizinischen Schriften der Griechen und Römer, Stuttgart 1994.

A. Krug, Heilkunst und Heilkult. Medizin in der Antike, München 1993.

F. Kudlien, Der Beginn des medizinischen Denkens bei den Griechen von Homer bis Hippokrates, Stuttgart / Zürich 1967.

F. Kudlien / R. Durling (Hg.), Galen's Method of Healing, Leiden 1991.

E. Künzl, Medizin in der Antike, Stuttgart 2002.

T. Lehmann (Hg.), Wunderheilungen in der Antike. Von Asklepios zu Felix Medicus, Oberhausen 2006.

K.-H. Leven (Hg.), Antike Medizin. Ein Lexikon, München 2005.

Ch. Lichtenthaler, Der Eid des Hippokrates. Ursprung und Bedeutung, Köln 1984.

J. Longrigg, Greek Rational Medicine. Philosophy and Medicine from Alcmaeon to the Alexandrians, London 1993.

W. Müri (Hg.), Der Arzt im Altertum (zweisprachiger Quellenband), 6. Aufl., München / Zürich 1994.

V. Nutton, »Hippokratischer Eid«, Der Neue Pauly 14 (2000), S. 418ff.

–, Ancient Medicine, London / New York 2004.

J. W. Riethmüller, Asklepios. Heiligtümer und Kulte, Heidelberg 2005.

Th. Schnalke, Asklepios. Heilgott und Heilkult, Erlangen 1990.

H. O. Schröder (Hg.), Aelius Aristides, Heilige Berichte (mit Übers. und Komm.), Heidelberg 1986.

H. v. Staden, Herophilus. The Art of Medicine in Early Alexandria, Cambridge 1989.

O. Weinreich, Antike Heilungswunder, Gießen 1909.

MUSEION, BIBLIOTHEK, KORYPHÄEN –
DAS ALEXANDRINISCHE MODELL DES
MUSENDIENSTES

B. Artmann, Euclid. The Creation of Mathematics, 2. Aufl., New York 2001.

H. Blanck, Das Buch in der Antike, München 1992.

R. Blum, Kallimachos und die Literaturverzeichnung bei den Griechen, Frankfurt am Main 1977.

H.-U. Cain / V. Grieb / C. Koelm, Hellenismus. Eine Welt im Umbruch, Stuttgart 2012.

M. T. Camilloni, Le muse, Rom 1998.

L. Canfora, Die verschwundene Bibliothek. Das Wissen der Welt und der Brand von Alexandria, 2. Aufl., Hamburg 2002.

L. Casson, Bibliotheken der Antike, Düsseldorf 2002.

M. Clauss, Alexandria. Schicksale einer Weltstadt, Stuttgart 2005.

S. Cuomo, Ancient Mathematics, London / New York 2001.

A. Erskine (Hg.), A Companion to the Hellenistic World, Malden / Oxford 2003.

P. M. Fraser, Ptolemaic Alexandria, 3 Bände, Oxford 1972.

H.-J. Gehrke, Geschichte des Hellenismus, 4. Aufl., München 2008.

K. Geus, Eratosthenes von Kyrene, Studien zur hellenistischen Kultur und Wissenschaftsgeschichte, München 2002.

W. Hoepfner (Hg.), Antike Bibliotheken, Mainz 2002.

G. E. R. Lloyd, The Revolution of Wisdom. Studies in Claims and Practice of Ancient Greek Science, Berkeley 1987.

R. MacLeod (Hg.), The Library of Alexandria. Centre of Learning in the Ancient World, London 2004.

B. Meissner, Hellenismus, Darmstadt 2007.

R. Pfeiffer, Geschichte der Klassischen Philologie von den Anfängen bis zum Ende des Hellenismus, 2. Aufl., München 1978.

H. v. Staden, Herophilus. The Art of Medicine in Early Alexandria, Cambridge 1989.

G. Weber, Dichtung und höfische Gesellschaft. Die Konzeptionen von Zeitgeschichte am Hof der ersten drei Ptolemäer, Stuttgart 1993.

– (Hg.), Kulturgeschichte des Hellenismus, Stuttgart 2007 (darin Ders., »Die neuen Zentren. Hauptstädte, Residenzen, Paläste und Höfe«, S. 99ff.).

N. Wilson, »Griechische Philologie im Altertum«, in: H.-G. Nesselhauf (Hg.), Einleitung in die griechische Philologie, Stuttgart / Leipzig 1997, S. 89ff.

Verzeichnis der griechischen Begriffe

ádyton (Allerheiligstes des Tempels)
264, 273
agathós (gut)
178, 250, 291, 309
agón (Wettkampf)
214, 237f., 294
agón chrematítes (auf Erwerb ausgerichteter Wettkampf)
240
agón stephanítes (Kranz bringender Wettkampf)
140
agorá (Marktplatz)
17
aísthesis (Wahrnehmung)
[illegible]
aítion (Ursprung, Ursprungssage)
96
akonití (staublos, kampflos)
235
aleiphómenos (mit Öl gesalbt)
251
alétheia (Wahrheit)
172, 180
aléxein (abwehren)
309
álgos (Schmerz)
314
anaídeia (Schamlosigkeit)
201
anatémnein (aufschneiden)
331
andreía (Mannesmut)
309
ángelos (Bote)
310, 314
apátheia (Freisein von Affekten)
189f.
ápeiron (das Unerschöpfliche)
173
apóstolos (Abgesandter)
315
archaíos (alt)
310
archiatrós (erster Leibarzt)
314, 364
areté (sittlich gutes Handeln)
30, 178, 293
aristeía (Heldentat, Heldentum)
235
áristos (der Beste)
42, 235
ástron (Stern)
313
athletés (Wettkämpfer)
239
áthlon (Kampfpreis)
239
autopsía (Selbstsehen)
139
autós (selbst)
313
bárbaros (fremd)
309
biblíon (Buch)
351
bíos (Leben)
176, 313

bómbos (dumpfes Geräusch)
315, 316
chaínein (klaffen)
301
cháris (Anmut)
283
cheir (Hand)
331
demiourgós (Erschaffer)
102f., 153
demokratía (Herrschaft des Volkes)
39f.
démos (Volk)
39, 65
despótes (Herr)
15
diágnosis (Unterscheidung, Beurteilung)
314, 364
díaita (Lebensweise)
328
dialégein (auseinander lesen, sich unterreden)
176
dialektiké téchne (Kunst des Streitgesprächs)
313
diallaktés (Versöhner)
43f.
dóron (Geschenk)
310
dráma (Handlung, Schauspiel)
216
dran (handeln)
216)
eiréne (Frieden)
309
eironeía (Verstellung)
115, 179
ekecheiría (Waffenstillstand)
244
élektron (Bernstein)
364
élenchos (Untersuchung; Beweis)
179
empeiría (Erfahrung)
184
enképhalos (Gehirn)
364
enkoímesis (Tempelschlaf)
319
enkómion (Lobpreis)
150f.
énteron (Darm)
311
enthýmema (Idee, Wahrscheinlichkeitsschluss)
156
epískopos (Aufseher)
314
epistátes (Vorsteher)
49
epistéme (Wissen)
187
erán (lieben)
290
erastés (Liebhaber)
297
érgon (Arbeit, Werk)
331
erómenos (Geliebter)
297
ethikós (sittlich, charakterlich)
176
éthnos (Volk)
311
éthos (Gewohnheit, Wesen)
156, 176, 314
eucharistía (Dankbarkeit)
316
eudaimonía (Glück)
30, 188, 190, 199

gaía, ge (Erde)
176
gámos (Hochzeit, Ehe)
284
gastér (Magen)
311
génesis (Werden, Entstehung)
301
georgós (Bauer)
309
gráphein (schreiben)
277, 312, 364
gymnásion (Nackt-Sportanlage)
249ff., 313
gymnós (nackt)
250, 313
gyné (Frau)
311
gyrós (rund)
316
haíma (Blut)
364
hedoné (Lust)
191f.
hetaíra (Gefährtin)
282
heuretés (Erfinder, Entdecker)
323
híppos (Pferd)
309
historíe (Wissenwollen, Erkundung)
134f., 139
hoi áristoi (die Besten, Adlige)
42, 235
hoi Athenaíoi (die Athener)
17
hoi kakoí (die Minderwertigen, Nichtadligen)
42
hýbris (Überheblichkeit)
117
íama (Heilung)
319
iatriké téchne (Heilkunst)
323
idéa (Ansehen; Vorstellung, geistige Schau)
182f., 313
idiótes (Privatmann)
313
ischíon (Hüfte)
316
isonomía (gleicher Anteil)
39f., 66
ísos (gleich)
39
kakótes (moralische Minderwertigkeit)
24
kalokagathía (charakterliche und körperliche Vollkommenheit)
250f., 291, 293
kalós (schön)
[illegible]
kardía (Herz)
311
katastrophé (Umkehr, Verderben)
308
kategoría (Anklagepunkt; Kategorie)
186
katharós (rein)
309)
kérasos (Kirsche)
315
kineín (bewegen)
313
klíne (Bett, Lager)
331, 364
komodós (Schauspieler in der Komödie)
216
kómos (Festumzug)
216, 287

kóre (junge Frau)
89
koryphaíos (an der Spitze stehend)
313
koryphé (Gipfel)
355
kósmos (Schmuck; Welt)
173, 301, 313
krísis (Entscheidung)
308
ktéma es aieí (Besitz für immer)
128f.
krátos (Stärke, Macht)
39, 281
krínein (beurteilen, entscheiden)
329
kýon (Hund)
197
laós (Volk)
309
leukós (weiß)
315
lógos (Wort, Vernunft, Lehre)
22, 94, 149, 151, 152, 156, 187, 310, 311
makrós (groß)
313
manía (Besessenheit, Raserei)
279
manteíon (Orakel)
264, 303
máthema (das Erlernte)
312
metà phýsin (jenseits der Natur)
184
métron (Maß)
313
mikrós (klein)
313
misthós (Lohn, Honorar, Aufwandsentschädigung)
54, 319
mónos (allein)
311
mouseíon (Musensitz, den Musen heiliger Ort)
339ff.
mýthos (Wort, sprachliche Mitteilung)
93
nárkosis (Betäubung)
364
naus (Schiff)
312
némein (zuteilen)
136
nikán (besiegen)
309
níke (Sieg)
234
nómos (das Zugeteilte; Gesetz, Sitte)
39, 137
obolós (Scheidemünze, Wert: ein Sechsteldrachme)
306
odé (Lied)
216
oíkos (Haus, Haushalt)
286
ólisbos (Lederphallos)
281
omphalós (Nabel)
264
ónoma (Name)
278
orchéstra (Tanzplatz)
226
óstrakon (Scherbe)
33ff.
ousía (das Sein, Substanz)
186
paiderastía (Liebe zu Knaben)
289ff.

pais (Knabe, Kind)
290, 312
pallaké (Konkubine)
287
pan (alles)
313
parádeigma (Beispiel)
156
parásitos (Mitspeisender, Schmarotzer)
305
parrhesía (Redefreiheit)
148, 205f., 211
páste (Mehlteig, Brei)
315
páthos (Gefühl, Leidenschaft)
156, 189f., 314
peíthein (überreden, überzeugen)
151f., 166
peithoús demiourgós (Erzeugerin von Überredung)
153
péplos (Gewand)
86
peripateín (herumgehen)
185
pétra, pétros (Fels)
309
phallós (nachgebildetes männliches Glied)
281
phantasía (Vorstellungskraft)
297, 315
phármakon (Heilmittel)
311
philobárbaros (Barbarenfreund)
138
philomathía (Liebe zum Wissen)
170
philía (Freundschaft)
288, 292
phílos (Freund)
170, 309, 311
philosophía (Liebe zur Weisheit)
170, 171
philotimía (Ruhmbegierde)
235
phoné (Stimme)
312
physiológos (Naturphilosoph)
177
phýsis (Natur)
177, 184
pínax (Tafel, Verzeichnis)
353
pístis (Vertrauen)
156
píthos (Fass)
207
poieín (machen, erschaffen)
184
poietés (»Macher«, Schöpfer, Dichter)
94, 160, 165, 166
poikilía (Buntheit, Abwechslungsreichtum)
135
pólis (Stadtstaat)
16
politiké téchne (Kunst der Staatsverwaltung)
23f.
politikós (den Bürger betreffend)
312
pórne (Hure)
277, 282, 313
pornógraphos (Maler von Huren)
277
práttein (handeln)
184
próblema (das Vorgeworfene, Aufgabe, Streitfrage)
172

prógramma (öffentliche Bekanntmachung)
314
pseúdos (Lüge)
278
psyché (Seele)
151, 176, 311
rhetoriké (téchne) (Redekunst)
146ff., 167
schéma (Gestalt)
312
scholé (Muße, Schule)
222, 250, 313
sképsis (Überlegung)
301
sophía (Weisheit)
170, 309
sophrosýne (Mäßigung, gesunder Menschenverstand)
271
stádion (Längenmaß, Wettkampfstätte)
248
sýmptoma (Zufall, Vorfall)
316
sýstema (Zusammensetzung)
310
ta politiká (Dinge, die die Bürger betreffen)
17, 53, 63f., 70
tachýs (schnell)
313
téchne (Kunst, Handwerk, Wissenschaft)
145, 153, 312, 336
theásthai (schauen, staunen)
214
théatron (Schauplatz, Theater)
214
théke (Behälter)
313, 350
theoría (geistige Schau)
173, 313
theorikón (Schaugeld, Aufwandsentschädigung für Theaterbesucher)
218
theós (Gott)
176, 311
therapeía (Dienst, Behandlung)
314, 364
thermós (warm)
312, 313
thesaurós (Schatz, Schatzhaus)
266
timé (Ruhm, Anerkennung)
234
tomé (Schnitt)
364
torneúein (drehen)
310, 313
tórnos (Dreheisen)
310
trágos (Bock)
216
traúma (Verwundung)
301
zóon politikón (auf Gemeinschaft angelegtes Wesen)
21, 30, 31, 71

Register der Eigennamen

Achill
115, 116, 239, 307
Adonis
96, 116
Aesculapius siehe Asklepios
Agamemnon
164
Ägina
34, 318
Ägypten, Ägypter
137, 138, 139,
188
Aischylos
11, 93, 100f., 219, 222ff.
Ajax
115
Akademos
181, 341
Akropolis
44, 77ff., 306
Alexander der Große
188, 205, 304, 342
Alexandria
324, 342ff.
Amazonen
83
Amphipolis
125
Anaximander
173, 175
Anaximenes
173
Anaximenes (Redner)
202
Antigone
96, 219, 221
Aphrodisias
249
Aphrodite
114, 116, 279, 280f., 311
Apollon
113, 303, 321, 335, 339
Apollon Archagetes
260f.
Apollon Phoibos
265
Archagathos
332
Archimedes
306
Areopag
46
Argos
303
Ariadne
96, 304
Aristides
33f.,38
Aristides, Aelius
318f.
Aristogeiton
292
Aristophanes
210ff., 230, 296
Aristophanes von Byzanz
354

Aristoteles
21, 23, 29, 34, 36, 45, 46, 50, 53, 58, 61, 134, 154ff., 172, 184ff., 215, 228, 288, 330, 342, 343, 352
Arkadien
237
Asklepios
317ff., 335
Asper, M.
268
Assuan
348
Athen passim
Athena
80, 82ff., 306
Athena Nike
89
Athena Polias
87
Athenaios
277
Atlas
8
Atreus
117
Augias
303
Augustus 343
Bachmann, Ingeborg
108, 111
Bacon, Francis
103
Battos
261f.
Bias
267
Bloch, Ernst
207
Brandt, Paul (Hans Licht)
277f.
Brasidas
125
Brecht, Bertolt
111
Burckhardt, Jacob
238, 241
Byron, Lord
104
Caesar
143f., 355
Camus, Albert
105
Cagniard de la Tour, Charles
106
Canfora, Luigi
355
Cartledge, Paul
246
Celsus
333
Ceres
115
Chaironeia
162, 187
Chaos
301
Charybdis
302
Chilon
267f.
Chimäre
304
Chremylos
296
Christus
104
Cicero
30, 109, 132, 133, 144f., 146, 152, 160, 162, 167, 170, 177, 234
Clauss, Manfred
346

Coubertin, Pierre de
233, 236, 240, 244
Damokles
302
Danaer
306
Danaiden
302f.
Darwin, Charles
185
Decker, Wolfgang
241
Delisch-Attischer Seebund
119ff.
Delos
78
Delphi
82, 203, 239, 249, 254ff., 303
Delphisches Orakel
25, 132, 254ff.
Demeter
115
Demokrit
191
Demosthenes (Redner)
90, 157ff.
Demosthenes (Stratege)
210ff.
Dierichs, Angelika
280
Diodor
150
Diogenes
190, 195ff.
Diogenes Laertios
177
Dionysien
211, 219, 223ff.
Dionysios I.
113f., 183, 204 , 302
Dionysios II.
183, 204
Dionysos
211, 216f., 223f., 230, 279, 280f.
Domitian
249
Drakon
305
Ehrenberg, Victor
239
Elgin, Lord
91
Elysium
191
Eos
117
Ephesos
174
Ephialtes
35
Epidauros
240, 318, 319ff.
Epikur
191f.
Epimetheus
99, 102
Erasistratos
330f., 334
Erato
341
Eratosthenes
347f., 353
Erechtheion
89
Erechtheus
89
Eros
10, 151, 278ff., 291f., 312
Euklid
348

Eupolis
213
Euripides
11, 94, 217, 221, 222ff.
Europa
96f.
Eurymachos
238
Euterpe
341
Finley, Moses I.
207
Flaig, Egon
252
Fortuna
189
Frankenstein
103
Frisch, Max
110
Galen
309, 333ff., 352
Gallier
266
Gauck, Joachim
8
Giganten
83
Giscard d'Estaing, Valéry
67
Goethe, Wolfgang von
103
Gordion
304
Gorgias
149ff., 153
Grass, Günter
9
Gyges
131, 135
Harmodios
292
Hegesias
347
Helena
96, 150f.
Helikon
339
Helios
118
Hephaistos
99
Hera
87
Herakles
96, 98, 225, 303, 305
Heraklit
171, 173, 174f.
Herkules siehe Herakles
Hermes
113, 303
Hermippos
213
Herodot
23ff., 46, 131ff., 253ff.
Heron
349
Herophilos
330, 350
Hesiod
27, 93f., 98f., 301, 341
Hikesias
198
Hipparch
292
Hippokrates
322ff.
Hippolytos
221
Hitler, Adolf
163

Hobbes, Thomas
130
Homer
27, 40, 93f., 108ff., 146, 160, 234, 237ff., 260, 306, 341, 346
Hydra
305
Hyperbolos
213
Io
303
Ionien
172ff., 268
Iphigenie
164, 221
Iros
238
Isidor von Sevilla
109, 110
Isokrates
165, 246
Isthmische Spiele
203
Ithaka
115, 238
Jahn, Friedrich Ludwig
310
Julian
197
Kafka, Franz
111
Kagan, Donald
75
Kallimachos
261f., 347, 353
Kalliope
341
Kallistratos
158, 159
Kandaules
131f., 135
Karion
296
Kassandra
304
Kaukasus
105
Kimon
80, 153
Kirke
107, 306
Kleinasien
144, 172, 317
Kleisthenes
36, 38, 46ff.
Kleobulos
267
Kleon
210ff.
Kleon (König)
219
Kl(e)io
117, 341
K[illegible]
146
Korinth
199, 203, 239, 318
Kos
318, 323
Kratinos
54
Kreta
16, 96
Krösus
135, 142, 253ff., 304
Kronos
100
Kyrene
261f.
Kyros
255

Laertes
114
Lapithen
83
Larissa
323
Leda
96
Lenäen
211, 219, 224
Leontinoi
149
Lesbos
237
Licht, Hans siehe Brandt, Paul
Lincoln, Abraham
64
Loreley
110
Luck, Georg
271
Lukian
106
Lukrez
191
Lyder, Lydien
131f.
Lysias
246
Maecenas
343
Makedonen, Makedonien
205
Marc Anton
162
Martial
108
Medea
96, 221
Medusa
96
Megara
237
Meier, Christian
69
Melos
119ff., 128
Melpomene
341
Menander
229
Merkel, Angela
7, 12, 233
Messina
302
Milet
317
Minotaurus
304
Molon, Apollonios
143ff.
Morus, Thomas
12
Museion
324, 329, 343ff.
Musen
339ff.
Napoleon
163
Naxos
261
Neleus
352
Nemea
239
Nemesis
136
Nietzsche, Friedrich
104, 130
Nikanor
320

Nike
85, 115
Nikias
210ff.
Niobe
96
Nymphen
279
Odysseus
41, 42, 95, 96, 106ff., 238, 306
Ödipus
96, 221
Olymp
100
Olympia
82, 234ff., 240, 264, 266
Olympische Spiele
233ff.
Orest
221
Orpheus
96, 108
Ovid
97, 108
Pacuvius
167
Pan
304
Pandora
96
Paris
150
Parnass
265
Parthenon
82ff., 90, 91, 98f.
Patroklos
239
Pausanias
266, 270, 319, 339
Peisistratos
44, 292
Peitho
22, 146
Peloponnesischer Bund
119
Peloponnesischer Krieg
124f.
Penelope
114, 238,
Pergamon
317, 318, 333, 350, 352
Periander
267
Perikles
18, 55, 62ff., 67, 79ff., 86, 89, 148, 153, 218
Peripatos
185
Persephone
116
Perser
[illegible]
246, 254f.
Phädra
96, 221
Phaethon
117f.
Phaidros
295
Pharos
343
Phidias
84f.
Philetas
346
Philipp II.
162f., 187, 188
Phokäer
266

Piazza Navona
249
Pindar
234, 242f., 270
Pittakos
267
Platon
23, 25, 34, 58, 146, 149, 153, 154, 171, 172, 179, 181ff., 184, 197, 204, 206, 250, 263f., 267, 291f., 294, 296, 341, 343
Plautus
229
Plutarch
34, 82, 90, 138, 159, 266
Pnyx
58
Polybios
331, 332
Polyhymnia
341
Polykrates
135
Popper, Karl
28
Poseidon
84, 89
Priamos
304
Prometheia
101
Prometheus
96, 97ff., 199, 221
Propyläen
88ff.
Protagoras
152
Ptolemäer
343ff.
Pythagoras
170
Pythia
132, 254f., 258, 264, 266, 273f.
Pythische Spiele
265
Python
265
Rhodos
16, 143f.
Römer, Rom
166f., 234, 249, 266, 332f., 341
Sardes
253, 255
Satyr
216, 279
Schwab, Gustav
97
Serapis
350
Shelley, Mary Wollstonecraft
103
Shelley, Percy Bysshe
103
Sinope
198f.
Sirenen
106ff.
Sisyphos
96, 305
Sizilien
146
Skylla
302
Sokrates
25, 28, 153, 164, 171, 174, 177ff., 181, 186, 250, 282, 295
Solon
43ff., 47, 135, 142, 267, 269, 270
Sophisten
128, 148ff.,

Sophokles
11, 222ff.
Sparta
36, 67, 75, 78f., 88, 119, 126, 128
Stoa
188
Stoa Poikile
189
Strabo
266, 321, 343
Stroh, Wilfried
149
Syrakus
128, 146, 183, 261
Teisias
146f.
Terenz
229
Terpsichore
341
Tertullian
350
Thal(e)ia
341
Thales
173, 267, 270
Themistokles
141, 153
Thersites
42
Theseus
225, 304
Thrakien
125
Thukydides
62, 67ff., 123ff., 132, 136
Timon
348
Titanen
8
Troja
83, 115
Trojanischer Krieg
150ff.
Trojanisches Pferd
304, 306
Tyche
189
Undine
111
Urania
341
Venus
110, 311
Vorsokratiker
174, 177f.
Weiler, Ingomar
236
Xenophon
177, 282
Zenodotos
346f., 353
Zenon
188f.
Zeus
22, 84, 87, 96, 98ff., 103, 200, 240, 244, 264, 290, 340

CHRISTIAN MEIER
Der Historiker und der Zeitgenosse
Eine Zwischenbilanz
Siedler Verlag

Gebunden, mit Schutzumschlag
224 Seiten, 12 x 20 cm
16,99 € [D] 17,50 € [A]
24,50 CHF*
* unverbindl. Preisempfehlung

ISBN 978-3-8275-0048-9

Wie hängt die Arbeit des Historikers mit seiner eigenen Biographie und seiner eigenen Lebenszeit zusammen? Was kann Geschichtsschreibung für die Gegenwart leisten? Über diese Fragen hat Christian Meier, der renommierteste Althistoriker Deutschlands, im Laufe der letzten Jahrzehnte immer wieder nachgedacht. In seinem neuen Buch zieht er nun anlässlich seines 85. Geburtstags Bilanz und reflektiert über die Probleme, die aus dem Verhältnis zwischen der Welt der Geschichte und der Provinz des Historikers erwachsen.

»Auch Fachfremde [können] mit diesem Band mühelos in geschichtsphilosophische Tiefen vordringen. Der Ton ist … nie belehrend oder naseweis, sondern in schönster Weise erkenntnisorientiert.«
Die Zeit

»Mit kritischer Distanz und konstruktiver Skepsis verfolgt Meier weiterhin das Zeitgeschehen. Resignation ist ihm fremd. Ihn kennzeichnen vielmehr Tatendrang und Lust am Schreiben.«
Neue Zürcher Zeitung